Inhalt

6

Vorwort

Das PONS Reisewörterbuch Portugiesisch ist ein „Verständigungsführer". Mit ihm lernen Sie nicht nur einzelne Wörter, sondern wie Sie sich tatsächlich im Ausland verständigen können.

Für Alltagssituationen, in die Sie bei Ihrer Reise geraten, sind die gebräuchlichsten Redewendungen aufgeführt. Diese sind dialogisch aufgebaut, so daß Sie nicht nur wissen, was Sie zu sagen haben, sondern auch die entsprechenden Antworten verstehen können.
Beachten Sie die blauen Punkte. Sie markieren Äußerungen oder Sätze, mit denen Sie auf Ihrer Auslandsreise am häufigsten konfrontiert werden.

Das PONS Reisewörterbuch Portugiesisch ist in 11 Themenbereiche gegliedert. Es begleitet Sie auf allen Etappen Ihrer Auslandsreise: auf der Anreise oder bei der Ankunft im Hotel, am Strand genauso wie bei einem Treffen mit Geschäftsfreunden.
Zu jedem dieser Themenbereiche finden Sie die wichtigsten Redewendungen mit thematisch geordneten Wortlisten. In ihnen sind die wichtigsten Begriffe aufgeführt, die in den jeweiligen Situationen vorkommen können.
Mit Hilfe dieser Wortlisten sowie des zusätzlichen Wörterbuchteils am Ende des Buches können Sie die aufgeführten Beispielsätze den konkreten Situationen individuell anpassen.

Darüber hinaus sind alle portugiesischen Begriffe und Redewendungen in Lautschrift angegeben. Die Kurzgrammatik hilft Ihnen, sich rasch über den Aufbau der portugiesischen Sprache zu orientieren.

Bilder und nützliche Tips informieren Sie und stimmen Sie auf kulturelle Besonderheiten und die landschaftlichen Reize Portugals ein.

Und um auch Ihre Verständigung in Brasilien zu erleichtern, sind abweichende brasilianische Begriffe in Klammern angegeben.

Aussprache

'	vor einer Silbe bedeutet, daß die nachfolgende Silbe betont ist; z.B. [pə'kenu].	
‿	zwischen zwei Wörtern bedeutet, daß man den letzten Buchstaben des ersten Wortes zum nächsten Wort hinüberzieht: ['toduz‿uʃ].	
[a]	offenes a wie in **a**lle	cá [ka] lado ['ladu] sala ['salɐ]
[ɐ]	geschlossenes a	casa ['kazɐ] cama ['kɐmɐ]
[ɐ̃]	nasaliertes [ɐ]	manhã [mɐ'ɲɐ̃]
[ɛ]	offenes e wie in h**e**ll	café [kɐ'fɛ] leve ['lɛvə]
[e]	geschlossenes e wie in g**e**ben	ele ['elə] ver [ver] medo ['medu] cena ['senɐ]
[ẽ]	nasaliertes [e]	quente ['kẽtə] lenço ['lẽsu]
[ə]	wie in bitt**e**, meist kaum hörbar	dever [də'ver] tarde ['tardə]
[i]	wie in M**i**nute	fila ['filɐ] livro ['livru]
[ĩ]	nasaliertes [i]	fim [fĩ] ginja ['ʒĩʒɐ]
[ɔ]	offenes o wie in **o**ffen	logo ['lɔgu] porta ['pɔrtɐ] avó [ɐ'vɔ]
[o]	geschlossenes o wie in R**o**se	avô [ɐ'vo] bolo ['bolu] almoço [al'mosu]
[õ]	nasaliertes [o]	com [kõ] pronto ['prõtu]

[u]	wie in **U**fer	tudo [ˈtudu] lugar [luˈgar]
[ũ]	nasaliertes [u]	um [ũ] comum [kuˈmũ]
[j]	wie in Mar**i**on	rádio [ˈʀadju] passear [peˈsjar]
[w]	nicht wie dt. w, sondern mit vor-gestülpten Lippen ein kurzes [u] bilden, dann schnell zum nach-folgenden Vokal übergehen	quarto [ˈkwartu] voar [vwar]
[f]	wie in **f**allen, **V**ater	fado [ˈfadu] falar [feˈlar]
[v]	wie in **W**asser, **V**ioline	ver [ver] lavar [leˈvar]
[s]	wie in rei**ß**en, la**ss**en	saber [seˈber] passar [peˈsar] lenço [ˈlẽsu]
[z]	wie in le**s**en, rei**s**en	casa [ˈkaze] fazer [feˈzer]
[ʃ]	wie in **sch**ön, Ti**sch**	chave [ˈʃave] fechar [feˈʃar] peixe [ˈpeiʃe]
[ʒ]	wie in Gara**g**e, Lo**g**e	jornal [ʒurˈnal] gente [ˈʒẽte]
[r]	leichtes, geschlagenes Zungen-r	caro [ˈkaru] pagar [peˈgar]
[ʀ]	stark gerolltes Zungen- oder Zäpfchen-**r**	rua [ˈʀue] carro [ˈkaʀu]
[ʎ]	etwa wie in Fami**li**e, wie das ital. gl in fi**gl**io	filho [ˈfiʎu] olho [ˈoʎu] mulher [muˈʎer]
[ɲ]	etwa wie in Ko**gn**ak, wie das span. ñ in se**ñ**or	minha [ˈmiɲe] ganhar [gaˈɲar]
[ŋ]	wie in la**ng**, bri**ng**en, in portugie-sischen Vokabeln nur zwischen Nasal und [g] bzw. [k]	enganar [ẽŋgeˈnar] banco [ˈbẽŋku]

In den portugiesischen **Diphtongen** behält jeder Vokal seinen eigenen Wert.

Bei den **Oraldiphthongen** ist auf den Unterschied zwischen [e] und [ɛ] sowie zwischen [o] und [ɔ] zu achten:

peixe ['peiʃə]   –   papéis [pɐ'pɛiʃ]
museu [mu'zeu]   –   céu ['sɛu]
coisa ['koizɐ]   –   herói [i'rɔi]

Bei den **Nasaldiphthongen** wird der erste Bestandteil nasal ausgesprochen:

mão [mɐ̃u]   –   mãe [mɐ̃i]   –   peões [pjõiʃ]
falam ['falɐ̃u] –   bem [bɐ̃i]

Die nicht erwähnten **Konsonanten** werden ähnlich den deutschen ausgesprochen.

Das Alphabet

A	a	[a]	I	i	[i]	R	r	['ɛʀə]
B	b	[be]	J	j	['ʒɔte]	S	s	['ɛsə]
C	c	[se]	L	l	['ɛlə]	T	t	[te]
D	d	[de]	M	m	['ɛmə]	U	u	[u]
E	e	[ɛ]	N	n	['ɛnə]	V	v	[ve]
F	f	['ɛfə]	O	o	[ɔ]	X	x	[ʃiʃ]
G	g	[ge]	P	p	[pe]	Z	z	[ze]
H	h	[ɐ'ga]	Q	q	[ke]			

Allgemeine Hinweise zur Aussprache

Im Portugiesischen werden die Wörter nicht einzeln ausgesprochen, sondern in Spracheinheiten miteinander verbunden. So verbindet man z.B. einen auslautenden Konsonant mit einem folgenden anlautenden Vokal. Ein auslautendes **e**, aber auch manchmal **o** oder **a**, fällt vor einem anlautenden Vokal aus:

depois de amanhã [də'poiʒ d_amɐ'ɲẽ]
pequeno almoço [pə'ken_al'mosu].

Zwei unbetonte **a**, die aufeinander treffen, werden als ein offenes **a** ausgesprochen:

toda a noite ['toda 'noitə].

Anders als in Portugal werden in Brasilien alle Vokale deutlich ausgesprochen.

In auslautender, unbetonter Stellung wird in Brasilien **e** zu **i**, und **a** – in der Lautschrift [ɐ] – ist nicht so geschlossen wie in Portugal.

Die Phonetik gibt, wenn nicht *Br* vermerkt ist, die in Portugal übliche Aussprache an.

Hinweise zu den Wortlisten und zum Wörterbuchteil

Innerhalb eines Wortes in Klammer gesetzte Buchstaben werden nur in Portugal, nicht aber in Brasilien geschrieben.

Nach einem Wort in Klammer gesetzte Buchstaben geben eine in Brasilien gebräuchliche Akzentsetzung wieder.

Substantive mit der Endung **o** sind männlich; Substantive mit der Endung **a** sind weiblich. Nur bei Abweichungen von dieser Regel und bei anderen Endungen wird das Geschlecht der Substantive durch den Artikel angegeben. Bei Substantiven im Plural steht immer der Artikel.

Allgemeine Abkürzungen

a/c.	ao cuidado de	per Adresse, bei
ACP	Automóvel Clube de Portugal	portugiesischer Automobilclub
Ap.^{to}	apartamento	Appartement
Av.	avenida	Allee
B., B.^{o}	beco	Gasse
C., Calç.	calçada	Straße
CDS	Centro Democrático Social	Demokratisch-Soziales Zentrum
cl.	classe	Klasse
CP	Companhia Portuguesa de Caminhos de Ferro	Portugiesische Eisenbahngesellschaft
Cr.	cruzeiro	Cruzeiro
CV	cavalo-vapor	Pferdestärke
d.^{to}	direito	rechts
Esc.	escudo(s)	Escudo
esq.	esquerdo	links
GNR	Guarda Nacional Republicana	Gendarmerie
L.	largo	Platz
Lx.^{a}	Lisboa	Lissabon
n.^{o}	número	Nummer
P.	praça	Platz
PC	Partido Comunista	Kommunistische Partei
p.ex.	por exemplo	zum Beispiel
p.f.	por favor	bitte
PIC	Polícia de Investigação Criminal	Kriminalpolizei
PS	Partido Socialista	Sozialistische Partei
PSD	Partido Social-Democrata	Sozialdemokratische Partei
PSP	Polícia de Segurança Pública	Ordnungspolizei
R.	rua	Straße
r/c	rés-do-chão	Erdgeschoß
RN	Rodoviária Nacional	Staatliche Überlandbusgesellschaft
RP	República Portuguesa	Republik Portugal
Sr.	Senhor	Herr(n)
Sr.^{a}	Senhora	Frau, Fräulein
TAP, tap	Transportes Aéreos Portugueses, Air Portugal	staatliche portugiesische Fluggesellschaft

Abkürzungen im Reisewörterbuch

adj	Adjektiv, Eigenschaftswort	adje(c)tivo
adv	Adverb, Umstandswort	advérbio
alg	jemand(en)	alguém
Br	brasilianisch	brasileiro
conj	Konjunktion, Bindewort	conjunção
el	Elektrizität	ele(c)tricidade
etw	etwas	algo
f	Femininum, weiblich	feminino
jdm	jemandem	a alguém
jdn	jemanden	alguém
m	Maskulinum, männlich	masculino
med	Medizin	medicina
pers prn	Personalpronomen	pronome pessoal
pl	Plural, Mehrzahl	plural
poss prn	Possessivpronomen	pronome possessivo
prn	Pronomen, Fürwort	pronome
prp	Präposition, Verhältniswort	preposição
rel	kirchlich, geistlich	religioso
s.	sich	se
sing	Singular, Einzahl	singular
tele	Telefon, Telegraf	telefone, telégrafo
verb	Verb, Tätigkeitswort	verbo

Auf einen Blick
Num relance

1

Oft gesagt und oft gehört
O que se diz e ouve com frequência

Ja.	Sim. [sĩ]
Nein.	Não. [nẽu]
Bitte.	Se faz favor. [sə faʃ fe'vor]
Danke.	Obrigado/Obrigada. [obri'gadu/obri'gadɐ]
Wie bitte?	Como? ['komu]
Selbstverständlich.	Evidentemente. [ividẽntə'mẽntə]
Einverstanden!	De acordo! [d‿e'kordu]
Okay!	O.k. [o'kei]
In Ordnung!	Está bem! [ʃta bẽi]
Verzeihung!	Perdão! [pər'dẽu]
Einen Augenblick, bitte.	Um momento, se faz favor. [ũ mu'mẽntu sə faʃ fe'vor]
Genug!	Basta! ['baʃtɐ]
Hilfe!	Socorro! [su'koʀu]
Wer?	Quem? [kẽi]
Was?	O quê? [u ke]
Welcher/Welche/Welches?	Qual? [kwal]
Wem?	A quem? [ɐ kẽi]
Wen?	Quem? [kẽi]
Wo?	Onde? ['õndə]
Wo ist/Wo sind ...?	Onde está/Onde estão ...? ['õndə ʃta/'õndə ʃtẽu]
Woher?	Donde? ['dõndə]
Wohin?	Para onde? ['pɐrɐ 'õndə] aonde [ɐ'õndə]
Wofür? Wozu?	Para quê? ['pɐrɐ ke]
Warum? Weshalb?	Porquê? [pur'ke]
Wie?	Como? ['komu]

Wieviel?	Quanto? ['kwẽntu]
Wie viele?	Quantos/Quantas? ['kwẽntuʃ/'kwẽnteʃ]
Wie lange?	Quanto tempo? ['kwẽntu 'tẽmpu]
Wann?	Quando? ['kwẽndu]
Ich möchte…	Queria … [kə'riɐ]
Gibt es …?	Há …? [a]

Zahlen/Maße/Gewichte
Números/Medidas/Pesos

0	zero ['zɛru]
1	um [ũ]
2	dois [doiʃ]
3	três [treʃ]
4	quatro ['kwatru]
5	cinco ['sĩŋku]
6	seis [seiʃ]
7	sete ['sɛtə]
8	oito ['oitu]
9	nove ['nɔvə]
10	dez [dɛʃ]
11	onze ['õzə]
12	doze ['dozə]
13	treze ['trezə]
14	catorze [kɐ'torzə]
15	quinze ['kĩzə]
16	dezasseis [dəzɐ'seiʃ]
17	dezassete [dəzɐ'sɛtə]
18	dezoito [də'zɔitu]
19	dezanove [dəzɐ'nɔvə]
20	vinte ['vĩntə]
21	vinte e um ['vĩnt_i 'ũ]

22	vinte e dois [ˈvĩnt‿i ˈdoiʃ]
23	vinte e três [ˈvĩnt‿i ˈtreʃ]
24	vinte e quatro [ˈvĩnt‿i ˈkwatru]
25	vinte e cinco [ˈvĩnt‿i ˈsĩŋku]
26	vinte e seis [ˈvĩnt‿i ˈseiʃ]
27	vinte e sete [ˈvĩnt‿i ˈsɛtə]
28	vinte e oito [ˈvĩnt‿i ˈoitu]
29	vinte e nove [ˈvĩnt‿i ˈnɔvə]
30	trinta [ˈtrĩntə]
31	trinta e um [ˈtrĩntə i ˈũ]
32	trinta e dois [ˈtrĩntə i doiʃ]
40	quarenta [kweˈrẽntə]
50	cinquenta (qü) [sĩŋˈkwẽntə]
60	sessenta [səˈsẽntə]
70	setenta [səˈtẽntə]
80	oitenta [oiˈtẽntə]
90	noventa [nuˈvẽntə]
100	cem [sẽi]
101	cento e um [ˈsẽntwi ũ]
200	duzentos [duˈzẽntuʃ]
300	trezentos [trəˈzẽntuʃ]
1000	mil [mil]
2000	dois mil [doiʒ mil]
3000	três mil [treʒ mil]
10000	dez mil [dɛʒ mil]
100000	cem mil [sẽi mil]
1000000	um milhão [ũ məˈʎẽu]
1.	primeiro [priˈmeiru]
2.	segundo [səˈgũndu]
3.	terceiro [tərˈseiru]
4.	quarto [ˈkwartu]

5.	quinto [ˈkĩntu]
6.	sexto [ˈseiʃtu]
7.	sétimo [ˈsɛtimu]
8.	oitavo [oiˈtavu]
9.	nono [ˈnonu]
10.	décimo [ˈdɛsimu]
1/2	um meio [ũ ˈmeju]
1/3	um terço [ũ ˈtersu]
1/4	um quarto [ũ ˈkwartu]
3/4	três quartos [treʃ ˈkwartuʃ]
3,5%	três e meio por cento [trez̺ i ˈmeju pur ˈsẽntu]
27 °C	vinte e sete graus [ˈvĩnt̺ i ˈsɛtə grauʃ]
–5 °C	cinco graus negativos [ˈsĩŋku grauʒ nəgəˈtivuʃ]
1992	mil novecentos e noventa e dois [mil nɔvəˈsẽntuz̺ i nuˈvẽntɐ i ˈdoiʃ]
Millimeter	milímetro [miˈlimətru]
Zentimeter	centímetro [sẽnˈtimətru]
Meter	metro [ˈmɛtru]
Kilometer	quilómetro (ô) [kiˈlɔmətru]
Seemeile	milha marítima [ˈmiʎɐ məˈritimɐ]
Quadratkilometer	quilómetro (ô) quadrado [kiˈlɔmətru kweˈdradu]
Ar	o are [u ˈarə]
Hektar	o hectare [u ɛkˈtarə]
Liter	litro [ˈlitru]
Gramm	o grama [u ˈgrɛmɐ]
Kilogramm	o quilograma [u kiluˈgrɛmɐ] quilo [ˈkilu]
Dutzend	dúzia [ˈduzjɐ]

Zeitangaben

Indicações sobre o tempo

Uhrzeit	As horas

Wieviel Uhr ist es? — Que horas são? [ˈkjɔɾeʃ sɐ̃u]

Können Sie mir bitte sagen, wie spät es ist? — Pode dizer-me que horas são, se faz favor? [ˈpɔdə diˈzeɾmə ˈkjɔɾeʃ sɐ̃u sə faʃ feˈvoɾ]

Es ist (genau/ungefähr) ... — São (exactamente/mais ou menos) ... [ʃɐ̃u (izatɐˈmẽntɐ/maiz̩o ˈmenuʃ)]

3 Uhr. — três horas. [trez̩ˈɔɾeʃ]

5 nach 3. — três e cinco. [trez̩i sĩŋku]

3 Uhr 10. — três e dez. [trez̩i dɛʃ]

Viertel nach 3. — três e um quarto. [trez̩i ũ ˈkwartu]

halb 4. — três e meia. [trez̩i ˈmejɐ]

Viertel vor 4. — quatro menos um quarto/um quarto para as quatro. [ˈkwatru ˈmenuz̩ũ ˈkwartu/ũ ˈkwartu ˈpeɾaʃ ˈkwatru]

5 vor 4. — quatro menos cinco/cinco para as quatro. [ˈkwatru ˈmenuʃ sĩŋku/sĩŋku ˈpeɾaʃ ˈkwatru]

Es ist genau 1 Uhr. — É uma hora em ponto. [ɛ ˈumɐ ˈɔɾɐ ɐ̃i ˈpõntu]

Es ist 12 Uhr mittag/Mitternacht. — É meio-dia/meia-noite. [ɛ ˈmeju ˈdiɐ/ˈmejɐ ˈnoitɐ]

Geht diese Uhr richtig? — Este relógio está certo? [ˈeʃtə rəˈlɔʒju ʃta ˈsɛrtu]

Sie geht vor/nach. — Está adiantado/atrasado. [ʃta ɐdjẽˈtadu/ɐtɾɐˈzadu]

Es ist spät/zu früh. — É tarde/muito cedo. [ɛ ˈtardə/ˈmũintu ˈsedu]

Um wieviel Uhr?/Wann? — A que horas?/Quando? [ɐ ˈkjɔɾeʃ/ˈkwẽndu]

Um 1 Uhr. — À uma hora. [a ˈumɐ ˈɔɾɐ]

Um 2 Uhr. — Às duas horas. [aʒ ˈduɐz̩ˈɔɾɐʃ]

Gegen 4 Uhr. — Por volta das/pelas quatro horas. [pur ˈvɔltɐ deʃ/ˈpelɐʃ ˈkwatru ˈɔɾɐʃ]

In einer Stunde.	Dentro de uma hora. ['dēntru d_'ume 'ɔre]
In zwei Stunden.	Dentro de duas horas. ['dēntru də 'duɐz_'ɔreʃ]
Nicht vor 9 Uhr morgens.	Não antes das nove da manhã. [nēu 'ēntɐʒ deʒ 'nɔvɐ de mɐ'ɲē]
Nach 8 Uhr abends.	Depois das oito da noite/da tarde. [də'poiʒ dez_'oitu de 'noitɐ/dɐ 'tardɐ]
Zwischen 3 und 4.	Entre as três e as quatro. ['ēntr_eʃ trez_i eʃ 'kwatru]
Wie lange?	Quanto tempo? ['kwēntu 'tēmpu]
Zwei Stunden (lang).	(Durante) duas horas. [(du'rēntə) 'duɐz_'ɔreʃ]
Von 10 bis 11.	Das dez às onze. [deʒ dɛz_az_'ōzə]
Bis 5 Uhr.	Até às cinco horas. [ɐ'tɛ aʃ'sīŋku 'ɔreʃ]
Seit wann?	Desde quando? ['deʒdə 'kwēndu]
Seit 8 Uhr morgens.	Desde as oito da manhã. ['deʒd_ez_'oitu dɐ mɐ'ɲē]
Seit einer halben Stunde.	Há meia hora. [a 'mejɐ 'ɔre]
Seit acht Tagen.	Há oito dias. [a 'oitu 'dieʃ]

Sonstige Zeitangaben	**Outras indicações temporais**
abends	à tarde [a 'tardɐ], à noite [a 'noitɐ]
alle halbe Stunde	de meia em meia hora [də 'mejɐ ēi 'mejɐ 'ɔre]
alle zwei Tage	de dois em dois dias [də doiz_ēi doiʒ 'dieʃ]
am Sonntag/am Wochen-ende	no domingo/no fim-de-semana [nu du'mīŋgu/nu fī də sə'mɐne]
bald	em breve [ēi 'brɛvə]
diese Woche	esta semana ['ɛʃtɐ sə'mɐne]
gegen Mittag	cerca do meio-dia ['serkɐ du 'meju 'diɐ]
gestern	ontem ['ōntēi]

heute	hoje ['oʒə]
heute morgen/abend	hoje de manhã/à noite ['oʒə də me'ɲẽ/a 'noitə]
in 14 Tagen	dentro de 15 dias ['dẽntru də 'kīzə 'dieʃ]
innerhalb einer Woche	dentro de uma semana ['dẽntru d_'ume sə'mene]
jeden Tag	todos os dias ['toduz_uʒ 'dieʃ]
jetzt	agora [e'gɔre]
kürzlich	recentemente [ʀəsẽntə'mẽntə]
letzten Montag	na segunda-feira passada [ne sə'gũndə 'feire pe'sade]
manchmal	às vezes [aʒ 'vezəʃ]
mittags	ao meio-dia [eu 'meju 'die]
morgen	amanhã [ame'ɲẽ]
morgen früh/abend	amanhã de manhã/à noite [ame'ɲẽ də me'ɲẽ/a 'noitə]
morgens	de/pela manhã [də/'pele me'ɲẽ]
nachmittags	à/de tarde [a/də 'tardə]
nächstes Jahr	no próximo ano [nu 'prɔsimu 'enu] para o ano [pere u 'enu]
nachts	de/à noite [də/a 'noitə]
stündlich *(jede Stunde) (pro Stunde)*	de hora a hora [d_'ɔra 'ɔre] por hora [pur_'ɔre]
täglich *(pro Tag) (jeden Tag)*	por dia [pur 'die] todos os dias ['toduz_uʒ 'dieʃ]
tagsüber	durante o dia [du'rẽnt_u 'die]
übermorgen	depois de amanhã [də'poiʒ d_ame'ɲẽ]
um diese Zeit	a esta hora [e 'ɛʃtɐ 'ɔre]
von Zeit zu Zeit	de vez em quando [də vez_ẽi 'kwẽndu]
vor zehn Minuten	há dez minutos [a dɛʒ mi'nutuʃ]
vorgestern	anteontem [ẽn'tjõntẽi]
vormittags	de manhã [də me'ɲẽ]

Wochentage

Dias da semana

Montag	segunda-feira [səˈgũndɐ ˈfeirɐ]
Dienstag	terça-feira [ˈtersɐ ˈfeirɐ]
Mittwoch	quarta-feira [ˈkwartɐ ˈfeirɐ]
Donnerstag	quinta-feira [ˈkĩntɐ ˈfeirɐ]
Freitag	sexta-feira [ˈseiʃtɐ ˈfeirɐ]
Samstag	sábado [ˈsabɐdu]
Sonntag	domingo [duˈmĩŋgu]

Monate

Meses

Januar	Janeiro [ʒeˈneiru]
Februar	Fevereiro [fəvəˈreiru]
März	Março [ˈmarsu]
April	Abril [eˈbril]
Mai	Maio [ˈmaju]
Juni	Junho [ˈʒuɲu]
Juli	Julho [ˈʒuʎu]
August	Agosto [eˈgoʃtu]
September	Setembro [səˈtẽmbru]
Oktober	Outubro [oˈtubru]
November	Novembro [nuˈvẽmbru]
Dezember	Dezembro [dəˈzẽmbru]

Jahreszeiten

Estações do ano

Frühling	Primavera [primeˈvɛrɐ]
Sommer	o Verão [u vəˈrẽu]
Herbst	Outono [oˈtonu]
Winter	Inverno [ĩˈvɛrnu]

Feiertage	**Feriados**

Neujahr — Ano Novo [ˈenu ˈnovu]

Karneval — o Carnaval [u kerneˈval]

Fastnachtsdienstag — Terça-Feira de Carnaval [ˈterse ˈfeire də kerneˈval]

Aschermittwoch — Quarta-Feira de Cinzas [ˈkwarte ˈfeire də ˈsīzeʃ]

Gründonnerstag — Quinta-Feira Santa [ˈkĩte ˈfeire ˈsẽnte]

Karfreitag — Sexta-Feira Santa [ˈseiʃte ˈfeire ˈsẽnte]

Ostern — Páscoa [ˈpaʃkwe]

Ostermontag — Segunda-Feira de Páscoa [səˈgũnde ˈfeire də ˈpaʃkwe]

21. April *(Tag der Freiheit)* — *(Br)* 21 de Abril (Dia do Tiradentes) [ˈvĩnti_ũ d_aˈbriu (ˈdia du tiraˈdẽntis)]

25. April — 25 de Abril [ˈvĩnti ˈsĩŋku d_eˈbril]

1. Mai — primeiro de Maio [priˈmeiru də ˈmaju]

Fronleichnam — Corpo de Deus [ˈkorpu də deuʃ]

Nationalfeiertag *(in Portugal)* (10. Juni) — Festa Nacional (10 de Junho) [ˈfɛʃte nesjuˈnal (deʒ də ˈʒuɲu)]

Nationalfeiertag *(in Brasilien)* (7. September) — Feriado Nacional (7 de Setembro) [fɛˈrjadu nasjoˈnau (ˈseti di seˈtẽmbru)]

5. Oktober — 5 de Outubro (Proclamação da República) [ˈsĩŋku d_oˈtubru (pruklemeˈsẽu de ʀɛˈpublike)]

12. Oktober — *(Br)* 12 de Outubro (Senhora da Aparecida) [ˈdozi d_oˈtubru (seˈɲore d_apareˈside)]

Allerheiligen (1. November) — Todos os Santos (1 de Novembro) [ˈtoduz_uʃ ˈsẽntuʃ (ũ də nuˈvẽmbru)]

15. November — *(Br)* 15 de Novembro (Proclamação da República) [ˈkĩzi di noˈvẽmbru (proklamaˈsẽu da ʀɛˈpublike)]

1. Dezember	1 de Dezembro (Restauração da Independência) [pri'meiru də də'zēmbru (rəʃ'tɐurəsɐ̃u de ĩndəpēn'dēsjə)]
8. Dezember	8 de Dezembro (Imaculada Conceição) ['oitu də də'zēmbru (iməku'ladə kõsei'sēu)]
Heiliger Abend	consoada [kõ'swada]
Weihnachten	o Natal [u nɐ'tal]
Silvesterabend	a passagem do ano [ɐ pɐ'saʒɐ̃i du 'ɐnu]

Datum

Data

Den Wievielten haben wir heute?	Quantos são hoje? ['kwēntuʃ sɐ̃u 'oʒə]
Heute ist der 1. Mai.	Hoje é o primeiro de Maio. ['oʒ_ɛ u pri'meiru də 'maju]
Morgen ist der 2. Mai.	Amanhã são 2 de Maio. [amɐ'ɲɐ̃ sɐ̃u doiʒ də'maju]

Wetter

O tempo

Wie wird das Wetter heute?	Como é que vai estar o tempo hoje? ['komwɛ kə vai ʃtar_u 'tēmpu 'oʒə]

Wir bekommen ...
  schönes
  schlechtes
  unbeständiges Wetter.
	Vamos ter ... ['vɐmuʃ ter]
	  bom tempo. [bõ 'tēmpu]
	  mau tempo. [mau 'tēmpu]
	  tempo variável. ['tēmpu vɐ'rjavɛl]

Es bleibt schön/schlecht.	O tempo continua bom/mau. [u 'tēmpu kõti'nuɐ bõ/mau]
Es wird wärmer/kälter.	Vamos ter mais calor/mais frio. ['vɐmuʃ ter maiʃ kɐ'lor/maiʃ 'friu]
Es soll regnen/schneien.	Deve chover/nevar. ['dɛvə ʃu'ver/nə'var]
Es ist kalt/heiß/schwül.	Está frio/calor/abafado. [ʃta 'friu/kɐ'lor/ɐbɐ'fadu]
Es zieht ein Gewitter/ Sturm auf.	Aproxima-se uma trovoada/um temporal. [ɐprɔ'simɐs_'umɐ tru'vwadə/ _ũ tēmpu'ral]

Es ist neblig/windig.	Está nevoeiro/vento. [ʃta nə'vweiru/'vẽntu]
Die Sonne scheint.	Está sol [ʃta sɔl]
Der Himmel ist wolken- los/bedeckt.	O céu está limpo/coberto. [u sɛu ʃta 'lĩmpu/ku'bɛrtu]
Wieviel Grad haben wir heute?	Quantos graus temos hoje? ['kwẽntuʒ grauʃ 'temuz_'oʒə]
Es ist 20 Grad Celsius.	Estão 20 graus. [ʃtẽu 'vĩntə grauʃ]
Wie ist der Straßenzu- stand in …?	Como estão as estradas em … ['komu ʃtẽu ez_əʃ'tradez_ẽi]
Die Straßen sind gut/ schlecht.	As estradas estão boas/más. [ez_əʃ'tradeʃ ʃtẽu 'boəʃ/maʃ]
Die Sicht beträgt nur 20 m/weniger als 50 m.	A visibilidade é só de 20 m/menos de 50 m. [ə vəzibəli'dadə ɛ sɔ də vĩntə 'mɛtruʃ/ menuʒ də sĩŋ'kwẽntə 'mɛtruʃ]

Wortliste Wetter

Barometer	barómetro (ô) [bə'rɔmətru]
bewölkt	nublado [nu'bladu]
Blitz	relâmpago, raio [ʀə'lẽmpɐgu, 'ʀaju]
Bö	rajada [ʀɐ'ʒadɐ]
Dämmerung	crepúsculo [krə'puʃkulu]
(am Morgen)	alvorada [alvu'radɐ]
(am Abend)	crepúsculo, o anoitecer [krə'puʃkulu, u ɐnoitɐ'ser]
diesig	enevoado [ɐnə'vwadu]
Donner	o trovão [u tru'vẽu]
Ebbe	a baixa-mar/a maré baixa [ɐ 'baiʃɐ mar/ɐ mɐ'rɛ 'baiʃɐ]
Eis	gelo ['ʒelu]
feucht-kühl	frio e (h)úmido ['friu i 'umidu]
Flaute	calma ['kalmɐ]
Flut	a preia-mar/a maré cheia [ɐ 'prejɐ mar/ɐ mɐ'rɛ 'ʃejɐ]
Frost	geada ['ʒjadɐ]
Glatteis	regelo [ʀə'ʒelu]
Hagel	granizo [grɐ'nizu]
heiß	quente ['kẽntɐ]
heiter	pouco nublado ['poku nu'blado]

Hitze	o calor [u keˈlor]
~welle	vaga de calor [ˈvagɐ də keˈlor]
Hoch	o anticiclone [u ẽntisiˈklonə]
kalt	frio [ˈfriu]
Klima	o clima [u ˈklimɐ]
Luft	o ar [u ar]
~druck	a pressão atmosférica [ɐ prəˈsɐ̃u̯ ɐtmuʃˈfɛrikɐ]
naß	molhado [muˈʎadu]
Nebel	nevoeiro [nəˈvweiru]
Niederschlag	as precipitações [ɐʃ prəsəpitɐˈsõiʃ]
Nieselregen	chuvisco [ʃuˈviʃku]
Regen	chuva [ˈʃuvɐ]
~schauer	aguaceiro [agweˈseiru]
~zeit	a estação das chuvas [ɐ ʃtɐˈsɐ̃u̯ dɐʃ ˈʃuvɐʃ]
regnerisch	chuvoso [ʃuˈvozu]
Schnee	a neve [ɐ ˈnɛvə]
~sturm	a tempestade de neve [ɐ tẽmpəʃˈtadə də ˈnɛvə]
schwül	abafado [ɐbɐˈfadu]
Schwüle	o calor sufocante [u keˈlor sufuˈkẽntə]
Sonne	o sol [u sɔl]
Sonnen|aufgang	o nascer-do-sol [u neʃˈser du sɔl]
untergang	o pôr-do-sol [u por du sɔl]
sonnig	de sol [də sɔl]
sternenklar	estrelado [ʃtrəˈladu]
Tauwetter	degelo [dəˈʒelu]
Temperatur	temperatura [tẽmpərɐˈturɐ]
Tief	a depressão atmosférica [ɐ dəprɐˈsɐ̃u̯ ɐtmuʃˈfɛrikɐ]
Trockenheit	seca [ˈsekɐ]
Überschwemmung	a inundação/cheia [ɐ inũndɐˈsɐ̃u̯/ˈʃeiɐ]
warm	quente [ˈkẽntə]
wechselhaft	instável [ĩʃˈtavɛl]
Wetter|bericht	o boletim meteorológico [u bulɐˈtĩ mətjuruˈlɔʒiku]
~vorhersage	as previsões do tempo [ɐʃ prəviˈzõiʒ du ˈtẽmpu]
Wind	vento [ˈvẽntu]
~stärke	a intensidade do vento [ɐ ĩntẽsiˈdadə du ˈvẽntu]
Wolke	a nuvem [ɐ ˈnuvɐ̃i̯]
Wolkenbruch	chuva torrencial [ˈʃuvɐ tuʁẽˈsjal]

Wortliste Farben

beige	bege [ˈbɛʒə]
blau	azul [ɐˈzul]
braun	castanho [kɐʃˈtɐɲu]
	(Br) marrom [maˈʀõ]
kastanien~	castanho [kɐʃˈtɐɲu]
farbig	de cor [də kor]
ein~	só de uma cor [sɔ d ˈumɐ kor]
mehr~	de várias cores [də ˈvarjɐʃ ˈkorəʃ]
gelb	amarelo [ɐmɐˈrɛlu]
golden	dourado [doˈradu]
grau	cinzento [sĩˈzẽtu]
grün	verde [ˈverdə]
lila	lilás [liˈlaʃ]
orange	cor-de-laranja [kor də lɐˈrẽʒɐ]
rosa	cor-de-rosa [kor də ˈʀozɐ]
rot	vermelho [vərˈmeʎu]
	encarnado [ẽkɐrˈnadu]
schwarz	preto [ˈpretu], negro [ˈnegru]
silbern	prateado [prɐˈtjadu]
türkisfarben	turquesa [turˈkezɐ]
violett	roxo [ˈʀoʃu], violeta [vjuˈletɐ]
weiß	branco [ˈbrẽŋku]
hell ...	claro ... [ˈklaru]
dunkel ...	escuro ... [ˈʃkuru]

2 **Kontakte**
Contactos

Begrüßung/Vorstellung/Bekanntschaft
Saudação/Apresentação/Conhecimento

Guten Morgen!	Bom dia! [bō ˈdiɐ]
Guten Tag!	Bom dia!/Boa tarde! [bō ˈdiɐ/ˈboɐ ˈtardə]
Guten Abend!	Boa tarde!/Boa noite! [ˈboɐ ˈtardə/ˈboɐ ˈnoitə]
Hallo!/Grüß dich!	Olá! [ɔˈla]
Wie ist Ihr Name, bitte?	Como se chama? [ˈkomu sə ˈʃɐmɐ] Como é o seu nome? [ˈkomu ɛ u seu ˈnomə]
Wie heißt du?	Como te chamas? [ˈkomu tə ˈʃɐmɐʃ]
Mein Name ist …/Ich heiße …	O meu nome é …/Chamo-me … [u meu ˈnom_ɛ/ˈʃɐmumə]
Darf ich bekannt machen? Das ist …	Permita-me que lhe apresente … [pərˈmitəmə kə ʎ_eprəzẽntɐ]
Frau X.	a senhora D. X. [ɐ səˈɲorɐ ˈdonə]
Fräulein X.	a menina X. [ɐ məˈninɐ]
Herr X.	o senhor X. [u səˈɲor]
mein Mann.	o meu marido. [u meu məˈridu]
meine Frau.	a minha mulher. [ɐ ˈmiɲɐ muˈʎɛr]
mein Sohn.	o meu filho. [u meu ˈfiʎu]
meine Tochter.	a minha filha. [ɐ ˈmiɲɐ ˈfiʎɐ]
mein Bruder/meine Schwester.	o meu irmão/a minha irmã. [u meu irˈmɐ̃u/ɐ ˈmiɲ_irˈmɐ̃]
mein Freund/meine Freundin.	o meu amigo/a minha amiga. [u meu ɐˈmigu/ɐ ˈmiɲ_ɐˈmigɐ]
mein Kollege/meine Kollegin.	o meu colega/a minha colega. [u meu kuˈlɛgɐ/ɐ ˈmiɲɐ kuˈlɛgɐ]
Wie geht es Ihnen?	Como está? [ˈkomu ʃta]
Wie geht's?	Como é que vais/estás? [ˈkomu ɛ kə vaiʃ/staʃ]
Danke. Und Ihnen/dir?	Bem, obrigado/obrigada. E o senhor/a senhora/você/tu? [bẽi obriˈgadu/obriˈgadɐ. i u səˈɲor/ɐ səˈɲorɐ/vɔˈse/tu]
Woher kommen Sie/kommst du?	Donde é que é/que tu és? [ˈdõnd_ɛ kjɛ/kə tu ɛʃ]
Ich bin aus …	Sou de … [so də]

Sind Sie/Bist du schon lange hier?	Já cá está/estás há muito tempo? [ʒa ka ʃta/ʃtaz‿a 'mũintu 'tẽmpu]
Ich bin seit … hier.	Estou cá há …/desde … [ʃto ka a/'deʒdə]
Wie lange bleiben Sie/ bleibst du?	Quanto tempo vai/vais cá ficar? ['kwẽntu 'tẽmpu vai/vaiʃ ka fi'kar]
Sind Sie/Bist du zum ersten Mal hier?	É a primeira vez que cá vem/vens? [ɛ ɐ pri'meirɐ veʃ kɐ ka vẽi/vẽiʃ]
Sind Sie/Bist du allein?	Está/Estás só? [ʃta/staʃ sɔ]
Nein, ich bin mit meiner Familie hier/mit Freunden unterwegs.	Não, estou com a minha família/de passagem com amigos. [nẽu ʃto kõ ɐ 'miɲɐ fɐ'miljɐ/də pɐ'saʒẽi kõ ɐ'miguʃ]
Sind Sie/Bist du auch im Hotel Astoria/auf dem Campingplatz …?	Está/Estás também no Hotel Astória/ no parque de campismo (Br camping)? [ʃta/ʃtaʃ tẽm'bẽi nu ɔ'tɛl‿eʃ'tɔrjɐ/nu 'parkə də kẽm'piʒmu ('kẽmpiŋ)]

Alleine unterwegs/Verabredung

Em viagem sozinho/sozinha/Encontro

Warten Sie/Wartest du auf jemanden?	Está/Estás à espera de alguém? [ʃta/ʃtaz‿a 'ʃpɛrɐ d‿al'gẽi]
Haben Sie/Hast du für morgen schon etwas vor?	Já tem/tens alguns planos para amanhã? [ʒa tẽi/tẽiz‿al'gũʃ 'plenuʃ per‿amɐ'ɲẽ]
Wollen wir zusammen hingehen?	Vamos juntos? ['vemuʒ 'ʒũntuʃ]
Wollen wir heute abend miteinander ausgehen?	Vamos sair os dois hoje à noite? ['vemuʃ se'ir‿uʒ doiz‿'oʒ‿a 'noitə]
Darf ich Sie/dich zum Essen einladen?	Posso convidá-lo/convidá-la/ convidar-te para almoçar/para jantar? ['pɔsu kõvi'dalu/kõvi'dalɐ/ kõvi'dartə'per‿almusar/'perɐ ʒẽn'tar]
Wann treffen wir uns?	A que horas nos encontramos? [ɐ 'kjɔrɐʒ nuz‿ẽŋkõn'tremuʃ]
Darf ich Sie/dich abholen?	Posso ir buscá-lo/buscá-la/buscar-te? ['pɔsu ir buʃ'kalu/buʃ'kalɐ/buʃ'kartɐ]
Wann soll ich kommen?	A que horas posso ir? [ɐ 'kjɔreʃ 'pɔsu ir]

Treffen wir uns um 9 Uhr ...
vor dem Kino.

Encontramo-nos às 9 horas ...
[ĕŋkõnˈtremunuz‿aʒ‿nɔvˈɔreʃ]
em frente do cinema.
[ẽi ˈfrẽntə du siˈneme]

auf dem ... Platz.
im Café.

na Praça ... [nɐ ˈprasɐ]
no café. [nu keˈfɛː]

Sind Sie verheiratet?

É casado/casada? [ɛ keˈzadu/keˈzadɐ]

Hast du einen Freund/
eine Freundin?

Tens namorado/namorada?
[tẽiʒ nɐmuˈradu/nɐmuˈradɐ]

Darf ich Sie/dich nach
Hause bringen?

Posso levá-lo/levá-la/levar-te a casa?
[ˈposu ləˈvalu/ləˈvalɐ/ləˈvart‿ɐ ˈkazɐ]

Ich bringe Sie/dich noch
zum/zur ...

Vou levá-lo/levá-la/levar-te ainda ao/
à ... [vo ləˈvalu/ləˈvalɐ/ləˈvart‿ɐĩnd‿ɐu/‿a]

Kann ich Sie/dich wie-
dersehen?

Posso voltar a vê-lo/vê-la/ver-te?
[ˈposu vɔlˈtar‿ɐ ˈvelu/velɐ/ˈvertɐ]

Ich hoffe, Sie/dich bald
wiederzusehen.

Espero voltar a vê-lo/vê-la/ver-te
brevemente. [ˈʃpɛru vɔlˈtar‿ɐ ˈvelu/velɐ/
ˈvertɐ brɛvəˈmẽntɐ]

Vielen Dank für den net-
ten Abend.

Muito obrigado/obrigada por este
serão tão agradável. [ˈmũint‿obriˈgadu/
‿obriˈgadɐ pur‿ˈeʃtɐ səˈrẽu tẽu egrɐˈdavɛl]

Lassen Sie mich bitte in
Ruhe!

Por favor, deixe-me em paz!
[pur feˈvor ˈdeiʃəm‿ẽi paʃ]

Hau ab!

Põe-te a andar! [ˈpõit‿ɐ ẽnˈdar]

Jetzt reicht's!

Basta, já é de mais! [ˈbaʃtɐ ʒa ɛ də maiʃ]

Besuch

Uma visita

Entschuldigen Sie,
wohnt hier Herr/Frau/
Fräulein X?

Desculpe, mora aqui o senhor/a senhora D./a menina X? [dəʃˈkulpɐ ˈmɔr‿aˈki
u səˈɲor/ɐ səˈɲorɐ ˈdonɐ/ɐ məˈninɐ]

Nein, er/sie ist umge-
zogen.

Não, mudou de casa.
[nẽu muˈdo də ˈkazɐ]

Wissen Sie, wo er/sie
jetzt wohnt?

Sabe onde ele/ela mora agora?
[sab‿õnd‿ˈelə/ˈɛlɐ mɔr‿aˈgorɐ]

Kann ich mit Herrn/
Frau/Fräulein X spre-
chen?

Posso falar com o senhor/a senhora
D./a menina X? [ˈposu feˈlar kõ u səˈɲor/
ɐ səˈɲorɐ ˈdonɐ/ɐ məˈninɐ]

Wann ist er/sie zu Hause?
Quando é que ele/que ela está em casa?
['kwɐ̃dwɛ 'kjɛlə/'kjɛlɛ ʃta ɐ̃i 'kazɐ]

Kann ich eine Nachricht hinterlassen?
Posso deixar um recado?
['pɔsu dei'ʃar̯ũ ʀə'kadu]

Ich komme später noch einmal vorbei.
Volto cá mais tarde.
['vɔltu ka maiʃ 'tardə]

● Kommen Sie/Komm herein.
Entre/Entra. ['ẽntrə/'ẽntrɛ]

● Nehmen Sie/Nimm bitte Platz.
Sente-se/Senta-te, se faz favor.
['sẽntəsə/'sẽntɛtɛ sə faʃ fevor]

Ich soll Sie/dich von Paul grüßen.
Muitos cumprimentos do Paulo.
['mũintuʃ kũmpri'mẽntuʒ du 'paulu]

● Was darf ich Ihnen/dir zu trinken anbieten?
O que é que deseja/queres tomar?
[u kjɛ kə də'zeʒe/'kɛrəʃ tu'mar]

Auf Ihr/dein Wohl!
À sua/tua saúde! [a 'suɐ/'tuɐ sɐ'udə]

● Können Sie/Kannst du nicht zum Mittagessen/Abendessen bleiben?
Não pode/podes ficar para o almoço/jantar? [nɐ̃u 'pɔdə/'pɔdəʃ fi'kar 'perɐ u al'mosu/ʒẽn'tar]

Vielen Dank. Ich bleibe gern, wenn ich nicht störe.
Muito obrigado/obrigada. Aceito com prazer, se não incomodo.
['mũint̯obri'gadu/̯obri'gadɛ. ɐ'seitu kõm prɛ'zer sə nɐ̃u ĩŋku'mɔdu.]

Es tut mir leid, aber ich muß jetzt gehen.
Tenho muita pena, mas tenho que me ir embora. ['teɲu 'mũintɛ 'penɐ maʃ 'teɲu kə m̯ir̯ẽm'bɔrɐ]

Abschied

Despedida

Auf Wiedersehen!
Bom dia!/Boa tarde!/Boa noite!/Adeus!/(Br) Até logo! [bõ 'diɐ/'boɐ 'tardə/'boɐ 'noitɐ/ɐ'deuʃ/a'tɛ 'lɔgu]

Bis bald!
Até breve! [ɐ'tɛ 'brɛvə]

Bis später!
Até logo! [ɐ'tɛ 'lɔgu]

Bis morgen!
Até amanhã! [ɐtɛ amɐ'ɲɐ̃]

Gute Nacht!
Boa noite! ['boɐ 'noitɐ]

Tschüß!
Adeus!/(Br) Tchau! [ɐ'deuʃ/tʃau]

Alles Gute!
Felicidades! [fɛləsi'dadɛʃ]

Viel Vergnügen!	Divirta-se!/Divirtam-se!/Diverte-te! [diˈvirtəsə/diˈvirtēusə/diˈvɛrtətə]
Gute Reise!	Boa viagem! [ˈboə ˈvjaʒēi]
Ich lasse von mir hören.	Eu depois dou notícias. [eu dəˈpoiʒ do nuˈtisjəs]
Grüßen Sie/Grüß ... von mir.	Dê/Dá cumprimentos meus a ... [de/da kũmpriˈmēntuʒ meuz_ɐ]

Bitte und Dank

Como pedir um favor e agradecer

Ja, bitte.	Sim, se faz favor. [sĩ sə faʃ fɐˈvor]
Nein, danke.	Não, obrigado/obrigada. [nēu obriˈgadu/obriˈgadɐ]
Darf ich Sie um einen Gefallen bitten?	Posso pedir-lhe um favor? [ˈpɔsu pəˈdirʎ_ũ fɐˈvor]
Gestatten Sie?	Dá licença? [da liˈsēsɐ]
Können Sie mir bitte helfen?	Pode ajudar-me, se faz favor? [ˈpɔd_eʒuˈdarmə sə faʃ fɐˈvor]
Danke.	Obrigado/Obrigada. [obriˈgadu/obriˈgadɐ]
Vielen Dank.	Muito obrigado/obrigada. [ˈmũint_obriˈgadu/_obriˈgadɐ]
Danke, sehr gern.	Obrigado/Obrigada, com muito prazer. [obriˈgadu/obriˈgadɐ kõ ˈmũintu prɐˈzer]
Danke, gleichfalls!	Obrigado/Obrigada, igualmente! [obriˈgadu/obriˈgadɐ igwalˈmēntə]
Das ist nett, danke.	Obrigado/Obrigada, é muito amável da sua/tua parte. [obriˈgadu/obriˈgadɐ, ɛ ˈmũint_ɐˈmavɛl də ˈsuɐ/ˈtuɐ ˈpartə]
Vielen Dank für Ihre Hilfe/Mühe.	Muito obrigado/obrigada pela sua ajuda/pelo seu interesse. [ˈmũint_obriˈgadu/_obriˈgadɐ ˈpelɐ su_aˈʒudɐ/ˈpelu seu ĩntɐˈresə]
Bitte sehr./Gern geschehen.	De nada./Não tem de quê. [də ˈnadɐ/nēu tēi də ke]

Entschuldigung/Bedauern
Como pedir desculpa

Entschuldigung!	Desculpe!/Desculpa! [dəʃˈkulpə/dəʃˈkulpə]
Ich muß mich entschul-digen.	Tenho de pedir desculpa. [ˈteɲu də pəˈdir dəʃˈkulpə]
Das tut mir leid.	Lamento muito. [lɐˈmēntu ˈmũintu]
Es war nicht so gemeint.	Não era isso que eu queria dizer. [nɐ̃u ˈɛrɐ ˈisu kjeu kəˈriɐ diˈzer]
Schade!	Que pena! [kə ˈpenɐ]
Es ist leider nicht möglich.	Infelizmente não é possível. [ĩfəliʒˈmēntə nɐ̃u ɛ puˈsivɛl]
Vielleicht ein andermal.	Fica para outra vez. [ˈfikɐ ˈperɐ ˈotrɐ veʃ] Talvez noutra ocasião. [talˈveʒ ˈnotr_okeˈzjɐ̃u]

Glückwunsch
Felicitações

Herzlichen Glück-wunsch!	Muitos parabéns! [ˈmũintuʃ perɐˈbɐ̃iʃ]
Alles Gute!	Felicidades! [fələsiˈdadəʃ]
Alles Gute zum Geburts-tag!	Muitos parabéns pelo seu/teu aniversá-rio! [ˈmũintuʃ perɐˈbɐ̃iʃ ˈpelu seu/teu ɐnivərˈsarju]
Viel Erfolg!	Boa sorte! [ˈboɐ ˈsɔrtə]
Viel Glück!	Felicidades! [fələsiˈdadəʃ]
Hals- und Beinbruch!	Boa sorte! [ˈboɐ ˈsɔrtə]
Gute Besserung!	Boas melhoras! [ˈboɐʒ məˈʎɔrɐʃ]
Schöne Feiertage!	Bons feriados! [bõʃ fəˈrjaduʃ]

Verständigungsschwierigkeiten
Dificuldades de compreensão

Wie bitte?	Como? [ˈkomu]
Ich verstehe Sie/dich nicht. Bitte, wiederholen Sie/wiederhole es.	Não compreendo. Pode/Podes repetir, se faz favor? [nɐ̃u kõmˈprjēndu. ˈpɔdə/ˈpɔdəʒ ʀəpəˈtir sə faʃ fɐˈvor]

Bitte sprechen Sie/sprich etwas langsamer/lauter.
Pode/Podes falar um pouco mais devagar/mais alto, se faz favor?
[ˈpɔdə/ˈpɔdəʃ fɐˈlar ũm ˈpoku maiʒ dɐvɐˈgar/maiz ˈaltu sə faʃ fɐˈvor]

Ich verstehe/habe verstanden.
Entendo/Entendi. [ẽnˈtẽndu/ẽntẽnˈdi]

Sprechen Sie/Sprichst du …
Fala/Falas … [ˈfalɐ/ˈfalɐʃ]

　Deutsch?
　alemão? [ɐləˈmẽu]
　Englisch?
　inglês? [ĩŋˈgleʃ]
　Französisch?
　francês? [frẽˈseʃ]

Ich spreche nur wenig …
Falo só um pouco de …
[ˈfalu sɔ ũm ˈpoku də]

Was heißt … auf portugiesisch?
Como se diz … em português?
[ˈkomu sə diʃ … ẽi purtuˈgeʃ]

Was bedeutet das?
O que significa isso? [u kə signiˈfikɐ ˈisu]

Wie spricht man dieses Wort aus?
Como se pronuncia esta palavra?
[ˈkomu sə prunũˈsiˌˈɛʃtɐ pɐˈlavrɐ]

Schreiben Sie/Schreibe es mir bitte auf!
Faça-me/Faz-me o favor de escrever isso.
[ˈfasɐmˌˈfaʒmˌu fɐˈvor də ʃkrɐˈver ˈisu]

Buchstabieren Sie/Buchstabiere es bitte!
Faça-me/Faz-me o favor de dizer letra por letra. [ˈfasɐmˌˈfaʒmˌu fɐˈvor də diˈzer ˈletrɐ pur ˈletrɐ]

Meinungsäußerung
Opinião

Das gefällt mir (nicht).
Isto/Isso agrada-me/não me agrada.
[ˈiʃtu/ˈisu ɐˈgradɐmɐ/nɐũ mˌˈɛˈgradɐ]

Ich möchte lieber …
Prefiro … [prɐˈfiru]

Am liebsten wäre mir …
O que mais me agradava era …
[u kə maiʒ mˌɐgrɐˈdavɐ ˈɛrɐ]

Das wäre nett.
Seria muito simpático.
[sɐˈriɐ ˈmũintu sĩmˈpatiku]

Mit Vergnügen.
Com muito prazer. [kõ ˈmũintu prɐˈzer]

Prima!
Ó(p)timo! [ˈɔtimu]

Ich habe keine Lust dazu.	Não me apetece nada. [nɐu m‿ɐpɐˈtɛsɐ ˈnadɐ]
Ich will nicht.	Não quero. [nɐu ˈkɛru]
Das kommt nicht in Frage.	Impossível! De maneira nenhuma! [ĩmpuˈsivɛl dɐ mɐˈneirɐ nɐˈɲumɐ]
Auf gar keinen Fall.	De maneira nenhuma! [dɐ mɐˈneirɐ nɐˈɲumɐ]
Ich weiß noch nicht.	Ainda não sei. [ɐˈĩdɐ nɐu sei]
Vielleicht.	Talvez. [talˈveʃ]
Wahrscheinlich.	Provavelmente. [pruvavɛlˈmẽtɐ]

Angaben zur Person
Indicações sobre a pessoa

Alter
Idade

Wie alt sind Sie/bist du?	Quantos anos tem/tens? [ˈkwẽtuz‿ˈenuʃ tẽi/tẽiʃ]
Ich bin 39.	Tenho 39 anos. [ˈteɲu ˈtrĩte i ˈnovˈenuʃ]
Wann haben Sie/hast du Geburtstag?	Em que dia faz/fazes anos? [ẽi kɐ ˈdiɐ faz‿/ˈfazɐz‿ˈenuʃ]
Ich bin am 12. April 1954 geboren.	Nasci no dia/em 12 de Abril de 1954. [neʃˈsi nu ˈdiɐ/ẽi ˈdozɐ d‿ɐˈbril dɐ mil nɔvɐˈsẽntuz‿i sĩŋˈkwẽntɐ i ˈkwatru]

Beruf/Studium/Ausbildung
Profissão/Estudos/Formação

Was machen Sie/machst du beruflich?	Qual é a sua/tua profissão? [kwal‿ɛ ɐ ˈsuɐ/ˈtuɐ prufiˈsɐu]
Ich bin Arbeiter/in.	Sou operário/operária. [so opɐˈrarju/opɐˈrarjɐ]
Ich bin Angestellte/r.	Sou empregada/empregado. [so ẽmprɐˈgadɐ/ẽmprɐˈgadu]
Ich bin Beamter/Beamtin.	Sou funcionário público/funcionária pública. [so fũsjuˈnarju ˈpubliku/fũsjuˈnarjɐ ˈpublikɐ]

Ich bin Freiberufler.	Exerço uma profissão liberal. [i'zɛrs_'umɐ prufi'sẽu libɐ'ral]
Ich bin Rentner/in.	Sou pensionista. [so pẽsju'niʃtɐ]
Ich bin arbeitslos.	Estou desempregado/desempregada. [ʃto dɐzẽmprɐ'gadu/dɐzẽmprɐ'gadɐ]
Ich arbeite bei ...	Trabalho em ... [trɐ'baʎu ẽi]
Ich gehe noch zur Schule.	Ainda ando à escola. [e'ĩndɐ 'ẽndu a 'ʃkɔlɐ]
Ich gehe ins Gymnasium.	Ando no liceu (*Br* ginásio). ['ẽndu nu li'seu (ʒi'nazju)]
Ich bin Student/in.	Sou estudante universitário/universitária. [so ʃtu'dẽnt_univɐrsi'tarju/_univɐrsi'tarjɐ]
Wo/Was studieren Sie/studierst du?	Onde é/O que é que estuda/estudas? ['õnd_ɛ/u kjɛ kɐ_'ʃtude/_'ʃtudɐʃ]
Ich studiere ... in München.	Estudo ... em Munique. ['ʃtudu ... ẽi mu'nikɐ]
Was für Hobbies haben Sie/hast du?	Quais são os seus/teus hobbies? [kwaiʃ sẽu uʃ seuz_/teuz_'ɔbiʃ]

Wortliste Berufe/Studium/Ausbildung

Altenpfleger/in	enfermeiro/enfermeira de idosos [ẽfɐr'meiru/ẽfɐr'meirɐ d_i'dozuʃ]
Angestellte/r	empregada/empregado [ẽmprɐ'gadɐ/ẽmprɐ'gadu]
Anglistik	anglística [ẽŋ'gliʃtikɐ]
Apotheker/in	farmacêutico/farmacêutica [fɐrmɐ'seutiku/fɐrmɐ'seutikɐ]
Arbeiter/in	operário/operária [opɐ'rarju/opɐ'rarjɐ]
Archäologie	arqueologia [ɐrkjulu'ʒiɐ]
Architekt/in	arquite(c)to / arquite(c)ta [ɐrki'tɛtu / ɐrki'tɛtɐ]
Architektur	arquite(c)tura [ɐrkitɛ'turɐ]
Arzt / Ärztin	médico / médica ['mɛdiku / 'mɛdikɐ]
Arzthelferin	empregada de consultório [ẽmprɐ'gadɐ dɐ kõsul'tɔrju], a assistente de médico [a_aʃiʃ'tẽntɐ dɐ 'mɛdiku]

Auszubildende/r	instruenda / instruendo [iʃˈtrwẽndɐ / iʃˈtrwẽndu]
Automechaniker	mecânico de automóveis [mɐˈkɐniku d̯ autuˈmɔveiʃ]
Bäcker/in	padeiro / padeira [paˈdeiru / paˈdeirɐ]
Beamter / Beamtin	funcionário público/funcionária pública [fũsjuˈnarju ˈpubliku / fũsjuˈnarjɐ ˈpublikɐ]
Berufsschule	escola profissional [ˈʃkɔlɐ prufisjuˈnal]
Betriebswirt/in	o/a economista (especialista em economia empresarial) [u/ɐ ikɔnuˈmiʃtɐ (ʃpɐsjɐˈliʃt̯ ẽi ikɔnuˈmi̯ ẽmprɐzɐˈrjal)]
Betriebswirtschaft	economia empresarial [ikɔnuˈmi̯ ẽmprɐzɐˈrjal]
Bibliothekar/in	bibliotecário / bibliotecária [bibljutɐˈkarju / bibljutɐˈkarjɐ]
Biologe/in	biólogo / bióloga [ˈbjɔlugu / ˈbjɔlugɐ]
Biologie	biologia [bjuluˈʒiɐ]
Briefträger/in	carteiro / carteira [kɐrˈteiru / kɐrˈteirɐ]
Buchhalter/in	o/a contabilista [u/ɐ kõntɐbɐˈliʃtɐ]
Buchhändler/in	livreiro / livreira [liˈvreiru / liˈvreirɐ]
Chemie	química [ˈkimikɐ]
Chemiker/in	químico / química [ˈkimiku / ˈkimikɐ]
Dachdecker/in	o telhador / a telhadora [u tɐʎɐˈdor / ɐ tɐʎɐˈdorɐ]
Datentypist/in	o digitador / a digitadora [u diʒitɐˈdor / ɐ diʒitɐˈdorɐ]
Dekorateur/in	o decorador / a decoradora [u dɐkurɐˈdor / ɐ dɐkurɐˈdorɐ]
Designer/in	o/a designer [u/ɐ diˈzainɐ]
Dolmetscher/in	o/a intérprete [u/ɐ ĩˈtɛrprɐtɐ]
Dozent/in	o/a docente [u/ɐ duˈsẽntɐ]
Drogist/in	o/a droguista [u/ɐ druˈgiʃtɐ]
EDV-Fachmann/frau	o/a especialista de computadores [u/ɐ ʃpɐsjɐˈliʃtɐ dɐ kõmputɐˈdorɐʃ]
Eisenbahner	ferroviário [fɐʀɔˈvjarju]
Elektriker/in	o/a ele(c)tricista [u/ɐ ilɛtrɐˈsiʃtɐ]
Erzieher/in	o educador / a educadora [u idukɐˈdor / ɐ idukɐˈdorɐ]
Facharbeiter/in	operário especializado / operária especializada [opɐˈrarju ʃpɐsjɐliˈzadu / opɐˈrarjɐ ʃpɐsjɐliˈzadɐ]
Fahrlehrer/in	o instrutor / a instrutora de condução [u ĩʃtruˈtor / ɐ ĩʃtruˈtorɐ dɐ kõnduˈsẽu]

Fischer/in	o pescador / a pescadora [u pəʃkeˈdor / ɐ pəʃkeˈdorɐ]
Florist/in	o/a florista [u/ɐ fluˈriʃtɐ]
Förster	o guarda-florestal [u ˈgwardɐ flurəʃˈtal]
Fotograf/in	fotógrafo / fotógrafa [fuˈtɔgrɐfu/fuˈtɔgrɐfɐ]
Friseur / Friseuse	cabeleireiro / cabeleireira [kɐbəleiˈreiru / kɐbəleiˈreirɐ], barbeiro [berˈbeiru]
Gärtner/in	jardineiro / jardineira [ʒɐrdiˈneiru / ʒɐrdiˈneirɐ]
Gastwirt/in	hoteleiro / hoteleira [ɔtəˈleiru / ɔtəˈleirɐ] dono/dona de restaurante [ˈdonu/ˈdonɐ də ʀəʃtauˈrēntə]
Geographie	geografia [ʒjugrɐˈfiɐ]
Geologie	geologia [ʒjuluˈʒiɐ]
Germanistik	filologia germânica [filuluˈʒiɐ ʒɐrˈmɐnikɐ] germanística [ʒɐrməˈniʃtikɐ]
Geschäftsführer/in	o/a gerente [u/ɐ ʒəˈrēntə]
Geschichte	história [ˈʃtɔrjɐ]
Glaser	vidraceiro [vidrɐˈseiru]
Handelsschule	escola comercial [ˈʃkɔlə kumərˈsjal]
Handwerker/in	operário / operária [opəˈrarju / opəˈrarjɐ] o/a artífice [u/ɐ erˈtifiʃə]

Haus|frau	dona de casa ['donɐ də 'kazɐ]
~meister/in	porteiro / porteira [pur'teiru / pur'teirɐ]
Hebamme	parteira [per'teirɐ]
Heilpraktiker/in	médico / médica naturalista ['mɛdiku / 'mɛdikɐ nɐturɐ'liʃtɐ]
Hochschule	a universidade [ɐ univərsi'dadə]
	escola superior ['ʃkɔlɐ supə'rjor]
Informatik	informática [ĩfur'matikɐ]
Ingenieur/in	engenheiro / engenheira [ẽʒə'ɲeiru / ẽʒə'ɲeirɐ]
Installateur/in	o canalizador / a canalizadora [u kɐnɐlizɐ'dor / ɐ kɐnɐlizɐ'dorɐ]
Institut	instituto [ĩʃti'tutu]
Journalist/in	o/a jornalista [u/ɐ ʒurnɐ'liʃtɐ]
Jura	direito [di'reitu]
Juwelier	joalheiro [ʒwɐ'ʎeiru]
	o ourives [u o'rivəʃ]
Kassierer/in	o/a caixa [u/ɐ 'kaiʃɐ]
Kaufmann/frau	o/a comerciante [u/ɐ kumər'sjẽtɐ]
Kellner/in	empregado / empregada [ẽprɐ'gadu / ẽprɐ'gadɐ], *(Br)* o garçom / a garçonete [u gar'sõ / a garso'nɛti]
Koch / Köchin	cozinheiro / cozinheira [kuzɐ'ɲeiru / kuzɐ'ɲeirɐ]
Konditor/in	confeiteiro / confeiteira [kõfei'teiru / kõfei'teirɐ]
	pasteleiro / pasteleira [pɐʃtɐ'leiru / pɐʃtɐ'leirɐ]
Kraftfahr|er	o automobilista [u autumubi'liʃtɐ]
~zeugmechaniker/in	mecânico / mecânica de automóveis [mə'kɐniku / mə'kɐnikɐ d_autu'mɔveiʃ]
Kranken|gymnast/in	o professor / a professora de ginástica terapêutica [u prufə'sor / ɐ prufə'sorɐ də ʒi'naʃtikɐ tɐrɐ'peutikɐ]
~pfleger	enfermeiro [ẽfɐr'meiru]
~schwester	enfermeira [ẽfɐr'meirɐ]
Künstler/in	o/a artista [u/ɐ ɐr'tiʃtɐ]
Kunst|akademie	Academia de Belas-Artes [ɐkɐdə'miɐ də 'bɛlɐz_'artɐʃ]
~geschichte	história da arte ['ʃtɔrjɐ dɐ 'artɐ]
Laborant/in	o/a praticante de laboratório [u/ɐ prɐti'kẽtɐ də lɐburɐ'tɔrju]
	o/a ajudante de farmacêutico [u/ɐ ɐʒu'dẽtɐ də fɐrmɐ'seutiku]

Landwirt/in	o agricultor / a agricultora [u ɐgrikulˈtor /a_agrikulˈtorɐ]
	agrónomo (ô) / agrónoma (ô) [ɐˈɡrɔnumu / ɐˈɡrɔnumɐ]
Lehrer/in	o professor / a professora [u prufəˈsor / ɐ prufəˈsorɐ]
Lehrling	o aprendiz [u ɐprẽnˈdiʃ]
Leiter/in	o dire(c)tor / a dire(c)tora [u dirɛˈtor / ɐ dirɛˈtorɐ]
Makler/in	o corretor / a corretora [u kuʀɛˈtor / ɐ kuʀɛˈtorɐ]
Maler	o pintor / a pintora [u pĩnˈtor / ɐ pĩnˈtorɐ]
Mannequin	o manequim [u menəˈkĩ]
Maschinenbau	a construção de máquinas [ɐ kõʃtruˈsɐ̃u də ˈmakinɐʃ]
Masseur/in	o/a massagista [u/ɐ mɐsɐˈʒiʃtɐ]
Mathematik	matemática [metəˈmatikɐ]
Matrose	marinheiro [meriˈɲeiru]
Maurer	pedreiro [pəˈdreiru]
Mechaniker/in	mecânico / mecânica [məˈkeniku / məˈkenikɐ]
Medizin	medicina [mədiˈsinɐ]
Meteorologe/in	o/a metereologista [u/ɐ mətərjuluˈʒiʃtɐ]
Metzger/in	o/a talhante [u/ɐ tɐˈʎɐ̃ntɐ]
	(Br) açougueiro/açougueira [asoˈɡeru/asoˈɡerɐ]
Monteur	mecânico [məˈkeniku]
	o montador [u mõntɐˈdor]
Musik	música [ˈmuzikɐ]
Musiker/in	músico / música [ˈmuziku / ˈmuzikɐ]
Notar/in	notário / notária [nuˈtarju / nuˈtarjɐ]
Optiker/in	o/a oculista [u/ɐ ɔkuˈliʃtɐ]
Pfarrer	pároco [ˈparuku]
Pförtner/in	porteiro / porteira [purˈteiru / purˈteirɐ]
Pharmazie	farmácia [fɐrˈmasjɐ]
Philosophie	filosofia [filuzuˈfiɐ]
Physik	física [ˈfizikɐ]
Physiker/in	físico / física [ˈfiziku / ˈfizikɐ]
Pilot	piloto [piˈlotu]
Politikwissenschaft	ciências políticas [ˈsjẽsjɐʃ puˈlitikɐʃ]
Polizist/in	o/a polícia [u/ɐ puˈlisjɐ]
Postbeamter/beamtin	funcionário / funcionária dos correios [fũsjuˈnarju / fũsjuˈnarjɐ duʃ kuˈʀejuʃ]
Professor/in	o professor / a professora [u prufəˈsor / ɐ prufəˈsorɐ]

Psychologe/in	psicólogo / psicóloga [psiˈkɔlugu / psiˈkɔluɡɐ]
Psychologie	psicologia [psikuluˈʒie]
Rechtsanwalt/-anwältin	advogado / advogada [ɐdvuˈɡadu / ɐdvuˈɡadɐ]
Redakteur/in	o reda(c)tor / a reda(c)tora [u ʀɐdɐˈtor / ɐ ʀɐdɐˈtorɐ]
Reiseleiter/in	o guia turístico / a guia turística [u ˈɡiɐ tuˈriʃtiku / ɐ ˈɡiɐ tuˈriʃtikɐ]
Rentner/in	o/a pensionista [u/ɐ pẽsjuˈniʃtɐ]
Restaurator/in	o restaurador / a restauradora [u ʀɐʃtauʀɐˈdor / ɐ ʀɐʃtauʀɐˈdorɐ]
Richter/in	o juiz / a juíza [u ʒwiʃ/ɐ ˈʒwizɐ]
Romanistik	filologia românica [filuluˈʒie ʀuˈmenikɐ] romanística [ʀumɐˈniʃtikɐ]
Sachbearbeiter/in	encarregado / encarregada [ẽŋkɐʀɐˈɡadu / ẽŋkɐʀɐˈɡadɐ]
Schauspieler/in	o a(c)tor / a a(c)triz [u aˈtor / ɐ aˈtriʃ]
Schlosser/in	serralheiro / serralheira [sɐʀɐˈʎeiru / sɐʀɐˈʎeirɐ]
Schneider	o alfaiate [u alfɐˈjatɐ]
Schneiderin	modista [muˈdiʃtɐ], costureira [kuʃtuˈreirɐ]
Schreiner/in	marceneiro / marceneira [mɐrsɐˈneiru / mɐrsɐˈneirɐ]
Schriftsteller/in	o escritor/a escritora [u ʃkriˈtor/ɐ ʃkriˈtorɐ]
Schuhmacher/in	sapateiro / sapateira [sɐpɐˈteiru / sɐpɐˈteirɐ]
Schule	escola [ˈʃkɔlɐ]
Gesamtschule	escola global [ˈʃkɔlɐ ɡluˈbal]
Grundschule	escola básica/primária [ˈʃkɔlɐ ˈbazikɐ/priˈmarjɐ]
Gymnasium	o liceu [u liˈseu], *(Br)* ginásio [ʒiˈnazju]
Hauptschule	escola básica complementar [ˈʃkɔlɐ ˈbazikɐ kõmplɐmẽˈtar]
Schüler/in	aluno / aluna [ɐˈlunu/ɐˈlunɐ]
Sekretär/in	secretário / secretária [sɐkrɐˈtarju / sɐkrɐˈtarjɐ]
Slawistik	eslavística [ʃlɐˈviʃtikɐ]
Sozialarbeiter/in	o/a assistente social [u/ɐ ɐsiʃˈtẽtɐ suˈsjal]
Soziologie	sociologia [susjuluˈʒie]
Steuerberater/in	o consultor / a consultora fiscal [u kõsulˈtor / ɐ kõsulˈtorɐ fiʃˈkal]
Steward/ess	comissário de bordo / hospedeira *(Br)* aeromoça [kumiˈsarju dɐ ˈbɔrdu / ɔʃpɐˈdeirɐ (aɛroˈmosɐ)]

Student/in	o/a estudante (universitário/universitária) [u/ɐ ʃtuˈdẽntɐ (univɐrsiˈtarju/univɐrsiˈtarjɐ)]
Studienfach	matéria [mɐˈtɛrjɐ]
	disciplina [dɐʃiˈplinɐ]
Studium	estudo [ˈʃtudu]
Taxifahrer/in	o/a taxista [u/ɐ taˈksiʃtɐ]
Techniker/in	técnico / técnica [ˈtɛkniku / ˈtɛknikɐ]
Technische Hochschule	Escola Superior de Engenharia [ˈʃkɔlɐ supɐˈrjor d_ẽʒɐɲɐˈriɐ]
Technische(r) Zeichner/in	o desenhista técnico / a desenhista técnica [u dɐzɐˈɲiʃtɐ ˈtɛkniku / ɐ dɐzɐˈɲiʃtɐ ˈtɛknikɐ]
Theaterwissenschaft	teatrologia [tjɛtruluˈʒiɐ]
Theologie	teologia [tjuluˈʒiɐ]
Therapeut/in	o/a terapeuta [u/ɐ tɐrɐˈpeutɐ]
Tierarzt/-ärztin	veterinário/veterinária [vɐtɐriˈnarju / vɐtɐriˈnarjɐ]
Übersetzer/in	o tradutor / a tradutora [u trɐduˈtor / ɐ trɐduˈtorɐ]
Uhrmacher/in	relojoeiro / relojoeira [ʀɐluˈʒweiru / ʀɐluˈʒweirɐ]
Umweltbeauftragte/r	a encarregada / o encarregado de questões ambientais [ɐ ẽŋkɐʀɐˈgade/u ẽŋkɐʀɐˈgadu dɐ kɐʃˈtõiz_ɐ̃mbjẽnˈtaiʃ]
Universität	a universidade [ɐ univɐrsiˈdadɐ]
Verkäufer/in	o vendedor / a vendedora [u vẽndɐˈdor / ɐ vẽndɐˈdorɐ]
Vertreter/in	o/a agente [u/ɐ ɐˈʒẽntɐ], o/a representante [u/ɐ ʀɐprɐzẽnˈtẽntɐ]
Vorlesungen	as aulas [ɐz_ˈaulɐʃ]
Werkzeugmacher/in	serralheiro / serralheira [sɐʀɐˈʎeiru / sɐʀɐˈʎeirɐ]
Wirtschafts|prüfer/in	o revisor / a revisora oficial de contas [u ʀɐviˈzor / ɐ ʀɐviˈzorɐ ofɐˈsjal dɐ kõnˈtɐʃ], *(Br)* o auditor/a auditora [u audiˈtor / a_audiˈtorɐ]
~wissenschaftler/in	o/a economista [u/ɐ ikɔnuˈmiʃtɐ]
Wissenschaftler/in	o/a cientista [u/ɐ sjẽnˈtiʃtɐ]
Zahnarzt/-ärztin	o/a dentista [u/ɐ dẽnˈtiʃtɐ]
Zahntechniker/in	protésico dentário / protésica dentária [prɔˈtɛziku dẽnˈtarju / prɔˈtɛzikɐ dẽnˈtarjɐ], *(Br)* protético / protética [prɔˈtɛtiku / prɔˈtɛtikɐ]
Zimmermann	carpinteiro [kɐrpĩnˈteiru]

3 **Unterwegs**
Em viagem

Ortsangaben

Para indicar o caminho

links	à esquerda [a ˈʃkerdɐ]
rechts	à direita [a diˈreitɐ]
geradeaus	em frente [ẽi ˈfrẽntə], a direito [ɐ diˈreitu]
vor	diante de [ˈdjẽntə də], defronte de [dəˈfrõntə də], antes de [ˈẽntəʒ də]
hinter	atrás de [ɐˈtraʒ də]
nach	para [ˈpɐrɐ], a [ɐ], depois de [dəˈpoiʒ də]
neben	junto de [ˈʒũntu də], ao lado de [ɐu ˈladu də]
gegenüber	em frente [ẽi ˈfrẽntə], em frente de [ẽi ˈfrẽntə də]
hier	aqui [ɐˈki]
dort	ali [ɐˈli], além [ɐˈlẽi], lá [la], aí [ɐˈi]
nah	perto [ˈpɛrtu]
weit	longe [ˈlõʒə]
Straße	rua [ˈʀuɐ]
Kreuzung	cruzamento [kruzɐˈmẽntu]
Kurve	curva [ˈkurvɐ]

Auto/Motorrad/Fahrrad
Automóvel/Moto/Bicicleta

Auskunft   **Informações**

Entschuldigung, wie   Desculpe, por favor, como se vai para
komme ich bitte nach …?   …? [dəʃˈkulpə pur feˈvor ˈkomu sə vai
                             ˈpera]

Können Sie mir die   Pode-me indicar o caminho/isso no
Strecke/das auf der   mapa, se faz favor? [ˈpɔdəm_ĩndiˈkar_u
Karte zeigen?   keˈmiɲu/ˈisu nu ˈmapɐ sə faʃ feˈvor]

Wie weit ist das?   Quantos quilómetros são?
                             [ˈkwẽntuʃ kiˈlɔmətruʃ sẽu]

Bitte, ist das die Straße   Se faz favor, é esta a estrada para …?
nach …?   [sə faʃ feˈvor ɛ ˈɛʃta ˈʃtradɐ ˈpera]

Wie komme ich zur Auto-   Como se vai para a auto-estrada de …?
bahn nach …?   [ˈkomu sə vai ˈpera ˈauto ˈʃtradɐ də]

● Immer geradeaus bis …   Sempre em frente até … Depois …
  Dann …   [ˈsẽmpr_ẽi ˈfrẽnt_eˈtɛ … də ˈpoiʒ]
    bei der Ampel   no semáforo/sinal luminoso
                              [nu səˈmafuru/siˈnal lumiˈnozu]

    an der nächsten Ecke   na próxima esquina
                              [nɐ ˈprɔsimɐ ˈʃkinɐ]

  links/rechts abbiegen.   vire à esquerda/direita.
                             [ˈvir_a ˈʃkerdɐ/diˈreitɐ]

● Folgen Sie den Schil-   Siga as indicações das placas.
  dern.   [ˈsigaz_ĩndikeˈsõiʒ deʃ ˈplakeʃ]

Gibt es auch eine wenig   Há também uma estrada com menos
befahrene Straße nach …?   movimento para …? [a tẽmˈbẽi ˈumɐ
                             ˈʃtradɐ kõ ˈmenuʒ muviˈmẽntu ˈpera]

● Sie sind hier falsch.   Não é esta a estrada. Tem de voltar pa-
  Sie müssen zurückfahren   ra trás até … [nẽu ɛ ˈɛʃta ˈʃtradɐ. tẽi də
  bis …   vɔlˈtar ˈpera traz_eˈtɛ]

Verkehrszeichen

Gefahrenstelle

Mautstelle

Zoll

Parken
verboten
an ungeraden
Tagen
(1., 3., 5. etc.)

Parken
verboten
an geraden
Tagen
(2., 4., 6. etc.)

Durchfahrt
verboten, außer
für Straßen-
bahnen

Getrennte Fahrspur
für Busse

Wegweiser

Schneeketten
auf den
Antriebsrädern
obligatorisch

Pousada oder
Estalagem

Camping
für Wohn-
wagen

Camping-
platz

Strand

Sehens-
würdigkeit

Thermal-
bad

Aussichts-
punkt

Winter-
sport

Angel-
platz

An der Tankstelle	**Na estação de serviço/No posto de gasolina**

Wo ist bitte die nächste Tankstelle?

Se faz favor, onde é a estação de serviço mais próxima/o posto de gasolina mais próximo? [sə faʃ fe'voɾ 'ɔnd̲ ɛ e ʃte'sẽu də sər'visu maiʃ 'prɔsime/u 'poʃtu də ge'zu'line maiʃ 'prɔsimu]

Ich möchte ... Liter ...
   Normalbenzin.
   Super.
   Diesel.
   Gemisch.
   ... bleifrei/verbleit/mit
   ... Oktan.

... litros de ... ['litruʒ də]
   gasolina normal, [gezu'line nɔr'mal]
   súper, ['supɛr]
   gasóleo, [ga'zɔlju]
   mistura, [məʃ'ture]
   ... sem chumbo/com chumbo/com
   ... octanas, [sẽi 'ʃũmbu/kõ 'ʃũmbu/kõ ... ɔk'tenɐʃ]
se faz favor. [sə faʃ fe'voɾ]

Volltanken, bitte.

Cheio, se faz favor. ['ʃeju sə faʃ fe'voɾ]

Prüfen Sie bitte ...

Pode-me fazer o favor de verificar ... ['pɔdəmə fe'zeɾ u fe'voɾ də vərifi'kaɾ]

   den Ölstand.
   den Reifendruck.

   o nível do óleo? [u 'nivɛl du 'ɔlju]
   a pressão dos pneus? [ɐ prə'sẽu duʃ pneuʃ]

Der Reifendruck wird oft nicht in atü angegeben, sondern – nach dem englischen System – in p.s.i. (pounds per square inch):

atü	1,2	1,3	1,4	1,5	1,6	1,7	1,8	1,9	2,0	2,1	2,2	2,3
p.s.i.	17,0	18,5	19,9	21,3	22,7	24,2	25,6	27,1	28,4	29,9	31,3	32,7

Sehen Sie bitte auch das Kühlwasser nach.

Faça-me o favor de ver também a água do radiador. ['fasɐm̩ u fe'voɾ də ver tẽm'bẽi e 'agwɐ du ʀa'djedoɾ]

Könnten Sie mir einen Ölwechsel machen?

Pode-me mudar o óleo? ['pɔdəmə mu'daɾ u 'ɔlju]

Ich möchte den Wagen waschen lassen.

Pode-me lavar o carro, se faz favor? ['pɔdəmə le'vaɾ u 'kaʀu sə faʃ fe'voɾ]

Ich möchte eine Straßenkarte dieser Gegend, bitte.

Desejava um mapa desta região. [dəzə'ʒave ũ 'mapɐ 'dɛʃtɐ ʀɐ'ʒjẽu]

Wo sind bitte die Toiletten?

Se faz favor, onde são as casas de banho (*Br* os banheiros)? [sə faʃ fe'voɾ 'õndɐ sẽu eʃ 'kazeʒ də 'beɲu (uz ba'ɲerus)]

Tejobrücke bei Lissabon

Parken	**Estacionamento**

Gibt es hier in der Nähe eine Parkmöglichkeit?
Se faz favor, há aqui perto um parque de estacionamento? [sə faʃ fɐˈvor a ɐˈki ˈpɛrt_ũm ˈparkə də ˌʃtɐsjunɐˈmẽntu]

Kann ich den Wagen hier abstellen?
Posso deixar aqui o carro? [ˈpɔsu deiˈʃar_ɐˈki u ˈkaʀu]

Könnten Sie mir … Escudos für die Parkuhr wechseln?
Pode fazer o favor de me trocar … escudos para o parquímetro? [ˈpɔdə fɐˈzer_u fɐˈvor də mə truˈkar … ˈʃkuduʃ ˈpɐrɐ u pɐrˈkimɐtru]

Ist der Parkplatz bewacht?
O parque é vigiado? [u ˈpark_ɛ viˈʒjadu]

• Wir sind leider voll besetzt.
Tenho muita pena, mas está tudo cheio. [ˈteɲu ˈmũĩntɐ ˈpenɐ mɐz_ɐˈʃta ˈtudu ˈʃeiu]

Wie lange kann ich hier parken?
Quanto tempo posso estacionar aqui? [ˈkwẽntu ˈtẽmpu ˈpɔsu ʃtɐsjuˈnar_ɐˈki]

Wie hoch ist die Parkgebühr pro …
Qual é o preço do estacionamento por … [kwal_ɛ u ˈpresu do ˌʃtɐsjunɐˈmẽntu pur]

    Stunde?   hora? [ˈɔrɐ]
    Tag?   dia? [ˈdiɐ]
    Nacht?   noite? [ˈnoitɐ]

Ist das Parkhaus die ganze Nacht geöffnet?
O parque está aberto toda a noite? [u ˈparkə ʃta ɐˈbɛrtu ˈtoda ˈnoitɐ]

Eine Panne

Uma avaria

Ich habe eine Panne/
einen Platten.

Tenho uma avaria/um furo.
[ˈteɲ_um_aveˈrie/ũ ˈfuru]

Würden Sie bitte den
Pannendienst anrufen?

Poderia fazer-me o favor de telefonar
para o serviço de pronto socorro?
[pudeˈrie feˈzerm_u feˈvor də teləfuˈnar
ˈpere u sərˈvisu də ˈprõntu suˈkoru]

Meine Auto-/Motorrad-
nummer ist ...

A matrícula do meu carro/da minha
moto é ... [ɐ meˈtrikule du meu ˈkaʀu/de
ˈmiɲe ˈmɔtu ɛ]

Würden Sie mir bitte einen
Mechaniker/einen Ab-
schleppwagen schicken?

Podia mandar-me um mecânico/um
carro-grua (*Br* carro-guincho), se faz
favor? [puˈdie mẽnˈdarm_ũ məˈkeniku/
_ũ ˈkaʀu ˈgrue (ˈkaʀu ˈgĩʃu) sə faʃ feˈvor]

Könnten Sie mir mit
Benzin aushelfen?

Podia-me dispensar um pouco de gasolina, se faz favor? [puˈdieme deʃpẽˈsar_
_ũ ˈpoku də gezuˈline sə faʃ feˈvor]

Könnten Sie mir beim
Reifenwechsel helfen?

Podia ajudar-me a mudar a roda, se faz
favor? [puˈdi_aʒuˈdarm_e muˈdar_e
ˈʀode sə faʃ feˈvor]

Würden Sie mich bis zur
nächsten Werkstatt/
Tankstelle abschleppen/
mitnehmen?

Pode rebocar-me/levar-me até à ofici-
na/à estação de serviço mais próxima?
[ˈpode ʀebuˈkarm_/ləˈvarm_eˈtɛ a ofeˈsine/a
ʃteˈsɐ̃u də sərˈvisu maiʃ ˈprɔsime]

In der Werkstatt

Na oficina

Wo ist hier in der Nähe
eine Werkstatt?

Se faz favor, há alguma oficina aqui perto? [sə faʃ feˈvor a alˈgum_ofeˈsin_aˈki ˈpɛrtu]

Mein Wagen springt nicht
an.

O meu carro não pega.
[u meu ˈkaʀu nɐ̃u ˈpɛge]

Ich weiß nicht, woran es
liegt.

Não sei qual é a razão.
[nɐ̃u sei kwal_ɛ ɐ ʀɐˈzɐ̃u]

Können Sie mit mir kom-
men/mich abschleppen?

Pode vir comigo/rebocar-me, se faz favor?
[ˈpode vir kuˈmigu/ʀebuˈkarme sə faʃ feˈvor]

Mit dem Motor stimmt
was nicht.

O motor não funciona bem.
[u muˈtor nɐ̃u fũˈsjone bẽi]

Die Bremsen funktionie-
ren nicht.

Os travões (*Br* freios) não funcionam.
[uʃ treˈvõiʃ (ˈfrejus) nɐ̃u fũˈsjonɐ̃u]

... ist/sind defekt.

... está avariado/estão avariados.
[ʃta ɐvɐˈrjadu/ʃtẽu ɐvɐˈrjaduʃ]

Der Wagen verliert Öl.

O carro perde óleo.
[u ˈkaʀu ˈpɛrd ˈɔlju]

Können Sie mal nach-
sehen?

Pode-me fazer o favor de verificar?
[ˈpɔdəmə fɐˈzer u fɐˈvor də vərifiˈkar]

Wechseln Sie bitte die
Zündkerzen aus.

Mude as velas, se faz favor.
[ˈmud ɐʒ ˈvɛleʃ sə faʃ fɐˈvor]

Haben Sie (Original-)
Ersatzteile für diesen Wagen?

Tem peças sobresselentes (originais)
para este carro?   [tẽi ˈpɛsɐʃ sobrəsəˈlẽntə
(oriʒiˈnaiʃ) ˈpɐrɐ ˈeʃtə ˈkaʀu]

Machen Sie bitte nur die
nötigsten Reparaturen.

Faça só as reparações absolutamente
necessárias.   [ˈfasɐ sɔ ɐʒ ʀəpɐreˈsõiz
ɐbsuluteˈmẽntə nəsəˈsarjeʃ]

Wann ist der Wagen/das
Motorrad fertig?

Quando é que o carro/a moto está
pronto/pronta?   [ˈkwẽndwɛ kju ˈkaʀu/ɐ
ˈmɔtɔ ʃta ˈprõntu/ ˈprõntɐ]

Was wird es kosten?

Quanto é que isso irá custar?
[ˈkwẽntwɛ kˌˈisu iˈra kuʃˈtar]

Verkehrsunfall   ## Um acidente

Es ist ein Unfall passiert.

Houve um acidente. [ˈov ũ ɐsiˈdẽntə]

Rufen Sie schnell ...
   einen Krankenwagen.
   die Polizei.
   die Feuerwehr.

Chame depressa ... [ˈʃemə dəˈprɛsɐ]
   uma ambulância. [um ẽmbuˈlẽsjɐ]
   a polícia. [ɐ puˈlisjɐ]
   os bombeiros. [uʒ bõmˈbeiruʃ]

Können Sie sich um die
Verletzten kümmern?

Pode ocupar-se dos feridos?
[ˈpɔdˌokuˈparsə duʃ fəˈriduʃ]

Haben Sie Verbands-
zeug?

Tem uma farmácia portátil?
[tẽi ˈumɐ fɐrˈmasjɐ purˈtatil]

Es war meine/Ihre
Schuld.

A culpa foi minha/sua.
[ɐ ˈkulpɐ foi ˈmiɲɐ/ˈsuɐ]

Sie haben ...
   die Vorfahrt nicht
   beachtet.
   die Kurve geschnitten.
   die Fahrspur gewech-
   selt, ohne zu blinken.

O senhor/A senhora ... [u səˈɲor/ɐ səˈɲorɐ]
   não respeitou a prioridade.
   [nẽu ʀəʃpeiˈto ɐ prjuriˈdadə]
   cortou a curva. [kurˈto ɐ ˈkurvɐ]
   mudou de faixa sem piscar.
   [muˈdo də ˈfaiʃɐ sẽi piʃˈkar]

Sie sind ...

O senhor/A senhora ...
[u səˈɲor/ɐ səˈɲorɐ]

zu schnell gefahren.

ia depressa de mais.
[ˈiɐ dəˈprɛsɐ də maiʃ]

zu dicht aufgefahren.

vinha muito perto/não guardou a
distância devida. [ˈviɲɐ ˈmũintu
ˈpɛrtu/nãu gwɐrˈdo ɐ dəʃˈtẽsjɐ dəˈvidɐ]

bei Rot über die Kreu-
zung.

passou com o vermelho.
[pɐˈso kõ u vərˈmeʎu]

Ich bin ... km/h gefahren.

Eu vinha a ... km/h.
[eu ˈviɲɐ ... kiˈlɔmətruz_a ˈɔrɐ]

*Die Höchstgeschwindigkeit in Portugal beträgt 120km/h auf
Autobahnen, 90km/h auf Landstraßen und innerorts 60km/h.*

Sollen wir die Polizei
holen, oder können wir
uns so einigen?

Chamamos a polícia ou podemos
chegar a acordo? [ʃɐˈmemuz_ɐ puˈlisjɐ o
puˈdemuʃ ʃəˈgar_a ɐˈkordu]

Ich möchte den Schaden
durch meine Versicherung
regeln lassen.

A minha companhia de seguros
regulará a questão dos prejuízos.
[ɐ ˈmiɲɐ kõmpɐˈɲiɐ də səˈguruʒ ʀəguleˈra ɐ
kəʃˈtẽu duʃ prəˈʒwizuʃ]

Ich gebe Ihnen meine
Anschrift und Versiche-
rungsnummer.

Vou-lhe dar o meu endereço e o
número da apólice do seguro.
[ˈvoʎə darˈu meu ẽndəˈresu i u ˈnumɐru
da_aˈpɔlisɐ du səˈguru]

Geben Sie mir bitte Ihren
Namen und Ihre An-
schrift/Namen und An-
schrift Ihrer Versicherung.

Pode-me dizer o seu nome e o seu
endereço/o nome e o endereço da sua
companhia de seguros, se faz favor?
[pɔdə-mə diˈzer_u seu ˈnom_i u seu
ẽndəˈresu/u ˈnom_i u ẽndəˈresu də ˈsuɐ
kõmpɐˈɲiɐ də səˈguruʃ sə faʃ fevor]

Können Sie für mich
Zeuge sein?

Pode-me servir de testemunha?
[ˈpɔdəmə sərˈvir də təʃtəˈmuɲɐ]

Vielen Dank für Ihre
Hilfe.

Muito obrigado/obrigada pela sua
ajuda. [ˈmũint_obriˈgadu/_obriˈgadɐ ˈpelɐ
su_aˈʒudɐ]

Auto-, Motorrad-, Fahrradvermietung	**Aluguer de um automóvel, de uma mota, de uma bicicleta**

Ich möchte für ... Tage/ eine Woche ...

Queria alugar ... [kəˈri‿aluˈgar]

  einen (Gelände-) Wagen

  um carro (todo-o-terreno) [ũ ˈkaʀu (ˈtodu təˈʀenu)]

  ein Motorrad

  uma mota [ˈumɐ ˈmɔtɐ]

  einen Motorroller

  uma lambreta/vespa [ˈumɐ lɐ̃ˈbretɐ/ˈveʃpɐ]

  ein Moped

  um ciclomotor [ũ siklɔmuˈtor]

  ein Mofa

  um velomotor [ũ vɛlɔmuˈtor]

  ein Fahrrad

  uma bicicleta [ˈumɐ bəsiˈklɛtɐ]

mieten.

por ... dias/uma semana. [pur ... ˈdiɐʃ/ˈumɐ səˈmɐnɐ]

Wie hoch ist die Tages-/ Wochenpauschale?

Qual é a tarifa por dia/por semana? [kwal‿ɛ ɐ tɐˈrifɐ pur ˈdiɐ/pur səˈmɐnɐ]

Wieviel verlangen Sie pro gefahrenen km?

Quanto se paga por quilómetro? [ˈkwẽtu sə ˈpagɐ pur kiˈlɔmɐtru]

Wieviel muß ich als Kaution hinterlegen?

Quanto é que é preciso depositar de caução? [ˈkwẽtwɛ kjɛ prəˈsizu dəpuziˈtar də kauˈsɐ̃u]

Ich nehme den ... / das ...

Levo o ... / a ... [ˈlɛvu ... / ɐ ...]

● Möchten Sie eine Zusatzversicherung?

Deseja um seguro complementar? [dəˈzeʒɐ ũ səˈguru kõmpləˈmẽntar]

Ist das Fahrzeug vollkaskoversichert?

O carro tem seguro contra todos os riscos? [u ˈkaʀu tẽi səˈguru ˈkõntrɐ ˈtoduz‿uʒ ˈʀiʃkuʃ]

● Darf ich Ihren Führerschein sehen?

Pode-me mostrar a sua carta (*Br* carteira) de condução, se faz favor? [ˈpɔdəmə muʃˈtrar‿ɐ ˈsuɐ ˈkartɐ (karˈterɐ) də kõnduˈsɐ̃u sə faʃ feˈvor]

Kann ich den Wagen gleich mitnehmen?

Posso levar já o carro? [ˈpɔsu ləˈvar ʒa u ˈkaʀu]

Ist es möglich, das Fahrzeug in ... abzugeben?

É possível entregar o carro em ...? [ɛ puˈsivɛl‿ẽntrəˈgar‿u ˈkaʀu ɐ̃i]

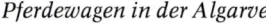

Pferdewagen in der Algarve

Wortliste Auto/Motorrad/Fahrrad

abbiegen	virar [viˈrar]
abblenden	baixar/reduzir as luzes [baiˈʃar_ʀəduˈzir_ɐʒ luzəʃ]
Abblendlicht	os médios [uʒ ˈmɛdjuʃ]
Abschleppdienst	serviço de reboque [sərˈvisu də ʀəˈbɔkə]
abschleppen	rebocar [ʀəbuˈkar]
Abschlepp|seil	cabo de reboque [ˈkabu də ʀəˈbɔkə]
~wagen	carro de reboque [ˈkaʀu də ʀəˈbɔkə]
Achse	eixo [ˈeiʃu]
Hinter~	eixo traseiro [ˈeiʃu trɐˈzeiru]
Vorder~	eixo dianteiro [ˈeiʃu djɐ̃ˈteiru]
Alarmanlage	dispositivo de alarme [dəʃpuziˈtivu d_ɐˈlarmə] o alarme [u ɐˈlarmə]
Allradantrieb	a tra(c)ção às quatro rodas [ɐ traˈsɐ̃u aʃ ˈkwatru ˈʀɔdɐʃ]
Ampel	semáforo [səˈmafuru]

Anhänger	o reboque [u ʀə'bokə]
Anlasser	o motor de arranque [u muˈtor d_eˈʀɛ̃nkə]
auskuppeln	desembraiar [dəzɛ̃mbrɐˈjar]
Auspuff	o escape [u ˈʃkapə]
Autobahn	auto-estrada [ˈauto ˈʃtradɐ]
~gebühren	a portagem [ɐ purˈtaʒɐ̃i]
	(Br) pedágio [peˈdaʒiu]
Automatik(getriebe)	caixa de velocidades automática
	[ˈkaiʃɐ də vəlusiˈdadəz_autuˈmatikɐ]
Autoreifen	o pneu [u pneu]
Baustelle	(as) obras [(ɐz_)ˈɔbrəʃ]
Benzin	gasolina [gɐzuˈlinɐ]
~kanister	o bidão *(Br* a lata) de gasolina
	[u biˈdɐ̃u (ɐ ˈlatɐ) də gɐzuˈlinɐ]
~pumpe	bomba de gasolina [ˈbõmbɐ də gɐzuˈlinɐ]
blenden	encandear [ɛ̃nkɐ̃ˈdjar]
Blinker	o pisca-pisca [u ˈpiʃkɐ ˈpiʃkɐ]
Bremsbelag	forro do travão *(Br* do freio)
	[ˈfoʀu du trɐˈvɐ̃u (du ˈfreju)]
Bremse	o travão [u trɐˈvɐ̃u], *(Br)* freio [ˈfreju]
bremsen	travar [trɐˈvar], *(Br)* frear [frjar]
Brems|flüssigkeit	líquido dos travões *(Br* dos freios)
	[ˈlikidu duʃ trɐˈvõiʃ (dus ˈfrejus)]
~hebel	alavanca do travão/do freio
	[ɐlɐˈvɐ̃nkɐ du trɐˈvɐ̃u/du ˈfreju]
~lichter	as luzes dos travões *(Br* dos freios)
	[ɐʒ ˈluzəʒ duʃ trɐˈvõiʃ (dus ˈfrejus)]
Bußgeld	multa [ˈmultɐ]
Defekt	avaria [ɐvɐˈriɐ], falha [ˈfaʎɐ]
Dichtung	o empanque [u ɛ̃mˈpɐ̃nkə]
Düse	tubeira [tuˈbeirɐ]
Einspritzpumpe	bomba de inje(c)ção [ˈbõmbɐ d_ĩʒɛˈsɐ̃u]
Ersatz|rad	roda sobresselente [ˈʀɔdɐ sobrəsəˈlẽntɐ]
~teile	as peças sobresselentes
	[ɐʃ ˈpɛsɐʃ sobrəsəˈlẽntəʃ]
Fahrrad	bicicleta [bəsiˈklɛtɐ]
Drei-/Zehngangrad	bicicleta de três/de dez velocidades
	[bəsiˈklɛtɐ də treʒ/də dɛʒ vəlusiˈdadəʃ]
Rennrad	bicicleta de corrida [bɐsiˈklɛtɐ də kuˈʀidɐ]
Fahrradweg	caminho para bicicletas
	[kɐˈmiɲu ˈpɐrɐ bəsiˈklɛtəʃ]
Fahrspur	pista [ˈpiʃtɐ], faixa [ˈfaiʃɐ]
Fehlzündung	falha da ignição [ˈfaʎɐ dɐ igniˈsɐ̃u]
Felge	a jante [ɐ ˈʒɐ̃ntɐ]
Fernlicht	os máximos [uʒ ˈmasimuʃ]

Flickzeug	caixa de remendos
	[ˈkaiʃə də rəˈmenduʃ]
Frostschutzmittel	o anti-freeze [uˈẽnti ˈfrizə]
Führerschein	carta (*Br* carteira) de condução
	[ˈkartə (karˈterə) də kõnduˈsẽu]
Fußbremse	o travão (*Br* freio) de pé
	[u treˈvẽu (ˈfreju) də pɛ]
Gang	a velocidade [ɐ vəlusiˈdadə]
erster ~	primeira (velocidade)
	[priˈmeirɐ (vəlusiˈdadə)]
Leerlauf	ponto morto [ˈpõntu ˈmortu]
Rückwärts~	marcha atrás [ˈmarʃ_aˈtraʃ]
	(*Br*) marcha à ré [ˈmarʃ_a ʀɛ]
Gas geben	acelerar [ɐsələˈrar]
Gaspedal	o acelerador [u ɐsələrɐˈdor]
Gebläse	o ventilador [u vẽntilɐˈdor]
	ventoinha [vẽnˈtwiɲɐ]
gebrochen	partido [perˈtidu]
Gepäckträger	o porta-bagagem [u ˈpɔrtə bɐˈgaʒẽi]
Getriebe	caixa de velocidades/de mudança
	[ˈkaiʃə də vəlusiˈdadəʃ/də muˈdẽsə]
Handbremse	o travão (*Br* freio) de mão
	[u treˈvẽu (ˈfreju) də mẽu]
Hebel	alavanca [ɐlɐˈvẽŋkɐ]
Heizung	aquecimento [ɐkɛsiˈmẽntu]
Hinterrad	roda traseira [ˈʀodɐ treˈzeirɐ]
~antrieb	a tra(c)ção atrás [ɐ traˈsẽu eˈtraʃ]
Hupe	buzina [buˈzinɐ]
Licht~	o sinal de luzes [u siˈnal də ˈluzəʃ]
Kabel	cabo [ˈkabu]
Karosserie	carroçaria [kɐʀusɐˈriɐ]
Keilriemen	correia [kuˈʀejɐ]
Kette	a corrente [ɐ kuˈʀẽntɐ]
Klingel	campainha [kẽmpɐˈiɲɐ]
klopfen (*Motor*)	detonar [dətuˈnar]
Kofferraum	mala (do carro) [ˈmalɐ (du ˈkaʀu)]
Kolben	êmbolo [ˈẽmbulu]
Kotflügel	o guarda-lama [u ˈgwardɐ ˈlemɐ]
Kugellager	rolamento de esferas
	[ʀulɐˈmẽntu də ˈʃfɛrɐʃ]
Kühler	o radiador [u ʀedjɐˈdor]
Kühlwasser	água de refrigeração
	[ˈagwɐ də ʀɐfriʒɐrɐˈsẽu]
Kupplung	a embraiagem [ɐ ẽmbrɐˈjaʒẽi]
	(*Br*) a embreagem [a ẽmˈbrjaʒẽi]

Kupplungshebel	o pedal da embraiagem (*Br* embreagem) [u pəˈdal də ēmbreˈjaʒɐ̄i (ēmˈbrjaʒɐ̄i)]
Kurzschluß	curto-circuito [ˈkurtu sirˈkuitu]
Landstraße	estrada [ˈʃtradɐ]
Lastwagen	o camião [u kaˈmjɐ̄u], *(Br)* o caminhão [u kamiˈɲɐ̄u]
Lenker *(Zweirad)*	o guiador [u gjɐˈdor] *(Br)* o guidom [u giˈdō]
Lenkrad	o volante [u vuˈlɐ̄ntə]
Lichtmaschine	dínamo [ˈdinɐmu]
Luft|filter	filtro do ar [ˈfiltru du ar]
~pumpe	bomba de ar [ˈbōmbɐ dˌar]
Mantel *(Reifen)*	o pneu [u pneu]
Maut	a portagem [ɐ purˈtaʒɐ̄i] *(Br)* pedágio [peˈdaʒju]
Mofa	o velomotor [u vɛlɔmuˈtor]
Moped	o ciclomotor [u siklɔmuˈtor]
Motor	o motor [u muˈtor]
~haube	o capot (*Br* capô) [u kaˈpo]
~rad	motocicleta [mɔtɔsiˈklɛtɐ], a moto [ɐ ˈmɔtɔ]
~roller	lambreta [lɐ̄mˈbretɐ], vespa [ˈveʃpɐ]
Mountain bike	bicicleta de montanha [bəsiˈklɛtə də mōnˈtɐɲə]
Nabe	cubo [ˈkubu]
Nierengurt	a cinta de motociclista [ɐ ˈsīntɐ də mɔtɔsiˈkliʃtɐ]
Notrufsäule	o telefone de socorro [u tələˈfɔnə də suˈkoru]
Nummernschild	placa da matrícula [ˈplakɐ dɐ meˈtrikulɐ]
Oktanzahl	número de octanas [ˈnumɐru dˌɔkˈtɐnɐʃ] o índice de octano [u ˈīndisə dˌɔkˈtenu]
Öl	óleo [ˈɔlju]
~meßstab	vara indicadora do nível do óleo [ˈvarɐ īndikɐˈdorɐ du ˈnivɛl du ˈɔlju]
~wechsel	mudança de óleo [muˈdɐ̄sɐ dˌɔlju]
Packtasche	sacola [sɐˈkɔlɐ]
Panne	avaria [ɐvɐˈriɐ]
Pannendienst	serviço de assistência [sərˈvisu də asiʃˈtēŋsja]
Papiere	os papéis [uʃ pɐˈpɛiʃ], os documentos [uʒ dukuˈmēntuʃ]
Park|haus	auto-silo [ˈauto ˈsilu]
~platz	o parque de estacionamento [u ˈparkə də ˌʃtɐsjunɐˈmēntu]
~scheibe	parquímetro [perˈkimətru]

~uhr	parquímetro [perˈkimətru], parcómetro (ô) [perˈkɔmətru]
Pedal	o pedal [u pəˈdal]
Plattfuß	furo [ˈfuru]
Promille	o nível de álcool no sangue [u ˈnivɛl d ˈalkwɔl nu ˈsẽŋgə]
PS	CV/cavalos [keˈvaluʒ]
Rad	roda [ˈʀɔdɐ]
Radarkontrolle	velocidade controlada por radar [vəlusiˈdadɐ kõntruˈladɐ pur ʀaˈdar]
Radkreuz	cruzeta [kruˈzetɐ]
Raststätte	área de serviço [ˈarjɐ dɐ sərˈvisu]
Reflektor	o refle(c)tor [u ʀəflɛˈtor]
Regenkombi	carrinha de caixa aberta [kɐˈʀiɲɐ dɐ ˈkaiʃ_aˈbɛrtɐ]
Reifen	o pneu [u pneu]
Rück|licht	as luzes traseiras [ɐʒ ˈluzəʃ trɐˈzeirɐʃ]
~spiegel	o retrovisor [u ʀɛtrɔviˈzor]
~trittbremse *(Fahrrad)*	o travão *(Br* freio) de contrapedal [u trɐˈvɐu (ˈfreju) dɐ kõntrɐpɐˈdal]
Sattel	o selim [u sɐˈlĩ]
Schalthebel	alavanca de mudança [ɐlɐˈvɐ̃ŋkɐ dɐ muˈdɐ̃sɐ]
Scheibenwischer	o limpa-pára-brisas [u ˈlĩmpɐ ˈparɐ ˈbrizɐʃ]
Scheinwerfer	o farol [u fɐˈrɔl]
Schiebedach	te(c)to-de-abrir [ˈtɛtu d_ɐˈbrir]
Schlauch *(Reifen)*	câmara-de-ar [ˈkɐmɐrɐ d_ar]
schmieren	lubrificar [lubrɐfiˈkar]
Schmirgelpapier	o papel de esmeril [u pɐˈpɛl dɐ_ʃmɐˈril] lixa [ˈliʃɐ]
Schnellstraße	via rápida [ˈviɐ ˈʀapidɐ]
Schraube	parafuso [pɐrɐˈfuzu]
Schrauben|mutter	porca [ˈpɔrkɐ]
~schlüssel	a chave inglesa [ɐ ˈʃav_ĩŋˈglezɐ]
~zieher	a chave de fenda [ɐ ˈʃavɐ dɐ ˈfẽndɐ]
Schutzblech	o guarda-lama [u ˈgwardɐ ˈlɐmɐ]
Sicherheitsgurt	cinto de segurança [ˈsĩtu dɐ səguˈrɐ̃sɐ]
Sicherung	o fusível [u fuˈzivɛl]
Speiche	raio [ˈʀaju]
Ständer	o suporte [u suˈpɔrtɐ]
Standlicht	os mínimos [uʒ ˈminimuʃ]
Starthilfekabel	cabo de ligação [ˈkabu dɐ ligɐˈsɐu]
Stau	engarrafamento [ẽŋgɐrɐfɐˈmẽntu]
Steckschlüssel	a chave de caixa [ɐ ˈʃavɐ dɐ ˈkaiʃɐ]

Stoß|dämpfer	o amortecedor [u ɐmurtəsəˈdor]
~stange	o pára-choques [u ˈparɐ ˈʃɔkəʃ]
Straßen|benutzungsge-bühr	a portagem [ɐ purˈtaʒɐi] *(Br)* pedágio [peˈdaʒju]
~karte	o mapa das estradas [u ˈmapɐ dɐz ɐʃˈtradɐʃ]
Sturzhelm	o capacete [u kɐpɐˈsetɐ]
Tachometer	o conta-quilómetros [u ˈkõntɐ kiˈlɔmətruʃ]
Tank	depósito [dəˈpɔzitu]
~stelle	posto de gasolina [ˈpoʃtu dɐ gɐzuˈlinɐ]
Teilkasko	seguro contra terceiros, roubo e incêndio [səˈguru ˈkõntrɐ tɐrˈseiruʒ ˈʀob_i ĩˈsẽndju]
trampen	viajar à boleia *(Br* de carona) [vjɐˈʒar_ɐ buˈlɛjɐ (di kaˈronɐ)]
Tramper	pessoa que viaja à boleia [pɐˈsoɐ kɐ ˈvjaʒɐ buˈlɛjɐ], *(Br)* o carona [u ˈkaronɐ]
Tretlager	chumaceira de pedal [ʃumɐˈseirɐ dɐ pəˈdal]
Umleitung	desvio [dəʒˈviu]
Ventil	válvula [ˈvalvulɐ]
Vergaser	o carburador [u kɐrburɐˈdor]
Versicherungskarte, grüne	carta verde [ˈkartɐ ˈverdɐ]
Verteiler	o distribuidor [u dəʃtribwiˈdor]
vierspurig	de quatro pistas [dɐ ˈkwatru ˈpiʃtɐʃ]
Vollkasko	seguro contra todos os riscos [səˈguru ˈkõntrɐ ˈtoduz_uʒ ˈʀiʃkuʃ]
Vorder|licht	as luzes dianteiras [ɐʒ ˈluzəʒ djẽnˈteirɐʃ]
~rad	roda dianteira [ˈʀɔdɐ djẽnˈteirɐ]
~radantrieb	a tra(c)ção a frente [ɐ traˈsɐu a ˈfrẽntɐ]
Wagen|heber	macaco [mɐˈkaku]
~wäsche	a lavagem do carro [ɐ lɐˈvaʒɐi du ˈkaʀu]
Warn|blinker	o sinal de perigo [u siˈnal dɐ pəˈrigu]
~dreieck	triângulo [triˈẽŋgulu]
Wegweiser	o indicador de caminhos [u ĩdikɐˈdor dɐ kɐˈmiɲuʃ]
Werk|statt	oficina [ofɐˈsinɐ]
~zeug	ferramenta [fɐʀɐˈmẽntɐ]
Windschutzscheibe	o pára-brisas [u ˈparɐ ˈbrizɐʃ]
Winterreifen	os pneus de Inverno [uʃ pneuʒ d_ĩˈvɛrnu]
Zünd|kerze	vela [ˈvɛlɐ]
~schloß	a ignição [ɐ igniˈsɐu]
~schlüssel	a chave de ignição [ɐ ˈʃavɐ d_igniˈsɐu]
Zündung	a ignição [ɐ igniˈsɐu]
Zylinder	cilindro [səˈlĩndru]
~kopf	cabeça do cilindro [kɐˈbesɐ du səˈlĩndru]

AIR PORTUGAL

Flugzeug

Avião

Im Reisebüro/ Am Flughafen	Na agência de viagens/ No aeroporto

Wo ist der Schalter der ...-Fluggesellschaft?

Onde é o guiché (ê) da ...?
[õnd‿ɛ u giˈʃɛ də]

Wann fliegt die nächste Maschine nach ...?

A que horas parte o próximo avião para ...? [ɐ ˈkjɔreʃ ˈpart‿u ˈprɔʃim‿eˈvjẽu ˈpɐrɐ]

Ich möchte einen einfachen Flug/Hin- und Rückflug nach ... buchen.

Quero marcar uma passagem simples de avião/uma passagem de ida e volta para ... [ˈkɛru mɐrˈkar‿ˈumɐ pɐˈsaʒẽi ˈsĩmpləʒ d‿eˈvjẽu/ˈumɐ pɐˈsaʒẽi d‿ˈidɐ i ˈvɔltɐ ˈpɐrɐ]

Sind noch Plätze frei?

Ainda há lugares? [ɐˈĩndɐ a luˈgarəʃ]

Gibt es auch Charterflüge?

Há também voos (ôo) fretados/charter? [a tẽmˈbẽi ˈvouʃ frɐˈtaduʃ/ˈʃartɛr]

Was kostet der Flug Touristenklasse/1. Klasse?

Quanto custa a passagem em classe turística/em primeira classe? [ˈkwẽntu ˈkuʃtɐ pɐˈsaʒẽi ẽi ˈklasə tuˈriʃtikɐ/ẽi priˈmeirɐ ˈklasə]

Wieviel Gepäck ist frei?

A quantos quilos de bagagem dá direito o bilhete? [ɐ ˈkwẽntuʃ ˈkiluʒ də bɐˈgaʒẽi da diˈreitu bɐˈʎetɐ]

Was kostet das Kilo Übergepäck?

Quanto se paga por cada quilo de excesso de bagagem? [ˈkwẽntu sə ˈpagɐ pur ˈkɐdɐ ˈkilu də ˈʃsɛsu də bɐˈgaʒẽi]

Ich möchte diesen Flug stornieren/umbuchen.

Queria cancelar este voo (ôo)/mudar o voo (ôo). [kəˈriɐ kẽsəˈlar‿ˈeʃtɐ vou/muˈdar‿u ˈvou]

Wann muß ich am Flughafen sein?	A que horas tenho de estar no aeroporto? [ɐ ˈkjɔɾɐʃ ˈtɐɲu dɐ ˈʃtar nu ɛɐɾoˈpɔrtu]
Wo ist der Informationsschalter/Warteraum?	Onde são as informações?/Onde é a sala de espera? [ˈõndɐ sɐ̃u ɐz ˌĩfurmɐˈsõiʃ/ˈõnd ɛ ɐ ˈsalɐ dɐ ˈʃpɛɾɐ]
Kann ich das als Handgepäck mitnehmen?	Posso levar isto como bagagem de mão? [ˈpɔsu lɐˈvar ˈiʃtu ˈkomu bɐˈɡaʒɐ̃i dɐ mɐ̃u]
Hat die Maschine nach … Verspätung?	O avião para … está atrasado? [u ɐˈvjɐ̃u ˈpɐɾe … ʃta ɐtɾɐzˈadu]
Wieviel Verspätung hat sie?	Quanto tempo tem de atraso? [ˈkwɐ̃ntu ˈtɐ̃mpu tɐ̃i d ɐˈtɾazu]
Ist die Maschine aus … schon gelandet?	O avião de … já aterrou (Br aterrissou/pousou)? [u ɐˈvjɐ̃u dɐ … ʒa ɐtɐˈʀo (ɐtɛʀiˈso/poˈzo)]
● Letzter Aufruf. Die Passagiere nach …, Flug-Nr. …, werden gebeten, sich zum Ausgang … zu begeben.	Última chamada. Pedimos aos senhores passageiros do voo (ôo) número …, com destino a …, que se dirijam para a porta número … [ˈultimɐ ʃɐˈmade. pɐˈdimuz ˌɐuʃ sɐˈɲoɾɐʃ pɐsɐˈʒɐiɾuʒ du ˈvou ˈnumɐɾu … kõ dɐʃˈtinu ɐ … kɐ sɐ diˈɾiʒɐ̃u ˈpɛɾɐ ˈpɔrtɐ ˈnumɐɾu …]

An Bord / A bordo

● Bitte das Rauchen einstellen! Anschnallen, bitte!	Por favor, não fumar! Apertem os cintos! [pur fɐˈvor nɐ̃u fuˈmar. ɐˈpɛrtɐ̃i uʃ ˈsĩtuʃ]
Was ist das für ein Fluß/See?	Que rio/lago é aquele? [kɐ ˈʀiu/ˈlagu ɛ ɐˈkelɐ]
Wo sind wir jetzt?	Onde estamos agora? [ˈõndɐ ʃˈtemuz ɐˈgoɾɐ]
Wann landen wir in …?	Quando aterramos (Br aterrissamos/pousamos) em …? [ˈkwɐ̃ndu ɐtɐˈʀemuz (ɐtɛʀiˈsemuz/poˈzemuz) ˌɐ̃i]
● Wir landen in etwa … Minuten.	Aterramos (Br aterrissamos/pousamos) dentro de … minutos. [ɐtɐˈʀemuʒ (ɐtɛʀiˈsemuz/ poˈzemuz) ˈdɐ̃ntru dɐ … miˈnutuʃ]
Wie ist das Wetter in …?	Como está o tempo em …? [ˈkomu ʃta u ˈtɐ̃mpu ɐ̃i]

Ankunft

Chegada

▶ auch Kap.9 – Fundbüro

Ich finde mein Gepäck/ meinen Koffer nicht.

Não encontro a minha bagagem/mala.
[nɐu ẽŋˈkõntr_e ˈmiɲe beˈgaʒẽi/ˈmale]

Mein Gepäck ist verlorengegangen.

A minha bagagem perdeu-se.
[e ˈmiɲe beˈgaʒẽi pərˈdeuse]

Mein Koffer ist beschädigt worden.

A minha mala está estragada.
[e ˈmiɲe ˈmale ʃta ʃtreˈgade]

An wen kann ich mich wenden?

Onde posso reclamar?
[ˈõnde ˈpɔsu ʀɐkleˈmar]

Von wo fährt der Bus zum Air Terminal ab?

Donde parte o autocarro (*Br* ônibus) para o terminal? [ˈdõnde ˈpart_u autoˈkaʀu (ˈonibus) ˈpere u tərmiˈnal]

Wortliste Flugzeug

▶ auch Wortliste Eisenbahn

Abflug	partida [perˈtide]
	a descolagem [e dəʃkuˈlaʒẽi]
Air Terminal	o terminal [u tərmiˈnal]
Anflug	a aproximação [a_aprɔʃimeˈsɐu]
Anhänger *(am Koffer)*	etiqueta [etiˈkete]
Ankunft	chegada [ʃeˈgade]
Ankunftszeit	hora da chegada [ˈɔre de ʃeˈgade]
Anschluß	a ligação [e ligeˈsɐu]
	(Br) a conexão [a konɛˈksɐu]
anschnallen, sich	apertar o cinto [eperˈtar_u ˈsintu]
Anschnallgurt	cinto de segurança [ˈsintu də səguˈrɐse]
Auslandsflug	voo (ôo) internacional [ˈvou ĩntərneʃjuˈnal]
Besatzung	a tripulação [e tripuleˈsɐu]
an Bord	a bordo [e ˈbordu]
Bordkarte	o cartão de embarque [u kerˈtɐu d_ẽmˈbarkə]
buchen	reservar [ʀəzərˈvar]
Buchung	reserva [ʀəˈzɛrve]
	a marcação [e merkeˈsɐu]
Business class	a classe executiva [e ˈklas_izɐkuˈtive]
Chartermaschine	o charter [u ˈʃartɛr]
Direktflug	vôo dire(c)to [ˈvou diˈrɛtu]
Düsenmaschine	o avião a jacto [u eˈvjẽu e ˈʒatu]

Economy class	a classe económica (ô) [ɐ ˈklas‿iku̯ˈnɔmikɐ]
einchecken	fazer o check-in [fɐˈzer‿u ˈʃɛkin] despachar a bagagem [dɐʃpɐˈʃar‿ɐ bɐgaˈʒɐ̃i̯]
Fenstersitz	o lugar à janela [u luˈgar‿a ʒɐˈnɛlɐ]
Flug	vôo [ˈvou̯]
~gast	passageiro [pɐsɐˈʒɐi̯ru]
~gesellschaft	companhia de aviação [kõpɐˈɲiɐ d‿ɐvjɐˈsɐ̃u̯]
~hafen	aeroporto [ɛɛɾoˈpɔrtu]
~hafenbus	autocarro (Br o ônibus) do aeroporto [au̯toˈkaʀu (u ˈonibus) du ɛɛɾoˈpɔrtu]
~hafengebühr	taxa de aeroporto [ˈtaʃɐ d‿ɐɛɾoˈpɔrtu]
~plan	horário (dos aviões) [oˈrarju (duz‿ɐˈvjõi̯ʃ)]
~schein	o bilhete de avião [u bɐˈʎɛtɐ d‿ɐˈvjɐ̃u̯]
~steig	porta de embarque [ˈpɔrtɐ d‿ẽˈbarkɐ]
~strecke	rota [ˈʀɔtɐ] , linha aérea [ˈliɲ‿aˈɛrjɐ]
~zeug	o avião [u ɐˈvjɐ̃u̯]
Gang	o corredor [u kuʀɐˈdor]
Gepäck	a bagagem [ɐ bɐˈgaʒɐ̃i̯]
~abfertigung	despacho da bagagem [dɐʃˈpaʃu dɐ bɐˈgaʒɐ̃i̯]
~ausgabe	entrega da bagagem [ẽˈtrɛgɐ dɐ bɐˈgaʒɐ̃i̯]
Handgepäck	a bagagem de mão [ɐ bɐˈgaʒɐ̃i̯ dɐ mɐ̃u̯]
Heck	cauda [ˈkau̯dɐ]
Hubschrauber	helicóptero [eliˈkɔptɐru]
Inlandsflug	voo (ôo) doméstico [ˈvou̯ du‿ˈmɛʃtiku]
Kapitän	o piloto [u piˈlotu]
Kofferkuli	carrinho porta-bagagem [kɐˈʀiɲu ˈpɔrtɐ bɐˈgaʒɐ̃i̯]
landen	aterrar [ɐtɐˈʀar] , (Br) aterrissar [ɐtɐʀiˈsar] , pousar [poˈzar]
Landung	a aterragem [a ɐtɐˈʀaʒɐ̃i̯] , (Br) a aterrissagem [a ɐtɐʀiˈsaʒɐ̃i̯]
Last-minute-Flug	o embarque à última hora [u ẽˈbark‿a ˈultimɐ ˈɔrɐ]
Linienmaschine	o avião de carreira [u ɐˈvjɐ̃u̯ dɐ kɐˈʀɐi̯rɐ]
Luftsicherheitsgebühr	taxa de segurança [ˈtaʃɐ dɐ sɐguˈrɐ̃sɐ]
Nichtraucher	não fumador [nɐ̃u̯ fumɐˈdor]
Not|ausgang	saída de emergência [sɐˈidɐ d‿imɐrˈʒẽsjɐ]
~landung	a aterragem (Br aterrissagem) forçada [a ɐtɐˈʀaʒɐ̃i̯ (ɐtɐʀiˈsaʒɐ̃i̯) furˈsadɐ]
~rutsche	o tobogã de emergência [u tɔbɔˈgɐ̃ d‿imɐrˈʒẽsjɐ]

Passagier	passageiro [pesɐˈʒeiru]
Pilot	piloto [piˈlotu]
planmäßiger Abflug	partida conforme o horário [perˈtidɐ kõˈfɔrm_u oˈrarju]
Raucher	fumador [fumeˈdor]
Reiseziel	destino [dəʃˈtinu]
Rollfeld	pista de aterragem (*Br* de aterrissagem) [ˈpiʃtɐ d_ɐtɐˈʀaʒẽi (di ateʀiˈsaʒẽi)]
Schalter	o guiché [u giˈʃɛ]
Schwimmweste	o colete de salvação [u kuˈletɐ dɐ salveˈsẽu]
Sicherheitskontrolle	controlo (*Br* o controle) de segurança [kõˈtrolu (u kõˈtroli) dɐ səguˈrẽsɐ]
Steward/eß	comissário [kumiˈsarju] / hospedeira [ɔʃpɐˈdeirɐ], *(Br)* aeromoça [aɛroˈmosɐ]
stornieren	cancelar [kẽsɐˈlar]
umbuchen	mudar o vôo [muˈdar_uˈvou]
Verspätung	atraso [eˈtrazu]
zollfreier Laden	loja franca [ˈlɔʒɐ ˈfrẽŋkɐ] duty-free shop [ˈdjuti fri ʃɔp]
Zwischenlandung	escala [ˈʃkalɐ]

Eisenbahn

Caminho (*Br* estrada) de ferro

Im Reisebüro/ Auf dem Bahnhof	**Na agência de viagens/Na estação**
Eine einfache Fahrt 2. Klasse/1. Klasse nach …, bitte.	Um bilhete de segunda/de primeira classe para …, se faz favor. [ũ bɐˈʎetɐ dɐ sɐˈgũndɐ/dɐ priˈmeirɐ ˈklasɐ ˈperɐ … sɐ faʃ fevor]
Zweimal … hin und zurück, bitte.	Dois bilhetes de ida e volta para …, se faz favor. [doiʒ bɐˈʎetɐʒ d_ˈidɐ i ˈvɔltɐ ˈperɐ … sɐ faʃ fevor]
Gibt es eine Ermäßigung für Kinder/kinderreiche Familien/Studenten?	Há uma redução para crianças/famílias com muitos filhos/estudantes? [a ˈumɐ ʀɐduˈsẽu ˈperɐ ˈkrjẽsɐʃ/fɐˈmiljɐʃ kõ ˈmũintuʃ fiʎuʃ/ʃtuˈdẽtɐʃ]

Bitte eine Platzkarte für den Zug um ... Uhr nach ...	Queria reservar um lugar no comboio (*Br* trem) das ... para ... [kəˈrie ʀəzərˈvar ‿ũ luˈgar nu kõmˈbɔju (trēi) deʃ ... ˈpere]

Das Lösen einer Fahrkarte für einen Schnellzug (expresso) *ist in Portugal immer mit einer Platzreservierung gekoppelt. Das heißt, daß man ohne Platzkarte in diesen Zügen keinen oder nur schwer einen Sitzplatz bekommt. Außerdem ist das Nachlösen im Zug teuer. Es empfiehlt sich daher, die Fahrkarte vor Fahrtantritt zu besorgen.*

• Einen Fensterplatz?	Um lugar à janela? [ũ luˈgar‿a ʒeˈnɛle]
Ich möchte einen Liege-wagenplatz/Schlafwa-genplatz für den Zug um 20 Uhr nach ...	Queria um lugar em couchette/vagão-cama (*Br* vagão-leito) no comboio (*Br* trem) das 20 horas para ... [kəˈrie ũ luˈgar‿ẽi kuˈʃɛte/vaˈgẽu ˈkeme (vaˈgẽu ˈleitu) nu kõmˈbɔju (trēi) deʒ vĩnˈtjɔreʃ ˈpere]
Gibt es einen Autoreise-zug nach ...?	Há um comboio (*Br* trem) de trans-porte de automóveis para ... [a ũ kõmˈbɔju (trēi) də trēʃˈpɔrte d‿autuˈmɔveiʃ ˈpere]
Was kostet das für ein Auto mit vier Personen?	Quanto se paga por um carro com quatro pessoas? [ˈkwẽntu sə ˈpage pur‿ũ ˈkaʀu kõ ˈkwatru pəˈsoeʃ]
Ich möchte diesen Koffer als Reisegepäck aufgeben.	Queria despachar esta mala com o bilhe-te. [kəˈrie dəʃpeˈʃar‿ˈɛʃte ˈmale kõ u bəˈʎete]
Wo kann ich mein Fahr-rad aufgeben?	Onde posso despachar a minha bicicleta? [ˈõnde ˈposu dəʃpeˈʃar‿e ˈmiɲe bəsiˈklɛte]
• Wollen Sie Ihr Gepäck versichern?	Quer fazer um seguro da bagagem? [kɛr feˈzer‿ũ səˈguru de beˈgaʒẽi]
Geht das Gepäck mit dem ...-Uhr Zug ab?	A bagagem vai no comboio (*Br* trem) das ...? [e beˈgaʒẽi vai nu kõmˈbɔju (trēi) deʃ]
Wann kommt es in ... an?	Quando chega a ...? [ˈkwendu ˈʃega]
Hat der Zug aus ... Verspätung?	O comboio (*Br* trem) de ... tem atraso? [u kõmˈbɔju (trēi) də ... tẽi eˈtrazu]
Habe ich in ... Anschluß nach .../an die Fähre?	Tenho em ... ligação (*Br* conexão) pa-ra .../com o barco? [ˈteɲu ẽi ... ligeˈsẽu (konɛˈksẽu) ˈpere/kõ u ˈbarku]

(Wo) Muß ich umsteigen?

(Onde) Tenho de mudar de comboio (*Br* trem)? [('ōndə) 'teɲu də mu'dar də kōm'bɔju (trēi)]

Von welchem Gleis fährt der Zug nach ... ab?

De que linha parte o comboio (*Br* trem) para ...?
[də kə liɲə 'part_u kōm'bɔju (trēi) 'perɐ]

• Der Zug Nr. ... aus ... nach ... fährt auf Gleis 1 ein.

O comboio (*Br* trem) número ... de ... para ... vai entrar na linha um.
[u kōm'bɔju (trēi) 'numəru ... də ... 'perɐ ... vai ēn'trar nɐ 'liɲɐ ū]

• Der Zug Nr. ... aus ... hat 10 Minuten Verspätung.

O comboio (*Br* trem) número ..., proveniente de ... tem dez minutos de atraso. [u kōm'bɔju (trēi) 'numəru ... pruvə'njēntə də ... tēi dɛʒ mi'nutuʒ d_e'trazu]

• Achtung, Reisende nach ...! Bitte einsteigen und die Türen schließen.

Atenção, senhores passageiros! O comboio (*Br* trem) com destino a ... vai partir. Boa viagem!
[etē'sɐ̃u sə'ɲorəʃ pesɐ'ʒeiruʃ. u kōm'bɔju (trēi) kō dəʃ'tinu ɐ ... vai per'tir. 'boɐ 'vjaʒēi]

Im Zug — No comboio (*Br* trem)

Verzeihung, ist dieser Platz noch frei?

Desculpe, este lugar está livre?
[dəʃ'kulpə 'eʃtə lu'gar ʃta 'livrə]

Können Sie mir bitte helfen?

Pode-me ajudar, se faz favor?
['pɔdəm_eʒu'dar sə faʃ fe'vor]

Darf ich das Fenster öffnen/schließen?

Posso abrir/fechar a janela?
['pɔsu ɐ'brir/fə'ʃar_ɐ ʒe'nɛlɐ]

Entschuldigen Sie, bitte. Dies ist ein Nichtraucherabteil.

Desculpe, este compartimento é para não fumadores. [dəʃ'kulpə 'eʃtə kömpɐrti'mēntu ɛ 'perɐ nɐ̃u fumɐ'dorəʃ]

Entschuldigen Sie, das ist mein Platz. Ich habe eine Platzkarte.

Desculpe, esse lugar é meu. Tenho aqui o bilhete de reserva. [dəʃ'kulpə 'esɐ lu'gar_ɛ meu. 'teɲu ɐ'ki u bə'ʎetə də ʀə'zervɐ]

• Die Fahrkarten, bitte.

Os bilhetes, se fazem favor.
[uʒ bə'ʎetəʃ sə 'fazēi fe'vor]

Hält dieser Zug in ...?

Este comboio (*Br* trem) pára em ...?
['eʃtə kōm'bɔju (trēi) 'parɐ ēi]

Wo sind wir jetzt?	Onde é que estamos agora? ['ônd_ɛ kə 'ʃtemuz_ɐ'gɔrɐ]
Wie lange haben wir hier Aufenthalt?	Quanto tempo paramos aqui? ['kwẽntu 'têmpu pɐ'remuz_ɐ'ki]
Kommen wir pünktlich an?	Chegamos à hora marcada? [ʃɐ'gɐmuz_a 'ɔrɐ mɐr'kadɐ]

Wortliste Eisenbahn ▶ auch Wortliste Flugzeug

Abfahrt	partida [pɐr'tidɐ]
Abfahrtszeit	hora da partida ['ɔrɐ dɐ pɐr'tidɐ]
Abteil	compartimento [kômpɐrti'mẽntu]
ankommen	chegar [ʃɐ'gar]
Aufenthalt	a paragem [ɐ pɐ'raʒẽi], demora [dɐ'mɔrɐ]
Autoreisezug	comboio (Br o trem) para transporte de automóveis [kôm'bɔju (u trẽi) 'pɐrɐ trɐ̃ʃ'pɔrtɐ d_autu'mɔvɐiʃ]
Bahn|hof	a estação [ɐ ʃtɐ'sɐ̃u]
~hofsrestaurant	o restaurante da estação [u ʀɐʃtau'ʀɐ̃ntɐ dɐ ʃtɐ'sɐ̃u]
~steigkarte	o bilhete de gare [u bɐ'ʎetɐ dɐ 'garɐ]
besetzt	ocupado [ɔku'padu]
D-Zug	expresso ['ʃpʀɛsu]
Eilzug	comboio (Br o trem) semidire(c)to [kôm'bɔju (u trẽi) sɐmidi'ʀɛtu]
einsteigen	subir [su'bir], entrar [ẽn'trar]
Eisenbahn	caminho (Br estrada) de ferro [kɐ'miɲu (eʃ'tradɐ) dɐ 'fɛʀu]
~fähre	o ferry-boat [u 'fɛʀi bɔt] (Br) barca ['barkɐ]
Ermäßigung	a redução [ɐ ʀɐdu'sɐ̃u]
Fahr|karte	o bilhete [u bɐ'ʎetɐ]
~kartenkontrolle	controlo (Br o controle) dos bilhetes [kõn'trolu (u kõn'trolɐ) duʒ bɐ'ʎetɐʃ]
~kartenschalter	bilheteira [bɐʎɐ'teirɐ] (Br) bilheteria [biʎete'riɐ]
~plan	horário [o'rarju]
~preis	preço do bilhete ['presu du bɐ'ʎetɐ]
Fensterplatz	o lugar à janela [u lu'gar_a ʒɐ'nɛlɐ]
frei	livre ['livrɐ]
Gang	o corredor [u kuʀɐ'dor]

Gepäck	a bagagem [ɐ beˈgaʒɐ̈i]
~ablage	banqueta para apoio da bagagem [bɐ̈ŋˈkete ˈper_aˈpoju de beˈgaʒɐ̈i]
~aufbewahrung	depósito de bagagens [dəˈpozitu də beˈgaʒɐ̈iʃ]
~schalter	o guiché (ê) da bagagem [u giˈʃɛ də beˈgaʒɐ̈i]
~schein	guia [ˈgie]
~schließfach	depósito automático de bagagens [dəˈpozit_autuˈmatiku də beˈgaʒɐ̈iʃ]
~träger	o carregador [u keʀɐgeˈdor]
~wagen	carrinho porta-bagagem [keˈʀiɲu ˈporte beˈgaʒɐ̈i]
Gleis	via/linha férrea [ˈvie/ˈliɲe ˈfɛʀje]
Großraumwagen	o vagão de grande capacidade [u vaˈgɐ̈u də ˈgrɐ̈nde kepesiˈdade]
Hauptbahnhof	a estação central [ɐ ʃteˈsɐ̈u sɛ̈nˈtral]
Hochgeschwindigkeits-zug	comboio (*Br* o trem) de grande velocida-de [kõˈboju (u trɐ̈i) də ˈgrɐ̈nde vəlusiˈdade]
IC (Intercity)	intercidades [ĩntɛrsiˈdadəʃ]
Interrail	interrail [ĩntɐˈʀeil]
Kinderfahrkarte	meio-bilhete [ˈmeju bəˈʎete]
Kurswagen	a carruagem dire(c)ta [ɐ keˈʀuaʒɐ̈i diˈrɛte]
Liegewagenkarte	o bilhete de couchette [u bəˈʎete də kuˈʃete]
Lokomotive	locomotiva [lukumuˈtive]
nachlösen	comprar um bilhete suplementar [kõˈprar_ũm bəˈʎete suplemɛ̈nˈtar]
Nichtraucherabteil	compartimento para não fumadores [kõmpertiˈmɛ̈ntu ˈpere nɐ̈u fumeˈdorəʃ]
Notbremse	o sinal de alarme [u siˈnal d_eˈlarme] freio de emergência [ˈfreju d_imɐrˈʒɐ̈sje]
Platzkarte	o bilhete de marcação de lugar [u bəˈʎete də merkeˈsɐ̈u də luˈgar]
Raucherabteil	compartimento para fumadores [kõmpertiˈmɛ̈ntu ˈpere fumeˈdorəʃ]
Reisebegleiter (*Broschüre*)	o guia [u ˈgie]
Reservierung	reserva [ʀəˈzɛrve] a marcação [ɐ merkeˈsɐ̈u]
Rückfahrkarte	o bilhete de ida e volta [u bəˈʎete d_ˈide i ˈvolte]
Rundreisefahrschein	o bilhete circular [u bəˈʎete sirkuˈlar]
Sammelfahrschein	o bilhete cole(c)tivo [u bəˈʎete kuleˈtivu]

Schlafwagenkarte o bilhete de vagão-cama (*Br* vagão-leito)
[u bəˈʎetə də vaˈgɐ̃u ˈkeme (vaˈgɐ̃u ˈleitu)]

Schnellzug comboio (*Br* o trem) rápido
[kõmˈbɔju (u trɐ̃i) ˈʀapidu]

Speisewagen a carruagem do bar
[ɐ keˈruaʒɐi du bar]

Toilette casa de banho [ˈkaze də ˈbeɲu]
(Br) banheiro [baˈɲeru]

Wagennummer número da carruagem (*Br* do vagão)
[ˈnumɐru də keˈʀwaʒɐi (du vaˈgɐ̃u)]

Wartesaal sala de espera [ˈsale də ˈʃpɛrɐ]
Waschraum os lavabos [uʒ leˈvabuʃ]
Zug comboio [kõmˈbɔju], *(Br)* o trem [u trɐ̃i]
  ~begleitpersonal o pessoal ferroviário de bordo
[u pəˈswal fɛʀɔˈvjarju də ˈbɔrdu]

Zuschlag suplemento [supləˈmẽntu]
sobretaxa [sobrəˈtaʃe]

zuschlagpflichtig sujeito a suplemento/a sobretaxa
[suˈʒeit_e supləˈmẽntu/_e sobrəˈtaʃe]

Schiff

Barco

Informações

Welche ist die beste Se faz favor, que barco hei-de tomar
Schiffsverbindung nach para …?
…? [sə faʃ feˈvor kə ˈbarku ˈeidə tuˈmar ˈpɐrɐ]

Wo/Wann fährt das Donde/Quando parte o próximo
nächste Schiff/die näch- navio / o próximo ferry-boat
ste Fähre nach … ab? *(Br* a próxima barca) para …?
[ˈdõndə/ˈkwẽndu ˈpart_u ˈprɔsimu nɐˈviu/u
ˈprɔsimu ˈfɛʀi bot (a ˈprɔsimə ˈbarke) ˈpɐrɐ]

Wie lange dauert die Quanto tempo dura a travessia?
Überfahrt? [ˈkwẽntu ˈtẽmpu ˈdura trevəˈsiɐ]

Welche Häfen werden Em que portos fazemos escala?
angelaufen? [ɐ̃i kə ˈportuʃ feˈzemuz_əʃˈkalɐ]

Wann legen wir in … an? Quando chegamos a …?
[ˈkwẽndu ʃəˈgemuz_ɐ]

Wie lange haben wir Auf-
enthalt in ...?

Quanto tempo ficamos em ...?
[ˈkwɛ̃ntu ˈtẽmpu fiˈkemuz ̯ ẽi]

Ich möchte eine Schiffs-
karte nach ...
   1. Klasse
   Touristenklasse
   eine Einzelkabine

   eine Zweibettkabine

Queria uma passagem para ...
[ˈkəriɐ ˈumɐ peˈsaʒɐ̃i ˈpɐrɐ]
   primeira classe [priˈmeirɐ ˈklasə]
   classe turística [ˈklasə tuˈriʃtikɐ]
   um camarote individual
   [ũ kemeˈrɔt ̯ ĩndɐviˈdwal]
   um camarote para duas pessoas
   [ũ kemeˈrɔtɐ ˈpɐrɐ ˈduɐʃ pəˈsoɐʃ]

Ich möchte eine Karte für
die Rundfahrt um ... Uhr.

Queria um bilhete para a excursão das
... (horas). [kəˈriɐ ũm bəˈʎetɐ ˈpɐrɐ
ʃkurˈsɐ̃u daʃ ... (ˈɔrɐʃ)]

An Bord

A bordo

Bitte, ich suche Kabine
Nr. ...

Pode-me dizer, se faz favor, onde é o
camarote número ...? [ˈpɔdəmə diˈzer sə
faʃ feˈvor õnd ̯ ɛ u kemeˈrɔtɐ ˈnuməru]

Kann ich eine andere Ka-
bine haben?

Podem-me dar outro camarote?
[ˈpɔdɛ̃imə dar ̯ otru kemeˈrɔtɐ]

Wo ist mein Koffer/mein
Gepäck?

Onde está a minha mala/a minha
bagagem? [ˈõndə ʃta ɐ ˈmiɲɐ ˈmalɐ/ɐ
ˈmiɲɐ bɐˈgaʒɐ̃i]

Wo ist der Speisesaal/der
Aufenthaltsraum?

Onde é a sala de jantar/o salão?
[ond ̯ ɛ ɐ ˈsalɐ də ʒɛ̃nˈtar/u sɐˈlɐ̃u]

Wann wird gegessen?

A que horas são as refeições?
[ɐ ˈkjɔrɐʃ sɐ̃u ɐʒ ʀɐfeiˈsõiʃ]

Steward, bringen Sie mir
bitte ...

Traga-me, se faz favor, ...
[ˈtragemə sə faʃ feˈvor]

Ich fühle mich nicht wohl.

Não me sinto bem. [nɐ̃u mə ˈsĩntu bɐ̃i]

Rufen Sie bitte den
Schiffsarzt!

Faça-me o favor de chamar o médico
de bordo! [ˈfasɐm ̯ u feˈvor də ʃeˈmar ̯ u
ˈmɛdiku də ˈbɔrdu]

Geben Sie mir bitte ein
Mittel gegen Seekrank-
heit.

Pode-me dar um remédio contra o
enjoo (ôo), se faz favor? [ˈpɔdəmə dar ̯ ũ
ʀɐˈmɛdju ˈkõntrɐ u ẽˈʒou sə faʃ feˈvor]

Wortliste Schiff ▶ auch Wortlisten Flugzeug, Eisenbahn

Anker	âncora [ˈẽŋkuɐ]
anlaufen	fazer escala em [feˈzer ˈʃkalɐ ẽi]
anlegen in	atracar em [etreˈkar_ẽi]
Anlegeplatz	embarcadouro [ẽmberkeˈdoru]
auslaufen	sair do porto [sɐˈir du ˈportu]
ausschiffen	desembarcar [dɐzẽmberˈkar]
Backbord	bombordo [bõmˈbordu]
Bettkarte	o bilhete de beliche [u bɐˈʌetɐ dɐ bɐˈliʃɐ]
an Bord	a bordo [ɐ ˈbordu]
Buchung	reserva [ʀɐˈzɛrvɐ]
	a marcação [ɐ merkɐˈsẽu]
Bug	proa [ˈproɐ]
Dampfer	vapor [vɐˈpor]
Deck	o convés [u kõˈvɛʃ]
einschiffen	embarcar [ẽmberˈkar]
Fähre	barco [ˈbarku]
	o ferry-boat [u ˈfɛʀi bot]
Auto~	o ferry-boat [u ˈfɛʀi bot]
	(Br) barca [ˈbarkɐ]
Eisenbahn~	o ferry-boat [u ˈfɛʀi bot]
	(Br) barca [ˈbarkɐ]
Fahrkarte	o bilhete [u bɐˈʌetɐ]
Festland	o continente [u kõntiˈnẽntɐ]
	terra firme [ˈtɛʀɐ ˈfirmɐ]

Hafen	porto [ˈportu]
~gebühr	taxa portuária [taʃe purˈtwarje]
Heck	popa [ˈpope]
Jacht	o iate [uˈjatə]
Kabine	cabina [kaˈbine], o camarote [u kemeˈrɔtə]
Außen~	o camarote exterior [u kemeˈrɔtə ʃtəˈrjor]
Innen~	o camarote interior [u kemerɔt_intəˈrjor]
Kai	o cais [u kaiʃ]
Kajüte	o camarote [u kemeˈrɔtə]
Kapitän	o comandante [u kumenˈdantə]
Knoten	o nó [u nɔ]
Kreuzfahrt	cruzeiro [kruˈzeiru]
Kurs	rumo [ˈʀumu], rota [ˈʀɔtɐ]
Küste	costa [ˈkɔʃtə]
Landausflug	a excursão [eʃkurˈsɐ̃u]
Landesteg	embarcadouro [ẽmberkeˈdoru]
Leuchtturm	o farol [u feˈrɔl]
Luftkissenboot	o hovercraft [u ovərˈkraft]
Mannschaft	a tripulação [e tripuleˈsɐ̃u]
Matrose	marinheiro [meriˈɲeiru]
Motorboot	barco a motor [ˈbarku e muˈtor]
	lancha a gasolina [ˈlɐ̃ʃa gezuˈline]
Passagier	passageiro [peseˈʒeiru]
Promenadendeck	o convés de passeio [u kõˈvɛʒ də peˈseju]
Rettungs|boot	barco salva-vidas [ˈbarku ˈsalveˈvideʃ]
~ring	bóia salva-vidas [ˈbɔje ˈsalveˈvideʃ]
Ruder	remo [ˈʀemu]
~boot	barco a remos [ˈbarku e ˈʀemuʃ]
Rundfahrt	circuito [sirˈkuitu], volta [ˈvɔltɐ],
	a excursão [eʃkurˈsɐ̃u]
Schwimmweste	o colete de salvação
	[u kuˈletə də salveˈsɐ̃u]
Seegang	a ondulação [e õnduleˈsɐ̃u]
seekrank	enjoado [ẽˈʒwadu]
Segelboot	barco à vela [ˈbarku a ˈvɛlɐ]
Sonnendeck	tombadilho [tõmbeˈdiʎu]
Steuerbord	estibordo [ʃtiˈbordu]
Steward	criado (*Br* o garçom) de bordo
	[ˈkrjadu (u garˈsõ) də ˈbordu]
Tragflächenboot	o hidrofoil [u idrɔˈfoil]
Überfahrt	travessia [treveˈsie]
Welle	onda [ˈõndɐ]
Zwischendeck	as entrecobertas [ez_ẽntrekuˈbɛrteʃ]

An der Grenze

Na fronteira

Paßkontrolle

Controlo (*Br* controle) de passaportes

- Ihren Paß, bitte!

  O seu passaporte, se faz favor!
  [u seu pasə'pɔrtə sə faʃ fe'vor]

- Ihr Paß ist abgelaufen.

  O seu passaporte caducou.
  [u seu pasə'pɔrtə kedu'ko]

  Ich gehöre zu der Reise-gesellschaft aus …

  Eu pertenço ao grupo (de turistas) de
  … [eu pər'tẽs_eu 'grupu (də tu'riʃteʃ) də]

- Könnte ich bitte das amts-tierärztliche Gesundheits-zeugnis/die Tollwut-impfbescheinigung für Ihren Hund/Ihre Katze sehen?

  Pode mostrar-me, por favor, o certifica-do sanitário/o certificado de vacina contra a raiva do seu cão/do seu gato?
  ['pɔdə muʃ'trarmə pur fe'vor_u sərtəfi'kadu seni'tarju/u sərtəfi'kadu də vẽ'sine 'kõntra 'ʀaivə du seu kẽu/du seu 'gatu]

- Haben Sie ein Visum?

  Tem um visto? [tẽi ũ 'viʃtu]

  Kann ich das Visum hier bekommen?

  Posso obter aqui o visto?
  ['pɔs_ob'ter_e'ki u 'viʃtu]

Zollkontrolle

Alfândega

- Haben Sie etwas zu ver-zollen?

  Tem alguma coisa a declarar?
  [tẽi al'gumə 'koiza dəklə'rar]

  Nein, ich habe nur ein paar Geschenke.

  Não, senhor, levo apenas alguns pre-sentes. [nẽu sə'ɲor lɛvu ə'penez_al'gũʃ prə'zẽntəʃ]

- Fahren Sie bitte rechts/links heran.

  Encoste ali à direita/à esquerda, se faz favor. [ẽŋ'kɔʃt_e'li a di'reitə/a 'ʃkerdə sə faʃ fe'vor]

- Öffnen Sie bitte den Kof-ferraum/diesen Koffer.

  Abra a mala do carro/esta mala, se faz favor. ['abra 'malə du 'kaʀu/'ɛʃtə 'malə sə faʃ fe'vor]

  Muß ich das verzollen?

  Tenho de pagar direitos disto?
  ['teɲu də pe'gar di'reituʒ 'diʃtu]

  Wieviel Zoll muß ich bezahlen?

  Quanto tenho a pagar de direitos?
  ['kwẽntu 'teɲu ə pe'gar də di'reituʃ]

Wortliste Grenze

Ausfuhr	a exportação [ɐ ʃpurteˈsẽu]
Ausreise	saída [seˈide]
Bestimmungen	as disposições [ɐʒ dəʃpuziˈsõiʃ]
Einfuhr	a importação [ɐ ĩmpurteˈsẽu]
Einreise	entrada [ẽnˈtrade]
Familien|name	apelido [ɐpəˈlidu]
~stand	estado civil [ˈʃtadu səˈvil]
ledig	solteiro [solˈteiru]
verheiratet	casado [keˈzadu]
verwitwet	viúvo [ˈvjuvu]
Führerschein	carta (*Br* carteira) de condução [ˈkarte (karˈtere) də kõnduˈsẽu]
Geburts|datum	data de nascimento [ˈdate də neʃsiˈmẽntu]
~name	o nome de solteira [u ˈnomə də solˈteire]
~ort	o local de nascimento [u luˈkal də neʃsiˈmẽntu]
Grenzübergang	posto fronteiriço [ˈpoʃtu frõnteiˈrisu]
grüne Versicherungskarte	carta verde [ˈkarte ˈverdə]
gültig	válido [ˈvalidu]
internationaler Impfpaß	certificado internacional de vacina [sərtəfiˈkadu ĩntərnesjuˈnal də veˈsine]
Kinderausweis	o bilhete de identidade da criança [u bəˈʎetə d‿idẽntiˈdadə də ˈkrjɐ̃s]
Nationalitätskennzeichen	placa de nacionalidade [ˈplake də nesjuneliˈdadə]
Paßkontrolle	controlo (*Br* o controle) de passaportes [kõntrolu (u kõntroli) də paseˈportəʃ]
Personalausweis	o bilhete (*Br* a carteira) de identidade [u bəˈʎetə (a karˈtere) d‿idẽntiˈdadə]
Reisepaß	o passaporte [u paseˈportə]
Sichtvermerk	visto [ˈviʃtu]
Staatsangehörigkeit	a nacionalidade [ɐ nesjuneliˈdadə]
Tollwut	raiva [ˈʀaive]
Visum	visto [ˈviʃtu]
Vorname	o prenome [u prəˈnomə], o nome de ba(p)tismo [u ˈnomə də baˈtiʒmu]
Wohnort	domicílio [dumiˈsilju]
Zoll	alfândega [alˈfẽndəgə]
~amt	alfândega [alˈfẽndəgə]
~beamter	empregado da alfândega [ẽmprəˈgadu da‿alˈfẽndəgə]
~frei	isento de direitos [iˈzẽntu də diˈreituʃ]

~gebühren   os direitos alfandegários
[uʒ diˈreituz̦ alfēndəˈgarjuʃ]

~kontrolle   controlo *(Br* o controle) alfandegá-
rio [kōnˈtrolu (u kōnˈtroli) alfēndəˈgarju]

~pflichtig   sujeito a direitos [suˈʒeitu ɐ diˈreituʃ]

Nahverkehrsmittel

Transportes urbanos

Welcher Bus/Welche
Straßenbahn/Welche U-
Bahnlinie fährt nach ...?
Qual é o autocarro *(Br* ônibus)/o eléctrico *(Br* bonde)/a linha do metro *(Br*
metrô) para ...?
[kwalˈɛ u autoˈkaʀu (ˈonibus)/u iˈlɛtriku
(ˈbōndi)/ɐ ˈliɲɐ du ˈmɛtru (meˈtro) ˈpɐʀɐ]

Wo ist die nächste ...
  Bushaltestelle?
Onde é a ... [ōndˈɛ ɐ]
  paragem do autocarro *(Br* parada do
  ônibus) mais próxima?
  [pɐˈʀaʒēi du autoˈkaʀu (pɐˈradɐ du
  ˈonibus) maiʃ ˈprɔsimɐ]

  Straßenbahnhaltestelle?
  paragem do eléctrico *(Br* parada do
  bonde) mais próxima? [pɐˈʀaʒēi du
  iˈlɛtriku (pɐˈradɐ du ˈbōndi) maiʃ ˈprɔsimɐ]

  U-Bahnstation?
  estação do metro *(Br* metrô) mais
  próxima? [ʃtɐˈsēu du ˈmɛtru (meˈtro)
  maiʃ ˈprɔsimɐ]

Welche Linie fährt
nach ...?
Qual é a linha que vai para ...?
[kwalˈɛ ɐ ˈliɲɐ kə vai ˈpɐʀɐ]

Ist dies der richtige Bus
nach ...?
É este o autocarro *(Br* ônibus) para ...?
[ɛ ˈeʃțu autoˈkaʀu (ˈonibus) ˈpɐʀɐ]

Wann/Wo fährt der Bus
ab?
Quando/Donde parte o autocarro
(Br ônibus)? [ˈkwēndu/ˈdōndə ˈparțu
autoˈkaʀu (ˈonibus)]

Wann fährt die erste/letz-
te U-Bahn nach ...?
A que horas é o primeiro/último metro *(Br* metrô) para ...? [ɐ ˈkjɔrez̦ɛ u
priˈmeiru/ˈultimu ˈmɛtru (meˈtro) ˈpɐʀɐ]

In welche Richtung muß
ich fahren?
Em que dire(c)ção tenho de ir?
[ēi kə dirɛˈsēu ˈteɲu d_ir]

Wie viele Haltestellen
sind es?
Quantas paragens *(Br* paradas) são?
[ˈkwēntɐʃ pɐˈʀaʒēiʃ (pɐˈradɐs) sēu]

Wo muß ich aussteigen/
umsteigen?
Onde tenho que descer/mudar?
[ˈōndə ˈteɲu kə dəʃˈser/muˈdar]

Bushaltestellen auf Überlandstrecken in Portugal sind oft nur auf einer Straßenseite durch ein Halteschild gekennzeichnet. Dieses Schild gilt jedoch für beide Straßenseiten und damit für beide Richtungen.

Geben Sie mir bitte Bescheid, wenn ich aussteigen muß.
Pode fazer o favor de me avisar quando eu tiver de descer? [ˈpɔdə feˈzer‿u feˈvor də m‿evi'zar 'kwēndu eu ti'vɛr də dəʃ'ser]

Wo kann ich den Fahrschein kaufen?
Onde é que posso comprar o bilhete? [ˈond‿ɛ kə ˈpɔsu kõmˈprar‿u bəˈʎetə]

Bitte, einen Fahrschein nach …
Um bilhete para …, se faz favor. [ūm bəˈʎetə ˈpɛrɐ … sə faʃ feˈvor]

Gibt es auch Mehrfahrten-/Wochenkarten?
Há bilhetes para várias viagens/passes semanais? [a bəˈʎetəʃ ˈpɛrɐ ˈvarjɐʒ ˈvjaʒēiʃ/'pasəʃ səmeˈnaiʃ]

Taxi

Táxi

Wo ist der nächste Taxistand?
Pode-me dizer, se faz favor, onde é a praça de táxis mais próxima? [ˈpɔdəmə diˈzer sə faʃ feˈvor ˈond‿ɛ ɐ ˈprasɐ də ˈtaksiʒ maiʃ ˈprɔsimɐ]

Zum Bahnhof.
Para a estação. [ˈpɛrɐ ʃteˈsēu]

Zum … Hotel.
Para o hotel … [ˈpɛrɐ u ɔˈtɛl]

In die …-Straße.
Rua … [ˈʀuɐ]

Nach …, bitte.
Para …, se faz favor. [ˈpɛrɐ … sə faʃ feˈvor]

Wieviel kostet es nach …?
Quanto terei de pagar para ir até …? [ˈkwɐntu təˈrei də peˈgar ˈpɛrɐ ir‿eˈtɛ]

Halten Sie bitte hier.
Pare aqui, por favor. [ˈpar‿eˈki pur feˈvor]

Warten Sie bitte. Ich bin in 5 Minuten zurück.
Espere um pouco, se faz favor. Volto dentro de 5 minutos. [ˈʃpɛr‿ūm ˈpoku sə faʃ feˈvor. ˈvɔltu ˈdēntru də ˈsĩŋku miˈnutuʃ]

Das ist für Sie.
Isto é para si (*Br* para você). [ˈiʃtu ɛ ˈpɛrɐ si (ˈparɐ vɔˈse)]

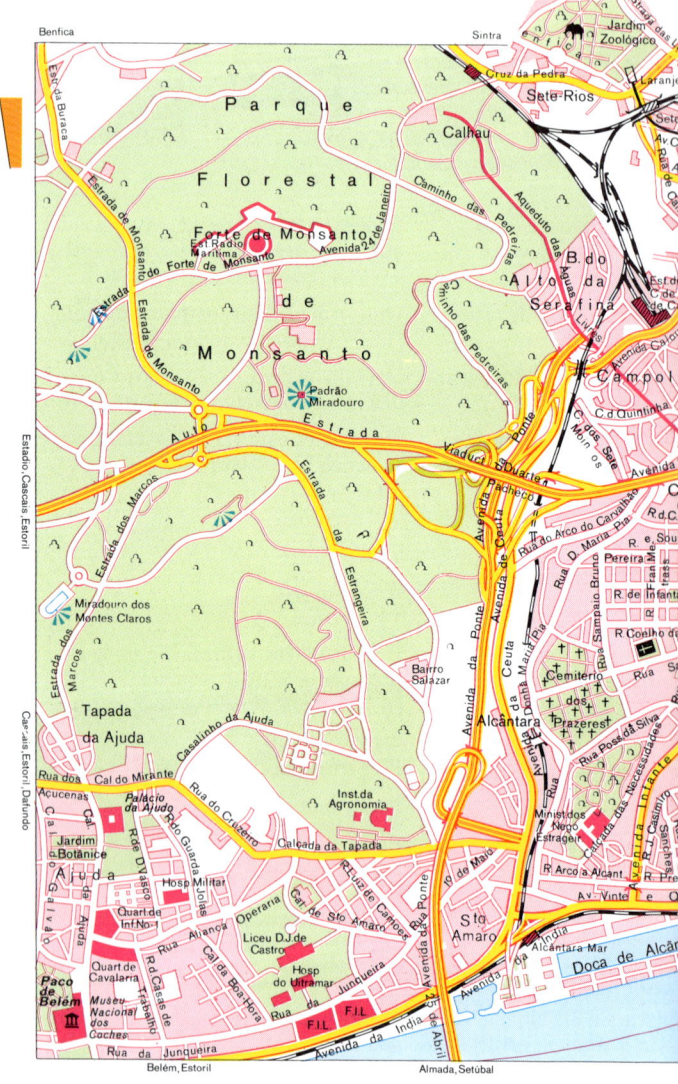

Benfica

Sintra

P a r q u e

F l o r e s t a l

Calhau

Cruz da Pedra

Sete-Rios

Jardim Zoológico

Forte de Monsanto

Est.Rádio Marítima

Forte de Monsanto

Avenida 24 de Janeiro

Estrada de Monsanto

Caminho das

Aqueduto das Pedreiras

B. do Alto da Serafina

C. da

Est.da Buraca

Estrada de Monsanto

d e

Estrada de Monsanto

M o n s a n t o

Padrão Miradouro

Caminho das Pedreiras

Campol

A.vip

E s t r a d a

Estrada dos Marcos

Viaduto

Ponte

Duarte

C. d Quintinha

C. dos Seis

Mon o Sa

Avenida

Estrada da Estrangeira

Pacheco

Avenida de Ceuta

Rua do Arco do Carvalhao

R. Maria Pia

R. e. Sou

Miradouro dos Montes Claros

Rua Sampaio Bruno

Pereira Mel

Fran Met.

R de Infante

R Conelho Ap

Bairro Salazar

Cemiterio

† dos †

Prazerest

Rua

Estadio Cascais Estoril

Estrada dos Marcos

Tapada da Ajuda

Casalinho da Ajuda

Avenida da Ponte

da Danhi Man Pal

Alcântara

Rua Post.da Silva

Rua da Necessidades

Cascais Estoril, Dafundo

Rua doa

Cal do Mirante

Rua do Cruzeiro

Inst.da Agronomia

Avenida de Ceuta

Ministido Nego Estrageni

Rua Infanta

Acucenas

Palacio da Ajuda

Calçada da Tapada

19 de Maio

R. Casjan

Jardim Botânico

R. de D.Vasco

Rio Seco

Rua Guarda Joias

R Arco d Alcant

Av. Vinte e O

A j u d a

Cal Galvao

Hosp Militar

Cruz de Carnos

Avenida da Ponte

Sto. Amaro

Operana

Cal de Sto Amaro

Liceu D.J.de Castro

Rua Aliança

Quart de Inf.No.

Cal da Boa Hora

Hosp do Ultramar

Avenida da India

Alcântara Mar

Doca de Alcân

Quart de Cavalarra

R D.Casas de Trabalho

Rua

Paço de Belém

Museu Nacional dos Coches

F.I.L

F.I.L

Rua da Junqueira

Belém,Estoril

Almada,Setúbal

Avenida da India, de Abril

LISBOA (LISSABON)

Torres,Vedrad,Porto   Leira,Porto

Pça de Touros   Av. João XXI   Areeiro

Barra do Cego

Inst. Superior Técnico

Alto do Pina

Praça do Marquês de Pombal

Estufa Fria   Pal. dos Desportos   Parque Eduardo VII

Jardim Botânico   Rato

Jardim da Estrela   Basílica da Estrela   Palácio da Assembleia Nacional   Lapa

Castelo de São Jorge   Alfama   Museu Militar

São Vicente Pantheon   Largo da Graça

Teatro Nac. de São Carlos   São Roque

Praça do Comércio   Cais do Sodré   Estação Fluvial

Sé Patriarcal   Casa dos Bicos   Bacalhoeiros   Bolsa

Av. 24 de Julho   Cais do Sodré

Rio Tejo

Bairros

Maßstab 1:38 500

0   200   400   600   800m

Zu Fuß

A pé

Bitte, wo ist …?
Se faz favor, onde é …?
[sə faʃ fe'vor 'ŏnd‿ɛ]

Können Sie mir sagen,
wie ich nach … komme?
Pode-me dizer, se faz favor, como se
vai para …? ['pɔdəmə di'zer sə faʃ fe'vor
'komu sə vai 'pɐɹe]

• Tut mir leid, das weiß ich
nicht.
Lamento muito, mas não lhe sei dizer.
[lɐ'mĕntu 'mũintu mɐʒ nĕu ʎə sei di'zer]

Welches ist der kürzeste
Weg nach/zu …?
Qual é o caminho mais curto para …?
[kwal‿ɛ u kɐ'miɲu maiʃ 'kurtu 'pɐɹe]

Wie weit ist es zum/
zur …?
O/A … é longe daqui?
[u/ɐ … ɛ 'lŏʒə de'ki]

• Es ist (nicht) weit.
(Não) É longe. [(nĕu) ɛ 'lŏʒə]

• Es ist ganz in der Nähe.
É muito perto daqui. [ɛ 'mũintu 'pɐrtu de'ki]

• Gehen Sie geradeaus/
nach links/nach rechts.
Siga em frente/Vire à esquerda/direita.
['sig‿ĕi 'frĕntə/'vir‿a 'ʃkerdɐ/di'reitɐ]

• Erste/Zweite Straße
links/rechts.
A primeira/segunda rua à esquerda/
direita. [ɐ pri'meirɐ/sə'gŭndɐ 'ʀua 'ʃkerdɐ/
di'reitɐ]

• Überqueren Sie …
die Brücke.
den Platz.
die Straße.
Atravesse … [etrɐ'vɛs‿]
a ponte. [‿ɐ 'pontə]
a praça. [‿ɐ 'prasɐ]
a rua. [‿ɐ 'ʀuɐ]

• Dann fragen Sie noch
einmal.
Depois terá de perguntar outra vez.
[də'poiʃ tə'ra də pərgŭn'tar‿'otrɐ veʃ]

• Sie können es nicht
verfehlen.
Não tem nada que enganar.
[nĕu tĕi 'nadɐ k‿ĕŋgɐ'nar]

• Sie können … nehmen.
den Bus
Pode tomar … ['pɔdə tu'mar]
o autocarro (Br ônibus).
[u auto'kaʀu ('onibus)]

die Straßenbahn
o eléctrico (Br bonde).
[u i'lɛtriku ('bŏndi)]

die S-Bahn
o comboio (Br trem).
[u kŏm'boju (trĕi)]

die U-Bahn
o metro (Br metrô).
[u 'mɛtru (me'tro)]

den Obus
o trólei (Br trolebus).
[u 'trɔlei (trɔle'bus)]

Wortliste Unterwegs in der Stadt

abfahren	partir [pɐrˈtir]
Abfahrt	partida [pɐrˈtidɐ]
ausrufen	chamar [ʃɐˈmar] , anunciar [ɐnũˈsjar]
aussteigen	descer [dɐʃˈser] , apear-se [ɐˈpjarsə]
Bus	autocarro (*Br* o ônibus)
	[autoˈkaʀu (u ˈonibus)]
~bahnhof	a estação rodoviária [ɐ ʃtɐˈsɐ̃u ʀodɔˈvjarjɐ]
einsteigen	subir [suˈbir]
	entrar [ẽˈtrar]
Endstation	término [ˈtɛrminu]
entwerten	obliterar [oblitɐˈrar]
Fahr|er	o condutor [u kõduˈtor]
	o motorista [u mutuˈriʃtɐ]
~kartenautomat	máquina distribuidora de bilhetes
	[ˈmakinɐ dɐʃtribwiˈdorɐ də bəˈʎetɐʃ]
~plan	horário [oˈrarju]
~preis	preço do bilhete [ˈpresu du bəˈʎetɐ]
~schein	o bilhete [u bəˈʎetɐ]
~scheinentwerter	o obliterador de bilhetes
	[u oblitɐrɐˈdor də bəˈʎetɐʃ]
Fußgängerzone	zona para peões (*Br* pedestres)
	[ˈzonɐ ˈpɐrɐ pjõiʃ (peˈdɛstris)]
Gasse	travessa [trɐˈvesɐ] , viela [ˈvjɛlɐ] , rua [ˈʀuɐ]
Gebäude	edifício [idɐˈfisju]
Gehsteig	passeio [pɐˈseju]
halten	parar [pɐˈrar]
Haltestelle	a paragem [ɐ pɐˈraʒẽi]
	(*Br*) parada [paˈradɐ]
Hauptstraße	rua principal [ˈʀuɐ prĩsiˈpal]
Haus	casa [ˈkazɐ]
~nummer	número da porta [ˈnuməru dɐ ˈpɔrtɐ]
Innenstadt	centro da cidade [ˈsẽtru dɐ siˈdadɐ]
Kilometerpreis	preço por quilómetro (ô)
	[ˈpresu pur kiˈlɔmətru]
Kirche	igreja [iˈgreʒɐ]
Knopf drücken	carregar no (*Br* apertar o) botão
	[kɐʀɐˈgar nu (aperˈtar‿u) buˈtɐ̃u]
Kontrolleur	o revisor [u ʀɐviˈzor]
lösen *(Fahrschein)*	comprar [kõˈprar] , tirar [tiˈrar]
Nahverkehrszug	comboio (*Br* o trem) suburbano
	[kõˈboju (u trẽi) suburˈbɐnu]
Nebenstraße	rua lateral [ˈʀuɐ lɐtɐˈral]

Netzkarte	o passe [u ˈpasə]
Obus	o trólei [u ˈtrɔlei]
	(Br) o trolebus [u trɔleˈbus]
Park	o parque [u ˈparkə]
Pauschalpreis	preço total [ˈpresu tuˈtal]
Quittung	recibo [ʀəˈsibu]
Richtung	a dire(c)ção [ɐ dirɛˈsɐ̃u]
	sentido [sɛ̃ˈtidu]
Sammeltaxi	o táxi cole(c)tivo [u ˈtaksi kulɛˈtivu]
S-Bahn	comboio (o trem) rápido suburbano [kõmˈboju (u trɐ̃i) ˈʀapidu suburbɐnu]
Schaffner	o condutor [u kõnduˈtor],
	o cobrador [u kubrɐˈdor],
	o revisor [u ʀɐviˈzor]
Stadt|bus	autocarro [autoˈkaʀu]
	(Br) o ônibus [u ˈonibus]
~rundfahrt	visita à cidade [vəˈzita siˈdadə]
~teil	bairro [ˈbaiʀu]
~zentrum	centro da cidade [ˈsɛ̃ntru də siˈdadə]
Straße	rua [ˈʀuɐ]
Straßenbahn	eléctrico [iˈlɛtriku]
	(Br) o bonde [u ˈbõndi]
Taxi|fahrer	o taxista [u taˈksiʃtə]
	o motorista de táxi [u mutuˈriʃtə də ˈtaksi]
~stand	praça de táxis [ˈprasɐ də ˈtaksiʃ]
Trinkgeld	gorjeta [gurˈʒetɐ]
U-Bahn	metropolitano [mətrupuliˈtɐnu]
	metro [ˈmɛtru], (Br) o metrô [u meˈtro]
Überlandbus	autocarro (Br o ônibus) interurbano [autoˈkaʀu (u ˈonibus) ĩntɛrurˈbɐnu]
Vorort	subúrbio [suˈburbju]
	bairro periférico [ˈbaiʀu pəriˈfɛriku]
Wochenkarte	o passe semanal [u ˈpasə səməˈnal]
Zahnradbahn	linha de cremalheira [ˈliɲə də krəməˈʎeirə]
Zeitkarte	o passe [u ˈpasə]

4 **Unterkunft**
Alojamento

Auskunft

Informações

Können Sie mir bitte … empfehlen?	Se faz favor, pode-me recomendar … [sə faʃ fɐˈvor ˈpɔdəmə ʀəkumēnˈdar]
ein gutes Hotel	um bom hotel? [ūm bõ ɔˈtɛl]
ein einfaches Hotel	um hotel simples? [ū ɔˈtɛl ˈsĩmpləʃ]
eine Pension	uma pensão? [ˈumɐ pēˈsẽu]
ein Privatzimmer	um quarto particular? [ū ˈkwartu pɐrtikuˈlar]
Ist es zentral/ruhig/ in Strandnähe gelegen?	Fica no centro/num sítio sossegado/ perto da praia? [ˈfikɐ nu ˈsēntru/nū ˈsitju susəˈgadu/ˈpɛrtu de ˈprajɐ]
Was wird eine Übernach-tung etwa kosten?	Sabe quanto pode custar um quarto? [ˈsabə ˈkwēntu ˈpɔdə kuʃtarˈū ˈkwartu]
Gibt es hier eine Jugend-herberge/einen Camping-platz?	Há aqui uma pousada de juventude/ um parque de campismo (*Br* um cam-ping)? [a ɐˈki ˈūmɐ poˈzadɐ də ʒuvēnˈtudə/ ūm ˈparkə də kēmˈpiʒmu (ū ˈkēmpiŋ)]

Hotel/Pension/Privatzimmer

Hotel/Pensão/Quartos particulares

An der Rezeption	Na recepção
Ich habe bei Ihnen ein Zimmer reserviert. Mein Name ist …	Eu reservei um quarto. O meu nome é … [eu ʀəzərˈvei ū kwartu. u meu ˈnom_ɛ]
Haben Sie noch Zimmer frei?	Ainda tem quartos livres? [eˈīndɐ tēi ˈkwartuʒ ˈlivrəʃ]
… für eine Nacht.	… para uma noite. [ˈpɐrɐ ˈumɐ ˈnoitɐ]
… für zwei Tage/eine Woche.	… para dois dias/uma semana. [ˈpɐrɐ doiʒ ˈdieʃ/ˈumɐ səˈmɐnɐ]
• Nein, wir sind leider voll-ständig belegt.	Não, senhor/senhora. Temos tudo cheio. [nēu səˈnor/səˈnorɐ. ˈtemuʃ ˈtudu ˈʃeju]
• Ja, was für ein Zimmer wünschen Sie?	Temos, sim. Que espécie de quarto deseja? [ˈtemoʃ sĩ. kə ˈʃpɛsjɐ də ˈkwartu dəˈzeʒɐ]
ein Einzelzimmer	um quarto individual [ū ˈkwartu īndəviˈdwal]

ein Zweibettzimmer	um quarto de casal [ũ ˈkwartu də keˈzal]
ein Zweibettzimmer, aber bitte nicht mit einem französischen Bett	um quarto de casal, mas com duas camas, se faz favor [ũ ˈkwartu də keˈzal meʃ kõ ˈdueʃ ˈkemeʃ sə faʃ feˈvor]
ein ruhiges Zimmer	um quarto sossegado [ũ ˈkwartu susəˈgadu]
ein sonniges Zimmer	um quarto com sol [ũ ˈkwartu kõ sɔl]
mit fließend Kalt- und Warmwasser	com água corrente quente e fria [kõ ˈagwɐ kuˈʀẽntə ˈkẽnt̬_i ˈfriɐ]
mit Dusche	com duche (Br ducha) [kõ ˈduʃɐ (ˈduʃɐ)]
mit Bad	com casa de banho (Br banheiro) [kõ ˈkazɐ də ˈbeɲu (baˈɲeru)]
mit Balkon/Terrasse	com varanda/terraço [kõ vɐˈʀẽndɐ/təˈʀasu]
mit Blick aufs Meer	com vista para o mar [kõ ˈviʃtɐ ˈperɐ u mar]
straßenseitig gelegen	que fique para o lado da rua [kə ˈfikɐ ˈperɐ u ˈladu dɐ ˈʀuɐ]
hofseitig gelegen	que fique para o lado de trás [kə ˈfikɐ ˈperɐ u ˈladu də traʃ]
Kann ich das Zimmer ansehen?	Posso ver o quarto? [ˈpɔsu ver_u ˈkwartu]
Dieses Zimmer gefällt mir nicht. Zeigen Sie mir bitte ein anderes.	Não gosto deste quarto. Pode-me mostrar outro, se faz favor? [nɐ̃u ˈgɔʃtu ˈdeʃtɐ ˈkwartu. ˈpɔdəmə muʃˈtrar_otru sə faʃ feˈvor]
Dieses Zimmer ist sehr hübsch. Ich nehme es.	Este quarto é bom. Fico com ele. [ˈeʃtɐ ˈkwartu ɛ bõ. ˈfiku kõ ˈelɐ]
Können Sie noch ein drittes Bett/Kinderbett dazustellen?	Pode pôr mais uma cama/uma cama de criança? [ˈpɔdə por maiz_ˈumɐ ˈkemɐ/ˈumɐ ˈkemɐ dɐ ˈkrjẽsɐ]
Was kostet das Zimmer mit …	Quanto custa o quarto com … [ˈkwẽntu ˈkuʃtɐ u ˈkwartu kõ]
Frühstück?	pequeno almoço (Br café da manhã)? [pəˈken_alˈmosu (kaˈfɛ da maˈɲẽ)]
Halbpension?	meia pensão? [ˈmejɐ pẽˈsẽu]
Vollpension?	pensão completa? [pẽˈsẽu kõmˈplɛtɐ]
● Wollen Sie bitte den Anmeldeschein ausfüllen?	Quer fazer o favor de preencher esta ficha? [kɛr feˈzer_u feˈvor də prjẽˈʃer_ˈɛʃtɐ ˈfiʃɐ]

- Darf ich Ihren Reisepaß/
Personalausweis sehen?

  Pode-me mostrar o seu passaporte/o seu bilhete (*Br* a sua carteira) de identidade? [ˈpɔdəmə muʃˈtrar_u seu pasɐˈpɔrtə/_u seu bəˈʌetɐ (a ˈsua karˈterɐ) d_idẽntiˈdadə]

  Bitte lassen Sie das Gepäck auf mein Zimmer
bringen.

  Podem-me fazer o favor de levar a bagagem para o quarto? [ˈpɔdẽimɐ feˈzer_u feˈvor də ləˈvar_ɐ bɐˈgaʒẽi ˈperɐ u ˈkwartu]

  Wo kann ich den Wagen
abstellen?

  Onde posso deixar o carro? [ˈõndə ˈpɔsu deiˈʃar_u ˈkaʀu]

- In unserer Garage./Auf
unserem Parkplatz.

  Na nossa garagem./No nosso parque de estacionamento. [nɐ ˈnɔsɐ gɐˈraʒẽi/nu ˈnɔsu ˈparkə də_ʃtɐsjunɐˈmẽntu]

  Hat das Hotel ein
Schwimmbad/einen eige-
nen Strand?

  O hotel tem piscina/praia privativa? [u ɔˈtɛl tẽi pəʃˈsinɐ/ˈprajɐ privɐˈtivɐ]

Gespräche mit dem Hotelpersonal

Para se dirigir ao pessoal do hotel

Ab wann gibt es Früh-
stück?

A partir de que horas se pode tomar o pequeno almoço (*Br* o café da manhã)? [ɐ perˈtir də ˈkjɔreʃ sə ˈpɔdə tuˈmar_u pəˈken_alˈmosu (u kaˈfɛ da maˈɲẽ)]

Wann sind die Essens-
zeiten?

A que horas são as refeições? [ɐ ˈkjɔreʃ sẽu ɐʒ ʀɐfeiˈsõiʃ]

Wo ist der Speisesaal?

Onde é a sala de jantar? [õnd_ɛ ɐ ˈsalɐ də ʒẽnˈtar]

Wo kann man früh-
stücken?

Onde se toma o pequeno almoço (*Br* o café da manhã)? [ˈõndə sə ˈtomɐ u pəˈken_alˈmosu (u kaˈfɛ da maˈɲẽ)]

Eine Treppe tiefer.

Um andar abaixo. [ũ ẽnˈdar_ɐˈbaiʃu]

- Sollen wir Ihnen das
Frühstück aufs Zimmer
schicken?

  Quer tomar o pequeno almoço (*Br* o café da manhã) no quarto? [kɛr tuˈmar_u pəˈken_alˈmosu (u kaˈfɛ da maˈɲẽ) nu ˈkwartu]

  Schicken Sie mir bitte
das Frühstück um ... Uhr
aufs Zimmer.

  Mande-me o pequeno almoço (*Br* o café da manhã) ao quarto às ... horas, se faz favor? [ˈmẽndəm_u pəˈken_alˈmosu (u kaˈfɛ da maˈɲẽ) ɐu ˈkwartu aʃ ... ˈɔreʃ sə faʃ feˈvor]

Zum Frühstück nehme ich ...	Ao pequeno almoço (*Br* No café da manhã) tomo ... [ɐu pəˈkenˌalˈmosu (nu kaˈfɛ da maˈnẽ) tomu]
schwarzen Kaffee.	café só. [kɐˈfɛ sɔ]
Kaffee mit Milch.	café com leite. [kɐˈfɛ kõ ˈleitə]
koffeinfreien Kaffee.	café sem cofeína. [kɐˈfɛ sẽi kofeˈinɐ]
Tee mit Milch/Zitrone.	chá com leite/limão. [ʃa kõ ˈleitə/liˈmẽu]
einen Kräutertee.	um chá de ervas medicinais. [ũ ʃa dˌɛrveʒ mədisiˈneiʃ]
Schokolade.	chocolate. [ʃukuˈlatə]
einen Fruchtsaft.	um sumo (*Br* suco) de fruta. [ũ ˈsumu (ˈsuku) də ˈfrutɐ]
ein weiches Ei.	um ovo quente. [ũ ˈovu ˈkẽntə]
Rühreier.	ovos mexidos. [ˈɔvuʒ məˈʃiduʃ]
Eier mit Speck.	ovos com presunto. [ˈɔvuʃ kõm prəˈzũntu]
Brot/Brötchen/Toast.	pão/pãezinhos/torradas. [pẽu/pẽiˈziɲuʃ/tuˈʀadeʃ]
ein Hörnchen.	um croissant. [ũ krwaˈsẽ]
Butter.	manteiga. [mẽnˈteigɐ]
Käse.	queijo. [ˈkeiʒu]
Wurst.	carnes frias. [ˈkarnəʃ ˈfrieʃ]
Schinken.	fiambre. [ˈfjẽmbrɐ]
Honig.	mel. [mɛl]
Marmelade.	doce, marmelada. [ˈdosə, mɛrməˈladə]
ein Müsli.	muesli [ˈmusli]
ein Joghurt.	um iogurte. [ũ joˈgurtə]
etwas Obst.	alguma fruta. [alˈgumɐ ˈfrutɐ]
Könnte ich für morgen ein Lunchpaket bekommen?	Podem-me dar amanhã uma merenda para eu levar? [ˈpɔdẽimə dar ˌ ɐmɐˈɲẽ ˈumɐ məˈrẽndɐ pɐrɐ eu ləˈvar]
Wecken Sie mich bitte morgen früh um ... Uhr.	Acorde-me amanhã às ... horas, se faz favor. [ɐˈkɔrdəm ˌ ɐmɐˈɲẽ aʃ ... ˈɔreʃ sə faʃ fɐˈvor]
Würden Sie mir bitte ... bringen?	Podia-me fazer o favor de me trazer [puˈdiɐmə fɐˈzer ˌ u fɐˈvor də mə trɐˈzer]
noch ein Handtuch	mais uma toalha? [maizˌ ˈumɐ ˈtwaʎɐ]
ein Stück Seife	um sabonete? [ũ sɐbuˈnetɐ]
einige Kleiderbügel	umas cruzetas/uns cabides? [ˈuməʃ kruˈzeteʃ/ũʃ kɐˈbideʃ]
Wie funktioniert ...?	Como é que funciona ...? [ˈkomu ɛ kə fũˈsjonɐ]

Bitte meinen Schlüssel. | A minha chave, se faz favor.
[ɐ ˈmiɲɐ ˈʃavɐ sə faʃ fɐˈvor]

Hat jemand nach mir gefragt? | Alguém perguntou por mim?
[alˈgẽi pərgũnˈto pur mĩ]

Ist Post für mich da? | Há correio para mim?
[a kuˈʀeju ˈpɐrɐ mĩ]

Haben Sie Ansichtskarten/Briefmarken? | Tem postais ilustrados/selos?
[tẽi puʃˈtaiz_iluʃˈtraduʃ/ˈseluʃ]

Wo kann ich diesen Brief einwerfen? | Onde é que posso deitar esta carta?
[ˈõnd_ɛ kə ˈpɔsu deiˈtar_ɛʃtɐ ˈkartɐ]

Wo kann ich ... mieten/ausleihen? | Onde é que posso alugar/arranjar ...?
[ˈõnd_ɛ kə ˈpɔsu ɐluˈgar/ɐʀɐ̃ˈʒar]

Wo kann ich telefonieren? | Onde posso telefonar?
[ˈõndə ˈpɔsu tələfuˈnar]

Kann ich meine Wertsachen bei Ihnen in den Safe geben? | Posso pôr no cofre os meus obje(c)tos de valor? [ˈpɔsu por nuˈkɔfr_uʒ meuz_obˈʒɛtuʒ də vɐˈlor]

Kann ich meine Sachen hier lassen, bis ich wiederkomme? | Posso deixar aqui as minhas coisas até eu voltar? [ˈpɔsu deiˈʃar_ɐˈki ɐʒ ˈmiɲɐʃ ˈkoizɐz_ɐˈtɛ eu vɔlˈtar]

Beanstandungen | Reclamações

Das Zimmer ist nicht gereinigt worden. | O quarto não foi limpo.
[u ˈkwartu nẽu foi ˈlĩmpu]

Die Dusche ... | O duche (*Br* A ducha) ... [u ˈduʃə (a ˈduʃɐ)]

Die Spülung ... | O autoclismo (*Br* A descarga) ...
[u autɔˈkliʒmu (a desˈkargɐ)]

Die Heizung ... | O aquecimento ... [u ɐkɛsiˈmẽntu]
Das Licht ... | A luz ... [ɐ luʃ]
Das Radio ... | O rádio ... [u ˈʀadju]
Der Fernseher ... funktioniert nicht. | A televisão ... [ɐ tələviˈzẽu] não funciona. [nẽu fũˈsjonɐ]

Der Wasserhahn tropft. | A torneira pinga. [ɐ turˈneirɐ ˈpĩngɐ]

Es kommt kein (warmes) Wasser. | Não corre água (quente).
[nẽu ˈkoʀ_ˈagwɐ (ˈkẽntə)]

Die Toilette/Das Wasch-becken ist verstopft.

A retrete (*Br* privada)/bacia do lavató-rio está entupida. [ɐ ʀəˈtrɛtə (priˈvadɐ)/beˈsiɐ du lɐvɐˈtɔrju ʃtɐ ēntuˈpidɐ]

Das Fenster schließt nicht/geht nicht auf.

A janela não se fecha/não se abre. [ɐ ʒeˈnɛlɐ nēu sə ˈfɛʃɐ/nēu ˈsjabrɐ]

Der Schlüssel paßt nicht.

A chave não serve. [ɐ ˈʃavɐ nēu ˈsɛrvɐ]

Abreise / Partida

Ich reise heute abend/morgen um ... Uhr ab.

Parto esta tarde/amanhã às ... horas. [ˈpartu ˈɛʃtɐ ˈtardɐ/amɐˈɲē aʃ ... ˈɔrɐʃ]

Bis wann muß ich das Zimmer räumen?

Até que horas é que tenho de desocupar o quarto? [ɐˈtɛ ˈkjɔrez_ɛ kə ˈteɲu də dəzɔkuˈpar_u ˈkwartu]

Machen Sie bitte die Rechnung fertig.

Prepare-me a conta, se faz favor. [prəˈparəm_e ˈkōntɐ sə faʃ feˈvor]

Getrennte Rechnungen bitte.

Contas separadas, se faz favor. [ˈkōntɐʃ səpeˈradɐʃ sə faʃ feˈvor]

Nehmen Sie deutsches Geld/Euroschecks?

Aceitam dinheiro alemão/eurocheques? [ɐˈseitēu dəˈɲeir_ɐləˈmēu/euroˈʃɛkɐʃ]

Bitte senden Sie noch ankommende Post an diese Adresse nach.

Se vier ainda algum correio para mim, faça favor de mo mandar para este endereço. [sə vjɛr_eˈīnd_alˈgũ kuˈʀeju ˈperɐ mī ˈfasɐ feˈvor də mu mēnˈdar ˈperɐ ˈeʃt_ēndɐˈresu]

Lassen Sie bitte mein Ge-päck herunterbringen.

Pode mandar trazer para baixo a minha bagagem, se faz favor? [ˈpodə mēnˈdar treˈzer ˈperɐ ˈbaiʃu ɐ ˈmiɲɐ bɐˈgaʒēi sə faʃ feˈvor]

Lassen Sie bitte mein Ge-päck zum Bahnhof/zum Air Terminal bringen.

Mande levar a minha bagagem à estação/ao terminal, se faz favor. [ˈmēndə ləˈvar_ɐ ˈmiɲɐ bɐˈgaʒēi a ʃtɐˈsēu/eu tɐrmiˈnal sə faʃ feˈvor]

Rufen Sie mir bitte ein Taxi.

Pode-me chamar um táxi, se faz favor? [ˈpodəmə ʃeˈmar_ū ˈtaksi sə faʃ feˈvor]

Vielen Dank für alles. Auf Wiedersehen.

Muito obrigado/obrigada por tudo. Adeus. [ˈmũint_obriˈgadu/obriˈgadɐ pur ˈtudu. ɐˈdeuʃ]

Wortliste Hotel/Pension/Privatzimmer

Abendessen	o jantar [u ʒēnˈtar]
Animationsprogramm	o programa de animação [u pruˈɡrɐmɐ d_enimɐˈsēu]
Anmeldung	a recepção [ɐ ʀɐsɛˈsēu]
Aschenbecher	cinzeiro [sĩˈzeiru]
Aufenthaltsraum	sala de estar [ˈsalɐ dɐ ˌʃtar]
Aufzug	o elevador [u iləvɐˈdor]
	o ascensor [u ɐʃsēˈsor]
Bade|wanne	banheira [bɐˈɲeirɐ]
~zimmer	casa de banho [ˈkazɐ dɐ ˈbɐɲu]
	(Br) banheiro [baˈɲeru]
Balkon	varanda [vɐˈʀēndɐ]
	o balcão [u balˈkēu]
Bett	cama [ˈkɐmɐ]
~decke	colcha [ˈkolʃɐ]
	(wollene) o cobertor [u kubɐrˈtor]
~laken	o lençol [u lēˈsɔl]
~wäsche	roupa de cama [ˈʀopɐ dɐ ˈkɐmɐ]
Bidet	o bidé [u biˈdɛ]
Dusche	o duche [u ˈduʃɐ]
	(Br) a ducha [ɐ ˈduʃɐ]
Empfangshalle	átrio [ˈatrju]
Etage	o andar [u ēnˈdar]
Fenster	janela [ʒɐˈnɛlɐ]
Fernseher	a televisão [ɐ tələviˈzēu]
Fernsehraum	sala de televisão [ˈsalɐ dɐ tələviˈzēu]
Frühstück	pequeno almoço [pɐˈken_alˈmosu]
	(Br) o café da manhã [u kaˈfɛ da maˈɲē]
Frühstücks|büfett	pequeno almoço buffet [pɐˈken_alˈmosu bjuˈfe]
~raum	sala do pequeno almoço (Br do café da manhã) [ˈsalɐ du pɐˈken_alˈmosu (du kaˈfɛ da maˈɲē)]
Grillabend	o jantar de churrasco [u ʒēnˈtar dɐ ʃuˈʀaʃku]
	barbecue [barbiˈkju]
Halbpension	meia pensão [ˈmejɐ pēˈsēu]
Handtuch	toalha [ˈtwaʎɐ]
Hauptsaison	estação alta [ʃtɐˈsēu ˈaltɐ]
Hausbar	o bar [u bar]
Heizung	aquecimento [ɐkɛsiˈmēntu]
Kategorie	categoria [kɐtɐɡuˈriɐ]

Kinder|betreuung	baby-sitting [ˈbeibi ˈsitiŋ]
~bett	cama de criança [ˈkeme də ˈkrjɐsɐ]
~spielplatz	o parque infantil [u ˈpark_ĩfɐnˈtil]
Kleiderbügel	cruzeta [kruˈzete]
	o cabide [u keˈbidə]
Klimaanlage	o ar condicionado [u ar kõndəsjuˈnadu]
Kopfkissen	almofada [almuˈfadɐ]
	travesseiro [treveˈseiru]
Kost und Logis	comida e alojamento [kuˈmid_i eluʒeˈmẽntu]
Lampe	candeeiro [kẽnˈdjeiru]
Lichtschalter	o interruptor [u ĩntərupˈtor]
Matratze	o colchão [u kolˈʃɐu]
Minibar	o minibar [u miniˈbar]
Mittagessen	almoço [alˈmosu]
Motel	o motel [u moˈtɛl]
Nachttisch	mesa-de-cabeceira [ˈmeze də kebeˈseire]
~lampe	candeeiro de mesa-de-cabeceira [kẽnˈdjeiru də ˈmeze də kebeˈseire]
Nackenrolle	rolo para a nuca [ˈrolu ˈpera ˈnuke]
Nebensaison	estação baixa [ˈʃteˈsɐu ˈbaiʃe]
Papierkorb	cesto dos papéis [ˈseʃtu duʃ peˈpɛiʃ]
Pension	a pensão [e pẽˈsɐu]
Planschbecken	piscina para crianças [peʃˈsine ˈpere ˈkrjɐseʃ]
Poolbar	o bar da piscina [u bar de peʃˈsine]
Portier	porteiro [purˈteiru]
Radio	rádio [ˈradju]
reinigen	limpar [lĩmˈpar]
Reservierung	reserva [rəˈzɐrve], a marcação [e merkeˈsɐu]
Rezeption	a recepção [e rɐsɛˈsɐu]
Safe	o cofre [u ˈkɔfrə]
Schlüssel	a chave [e ˈʃave]
Schrank	armário [erˈmarju]
Sessel	cadeira [keˈdeire]
Speisesaal	sala de jantar [ˈsale də ʒẽnˈtar]
Spiegel	espelho [ˈʃpeʎu]
Steckdose	tomada [tuˈmade]
Stecker	ficha [ˈfiʃe], *(Br)* plugue [ˈplugi]
Terrasse	terraço [təˈrasu]
Toilette	casa de banho [ˈkaze də ˈbeɲu] *(Br)* banheiro [baˈɲeru]
Toilettenpapier	o papel higiénico (ê) [u peˈpɛl_iˈʒjɛniku]

Transferbus	o transferbus [u trē∫fɛrˈbus]
Übernachtung	dormida [durˈmide]
	(Br) o pernoite [u perˈnoiti]
Ventilator	o ventilador [u vẽntileˈdor]
Verlängerungs|schnur	a extensão [ɐ ∫tẽˈsẽu]
~woche	semana suplementar
	[səˈmɐne supləmẽnˈtar]
Vollpension	a pensão completa [ɐ pẽˈsẽu kõmˈplɛte]
Waschbecken	lavatório [leveˈtɔrju]
	bacia [beˈsie]
Wäschewechsel	mudança de roupa [muˈdẽse de ˈʀope]
Wasser	água [ˈagwe]
kaltes ~	água fria [ˈagwe ˈfrie]
warmes ~	água quente [ˈagwe ˈkẽnte]
~glas	copo de água [ˈkɔpu d‿ˈagwe]
~hahn	torneira [turˈneire]
Wolldecke	o cobertor de lã [u kuberˈtor de lẽ]
Zimmer	quarto [ˈkwartu]
~mädchen	criada de quarto [ˈkrjade de ˈkwartu]
~telefon	o telefone no quarto
	[u teleˈfone nu ˈkwartu]
Zwischenstecker	tomada intermediária
	[tuˈmad‿īntermeˈdjarje]
	a extensão múltipla
	[ɐ ∫tẽˈsẽu ˈmultiple]
	(Br) o benjamim [u bẽʒaˈmī]

Ferienhäuser/Ferienwohnungen
Bangalós e apartamentos de férias

Ist der Strom-/Wasserverbrauch im Mietpreis enthalten?	O consumo de ele(c)tricidade/de água está incluído no aluguer? [u kõˈsumu d_ilɛtrəsiˈdadə/d_ˈagwe ʃta ĩŋˈklwidu nu ɐluˈgɛr]
Sind Haustiere erlaubt?	São permitidos animais domésticos? [sɐ̃u pərmiˈtiduz_eniˈmaiʒ duˈmɛʃtikuʃ]
Wo bekommen wir die Schlüssel für das Haus/die Wohnung?	Onde é que recebemos as chaves da casa/do apartamento? [ˈondˌɛ kə ʀəsəˈbemuz_eʃ ˈʃavəʒ də kazə/du ɐpɐrtəˈmẽntu]
Müssen wir sie dort auch wieder abgeben?	É aí também que temos de as entregar depois? [ɛ ɐˈi tɐ̃mˈbɐ̃i kə ˈtemuʒ djezˌ_ˌɐ̃ntrɐˈgar dəˈpoiʃ]
Wo befinden sich die Mülltonnen?	Onde estão os recipientes para o lixo? [ˈõndə ʃtɐ̃u uʒ ʀəsiˈpjẽntəʃ ˈpɐrɐ u ˈliʃu]
Müssen wir die Endreinigung selbst übernehmen?	Temos de pagar nós a limpeza final? [ˈtemuʒ də pɐˈgar nɔzˌ_ɐ lĩmˈpezɐ fiˈnal]

Wortliste Ferienhäuser/Ferienwohnungen

▶ **auch Wortliste Hotel/Pension/Privatzimmer**

Anreisetag	o dia da chegada [u ˈdiɐ də ʃəˈgadə]
Appartement	apartamento [ɐpɐrtəˈmẽntu]
Bungalow	o bangaló (ô) [u bɐ̃ŋgɐˈlɔ]
Endreinigung	limpeza final [lĩmˈpezɐ fiˈnal]
Etagenbett	os beliches [uʒ bəˈliʃəʃ]
	as camas sobrepostas [ɐʃ ˈkɐməʃ subrəˈpɔʃtɐʃ]
Ferien|anlage	aldeamento turístico [aldjɐˈmẽntu tuˈriʃtiku]
~haus	o bangaló (ô) [u bɐ̃ŋgɐˈlɔ]
~wohnung	apartamento (de férias) [ɐpɐrtəˈmẽntu (də ˈfɛrjɐʃ)]
Geschirr|handtuch	pano da louça [ˈpɐnu də ˈlosɐ]
~spülmaschine	máquina de lavar louça [ˈmakinɐ də lɐˈvar ˈlosɐ]

Haus|besitzer	proprietário (da casa) [pruprjɛ'tarju (dɐ 'kazɐ)]
~tiere	os animais domésticos [uz ɐni'maiʒ du'mɛʃtikuʃ]
Herd	o fogão [u fu'gɐ̃u]
Elektro~	o fogão elé(c)trico [u fu'gɐ̃u i'lɛtriku]
Gas~	o fogão a gás [u fu'gɐ̃u ɐ gaʃ]
Kaffeemaschine	máquina de café ['makinɐ dɐ kɐ'fɛ]
Kochnische	kitchenette [kitʃi'nɛtɐ]
Kühlschrank	frigorífico [frigu'rifiku]
	(Br) geladeira [ʒela'derɐ]
Miete	renda ['ʀɐ̃ndɐ]
	o aluguer [u ɐlu'gɛr]
Müll	lixo ['liʃu]
Nebenkosten	as despesas extraordinárias [ɐʒ dɐʃ'pezɐz ɐʃtrɐordi'narjɛʃ]
Prospekt	prospecto [pruʃ'pɛtu]
Schlaf|couch	o divã [u di'vɐ̃]
~zimmer	quarto de dormir ['kwartu dɐ dur'mir]
Schlüsselübergabe	entrega das chaves [ɛ̃n'trɛgɐ dɐʃ 'ʃavɐʃ]
Strom	a corrente [ɐ ku'ʀɛ̃ntɐ]
	a ele(c)tricidade [ɐ ilɛtrɐsi'dadɐ]
~pauschale	preço total da ele(c)tricidade ['presu tu'tal dɐ ilɛtrɐsi'dadɐ]
~spannung	a tensão elé(c)trica [ɐ tɛ̃'sɐ̃u i'lɛtrikɐ]
	a voltagem [ɐ vɔl'taʒɐ̃i]
Studio	estúdio ['ʃtudju]
Toaster	torradeira [tuʀɐ'derɐ]
vermieten	alugar [ɐlu'gar]
Waschmaschine	máquina de lavar roupa ['makinɐ dɐ lɐ'var 'ʀopɐ]
Wasserverbrauch	consumo de água [kõsumu d 'agwɐ]
Wohn|-Schlafraum	estúdio ['ʃtudju]
~zimmer	sala de estar ['salɐ dɐ 'ʃtar]
Zentralheizung	aquecimento central [ɐkɛsi'mɛ̃ntu sɛ̃n'tral]

Camping

Campismo (*Br* camping)

Gibt es in der Nähe einen Campingplatz?	Há aqui perto um parque de campismo (*Br* um camping)? [a eˈki ˈpɛrt_ū ˈparkə də kēmˈpiʒmu (ū ˈkēmpiŋ)]
Haben Sie noch Platz für einen Wohnwagen/ein Zelt?	Ainda têm lugar para uma caravana (*Br* um trailer)/uma tenda? [eˈīndə tēiē luˈgar ˈperə ˈumɐ kereˈvenɐ (ū ˈtreilɐ)/ˈumɐ ˈtēndɐ]
Wie hoch ist die Gebühr pro Tag und Person?	Quanto se paga por dia e por pessoa? [ˈkwēntu sə ˈpagɐ pur ˈdiɐ i pur pɐˈsoɐ]
Wie hoch ist die Gebühr für …	Quanto se paga por … [ˈkwēntu sə ˈpagɐ pur_]
das Auto?	um carro? [_ū ˈkaʀu]
den Wohnwagen/das Wohnmobil?	uma caravana (*Br* um trailer)/uma autocaravana? [_ˈumɐ kereˈvenɐ (ū ˈtreilɐ)/ˈumɐ autɔkereˈvenɐ]
das Zelt?	uma tenda? [_ˈumɐ ˈtēndɐ]
Vermieten Sie Ferien- häuser/Wohnwagen?	Alugam bangalós(ô)/caravanas (*Br* trailers)? [ɐˈlugɐu bēŋgeˈlɔʃ/kereˈvenɐʃ (ˈtreilɐs)]
Wo kann ich meinen Wohnwagen aufstellen/ mein Zelt aufschlagen?	Onde posso instalar a minha caravana (*Br* o meu trailer)/a minha tenda? [ˈōndə ˈpɔs_īʃtɐˈlar_ɐ ˈmiɲɐ kereˈvenɐ (u meu ˈtreilɐ)/ɐ ˈmiɲɐ ˈtēndɐ]
Wir bleiben … Tage/ Wochen.	Pensamos ficar … dias/semanas. [pēˈsɐmuʃ fiˈkar … ˈdieʃ/sɐˈmenɐʃ]
Gibt es hier ein Lebens- mittelgeschäft?	Há aqui uma mercearia? [a eˈki ˈumɐ mərsjeˈriɐ]
Wo sind …	Onde são … [ˈōndə sēu]
die Toiletten?	as casas de banho (*Br* os banheiros)? [ɐʃ ˈkazeʒ də ˈbeɲu (uz baˈɲerus)]
die Waschräume?	os lavabos? [uʒ leˈvabuʃ]
die Duschen?	os duches (*Br* as duchas)? [uʒ ˈduʃɐʃ (az ˈduʃes)]
Gibt es hier Stroman- schluß?	Há aqui tomadas de corrente? [a eˈki tuˈmadeʒ də kuˈʀēntɐ]

Haben Sie 220 oder
110 Volt?

A corrente é de 220 ou 110? [ɐ kuˈʀẽnt_ɛ
də duˈzẽntuz_i ˈvĩnt_o ˈsẽntwi ˈdɛʃ]

Wo kann ich Gasfla-
schen umtauschen/aus-
leihen?

Onde é que posso trocar/arranjar
botijas de gás? [ˈõnd_ɛ kə ˈpɔsu truˈkar/
ɐʀẽˈʒar buˈtiʒeʃ də gaʃ]

Ist der Campingplatz bei
Nacht bewacht?

O parque de campismo (*Br* o camping) está guardado durante a noite?
[u ˈparkə də kẽmˈpiʒmu (u ˈkẽmpiŋ) ʃta
gwerˈdadu duˈʀẽnt_ɐ ˈnoitə]

Gibt es hier einen Kinder-
spielplatz?

Há aqui um parque infantil? [a ɐˈki ũ
ˈpark_ifẽˈtil]

Können Sie mir bitte ...
leihen?

Pode-me emprestar ...?
[ˈpɔdəm_ẽmpʀəʃˈtar]

Jugendherberge

Pousadas de juventude

Kann ich bei Ihnen Bett-
wäsche/einen Schlafsack
leihen?

Podem-me emprestar roupa de cama/
um saco-cama? [ˈpɔdẽim_ẽmpʀəʃˈtar
ˈʀopɐ də ˈkɐmɐ/ũ ˈsaku dˈkɐmɐ]

● Die Eingangstür wird um
24 Uhr abgeschlossen.

A porta fecha à meia-noite.
[ɐ ˈpɔrtɐ ˈfɛʃɐ ˈmejɐ ˈnoitə]

Wortliste Camping/Jugendherberge

Bauernhof (*Urlaub auf dem ~*)	turismo no espaço rural [tuˈriʒmu nu ˈʃpasu ʀuˈral]
Benutzungsgebühr	taxa de utilização [ˈtaʃe d_utəlizeˈsẽu]
Camping	campismo [kẽmˈpiʒmu]
	(*Br*) o camping [u ˈkẽmpiŋ]
~ausweis	o cartão de campista [u kerˈtẽu də kẽmˈpiʃtɐ]
~führer	o guia de campismo [u ˈgiɐ də kẽmˈpiʒmu]
~platz	o parque de campismo [u ˈparkə də kẽmˈpiʒmu], (*Br*) o camping [u ˈkẽmpiŋ]
Gas|flasche	botija de gás [buˈtiʒe də gaʃ]
~kartusche	botija de gás [buˈtiʒe də gaʃ]
~kocher	o camping-gás [u kẽmpiŋ gaʃ]

Gemeinschaftsraum	sala de convívio [ˈsalɐ də kõˈvivju]
Geschirrspülbecken	o lava-louça [u ˈlavɐ ˈlose]
Herbergseltern	os donos da pousada [uʒ ˈdonuʒ dɐ poˈzadɐ]
Hering	estaca [ˈʃtakɐ]
Jugendgruppe	grupo de jovens [ˈgrupu də ˈʒovẽiʃ]
Jugendherberge	pousada de juventude [poˈzadɐ də ʒuvẽˈtudə]
Jugendherbergs|ausweis	o cartão de pousada de juventude [u kɐrˈtẽu dɐ poˈzadɐ də ʒuvẽˈtudə]
~führer	o guia das pousadas de juventude [u ˈgiɐ dɐʃ poˈzadɐʒ də ʒuvẽˈtudə]
Kinderspielplatz	o parque infantil [u ˈparkʲ ifẽˈtil]
Kocher	o fogão [u fuˈgẽu]
leihen	emprestar [ẽmprəʃˈtar]
	pedir emprestado [pəˈdir ẽmprəʃˈtadu]
Leihgebühr	taxa de empréstimo [ˈtaʃɐ d ẽmˈprɛʃtimu]
Leinenschlafsack	saco de dormir de linho [ˈsaku də durˈmir də ˈliɲu]
Mehrbettzimmer	quarto com várias camas [ˈkwartu kõ ˈvarjəʃ ˈkɐməʃ]
Mitgliedskarte	o cartão de sócio [u kɐrˈtẽu də ˈsɔsju]
Petroleumlampe	candeeiro de petróleo [kẽˈdjeiru də pəˈtrɔlju]
Propangas	o gás propano [u gaʃ pruˈpɐnu]
Schlaf|saal	dormitório [durmiˈtɔrju]
~sack	saco-cama [ˈsaku ˈkɐmɐ]
Steckdose	tomada [tuˈmadɐ]
Stecker	ficha [ˈfiʃɐ], *(Br)* plugue [ˈplugi]
Strom	a corrente [ɐ kuˈʀẽtɐ]
~anschluß	tomada de corrente [tuˈmadɐ də kuˈʀẽtɐ]
Studentenwohnheim	o lar de estudantes [u lar də ˌʃtuˈdẽtəs]
Tagesraum	sala de estar [ˈsalɐ də ˈʃtar]
Trinkwasser	água potável [ˈagwɐ puˈtavɛl]
Voranmeldung	pré-aviso [prɛ ɐˈvizu]
	a marcação prévia [ɐ mɐrkɐˈsẽu ˈprɛvjɐ]
Waschraum	os lavabos [uʒ lɐˈvabuʃ]
Wäschetrockner	secadora de roupa [səkɐˈdorɐ də ˈʀopɐ]
Wasser	água [ˈagwɐ]
~kanister	o bidão de água [u biˈdẽu d ˈagwɐ]
	lata de água [ˈlatɐ d ˈagwɐ]

Wohn|mobil	autocaravana [autɔkereˈvene]
~wagen	caravana [kereˈvene]
	(Br) o trailer [u ˈtreile]
Zelt	tenda [ˈtẽnde]
zelten	acampar [ekẽmˈpar]
Zelt|schnur	espia de tenda [ˈʃpie də ˈtẽnde]
~stange	o pau de fileira [u pau də fiˈleire]

NIMROD
PY

2387

5 **Gastronomie**
Gastronomia

**Bezeichnung portu-
giesischer Gaststätten**

café entspricht in etwa dem deutschen Café.

pastelaria ist eine Konditorei.

café-restaurante – Café, in dem man auch zu Mittag und zu Abend essen kann.

snack-bar – Lokal, in dem man an der Theke oder an einem Tisch Getränke aller Art sowie Sandwiches, Vorspeisen und einige Gerichte bekommt.

bar – Lokal, in dem man Getränke aller Art bekommt.

cervejaria – Bierlokal, in dem man meistens auch mariscos (Meeresfrüchte) essen kann.

tasca – kleines, volkstümliches Lokal, in dem man außer Getränken auch einfache Speisen bekommt.

Essen gehen

Ir almoçar/jantar

Wo gibt es hier …

Pode-me dizer, se faz favor, onde há aqui … [ˈpɔdəmə diˈzer sə faʃ feˈvor õndˌa eˈki …]

ein gutes Restaurant?

um bom restaurante?
[ũ bõ ʀəʃtauˈʀẽntə]

ein typisches Restaurant?

um restaurante típico?
[ũ ʀəʃtauˈʀẽntə ˈtipiku]

ein nicht zu teures Restaurant?

um restaurante não muito caro?
[ũ ʀəʃtauˈʀẽntə nẽu ˈmũintu ˈkaru]

einen Schnellimbiß?

um snack-bar (*Br* uma lanchonete)?
[ũ snɛk bar (ˈuma lẽʃoˈnɛti)]

Wo kann man hier in der Nähe gut/preiswert essen?

Onde se pode comer bem/barato aqui perto? [ˈõndə sə ˈpɔdə kuˈmer bẽi/bəˈratu aˈki ˈpɛrtu]

Im Restaurant

No restaurante

Reservieren Sie uns bitte für heute abend einen Tisch für 4 Personen.
Pode-nos reservar para hoje à noite uma mesa para quatro pessoas, se faz favor? [ˈpɔdənuʒ ʀəzərˈvar ˈpərɐ ˈoʒ_a ˈnoitɐ ˈumɐ ˈmezɐ ˈpərɐ ˈkwatru pəˈsoɐʃ sə faʃ fɐˈvor]

Bis wann kann man bei Ihnen warm essen?
Até que horas servem refeições? [ɐˈtɛ ˈkjorɐʃ ˈsɛrvɐi ʀəfɐiˈsõiʃ]

Ist dieser Tisch/Platz noch frei?
Esta mesa/Este lugar está livre? [ˈɛʃtɐ ˈmezɐ/ˈeʃtɐ luˈgar ʃta ˈlivrɐ]

Einen Tisch für 2/3 Personen, bitte.
Uma mesa para duas/três pessoas, se faz favor. [ˈumɐ ˈmezɐ ˈpərɐ ˈduɐʃ/treʃ pəˈsoɐʃ sə faʃ fɐˈvor]

Wo sind bitte die Toiletten?
Onde é a casa de banho (Br o banheiro), por favor? [ˈõnd_ɛ ɐ ˈkazɐ də ˈbɐɲu (u baˈɲeru) pur fɐˈvor]

• Bitte hier entlang.
Por aqui, se faz favor. [pur_ɐˈki sə faʃ fɐˈvor]

Bestellung   Frühstück: ▶ auch Kap. 4

Pedido

Herr Ober/Bedienung, ... die Speisekarte,
Se faz favor ... [sə faʃ fɐˈvor] a lista (Br o cardápio). [ɐ ˈliʃtɐ (u karˈdapju)]

die Getränkekarte, die Weinkarte, bitte.
a lista das bebidas. [ɐ ˈliʃtɐ deʒ bəˈbidɐʃ] a lista dos vinhos. [ɐ ˈliʃtɐ doʒ ˈviɲuʃ]

Was können Sie mir empfehlen?
O que é que me aconselha? [u kjɐ kə m_ɐkõˈseʎɐ]

Haben Sie vegetarische Gerichte/Diätkost?
Tem pratos vegetarianos/comida de dieta? [tɐi ˈpratuʒ vəʒɐtɐˈrjɐnuʃ/kuˈmidɐ də ˈdjɛtɐ]

Gibt es auch Kinderportionen?
Tem também meias doses para crianças? [tɐi tɐmˈbɐi ˈmejɐʒ ˈdɔzəʃ ˈpərɐ ˈkrjɐsɐʃ]

• Haben Sie schon gewählt?
Já escolheu/escolheram? [ʒɐ ʃkuˈʎeu/ʃkuˈʎerɐu]

• Was nehmen Sie als Vorspeise/Nachtisch?
O que é que deseja como entrada/de sobremesa? [u kjɐ kə dəˈzeʒɐ ˈkomu ɐ̃nˈtradɐ/də sobrɐˈmezɐ]

Ich nehme ...

Quero ... [ˈkɛru]

Als Vorspeise/Nachtisch/ Hauptgericht nehme ich ...

Como entrada/De sobremesa/Como prato principal quero ... [ˈkomu ēnˈtrade/ də sobrəˈmeze/ˈkomu ˈpratu prīsiˈpal ˈkɛru]

Ich möchte keine Vor- speise, danke.

Eu não quero nenhuma entrada. [eu nēu ˈkɛru nəˈɲum_ēnˈtrade]

● Wir haben leider kein/e ... (mehr).

Lamento muito, mas já não temos ... [leˈmēntu ˈmũintu meʒ ʒa nēu ˈtemuʃ]

● Dieses Gericht servieren wir nur auf Bestellung.

Este prato só é feito por encomenda. [ˈeʃtə ˈpratu sɔ ɛ ˈfeitu purˌ_ēɲkuˈmēnde]

Könnte ich statt ... ... haben?

Olhe, eu queria ... em vez de ... Será possível? [ˈɔʎə eu kəˈriɐ ... ēi veʒ də ... səˈra puˈsivɛl]

Ich vertrage kein(e) ..., könnten Sie das Gericht ohne ... zubereiten?

Eu não posso comer ... Pode-me fazer este prato sem ..., por favor? [eu nēu ˈpɔsu kuˈmer ... ˈpɔdəmə feˈzer_ˈeʃtə ˈpratu sēi ... pur feˈvor]

● Wie möchten Sie Ihr Steak haben?
   gut durch
   halbdurch
   englisch

Como deseja o bife? [ˈkomu dəˈzeʒe u ˈbifə]
   bem passado [bēi peˈsadu]
   meio passado [ˈmeju peˈsadu]
   à inglesa [a īɲˈgleze]

● Was wollen Sie trinken?

O que é que deseja/desejam beber? [o kjɛ kə dəˈzeʒe/dəˈzeʒēu bəber]

Bitte ein Glas ...

Um copo de ..., se faz favor. [ũ ˈkɔpu də ... sə faʃ feˈvor]

Bitte eine Flasche/eine halbe Flasche ...

Uma garrafa/Meia garrafa de ..., se faz favor. [ˈumɐ geˈʀafe/ˈmeje geˈʀafe də ... sə faʃ feˈvor]

Mit Eis, bitte.

Com gelo, se faz favor. [kõ ˈʒelu sə faʃ feˈvor]

● Guten Appetit!

Bom apetite! [bõ epəˈtitə]

● Haben Sie noch einen Wunsch?

Deseja/Desejam mais alguma coisa? [dəʒeʒe/dəˈzeʒēu maizˌelˈgume ˈkoize]

Bitte bringen Sie uns ...

Traga-nos, se faz favor ... [ˈtragenuʃ sə faʃ feˈvor]

Könnten wir noch etwas Brot/Wasser/Wein be- kommen?

Pode-nos trazer mais pão/água/vinho, se faz favor? [ˈpɔdənuʃ treˈzer maiʃ pēu/ ˈagwe/ˈviɲu sə faʃ feˈvor]

Beanstandungen
Reclamações

Hier fehlt ein/e …	Falta aqui um …/uma … ['falt_a'ki ũ/umɐ]
Haben Sie mein/e … vergessen?	Esqueceu-se do meu …/da minha …? [ʃkɛ'seusə du meu …/dɐ 'miɲɐ …]
Das habe ich nicht bestellt.	Não foi isto que eu pedi. [nɐ̃u foi 'iʃtu kjeu pə'di]
Das Essen ist kalt/versalzen.	A comida está fria/salgada. [ɐ ku'midɐ ʃta 'friɐ/sal'gadɐ]
Das Fleisch ist zäh/zu fett.	A carne é dura/tem muita gordura. [ɐ 'karn_ɛ 'durɐ/tɐ̃i 'mũintɐ gur'durɐ]
Der Fisch ist nicht frisch.	O peixe não é fresco. [u 'peiʃɐ nɐ̃u ɛ 'freʃku]
Nehmen Sie es bitte zurück.	Leve isto para trás, se faz favor. ['lɛv_iʃtu 'pɐrɐ traʃ sə faʃ fɐ'vor]
Holen Sie bitte den Chef.	Chame o chefe, se faz favor. ['ʃem_u 'ʃɛfɐ sə faʃ fɐ'vor]

Die Rechnung
A conta

Wenn man à la carte ißt, wird das „Couvert" – bestehend aus Brot und Butter – berechnet.

Bezahlen, bitte.	A conta, se faz favor. [ɐ 'kõntɐ sə faʃ fɐ'vor]
Die Rechnung, bitte. Wir haben es eilig.	A conta, se faz favor. Nós estamos com pressa. [ɐ 'kõntɐ sə faʃ fɐ'vor. nɔz_əʃ'temuʃ kõ 'prɛsɐ]
Bitte alles zusammen.	Tudo junto, se faz favor. ['tudu 'ʒũntu sə faʃ fɐ'vor]
Getrennte Rechnungen, bitte.	Contas separadas, se faz favor. ['kõntɐʃ səpɐ'radɐʃ sə faʃ fɐ'vor]
Ist alles inklusive?	Está tudo incluído? [ʃta 'tud_ĩŋ'klwidu]
Die Rechnung scheint mir nicht zu stimmen.	Parece-me que a conta não está certa. [pɐ'rɛsəmɐ kjɐ 'kõntɐ nɐ̃u ʃta 'sɛrtɐ]
Das habe ich nicht gehabt. Ich hatte …	Isto não veio. O que veio foi … ['iʃtu nɐ̃u 'veju. u kɐ 'veju foi]
● Hat es geschmeckt?	Estava bom? ['ʃtavɐ bõ]

Das Essen war ausge- zeichnet.	A comida estava excelente. [ɐ kuˈmidɐ ˈʃtave ʃsɐˈlẽntɐ]
Das ist für Sie.	Isto é para si (*Br* para você). [ˈiʃtu ɛ ˈpɐre si (ˈpare vɔˈse)]
Es stimmt so.	Está certo. [ʃta ˈsɛrtu]

Einladung zum Essen / Essen in Gesellschaft
Quando convidado/convidada para almoçar/jantar

Vielen Dank für die Ein- ladung!	Muito obrigado/obrigada pelo convite! [ˈmũĩnt_obriˈgadu/_obriˈgade ˈpelu kõˈvitɐ]
• Greifen Sie zu!	Sirva-se, se faz favor! [ˈsirvɐsɐ sɐ faʃ feˈvor]
Auf Ihr Wohl!	À sua saúde! [a ˈsue seˈudɐ]
Können Sie mir bitte ... reichen?	Pode-me dar ..., se faz favor? [ˈpɔdɐmɐ dar ... sɐ faʃ feˈvor]
• Noch etwas ...?	Um pouco mais de ...? [ũm ˈpoku maiʒ dɐ]
Danke, es war reichlich.	Obrigado/Obrigada, já comi bastante. [obriˈgadu/obriˈgade ʒa kumi beʃˈtẽntɐ]
Ich bin satt, danke.	Estou satisfeito/satisfeita, obrigado/ obrigada. [ʃto setɐʃˈfeitu/setɐʃˈfeite obriˈgadu/obriˈgade]
Darf ich rauchen?	Dá-me licença que fume? [ˈdamɐ liˈsẽsɐ kɐ ˈfumɐ]

Wortliste Gastronomie   ▶ auch Kap. 8, Wortliste Lebensmittel

Abendessen	o jantar [u ʒẽnˈtar]
alkoholfrei	sem álcool [sẽi ˈalkwɔl]
anmachen (*Salat*)	temperar [tẽmpɐˈrar]
Aschenbecher	cinzeiro [sĩˈzeiru]
Bar	o bar [u bar]
bedienen, sich	servir-se [sɐrˈvirsɐ]
Beilage	acompanhamento [ɐkõmpɐɲɐˈmẽntu]
Besteck	o talher [u teˈʎɛr]
bestellen	encomendar [ẽŋkumẽnˈdar]
	pedir [pɐˈdir]
Bestellung	pedido [pɐˈdidu]
Bier	cerveja [sɐrˈveʒɐ]
Brot	o pão [u pẽu]

Butter	manteiga [mēnˈteigɐ]
Diabetiker	diabético [djeˈbɛtiku]
Dressing	molho [ˈmoʎu]
durchgebraten	bem passado [bēi peˈsadu]
entkorken	desarrolhar [dɐzɐʀuˈʎar]
	tirar a rolha [tiˈrar_ɐ ˈʀoʎɐ]
Essig	o vinagre [u viˈnagrɐ]
Faß, Bier vom ~	cerveja a copo [sɐrˈveʒa ˈkɔpu] , a imperial [ɐ īmpeˈrjal] *(Br)* o chope [u ˈʃopi]
Fett	gordura [gurˈdurɐ]
Fleck	nódoa [ˈnɔdwɐ]
frisch	fresco [ˈfreʃku]
Frühstück	pequeno almoço [pɐˈken_alˈmosu] *(Br)* o café da manhã [u kaˈfɛ da maˈɲã]
Füllung	recheio [ʀɐˈʃeju]
Gabel	garfo [ˈgarfu]
Gang	prato [ˈpratu]
gar	bem cozido/assado [bēi kuˈzidu/ɐˈsadu]
gebacken	frito [ˈfritu]
gebraten	assado [ɐˈsadu]
am Spieß	no espeto [nu ˈʃpetu]
vom Grill	na grelha [nɐ ˈgreʎɐ]
in der Pfanne	na sertã [nɐ sɐrˈtē]
gedämpft	estufado [ʃtuˈfadu]
Gedeck	o couvert [u kuˈvɛr]
gedünstet	estufado [ʃtuˈfadu]
gefüllt	recheado [ʀɐˈʃjadu]
gekocht	cozido [kuˈzidu]
geräuchert	(de)fumado [(dɐ)fuˈmadu]
Gericht	prato [ˈpratu]
geröstet	*(Kartoffeln)* coradas [kɔˈradɐʃ]
Geschmack	gosto [ˈgoʃtu], o sabor [u sɐˈbor]
geschmort	estufado [ʃtuˈfadu]
Getränk	bebida [bɐˈbidɐ]
Gewürz	condimento [kõndiˈmēntu]
Glas	copo [ˈkɔpu]
Wasser~	copo de água [ˈkɔpu d_ˈagwɐ]
Wein~	copo de vinho [ˈkɔpu dɐ ˈviɲu]
Gräte	espinha [ˈʃpiɲɐ]
hart	duro [ˈduru]
Hauptspeise	prato principal [ˈpratu prīsiˈpal]
hausgemacht	de fabrico caseiro [dɐ fɐˈbriku kɐˈzeiru]
heiß	quente [ˈkēntɐ]
hungrig sein	ter fome [ter ˈfɔmɐ]

Kaffeekanne — cafeteira [kɐfɐˈteirɐ]
kalt — frio [ˈfriu]
Karaffe — garrafa [gɐˈʀafɐ]
Kellner/in — empregado/empregada [ēmprɐˈgadu/ ēmprɐˈgadɐ], *(Br)* o garçom/a garçonete [u garˈsõ/a garsoˈnɛti]
Kinderteller — prato de criança [ˈpratu dɐ ˈkrjēsɐ]
Knoblauch — alho [ˈaʎu]
Knochen — osso [ˈosu]
Koch — cozinheiro [kuzɐˈɲeiru]
kochen — cozer [kuˈzer], cozinhar [kuzɐˈɲar]; *(Wasser)* ferver [fɐrˈver]
Korkenzieher — o saca-rolhas [u ˈsakɐ ˈʀoʎɐʃ]
Kräuter — as ervas [ez ˈɛrvɐʃ]
Kümmel — os cominhos [uʃ kuˈmiɲuʃ]
Löffel — a colher [ɐ kuˈʎɛr]
  Tee~ — a colher de chá [ɐ kuˈʎɛr dɐ ʃa]
Lorbeer — louro [ˈloru]
mager — magro [ˈmagru]
Mayonnaise — a maionese [ɐ majoˈnɛzɐ]
Menü — ementa [iˈmēntɐ], o menu [u meˈnju]
Messer — faca [ˈfakɐ]
Mittagessen — almoço [alˈmosu]
Muskatnuß — a noz-moscada [ɐ nɔʒ muʃˈkadɐ]
Nachtisch — sobremesa [sobrɐˈmezɐ]
Nelken — cravo-de-cabecinha [ˈkravu dɐ kɐbɐˈsiɲɐ]
Nudeln — massa [ˈmaʃɐ]
Ober *(Anrede)* — chefe [ˈʃɛfɐ], *(Br)* garçom [garˈsõ]
Öl — óleo [ˈɔlju]
Oliven — as azeitonas [ez ɐzeiˈtonɐʃ]
  ~öl — o azeite [u ɐˈzeitɐ]
Paprika — pimento [piˈmēntu]
Petersilie — salsa [ˈsalsɐ]
Pfannengericht — prato feito na frigideira [ˈpratu ˈfeitu nɐ frɐʒɐˈdeirɐ]
Pfeffer — pimenta [piˈmēntɐ]
  ~streuer — pimenteiro [pimēnˈteiru]
Pommes frites — as batatas fritas [ez bɐˈtateʃ ˈfriteʃ]
Portion — a dose [ɐ ˈdɔzɐ]
probieren — provar [pruˈvar]
Reis — o arroz [u ɐˈʀoʃ]
roh — cru [kru]
Rost — grelha [ˈgreʎɐ]
saftig — suculento [sukuˈlēntu]

Salat   salada [sɐˈladɐ]
~büfett   o buffet de saladas [u bjuˈfe dɐ sɐˈladɐʃ]
Salz   o sal [u sal]
~streuer   saleiro [sɐˈleiru]
sauer   azedo [ɐˈzedu]
scharf   picante [piˈkɐ̃ntɐ]
Scheibe   fatia [fɐˈtiɐ]
Schonkost   dieta [ˈdjɛtɐ]
Schüssel   prato [ˈpratu], travessa [trɐˈvɛsɐ]
Senf   mostarda [muʃˈtardɐ]
Serviette   guardanapo [gwɐrdɐˈnapu]
Soße   molho [ˈmoʎu]
Speise   comida [kuˈmidɐ], prato [ˈpratu]
~karte   lista [ˈliʃtɐ], ementa [iˈmẽntɐ]
   (Br) cardápio [karˈdapju]
Spezialität   a especialidade [ɐ ʃpɐsjɐliˈdadɐ]
Strohhalm   palhinha [pɐˈʎiɲɐ]
Suppe   sopa [ˈsopɐ]
Suppenteller   prato fundo/de sopa
   [ˈpratu ˈfũndu/dɐ ˈsopɐ]
süß   doce [ˈdosɐ]
Süßstoff   sacarina [sɐkɐˈrinɐ]
Tages|gericht   prato do dia [ˈpratu du ˈdiɐ]
~menü   ementa / o menu do dia
   [iˈmẽntɐ / u meˈnju du ˈdiɐ]
Tasse   chávena [ˈʃavɐnɐ], *(Br)* xícara [ˈʃikarɐ]
Unter~   o pires [u ˈpirɐʃ]
Teekanne   o bule [u ˈbulɐ], chaleira [ʃɐˈleirɐ]
Teller   prato [ˈpratu]
Tischtuch   toalha de mesa [ˈtwaʎɐ dɐ ˈmezɐ]
Trinkgeld   gorjeta [gurˈʒetɐ]
trocken *(Wein)*   seco [ˈseku]
überbacken   gratinar [grɐtiˈnar]
vegetarisch   vegetariano [vɐʒɐtɐˈrjɐnu]
Vorspeise   entrada [ẽnˈtradɐ]
Wasser   água [ˈagwɐ]
weich   tenro [ˈtẽʀu]
Wein   vinho [ˈviɲu]
würzen   temperar [tẽmpɐˈrar]
zäh   duro [ˈduru]
Zahnstocher   palito [pɐˈlitu]
zart   tenro [ˈtẽʀu]
Zitrone   o limão [u liˈmẽu]
Zucker   o açúcar [u ɐˈsukar]
Zwiebel   cebola [sɐˈbolɐ]

Ementa

Speisekarte

Sopas

Suppen

Açorda [e'sorde]	Brot- und Knoblauchsuppe
Caldo verde ['kaldu 'verde]	Portugiesische Kohlsuppe
Canja ['kẽӡe]	Hühnersuppe mit Reis
Sopa de legumes ['sope de le'gumeʃ]	Gemüsesuppe
Sopa de peixe ['sope de 'peiʃe]	Fischsuppe
Sopa de tomate e cebola ['sope de tɔ'mat‿i se'bole]	Tomaten- und Zwiebelsuppe

Acepipes

Vorspeisen

Amêíjoas com limão [e'meiӡweʃ kõ li'mẽu]	Herzmuscheln mit Zitrone
Anchovas com azeitonas [ẽ'ʃoveʃ kõ ezei'toneʃ]	Sardellen mit Oliven
Caracóis [kere'kɔiʃ]	Schnecken
Espargos frios ['ʃparguʃ 'friuʃ]	kalter Spargel
Melão com presunto [me'lẽu kõ pre'zũntu]	Melone mit Schinken
Salada de atum [se'lade d‿e'tũ]	Thunfischsalat
Sardinhas em azeite [ser'diɲez‿ẽi e'zeite]	Sardinen in Olivenöl

Peixe

Fischgeríchte

Atum [ɐ'tũ]
Thunfisch

Bacalhau com todos
[bɐkɐ'ʎau kõ 'toduʃ]
Stockfisch garniert

Caldeirada [kaldei'radɐ]
Fischeintopf

Carapau [kɐrɐ'pau]
Stichling

Corvina grelhada [kur'vinɐ grɐ'ʎadɐ]
gegrillter Rabenfisch

Dourada [do'radɐ]
Zahnbrasse/Dorade

Ensopado de enguías
[ẽsu'padu d_ẽŋ'gieʃ]
Aaleintopf

Espadarte [ʃpɐ'dartɐ]
Sägefisch

Filetes de cherne [fi'letəʒ də 'ʃɛrnə]
Silberbarschfilets

Linguado [liŋ'gwadu]
Seezunge

Pargo ['pargu]
Seebrasse

Peixe espada ['peiʃə_'ʃpadə]
Schwertfisch

Pescada à portuguesa
[pəʃ'kad_a purtu'gezə]
Schellfisch auf portugiesische Art

Raia ['ʀajə]
Rochen

Salmão [sal'mẽu]
Lachs

Sardinhas assadas [sɐr'diɲez_ɐ'sadeʃ]
gegrillte Sardinen

Mariscos

Meeresfrüchte

Amêíjoas ao natural
[ɐ'meiʒwez_eu nɐtu'ral]
Herzmuscheln Natur

Camarão grelhado
[kɐmɐ'rẽu grɐ'ʎadu]
gegrillte Krabben

Cataplana [kɐtɐ'plɐnɐ]
Pfannengericht aus Muscheln, Fisch bzw. Fleisch, Paprika, Zwiebeln

Gambas na grelha
['gẽmbɐʒ nɐ 'greʎɐ]
gegrillte Garnelen

Lagosta cozida [lɐ'goʃtɐ ku'zidɐ]
gekochte Languste

Lavagante [lɐvɐ'gẽntɐ]
Hummer

Lulas à sevilhana ['luləz_a səvi'ʎɐnɐ]
gebackener Tintenfisch

Mexilhões de cebolada
[məʃi'ʎõiʒ də səbu'ladɐ]
Miesmuscheln mit Zwiebeln

Carne

Fleischgerichte

Bife à portuguesa [bif_a purtuˈgeze]   Portugiesisches Rindersteak

Bife de cebolada [ˈbifə də səbuˈlade]   Zwiebelsteak

Bofes picados [ˈbɔfəʃ piˈkaduʃ]   Lungenhaschee

Cabrito [keˈbritu]   Zicklein

Carne de porco à Alentejana   Schweinefleisch mit Muscheln
[ˈkarnə də ˈporku a ɐlēntɐˈʒene]

Carne na grelha [ˈkarnə nɐ ˈgreʌe]   gegrilltes Fleisch

Churrasco [ʃuˈʀaʃku]   Fleisch vom Holzkohlengrill

Costeleta de porco   Schweinekotelett
[kuʃtəˈlete də ˈporku]

Escalope à milanesa   Wiener Schnitzel
[ʃkeˈlɔp_a mileˈneze]

Escalope de vitela [ʃkeˈlɔpə də viˈtɛle]   Kalbsschnitzel

Fígado de vitela [ˈfigɐdu də viˈtɛle]   Kalbsleber

Iscas [ˈiʃkeʃ]   Gebratene Leber mit Knoblauch

Leitão assado [leiˈtēu ɐˈsadu]   Spanferkelbraten

Língua de vaca [ˈliŋgwe də ˈvake]   Ochsenzunge

Lombo de carneiro   Hammelrücken
[ˈlōmbu də kerˈneiru]

Miolos de vitela [ˈmjoluʒ də viˈtɛle]   Kalbshirn

Perna de vitela [ˈpɛrne də viˈtɛle]   Kalbskeule

Pimentões recheados   Gefüllte Paprikaschoten
[pimēnˈtõiʒ ʀəˈʃjaduʃ]

Porco assado [ˈporku ɐˈsadu]   Schweinebraten

Rins [rīʃ]   Nieren

Rolinhos de carne [ruˈliɲuʒ də ˈkarnə]   Rouladen

Rosbife [ʀɔʒˈbifə]   Roastbeef

Sauté de rins [soˈte də rīʃ]   Kalbsnierenbraten

Tripas [ˈtripeʃ]   Kutteln

Aves e caça

Geflügel und Wild

Bife de peru frito [ˈbifə də pəˈru ˈfritu] Truthahnsteak

Coelho [ˈkweʎu] Kaninchen

Frango assado [ˈfrẽŋgu eˈsadu] gebratenes Hähnchen

Lebre [ˈlɛbrə] Hase

Pato [ˈpatu] Ente

Perdiz [pərˈdiʃ] Rebhuhn

Legumes

Gemüse

Alcachofras [alkeˈʃɔfrɛʃ] Artischocken

Alface [alˈfasə] Blattspinat

Batatas [beˈtateʃ] Kartoffeln

Beringelas fritas [bərĩˈʒɛleʃ ˈfriteʃ] gebratene Auberginen

Cogumelos [kuguˈmɛluʃ] Pilze

Espargos [ˈʃparguʃ] Spargel

Feijão verde [feiˈʒẽu ˈverdə] Schnittbohnen

Grelas [ˈgreluʃ] Weißrübensproß

Pepinos [pəˈpinuʃ] Gurken

Sobremesa

Nachtisch

Arroz doce [eˈʀoʒ ˈdosə] Milchreis

Compota de maçã [kõmˈpɔte də meˈsẽ] Apfelkompott

Gelado misto [ʒəˈladu ˈmiʃtu] gemischtes Eis

Maçã assada [meˈsẽ eˈsadɐ] Bratapfel

Pêra Helena [ˈpere iˈlene] Birne Hélène

Pudim flan [puˈdĩ flẽ] Karamelpudding

Sorvete [surˈvɛtə] Fruchteis

Suspiro [suʃˈpiru] Meringe, Baiser

Tarta de amêndoa [ˈtarte d_eˈmẽndwe] Mandelkuchen

Lista de bebidas

Getränkekarte

Licores, Brandies, Aguardentes e Aperitivos

Liköre, Branntweine, Schnäpse und Aperitifs

Medronho [mə'droɲu]	Baumerdbeerschnaps
Licor Beirão [li'kor bei'rɐ̃u]	Kräuterlikör
Ginjinha [ʒĩ'ʒiɲə]	Kirschlikör
Porto ['portu]	Portwein
Macieira [mɐ'sjeirɐ]	Portugiesischer Weinbrand
Aguardente de figos [agwar'dẽntə də figuʃ]	Feigenschnaps
Bagaço [bɐ'gasu]	Tresterschnaps
Madeira [mɐ'deirɐ]	Madeirawein

Vinhos

Weine

Vinho branco ['viɲu 'brɐ̃ŋku]	Weißwein
Vinho tinto ['viɲu 'tĩntu]	Rotwein
Bucelas [bu'sɛlɐʃ]	herber Weißwein
Colares [ku'larəʃ]	herber Tischwein
Dão [dɐ̃u]	Tischwein aus Mittelportugal
Vinho verde ['viɲu 'verdə]	leichter Wein mit natürlicher Säure

Bebidas não alcoólicas

Alkoholfreie Getränke

Bica ['bikɐ]	Schwarzer Kaffee
Café (com leite) [kɐ'fɛ (kõ 'leitə)]	Kaffee (mit Milch)
Galão [gɐ'lɐ̃u]	Milchkaffee im Glas
Garoto [gɐ'rotu]	Kleiner Kaffee mit Milch
Chá com leite/limão [ʃa kõ 'leitə/li'mɐ̃u]	Tee mit Milch/Zitrone
Laranjada [lɐrɐ̃'ʒadɐ]	Orangeade
Limonada [limu'nadɐ]	Limonade
Sumo de laranja ['sumu də lɐ'rɐ̃ʒɐ]	Orangensaft
Água mineral ['agwɐ minɐ'ral] com/sem gás [kõ/sɐ̃i gaʃ]	Mineralwasser mit/ohne Kohlensäure

6 Kultur und Natur
Cultura e natureza

Auf dem Verkehrsbüro

No Turismo

Ich möchte einen Stadt-
plan von ... haben.

Queria uma planta de ...
[kə'riɐ 'umɐ 'plɐ̃ntɐ də]

Haben Sie Prospekte
von ...?

Tem prospectos de ...?
[tɐ̃i pruʃ'pɛtuʒ də]

Haben Sie einen
Veranstaltungskalender
für diese Woche?

Tem um programa dos espe(c)táculos
desta semana? [tɐ̃i ũm pru'grɐmɐ
duz_əʃpɛ'takuluʒ 'dɛʃtɐ sə'mɐnɐ]

Gibt es Stadtrundfahrten?

Há excursões para visita à cidade?
[a ʃkur'sõiʃ 'pɐrɐ və'zitɐ si'dadɐ]

Was kostet die Rund-
fahrt?

Quanto custa a excursão?
['kwɐ̃ntu 'kuʃtɐ ʃkur'sɐ̃u]

Sehenswürdigkeiten/Museen

Monumentos/Museus

Welche Sehenswürdig-
keiten gibt es hier?

O que há aqui de interessante para
ver? [u kjɐ e'ki d_ĩntərə'sɐ̃ntɐ 'pɐrɐ ver]

Wir möchten ... besich-
tigen.

Gostaríamos de visitar ...
[guʃtɐ'riɐmuʒ də vəzi'tar]

Wann ist das Museum
geöffnet?

Quando é que o museu está aberto?
['kwɐ̃ndwɛ kju mu'zeu ʃtɐ ɐ'bɛrtu]

Wann beginnt die
Führung?

A que horas começa a visita guiada?
[ɐ 'kjɔrɐʃ ku'mɛsɐ və'zitɐ 'gjadɐ]

Gibt es auch eine
Führung in Deutsch?

Há também uma visita guiada em alemão? [a tɐ̃m'bɐ̃i 'umɐ və'zitɐ 'gjad_ɐ̃i
ɐlə'mɐ̃u]

Darf man hier fotogra-
fieren?

Aqui podem-se tirar fotografias?
[ɐ'ki 'pɔdɐĩsə ti'rar futugrɐ'fiɐʃ]

Was für ein Platz/eine
Kirche ist das?

Como se chama esta praça/igreja?
['komu sə 'ʃɐm_'ɛʃtɐ 'prasɐ/i'greʒɐ]

Ist das ...?

Isto é ...? / É este o ...? / É esta a ...?
['iʃtu ɛ / ɛ 'eʃt_u / ɛ 'ɛʃtɐ]

Wann wurde dieses Ge-
bäude erbaut/restauriert?

Quando foi construído/restaurado
este edifício? ['kwɐ̃ndu foi kõʃ'trwid_/
ʁɐʃtau'rad_'eʃt_idɐ'fisju]

Aus welcher Epoche stammt dieses Bauwerk?

De que época é este edifício/esta construção? [də ˈkjɛpukɐ ɛ ˈeʃt‿idəˈfisju/ ˈɛʃtɐ kõʃtruˈsɐu]

Gibt es in der Stadt noch andere Werke von diesem Architekten?

Há ainda outras obras deste arquite(c)to na cidade? [a ɐïnd‿ˈotrɐz ‿ˈɔbrɐʒ ˈdeʃt‿ ‿erkiˈtɛtu nɐ siˈdadə]

Sind die Ausgrabungsarbeiten abgeschlossen?

As escavações já estão concluídas? [ɐz‿əʃkɐvɐˈsõiʒ ʒa ʃtɐu kõŋˈklwidɐʃ]

Wo sind die Funde ausgestellt?

Onde é que os achados estão expostos? [ˈõnd‿ɛ kjuz‿eˈʃaduz‿əʃtɐu ˈʃpɔʃtuʃ]

Wer hat dieses Bild gemalt/diese Plastik geschaffen?

Quem é autor deste quadro/desta escultura? [kɐi ɛ u auˈtor ˈdeʃtə ˈkwadru/ ˈdɛʃtɐ ʃkulˈturɐ]

Gibt es einen Katalog zur Ausstellung?

Há um catálogo da exposição? [a ũ kɐˈtalugu dɐ ʃpuziˈsɐu]

Haben Sie das Bild als Poster/Postkarte/Dia?

Tem um poster/postal/diapositivo com este quadro? [tɐi ũm ˈpɔstɐr/puʃˈtal/ djɐpuziˈtivu kõ ˈeʃtɐ ˈkwadru]

Aufzug des Architekten Eiffel, Lissabon

Wortliste Sehenswürdigkeiten/Museen

Abtei	abadia [ebɐ'diɐ]
Akt	o nu [u nu]
Altar	o altar [u al'tar]
Altstadt	a parte antiga da cidade [ɐ 'part ̯ɐ̃n'tigɐ dɐ si'dadɐ]
	centro histórico ['sẽntru 'ʃtɔriku]
Amphitheater	anfiteatro [ɐ̃fi'tjatru]
antik	antigo [ɐ̃n'tigu]
Aquarell	aguarela [ɐgwɐ'rɛlɐ]
Archäologie	arqueologia [ɐrkjulu'ʒiɐ]
Architekt	arquite(c)to [ɐrki'tɛtu]
Architektur	arquite(c)tura [ɐrkitɛ'turɐ]
Arena	arena [ɐ'renɐ]
Ausgrabungen	as escavações [ɐz ̯ɐʃkɐvɐ'sõiʃ]
Ausstellung	a exposição [ɐ ʃpuzi'sɐ̃u]
Balustrade	balaustrada [bɐlɐuʃ'tradɐ]
Barock	barroco [bɐ'ʀoku]
barock	barroco [bɐ'ʀoku]
Bauwerk	edifício [idɐ'fisju]
	a construção [ɐ kõʃtru'sɐ̃u]
Besichtigung	visita [vɐ'zitɐ]
Bibliothek	biblioteca [biblju'tɛkɐ]
Bild	quadro ['kwadru]
~hauer	o escultor [u ʃkul'tor]
Bischofssitz	a sede de bispado [ɐ 'sɛdɐ dɐ biʃ'padu]
Blütezeit	o apogeu [u ɐpu'ʒeu]
Bogen	arco ['arku]
Rund~	arco de volta inteira/de meio ponto ['arku dɐ 'volt ̯ĩn'teirɐ/dɐ 'meju 'põntu]
Spitz~	arco ogival ['ark ̯oʒi'val]
~gang	arcada [ɐr'kadɐ]
Brauchtum	os costumes/as tradições populares [uʃ kuʃ'tumɐʃ/ɐʃ trɐdi'sõiʃ pupu'larɐʃ]
Bronze	o bronze [u 'brõzɐ]
~zeit	a Idade do Bronze [ɐ i'dadɐ du 'brõzɐ]
Brücke	a ponte [ɐ 'põntɐ]
Brunnen	a fonte [ɐ 'fõntɐ], poço ['posu]
Burg	castelo [kɐʃ'tɛlu]
Bürgermeister/in	o/a burgomestre [u/ɐ burgu'mɛʃtrɐ]
	o/a presidente da Câmara Municipal [u/ɐ prɐzi'dẽntɐ dɐ 'kemɐrɐ munɐsi'pal]
	(Br) prefeito / prefeita [prɐ'feitu / prɐ'feitɐ]

Büste	busto [ˈbuʃtu]
Chor	coro [ˈkoru]
~gestühl	o cadeiral [u kɐdeiˈral]
~umgang	deambulatório [djëmbulɐˈtɔrju]
Christ	o cristão [u kriʃˈtëu]
Christentum	cristianismo [kriʃtjeˈniʒmu]
Dach	telhado [tɐˈʎadu]
Decke	te(c)to [ˈtɛtu]
Deckenmalerei	pintura do te(c)to [pïnˈturɐ du ˈtɛtu]
Denkmal	monumento [munuˈmëntu]
~schutz	a prote(c)ção dos monumentos [ɐ prutɛˈʃëu duʒ munuˈmëntuʃ]
Design	o design [u diˈzain]
Dom	a catedral [ɐ kɐtɐˈdral]
dorisch	dórico [ˈdɔriku]
Dynastie	dinastia [dinɐʃˈtie]
Einfluß	influência [ïˈflwësjɐ]
Emanuelstil	estilo manuelino [ʃˈtilu mɐnwɛˈlinu]
Empore	tribuna [triˈbunɐ]
Epoche	época [ˈɛpukɐ]
Erker	o balcão [u balˈkëu] , sacada [sɐˈkadɐ]
Exponat	obje(c)to exposto [obˈʒɛtu ʃˈpoʃtu]
Fassade	fachada [fɐˈʃadɐ]
Fenster	janela [ʒɐˈnɛlɐ]
Festung	fortaleza [furtɐˈlezɐ]
Flügel	*(Gebäude)* ala [ˈalɐ]
	(Fenster) o batente [u bɐˈtëntɐ]
Foto|grafie	fotografia [futugrɐˈfie]
~montage	a montagem fotográfica [ɐ mõnˈtaʒëi futuˈgrafikɐ]
Fremdenführer	o guia [u ˈgie]
Fresko	fresco [ˈfreʃku] , *(Br)* afresco [aˈfresku]
Friedhof	cemitério [sɐmiˈtɛrju]
Fries	friso [ˈfrizu]
Führung	visita guiada [vɐˈzitɐ ˈgjadɐ]
Fundament	os alicerces [uz_eliˈsɛrsɐʃ]
	a base [ɐ ˈbazɐ]
Funde	os achados [uz_eˈʃaduʃ]
Galerie	galeria [gɐlɐˈrie]
Gebäude	edifício [idɐˈfisju]
Geburtsstadt	a cidade natal [ɐ siˈdadɐ nɐˈtal]
Gedenkstätte	casa-museu [ˈkazɐ muˈzeu]
Geistlicher	o sacerdote [u sɐsɐrˈdɔtɐ]
	o padre [u ˈpadrɐ]

Belem

Gemälde	quadro [ˈkwadru], pintura [pĩnˈturɐ]
~sammlung	a cole(c)ção de quadros [ɐ kuleˈsɐ̃u dɐ ˈkwadruʃ], pinacoteca [pineкuˈtɛkɐ]
Geschichte	história [ˈʃtɔrjɐ]
Gewölbe	abóbada [ɐˈbɔbɐdɐ]
Giebel	o frontão [u frõnˈtɐ̃u]
Glasmalerei	pintura em vidro [pĩnˈtur_ɐ̃i ˈvidru]
	(Fenster) os vitrais [uʒ viˈtraiʃ]
Glocke	sino [ˈsinu]
Gobelin	o gobelim/gobelino [u gobɐˈlĩ/gobɐˈlinu]
Goldschmiedekunst	ourivesaria [oriveʒɐˈriɐ]
Gotik	gótico [ˈgɔtiku]
Hoch~	gótico clássico [ˈgɔtiku ˈklasiku]
gotisch	gótico [ˈgɔtiku]
Gottesdienst	missa [ˈmisɐ]
	ofício divino [oˈfisju dɐˈvinu]
Grab	túmulo [ˈtumulu], sepultura [sɐpulˈturɐ]
~mal	túmulo [ˈtumulu]
~stein	pedra tumular [ˈpɛdrɐ tumuˈlar]
Graphik	as artes gráficas [ez_artɐʒ ˈgrafikɐʃ]
Griechen	os Gregos [uʒ ˈgreguʃ]
griechisch	grego [ˈgregu]
Grundriß	planta [ˈplɐ̃ntɐ]
Handelsstadt	a cidade mercantil [ɐ siˈdadɐ mɐrkɛ̃nˈtil]
heidnisch	pagão [pɐˈgɐ̃u]

Hof   pátio [ˈpatju] , *(Fürsten)* a corte [ɐ ˈkortɐ]

Holz | schnitt   gravura em madeira [grɐˈvur_ɐ̃i mɐˈdeirɐ]

    xilogravura [ʃilɔgrɐˈvurɐ]

~schnitzerei   talha [ˈtaʎɐ]

Illustration   a ilustração [ɐ iluʃtrɐˈsɐ̃u]

Innen | hof   pátio interior [ˈpatju ĩtɐˈrjor]

~stadt   centro da cidade [ˈsẽtru dɐ siˈdadɐ]

Inschrift   a inscrição [ɐ ĩʃkriˈsɐ̃u]

Intarsien   os embutidos [uz_ẽmbuˈtiduʃ]

ionisch   jónico (ô) [ˈʒɔniku]

Jahrhundert   século [ˈsɛkulu]

Jude   o judeu [u ʒuˈdeu]

Kaiser/in   o imperador / a imperatriz [u ĩmpɐrɐˈdor / ɐ ĩmpɐrɐˈtriʃ]

Kanzel   púlpito [ˈpulpitu]

Kapelle   capela [kɐˈpɛlɐ]

Kapitell   o capitel [u kɐpiˈtɛl]

Katakomben   as catacumbas [ɐʃ kɐtɐˈkũmbɐʃ]

Kathedrale   a catedral [ɐ kɐtɐˈdral]

Katholik   católico [kɐˈtɔliku]

Keramik   cerâmica [sɐˈrɐmikɐ]

Kirche   igreja [iˈgreʒɐ]

Kirche Bom Jesus Do Monte, Braga

Kirchturm   campanário [kẽmpeˈnarju]
                       a torre [ɐ ˈtoʀə]
Kloster   convento [kõˈvẽntu], mosteiro [muʃˈteiru]
  ~kirche   igreja conventual/monástica
                       [iˈgreʒɐ kõvẽnˈtwal//muˈnaʃtikɐ]
Konfession   a confissão [ɐ kõfiˈsɐ̃u]
König/in   o rei / a rainha [u ˈʀei / ɐ ʀɐˈiɲɐ]
Kopie   cópia [ˈkɔpjɐ]
korinthisch   coríntio [kuˈrĩntju]
Kreuz   a cruz [ɐ kruʃ]
  ~gang   claustro [ˈklauʃtru]
Kruzifix   crucifixo [krusiˈfiksu]
Krypta   cripta [ˈkriptɐ]
Kultstätte   o lugar sagrado [u luˈgar seˈgradu]
Kunstgewerbe   artesanato [ɐrtəzeˈnatu]
Kupferstich   gravura em cobre [greˈvur_ɐ̃i ˈkɔbrə]
Kuppel   cúpula [ˈkupulɐ]
  ~bau   edifício com cúpula [idɐˈfisju kõ ˈkupulɐ]
Landschaftsmalerei   pintura de paisagens
                       [pĩnˈturɐ də paiˈzaʒɐ̃iʃ]
Langhaus   corpo da igreja [ˈkorpu de iˈgreʒɐ]
Leuchter   o castiçal [u keʃtiˈsal]
Lithographie   litografia [litugreˈfiɐ]
Maler/in   o pintor /a pintora [u pĩnˈtor / ɐ pĩnˈtorɐ]
Malerei   pintura [pĩnˈturɐ]
manuelinisch   manuelino [menwɛˈlinu]
Markt   mercado [mərˈkadu]
  ~halle   mercado coberto [mərˈkadu kuˈbɛrtu]
Marmor   o mármore [u ˈmarmurə]
Material   o material [u metəˈrjal]
Mauer   a parede [ɐ peˈredɐ], muro [ˈmuru]
Mausoleum   o mausoléu [u mauzuˈlɛu]
Mittelalter   a Idade Média [ɐ iˈdadɐ ˈmɛdjɐ]
mittelalterlich   medieval [mədjeˈval]
Mittelschiff   a nave central [ɐ ˈnavɐ sẽnˈtral]
Modell   modelo [muˈdelu], maqueta [mɐˈketɐ]
modern   moderno [muˈdɛrnu]
Mosaik   mosaico [muˈzaiku]
Museum   o museu [u muˈzeu]
Multivisionsschau   espe(c)táculo de multivisão
                       [ʃpɛˈtakulu də multiviˈzɐ̃u]
Odeon   o odeão [u oˈdjɐ̃u]
Ölmalerei   pintura a óleo [pĩnˈturɐ ˈɔlju]
Oper   ópera [ˈɔpərɐ]

Orden *(relig.)*	a ordem [ɐ ˈɔrdēi]
Orgel	o órgão [u ˈɔrgɐ̃u]
Original	o original [u oriʒiˈnal]
Ornament	ornamento [ɔrnɐˈmēntu]
Palast	palácio [pɐˈlasju]
Pastell	o pastel [u pɐʃˈtɛl]
Pavillon	o pavilhão [u pɐviˈʎɐ̃u]
Pergament	pergaminho [pɐrgɐˈmiɲu]
Pfeiler	o pilar [u piˈlar]
Strebe~	o botaréu [u butɐˈrɛu]
phönizisch	fenício [fɐˈnisju]
Pilger/in	peregrino / peregrina [pɐrɐˈgrinu / pɐrɐˈgrinɐ]
Pilgerfahrt	a peregrinação [ɐ pɐrɐgrinɐˈsēu]
Plakat	o cartaz [u kɐrˈtaʃ]
Plastik	escultura [ʃkulˈturɐ]
Platz	praça [ˈprasɐ]
Plünderung	o saque [u ˈsakɐ], a pilhagem [ɐ piˈʎaʒēi]
Portal	o portal [u purˈtal]
Porträt	retrato [Rɐˈtratu]
Porzellan	porcelana [pursɐˈlɐnɐ]
Protestant	o protestante [u prutɐʃˈtēntɐ]
Querschiff	a nave transversal [ɐ ˈnavɐ trēʃvɐrˈsal] transepto [trēˈsɛptu]
Radierung	a água-forte [ɐ ˈagwɐ ˈfɔrtɐ]
Rathaus	Câmara Municipal [ˈkɐmɐrɐ munɐsiˈpal] *(Br)* Prefeitura [prefeiˈturɐ]
Regierungsbau	edifício do Governo [idɐˈfisju du guˈvernu]
rekonstruieren	reconstruir [Rɐkõʃˈtrwir]
Relief	relevo [Rɐˈlevu]
Religion	a religião [ɐ Rɐlɐˈʒjēu]
Renaissance	Renascimento [Rɐnɐʃsiˈmēntu] Renascença [Rɐnɐʃˈsēsɐ]
restaurieren	restaurar [Rɐʃtauˈrar]
Restaurierung	a restauração [ɐ Rɐʃtaurɐˈsēu] restauro [Rɐʃˈtauru]
Romanik	românico [Ruˈmɐniku]
romanisch	românico [Ruˈmɐniku]
Römer	romano [Ruˈmɐnu] os Romanos [uʒ Ruˈmɐnuʃ]
römisch	romano [Ruˈmɐnu]
Rosette	rosácea [Ruˈzasjɐ]
Ruine	ruína [ˈRwinɐ]

Ruinenstadt	a cidade em ruínas [ɐ siˈdadˌɐ̃i ˈʀwineʃ]
Rundfahrt	a excursão [ɐ ʃkurˈsɐ̃u]
Sakristei	sacristia [sɐkrɐʃˈtiɐ]
Sandstein	arenito [ɐrɐˈnitu]
Sarkophag	sarcófago [sɐrˈkɔfɐgu]
Säule	coluna [kuˈlunɐ]
Schatzkammer	tesouro [tɐˈzoru]
Schiff	navio [nɐˈviu]
	(Kirche) a nave [ɐ ˈnavɐ]
Schloß	palácio [pɐˈlasju], castelo [keʃˈtɛlu]
Schnitzerei	talha [ˈtaʎɐ]
Schule	escola [ˈʃkɔlɐ]
Sehenswürdigkeiten	os monumentos [uʒ munuˈmẽntuʃ]

Wasseranlage mit "Azulejos", Queluz

Siebdruck	serigrafia [sɐrigrɐˈfiɐ]
Skulptur	escultura [ʃkulˈturɐ]
Stadt|mauer	as muralhas da cidade [ɐʒ muˈraʎɐʒ dɐ siˈdadɐ]
~rundfahrt	visita à cidade [vɐˈzitɐ siˈdadɐ]
Statue	estátua [ˈʃtatwɐ]
Steinzeit	a Idade da Pedra [ɐ iˈdadɐ dɐ ˈpɛdrɐ]
Stil	estilo [ˈʃtilu]
Stilleben	natureza morta [nɐtuˈrezɐ ˈmɔrtɐ]
Stuck	o estuque [u ˈʃtukɐ]
Synagoge	sinagoga [sinɐˈgɔgɐ]

Taufbecken	pia ba(p)tismal [ˈpiɐ batiʒˈmal]
Tempel	templo [ˈtẽmplu]
Teppich	o tapete [u teˈpetɐ]
Terrakotta	terracota [tɛʀɐˈkɔtɐ]
Theater	teatro [ˈtjatru]
Töpferei	olaria [ɔlɐˈriɐ]
Tor	o portão [u purˈtẽu], porta [ˈpɔrtɐ]
Torso	torso [ˈtorsu]
Totenkult	culto dos mortos [ˈkultu duʒ ˈmɔrtuʃ]
Triumphbogen	arco de triunfo [ˈarku dɐ ˈtrjũfu]
Turm	a torre [ɐ ˈtoʀɐ]
Tusche	tinta da China [ˈtĩtɐ dɐ ˈʃinɐ]
Überreste	os restos [uʒ ˈʀɛʃtuʃ]
Universität	a universidade [ɐ univɐrsiˈdadɐ]
Vase	jarra [ˈʒaʀɐ]
verbrennen	queimar [keiˈmar]
Vierung	cruzeiro [kruˈzeiru]
Volkskundemuseum	o museu de etnologia [u muˈzeu d‿ɛtnuluˈʒiɐ]
vorgeschichtlich	pré-histórico [prɛ ˈʃtɔriku]
Wachablösung	o render da guarda [u ʀẽnˈder dɐ ˈgwardɐ]
Wahrzeichen	símbolo [ˈsĩbulu]
Wallfahrtskirche	santuário [sẽnˈtwarju]
Wandmalerei	pintura mural [pĩnˈturɐ muˈral]
Weberei	a tecelagem [ɐ tɐsɐˈlaʒẽi]
Werk	obra [ˈɔbrɐ]
Früh~	obra da juventude [ˈɔbrɐ dɐ ʒuvẽnˈtudɐ]
Spät~	obra da fase final [ˈɔbrɐ dɐ ˈfazɐ fiˈnal]
wiederaufbauen	reconstruir [ʀɐkõʃˈtrwir]
Zeichnung	desenho [dɐˈzeɲu]
Zisterzienser	cisterciense [siʃtɐrˈsjẽsɐ]
Zitadelle	cidadela [sidɐˈdɛlɐ]

Ausflüge

Excursões

Kann man von hier aus ... sehen?	Pode-se ver daqui ...? [ˈpɔdəsə ver deˈki]
In welcher Richtung liegt ...?	Em que dire(c)ção fica ...? [ẽi kə dirɛˈsẽu ˈfikɐ]
Kommen wir am/an ... vorbei?	Passamos pelo/por ...? [pɐˈsɐmuʃ ˈpelu/pur]
Besichtigen wir auch ...?	Vamos visitar também ...? [ˈvɐmuʒ vəziˈtar tẽmˈbẽi]
Wieviel freie Zeit haben wir in ...?	Quanto tempo livre temos em ...? [ˈkwẽntu ˈtẽmpu ˈlivrə ˈtemuz_ẽi]
Wann fahren wir zurück?	A que horas regressamos? [ɐ ˈkjɔrɐʒ ʀəgrəˈsɐmuʃ]
Wann werden wir zurück sein?	A que horas chegamos? [ɐ ˈkjɔrɛʃ ʃəˈgɐmuʃ]

Wortliste Ausflüge

Ausflug	a excursão [ɐ ʃkurˈsẽu] passeio [pɐˈseju]
Aussichtspunkt	miradouro [mireˈdoru]
Bergdorf	aldeia na montanha [alˈdejɐ nɐ mõnˈtɐɲɐ]
Botanischer Garten	o jardim botânico [u ʒɐrˈdĩm buˈtɐniku]
Fischer|hafen	porto de pesca [ˈportu də ˈpɛʃkɐ]
~ort	a povoação/vila piscatória [ɐ puvwɐˈsẽu/vilɐ piʃkɐˈtɔrjɐ]
Freilichtmuseum	o museu ao ar livre [u muˈzeu ɐu ar ˈlivrɐ]
Freizeitpark	o parque de lazeres [u ˈparkɐ də lɐˈzerəʃ]
Gebirge	serra [ˈsɛʀɐ], as montanhas [ɐʒ mõnˈtɐɲɐʃ]
Grotte	gruta [ˈgrutɐ]
Hinterland	o interior [u ĩnteˈrjor] o hinterland [u ĩnterˈlẽnd]
Höhle	caverna [kɐˈvɛrnɐ]
Inselrundfahrt	a excursão pela ilha [ɐ ʃkurˈsẽu ˈpelɐ ˈiʎɐ]
Klippe	escolho [ˈʃkoʎu]

Korkeichen

Land|schaft	a paisagem [ɐ paiˈzaȝẽi]
~sitz	quinta [ˈkĩntɐ]
Lava	lava [ˈlavɐ]
Markt	praça [ˈprasɐ]
Museumsdorf	aldeia-museu [alˈdejɐ muˈzeu]
Nationalpark	o parque nacional [u ˈparkɐ nɐsjuˈnal]
Naturschutzgebiet	reserva natural [Rɐˈzɛrvɐ nɐtuˈral]
Paß	colo [ˈkɔlu], portela [purˈtɛlɐ]
Planetarium	planetário [plɐnɐˈtarju]
Platz	praça [ˈprasɐ]
Riff	o recife [u Rɐˈsifɐ]
Rund|blick	o panorama [u pɐnuˈremɐ]
~fahrt	a excursão [ɐ ʃkurˈsẽu]
Safaripark	o parque de safári [u ˈparkɐ dɐ saˈfari]
Schlucht	desfiladeiro [dɐʃfilɐˈdeiru]
	garganta [gɐrˈgẽntɐ]
See	*(Meer)* o mar [u mar]
	(Binnengewässer) lago [ˈlagu]
Sternwarte	observatório astronómico (ô)
	[obsɐrvɐˈtɔrju ɐʃtruˈnɔmiku]
Tagesausflug	a excursão/o passeio de um dia
	[ɐ ʃkurˈsẽu/u pɐˈseju d‿ũ ˈdiɐ]

Harzgewinnung

Tal	o vale [u ˈvalə]
Tropfsteinhöhle	gruta de estalactites e estalagmites [ˈgrutɐ də ˌʃtɐlɐkˈtitəz ˌi ʃtɐlɐgˈmitəʃ]
Umgebung	os arredores [uz ɐʀɐˈdɔrəʃ]
Vogelschutzgebiet	reserva ornitológica [ʀɐˈzɛrv ˌɔrnituˈlɔʒikɐ]
Vorort	subúrbio [suˈburbju]
	bairro periférico [ˈbaiʀu pəriˈfɛriku]
Vulkan	o vulcão [u vulˈkɐ̃u]
Wald	floresta [fluˈrɛʃtɐ], o bosque [u ˈboʃkə]
~brand	incêndio florestal [ĩˈsẽndju flurəʃˈtal]
Wallfahrtsort	o lugar de peregrinação/de romaria [u luˈgar də pərəgrinɐˈsẽu/də ʀuməˈriɐ]
Wasserfall	queda de água [ˈkɛdɐ dˌˈagwɐ]
	catarata [kɐtɐˈratɐ]
Wildreservat	reserva de caça [ʀɐˈzɛrvɐ də ˈkasɐ]
Zoo	o jardim zoológico [u ʒɐrˈdĩ zuuˈlɔʒiku]

Veranstaltungen/Unterhaltung
Espe(c)táculos/Diversões

Theater/Konzert/Kino   Teatro/Concerto/Cinema

Welches Stück wird heute abend (im Theater) gespielt?	Qual é a peça que vai hoje à noite (no teatro)? [kwal_ɛ ɐ ˈpɛsɐ kɐ vai ˈoʒ_ɐ ˈnoitɐ (nu ˈtjatru)]
Was läuft morgen abend im Kino?	O que há amanhã à noite no cinema? [u kjɐ amɐˈnẽ a ˈnoitɐ nu siˈnemɐ]
Werden im Dom Konzerte veranstaltet?	Há concertos na catedral? [a kõˈsertuʒ nɐ kɐtɐˈdral]
Können Sie mir ein gutes Theaterstück empfehlen?	Pode-me aconselhar uma boa peça de teatro? [ˈpɔdəm_ɐkõsɐˈʎar_ˈumɐ ˈboɐ ˈpɛsɐ dɐ ˈtjatru]
Wann beginnt die Vorstellung?	A que horas começa o espe(c)táculo? [ɐ ˈkjɔreʃ kuˈmɛsɐ u ʃpɛˈtakulu]
Wo bekommt man Karten?	Onde se podem comprar os bilhetes? [ˈõdɐ sɐ ˈpɔdẽi kõˈprar_uʒ bɐˈʎetɐʃ]
Bitte zwei Karten für heute abend/morgen abend.	Dois bilhetes para hoje à noite/amanhã à noite, se faz favor. [doiʒ bɐˈʎetɐʃ ˈperɐ ˈoʒ_ɐ ˈnoitɐ/amɐˈnẽ a ˈnoitɐ sɐ faʃ fɐˈvor]
Bitte zwei Plätze zu ...	Dois bilhetes de ... se faz favor. [doiʒ bɐˈʎetɐʒ dɐ ... sɐ faʃ fɐˈvor]
Zwei Erwachsene, ein Kind.	Dois adultos e uma criança. [doiz_ɐˈdultuʒ_i ˈumɐ ˈkrjẽsɐ]
Kann ich bitte ein Programm haben?	Pode-me dar um programa, se faz favor? [ˈpɔdəmə dar_ũm pruˈgremɐ sɐ faʃ fɐˈvor]
Wann ist die Vorstellung zu Ende?	A que horas acaba o espe(c)táculo? [ɐ ˈkjɔrez_ɐˈkabɐ u ʃpɛˈtakulu]
Wo ist die Garderobe?	Onde é o bengaleiro? [ˈõd_ɛ u bẽgɐˈleiru]

Wortliste Theater/Konzert/Kino

Akt	a(c)to [ˈatu]
Aufführung	a representação [ɐ ʀɐprəzẽntɐˈsẽu]
Ballett	o ballet (Br balé) [u baˈlɛ]
	bailado [baiˈladu]
Begleitung	acompanhamento [ɐkõmpɐɲɐˈmẽntu]
Bühne	palco [ˈpalku]
Chor	coro [ˈkoru]
Dirigent	maestro [mɛˈɛʃtru]
Drama	o drama [u ˈdremɐ]
Eintrittskarte	o bilhete [u bɐˈʎetɐ]
Festival	o festival [u fɐʃtiˈval]
Film	o filme [u ˈfilmɐ]
~schauspieler/in	o a(c)tor/a a(c)triz de cinema
	[u aˈtor/ɐ aˈtriʒ dɐ siˈnemɐ]
Freilufttheater	teatro ao ar livre [ˈtjatr‿eu ar ˈlivrɐ]
Garderobe	bengaleiro [bẽgɐˈleiru]
Inszenierung	a encenação [ɐ ẽsɐnɐˈsẽu]
Kabarett	teatro de crítica humorística [ˈtjatro dɐ
	ˈkritikɐ umuˈriʃtikɐ], revista [ʀəˈviʃtɐ]
Kasse	bilheteira [bɐʎɐˈteirɐ]
	(Br) bilheteria [biʎeteˈriɐ]
Kino	o cinema [u siˈnemɐ]
Freilicht~	o cinema ao ar livre [u siˈnem‿eu ar ˈlivrɐ]
Kleinkunstbühne	teatro de revista [ˈtjatru dɐ ʀəˈviʃtɐ]
Komödie	comédia [kuˈmɛdjɐ]
Komponist/in	o compositor / a compositora
	[u kõmpuziˈtor / ɐ kõmpuziˈtorɐ]
Konzert	concerto [kõˈsertu]
Jazz~	concerto de jazz [kõˈsertu dɐ dʒɛz]
Kammer~	concerto de câmara [kõˈsertu dɐ ˈkɐmɐrɐ]
Kirchen~	concerto de música sacra
	[kõˈsertu dɐ ˈmuzikɐ ˈsakrɐ]
Pop~	concerto pop [kõˈsertu pɔp]
Sinfonie~	concerto sinfónico (ô) [kõˈsertu sĩˈfɔniku]
Loge	o camarote [u kɐmɐˈrɔtɐ]
Musical	o musical [u muziˈkal]
Oper	ópera [ˈɔpɐrɐ]
Operette	opereta [ɔpɐˈretɐ]
Opernglas	binóculo de teatro [biˈnɔkulu dɐ ˈtjatru]
Orchester	orquestra [ɔrˈkɛʃtrɐ]
Originalfassung	a versão original [ɐ vɐrˈsẽu oriʒiˈnal]
Parkett	plateia (é) [plɐˈtɛjɐ]
Pause	intervalo [ĩntɐrˈvalu]

Premiere	estreia (é) [ˈʃtreje]
Programm	o programa [u pruˈgremɐ]
~heft	o programa [u pruˈgremɐ]
Rang	galeria [gɐlɐˈriɐ]
Regie	a encenação [ɐ ẽsɐnɐˈsẽu]
	a dire(c)ção artística [ɐ diˈrɛsẽu ɐrˈtiʃtikɐ]
Rolle	o papel [u pɐˈpɛl]
Haupt~	o papel principal [u pɐˈpɛl prĩsiˈpal]
Sänger/in	o cantor/a cantora [u kẽˈtor/ɐ kẽˈtorɐ]
Schauspiel	peça de teatro [ˈpɛsɐ dɐ ˈtjatru]
Schauspieler/in	o a(c)tor/a a(c)triz [u ɐˈtor/ɐ ɐˈtriʃ]
Singspiel	opereta [ɔpɐˈretɐ]
	comédia lírica [kuˈmɛdjɐ ˈlirikɐ]
Solist/in	o/a solista [u/ɐ suˈliʃtɐ]
Spielplan	o programa [u pruˈgremɐ]
Tänzer/in	bailarino/bailarina [bailɐˈrinu/bailɐˈrinɐ]
Theaterstück	peça de teatro [ˈpɛsɐ dɐ ˈtjatru]
Tragödie	tragédia [trɐˈʒɛdjɐ]
Untertitel	legenda [lɐˈʒẽdɐ]
	as legendas [ɐʒ lɐˈʒẽdɐʃ]
Variété	as variedades [ɐʒ vɐrjɐˈdadɐʃ]
Veranstaltungskalender	o programa/calendário dos espe(c)táculos [u pruˈgremɐ/kɐlẽˈdarju duz ɐʃpɛˈtakuluʃ]
Volksstück	peça popular [ˈpɛsɐ pupuˈlar]
Vorhang	pano [ˈpɐnu]
Vorstellung	a representação [ɐ ʀɐprɐzẽtɐˈsẽu]
	a sessão [ɐ sɐˈsẽu]
	espe(c)táculo [ʃpɛˈtakulu]
Vorverkauf	venda antecipada [ˈvẽdɐ ẽtɐsiˈpadɐ]
Zirkus	circo [ˈsirku]

Bar/Discoteca/Boîte (*Br* Boate)

Welche typischen Abend-veranstaltungen werden hier geboten?	Que espe(c)táculos típicos há aqui à noite? [kə ʃpɛˈtakuluʃ ˈtipikuz_a ɐˈki a ˈnoitə]
Gibt es hier eine gemütliche Kneipe?	Há aqui um bar com um ambiente agradável? [a ɐˈki ˈũbar kõ ũ ẽmˈbjẽnt_ɐgrɐˈdavɛl]
Wo kann man hier tanzen gehen?	Onde é que aqui se pode ir dançar? [ˈõnd_ɛ kjɐˈki sə ˈpɔd_ir dẽˈsar]

Ist dort ein eher junges oder älteres Publikum?	O que lá se encontra é antes um público jovem ou já mais velho? [u kə la s_ēŋˈkõntr_ɛ ˈēntəz_ūm ˈpubliku ˈʒovēi o ʒa maiʒ ˈvɛʎu]
Ist Abendgarderobe erwünscht?	É aconselhado traje a rigor? [ɛ ɐkõsəˈʎadu ˈtraʒ_ɐ ʀiˈgor]
• Im Eintrittspreis ist ein Getränk enthalten.	No preço da entrada está incluída uma bebida. [nu ˈpresu də ēnˈtrade ʃta īŋˈklwid_ˈume bəˈbidɐ]
Ein Bier, bitte.	Uma cerveja, por favor. [ˈume sərˈveʒe pur feˈvor]
Das gleiche noch einmal.	Outra vez o mesmo. [ˈotre vez_u ˈmeʒmu]
Diese Runde übernehme ich.	Esta rodada pago eu. [ˈɛʃte ʀuˈdade ˈpagu eu]
Wollen wir (noch einmal) tanzen?	Vamos dançar (outra vez)? [ˈvemuʒ dēˈsar (ˈotre veʃ)]
Wollen wir noch einen Bummel machen?	Vamos dar ainda um passeio? [ˈvemuʒ dar_eˈīnde ūm peˈseju]

Wortliste Bar/Diskothek/Nachtclub

ausgehen	sair [seˈir]
Band	conjunto [kõˈʒūntu], a band [ɐ ˈbɛnd]
Bar	o bar [u bar]
Discjockey	o disc-jockey [u disk ˈdʒɔkei] *(Br)* o disc-jóquei [u disk ˈʒɔkei]
Diskothek	discoteca [dəˈkuˈtɛkɐ]
Folklore	o folclore [u fɔlˈklɔrɐ]
~abend	espe(c)táculo de folclore [ʃpɛˈtakulu də fɔlˈklɔrə]
Kneipe	tasca [ˈtaʃkɐ], taberna [teˈbɛrnɐ]
Live-Musik	música ao vivo [ˈmuzik_au ˈvivu]
Modenschau	a passagem de modelos [ɐ peˈsaʒēi də muˈdeluʃ]
Nachtclub	a boîte [ɐ ˈbwatə], *(Br)* a boate [ɐ ˈbwati]
Show	espe(c)táculo [ʃpɛˈtakulu], o show [u ʃou]
Spiel|casino	casino [keˈzinu]
~halle	o salão de jogos [u seˈlēu də ˈʒɔguʃ]
tanzen	dançar [dēˈsar]
Tanz|kapelle	orquestra de dança [ɔrˈkɛʃtre də ˈdēse]
~musik	música de dança [ˈmuzike də ˈdēse]
Türsteher	porteiro [purˈteiru]

7 **Am Strand/Sport**
Na praia/Desporto

Im Schwimmbad/Am Strand

Na piscina/Na praia

Gibt es hier ein ...
   Freibad?
   Hallenbad?
   Thermalbad?

Há aqui uma ... [a eˈki ˈumɐ]
   piscina ao ar livre? [pɐʃˈsin_au ar ˈlivrə]
   piscina coberta? [pɐʃˈsinɐ kuˈbɛrtɐ]
   piscina termal? [pɐʃˈsinɐ tərˈmal]

Eine Eintrittskarte (mit Kabine), bitte.

Um bilhete (com cabina), se faz favor.
[ũm bɐˈʎetɐ (kõ kaˈbinɐ) sɐ faʃ fɐˈvor]

● Nur für Schwimmer!

Só para nadadores! [sɔ ˈpɐrɐ nɐdɐˈdorɐʃ]

● Hineinspringen verboten!

É proibido saltar para a piscina!
[ɛ prwiˈbidu salˈtar ˈpɐra pɐʃˈsinɐ]

● Baden verboten!

É proibido tomar banho!
[ɛ prwiˈbidu tuˈmar ˈbɐɲu]

Ist der Strand sandig / steinig / felsig?

A praia é de areia / é pedregosa / tem rochas? [ɐ ˈprajɐ ɛ d_ɐˈrejɐ / ɛ pɐdrɐˈgozɐ / tɐ̃i ˈʀɔʃɐʃ]

Gibt es hier Seeigel / Quallen?

Há aqui ouriços-do-mar / alforrecas?
[a ɐˈki oˈrisuʒ du mar / alfuˈʀɛkɐʃ]

Wie weit darf man hinausschwimmen?

Até onde se pode nadar?
[ɐˈtɛ ˈõndə sə ˈpɔdə nɐˈdar]

Ist die Strömung stark?

A corrente é forte? [ɐ kuˈʀɛ̃nt_ɛ ˈfortɐ]

Ist es für Kinder gefährlich?

É perigoso para as crianças?
[ɛ pɐriˈgozu ˈpɐraʃ ˈkrjɐ̃sɐʃ]

Wann ist Ebbe/Flut?

A que horas é a maré baixa/a maré cheia? [ɐ ˈkjɔrez_ɛ ɐ mɐˈrɛ ˈbaiʃɐ/ɐ mɐˈrɛ ˈʃejɐ]

Ich möchte ... mieten.
   ein Boot
   ein Paar Wasserski

Queria alugar ... [kɐˈri_aluˈgar]
   um barco. [ũm ˈbarku]
   um par de esquis aquáticos.
   [ũm par dɐ ʃkiz_ɐˈkwatikuʃ]

Was kostet es pro Stunde/Tag?

Quanto se paga por hora/por dia?
[ˈkwɐ̃ntu sə ˈpagɐ pur_ˈɔrɐ/pur ˈdiɐ]

Sport
Desporto (*Br* Esporte)

Welche Sportveranstaltungen gibt es hier?
Que manifestações desportivas há aqui? [kə mɐnifɐʃtɐˈsõiʒ dəʃpurˈtivez_a eˈki]

Welche Sportmöglichkeiten gibt es hier?
Que desportos (*Br* esportes) se podem praticar aqui? [kə dəʃˈpurtuʃ (esˈpɔrtis) sə ˈpodɐi prɐtiˈkar_eˈki]

Gibt es hier einen Golfplatz/einen Tennisplatz/eine Pferderennbahn?
Há aqui um campo de golfe/um campo de ténis (ê)/um hipódromo? [a eˈki ũ kẽmpu də ˈgolfə/ũ ˈkẽmpu də ˈtɛniʃ/ũ iˈpɔdrumu]

Wo kann man hier angeln?
Onde é que se pode pescar à linha? [ˈõnd_ɛ kə sə ˈpodə pəʃˈkar_a ˈliɲɐ]

Ich möchte mir das Fußballspiel/den Stierkampf ansehen.
Queria ir ver o jogo de futebol/a tourada. [kəˈriɐ ir ver_u ˈʒogu də futəˈbol/ə toˈradɐ]

Wann/Wo findet es statt?
Quando é/Onde é? [kwẽnˈdwɛ/õnˈdjɛ]

Was kostet der Eintritt?
Quanto custa a entrada? [ˈkwẽntu ˈkuʃtɐ ẽnˈtradɐ]

Gibt es in den Bergen gute Skipisten?
Há boas pistas de esqui nas montanhas? [a ˈboɐʃ ˈpiʃteʒ də ʃki nɐʒ mõnˈtɐɲɐʃ]

Ich möchte eine Bergtour machen.
Gostaria de dar um passeio pelos montes. [guʃtɐˈriɐ də dar_ũm pɐˈseju ˈpeluʒ ˈmõntəʃ]

Können Sie mir eine interessante Route auf der Karte zeigen?
Pode-me indicar no mapa um itinerário interessante? [ˈpodəm_ĩndiˈkar nu ˈmapɐ ũ itinəˈrarju ĩntərəˈsẽntə]

Wo kann ich ... ausleihen?
Onde é que posso alugar ...? [ˈõnd_ɛ kə ˈpos_ɐluˈgar]

Ich möchte einen ...kurs machen.
Queria fazer um curso de ... [kəˈriɐ fɐˈzer_ũ ˈkursu də]

Welchen Sport treiben Sie?
Que desporto (*Br* esporte) pratica o senhor/a senhora? [kə dəʃˈportu (esˈpɔrti) prɐˈtikɐ u səˈɲor/ɐ səˈɲorɐ]

Ich spiele ...
Eu jogo ... [eu ˈʒɔgu]

Ich bin ein Fan von …	Sou um entusiasta de … [so ũ ẽntu'zjaʃtɐ dǝ]
Ich gehe gern …	Gosto de ir … ['goʃtu d_ir]
Kann ich mitspielen?	Também posso jogar? [tẽm'bẽi 'pɔsu ʒu'gar]

Strand von Nazare

Wortliste Strand/Sport

Aerobic	aeróbica [aɐ'rɔbikɐ]
Aktivurlaub	as férias a(c)tivas [ɐʃ 'fɛrjɐz_a'tivɐʃ]
Anfänger	o principiante [u prĩsǝ'pjẽntǝ]
Angel	cana de pesca ['kɐnɐ dǝ 'pɛʃkɐ]
~schein	licença de pesca [li'sẽsɐ dǝ 'pɛʃkɐ]
Ausritt	passeio a cavalo [pɐ'seju ɐ kɐ'valu]
Bade|bucht	baía com praia [bɐ'iɐ kõ 'prajɐ]
~meister	banheiro [bɐɲeiru]
	(Br) o salva-vidas [u 'salva 'vidɐs]
~tuch	toalha de banho ['twaʎɐ dǝ 'bɐɲu]
Badminton	o badminton [u bɛd'mĩnton]
Ball	bola ['bɔlɐ]
Basketball	o basquetebol [u baʃkɛtɐ'bɔl]
Bergsteigen	alpinismo [alpi'niʒmu]
Bootsverleih	o aluguer de barcos [u ɐlu'gɛr dǝ 'barkuʃ]

Bowling	o bowling [u ˈbɔliŋ]
Doppel	jogo a pares [ˈʒogu ɐ ˈparəʃ]
Drachenfliegen	voo (ô) em asa delta [ˈvou ɐ̃i ˈaze ˈdɛltɐ]
Düne	duna [ˈdunɐ]
Dusche	o duche [u ˈduʃə]
	(Br) a ducha [a ˈduʃɐ]
Eintrittskarte	o bilhete [u bəˈʎetɐ]
Einzel	jogo individual [ˈʒog̬ ĩndəviˈdwal]
Eis|hockey	o hóquei sobre o gelo
	[u ˈɔkei ˈsobr̩ u ˈʒelu]
~kunstlauf	a patinagem artística sobre o gelo
	[ɐ pɐtiˈnaʒɐ̃i ɐrˈtiʃtikɐ ˈsobr̩ u ˈʒelu]
~lauf	a patinagem sobre o gelo
	[ɐ pɐtiˈnaʒɐ̃i ˈsobr̩ u ˈʒelu]
Ergebnis	resultado [ʀəzulˈtadu]
Fallschirmspringen	o pára-quedismo [u parɐkɐˈdiʒmu]
Federball	o volante de badminton
	[u vuˈlɐ̃ntɐ də bɛdˈmĩnton]
Fitneßcenter	centro de fitness [ˈsɐ̃ntru də ˈfitnis]
FKK-Strand	praia de nudistas [ˈprajɐ də nuˈdiʃtəʃ]
Fortgeschrittener	adiantado [ɐdjɐ̃nˈtadu]
Freibad	piscina ao ar livre [pəʃˈsin̩ɐu ar ˈlivrɐ]
Fußball *(Spiel)*	o futebol [u futəˈbɔl]
~mannschaft	equipa *(Br* a equipe) de futebol
	[iˈkipɐ (a iˈkipi) də futəˈbɔl]
~platz	campo de futebol [ˈkɐ̃mpu də futəˈbɔl]
~spiel	jogo de futebol [ˈʒogu də futəˈbɔl]
gewinnen	ganhar [gɐˈɲar]
Golf	o golfe [u ˈgɔlfɐ]
~schläger	taco de golfe [ˈtaku də ˈgɔlfɐ]
Gymnastik	ginástica [ʒiˈnaʃtikɐ]
Halbzeit	meio-tempo [ˈmeju ˈtɐ̃mpu]
	primeira/segunda parte
	[priˈmeirɐ/səˈgũndɐ ˈpartɐ]
Handball	o andebol [u ɐ̃ndəˈbɔl]
Hochseefischen	pesca de alto mar [ˈpɛʃkɐ d̩ˈaltu mar]
Jazztanz	dança com música de jazz
	[ˈdɐ̃sɐ kõ ˈmuzikɐ də dʒɛz]
joggen	fazer jogging [fɐˈzer ˈdʒɔgiŋ]
Jogging	o jogging [u ˈdʒɔgiŋ]
Judo	judo [ˈʒudu]
Kanadier	canoa canadiana [kɐˈnoɐ kɐnɐˈdjɐnɐ]
Kanu	canoa [kɐˈnoɐ]
Karate	o caraté (ê) [u karaˈtɛ]

Kasse — bilheteira [bəʌəˈteirɐ]
(Br) bilheteria [biʌeteˈriɐ]
Kegeln — jogo dos paus [ˈʒogu duʃ pauʃ]
o bowling [u ˈbɔliŋ]
Kiesel — seixo [ˈseiʃu]
Konditionstraining — treino para apurar a condição física [ˈtreinu ˈper_apuˈrar_ɐ kõndiˈsẽu ˈfizikɐ]
Kricket — o críquete [u ˈkrikɐtɐ]
Kurs — curso [ˈkursu]
Leichtathletik — atletismo [ɐtlɛˈtiʒmu]
Liegestuhl — cadeira de repouso [kɐˈdeirɐ dɐ ʀɐˈpozu]
Luftmatratze — o colchão pneumático [u kolˈʃẽu pneuˈmatiku]

Mannschaft — equipa [iˈkipɐ], *(Br)* a equipe [a iˈkipi]
Meerwasser-Schwimm-bad — piscina de água do mar [pɐʃˈsinɐ dˌˈagwɐ du mar]
Meisterschaft — campeonato [kẽmpjuˈnatu]
Minigolf — o minigolfe [u miniˈgɔlfɐ]
Motor|boot — barco a motor [ˈbarku ɐ muˈtor]
~sport — motociclismo e automobilismo [mɔtɔsiˈkliʒmu i autumubiˈliʒmu]

Netz — a rede [ɐ ˈʀedɐ]
Nichtschwimmer — não nadador [nẽu nɐdɐˈdor]
Niederlage — derrota [dɐˈʀɔtɐ]
Paddelboot — canoa [kɐˈnoɐ]
Paraglider — o planador a pára-quedas [u plɐnɐˈdor_ɐ ˈparɐ ˈkɛdɐʃ]

Pferd — cavalo [kɐˈvalu]
Pferderennen — corrida de cavalos [kuˈʀidɐ dɐ kɐˈvaluʃ]
Polo — pólo [ˈpɔlu]
Privatstrand — praia privativa [ˈpraiɐ privɐˈtivɐ]
Programm — o programa [u pruˈgremɐ]
radfahren — andar de bicicleta [ẽnˈdar dɐ bɐsiˈklɛtɐ]
Rad|rennen — corrida de bicicletas [kuˈʀidɐ dɐ bɐsiˈklɛtɐʃ]
~sport — ciclismo [siˈkliʒmu]
~tour — passeio de bicicleta [pɐˈseju dɐ bɐsiˈklɛtɐ]

Regatta — regata [ʀɐˈgatɐ]
reiten — montar [mõnˈtar], andar a cavalo [ẽnˈdar_ɐ kɐˈvalu]
Reitsport — a equitação [ɐ ikitɐˈsẽu]
Rennen — corrida [kuˈʀidɐ]
Ringkampf — luta greco-romana [ˈlutɐ ˈgrɛkɔ ʀuˈmɐnɐ]

Rodel	o trenó [u treˈnɔ]
rodeln	andar de trenó [ẽnˈdar də treˈnɔ]
Roll|hockey	o hóquei em patins [u ˈɔkei ẽi peˈtĩʃ]
~kunstlauf	a patinagem artística [ɐ petiˈnaʒẽi ɐrˈtiʃtikɐ]
~schuhe	os patins (de rodas) [uʃ peˈtĩʃ (də ˈʀɔdɐʃ)]
Ruderboot	barco a remos [ˈbarku ɐ ˈʀemuʃ]
Rudern	remo [ˈʀemu]
Rugby	o râguebi [u ˈʀɛgəbi]
	(Br) o rúgbi [u ˈʀugbi]
Sand	areia [ɐˈʀeje]
Sauna	sauna [ˈsaunɐ]
Schiedsrichter	árbitro [ˈarbitru]
Schläger	raqueta [ʀaˈketɐ]
Schlauchboot	barco pneumático [ˈbarku pneuˈmatiku]
Schlepplift	o telesqui [u telɛˈʃki]
Schlittschuhe	os patins [uʃ peˈtĩʃ]
Schnorchel	o respirador [u ʀɐʃpireˈdor]
Schwimmbad	piscina [pəʃˈsinɐ]
Schwimmen	a natação [ɐ netɐˈsẽu]
Schwimmer	o nadador [u nedɐˈdor]
Schwimm|flossen	as barbatanas [ɐʒ berbɐˈtenɐʃ]
~flügel	bóia para crianças [ˈbɔje ˈpere ˈkrjẽsɐʃ]
~ring	bóia [ˈbɔje]
Segel|boot	barco à vela [ˈbarku a ˈvɛlɐ]
~fliegen	delta-plan [ˈdɛltɐ ˈplen]
Segeln	vela [ˈvɛlɐ]
Seilbahn	teleférico [təlɐˈfɛriku]
Sessellift	teleférico de cadeiras [təlɐˈfɛriku də keˈdeirɐʃ]
Sieg	vitória [viˈtɔrje]
Skateboard	o skateboard [u skeitɐˈbɔd]
Ski	o esqui [u ʃki]
~ alpin	o esqui alpino [u ʃki alˈpinu]
~bindung	a fixação [ɐ fiksɐˈsẽu]
~brille	os óculos de esqui [uz ˈɔkuluʒ də ʃki]
~kurs	curso de esqui [ˈkursu də ʃki]
~laufen	o esqui [u ʃki]
~lehrer	o instrutor de esqui [u ĩʃtruˈtor də ʃki]
~stöcke	os sticks de esqui [uʃ ˈstikɐʒ də ʃki]
Solarium	solário [suˈlarju]
Sonnendach	toldo [ˈtoldu]
Sonnenschirm	o guarda-sol [u ˈgwardɐ sɔl]

Spiel	jogo [ˈʒogu]
Sportler/in	o/a desportista [u/ɐ dəʃpurˈtiʃtɐ]
Sportplatz	campo desportivo (*Br* de esporte) [ˈkẽmpu dəʃpurˈtivu (di_esˈpɔrti)]
Sprungbrett	o trampolim [u trẽmpuˈlĩ]
Squash	o squash [u skwɔʃ]
Start	partida [pɐrˈtidɐ]
Stierkampf	tourada [toˈradɐ]
Strandbad	praia [ˈprajɐ]
Surfbrett	prancha de surf [ˈprẽʃɐ dɐ sɐrf]
Surfen	o surf [u sɐrf]
tauchen	mergulhar [mɐrguˈʎar]
Taucher│ausrüstung	equipamento de mergulhador [ikipɐˈmẽntu də mɐrguʎɐˈdor]
~brille	os óculos de mergulhador [uz_ˈɔkuluʒ də mɐrguʎɐˈdor]
Tennis	o ténis (ê) [u ˈtɛniʃ]
~schläger	raqueta de ténis (ê) [ʀɐˈketɐ də ˈtɛniʃ]
Tischtennis	o ténis (ê) de mesa [u ˈtɛniʃ də ˈmezɐ] o pingue-pongue [u ˈpĩŋgɐ ˈpõŋgɐ]
Tor	baliza [bɐˈlizɐ] golo [ˈgolu], *(Br)* gol [gol]
~wart	o guarda-redes [u ˈgwardɐ ˈʀedɐʃ] *(Br)* goleiro [goˈleru]
Trainerstunde	a lição [ɐ liˈsẽu]
Tretboot	gaivota [gaiˈvɔtɐ] barco de pedais [ˈbarku də pɐˈdaiʃ]
Turnen	ginástica [ʒiˈnaʃtikɐ]
unentschieden	empatado [ẽmpɐˈtadu]
verlieren	perder [pɐrˈder]
Volleyball	o voleibol [u vɔleiˈbɔl]
Wandern	marcha [ˈmarʃɐ]
Wanderweg	circuito turístico [sirˈkuito tuˈriʃtiku]
Wasserball	pólo aquático [ˈpɔl_ɐˈkwatiku]
Wellenreiten	o surf [u sɐrf]
Wettkampf	a competição [ɐ kõmpɐtiˈsẽu]
Whirlpool	remoinho [ʀɐˈmwiɲu], sorvedouro [survɐˈdoru]
Windschirm	o pára-vento [u ˈparɐ ˈvẽntu]

8 **Einkaufen/Geschäfte**
Compras/Lojas

Fragen/Preise
Perguntas/Preços

Öffnungszeiten

Horário de abertura [oˈrarju d̥_e̥bər'turɐ]

offen/geschlossen/
Betriebsferien

aberto/encerrado/encerrado para férias
[ɐˈbɛrtu/ẽsəˈʀadu/ẽsəˈʀadu ˈperɐ ˈfɛrjɐʃ]

Wo finde ich ... ?

Onde posso encontrar ...?
[ˈõndə ˈpɔs_ẽŋkõnˈtrar]

Können Sie mir ein
...-Geschäft empfehlen?

Pode-me indicar uma loja de ...?
[ˈpɔdəm_ĩndiˈkar_ˈumɐ ˈlɔʒɐ d̥ə]

● Werden Sie schon
bedient?

Já está a ser atendido/atendida?
[ʒaˈʃta ɐ ser_ɐtẽn'didu/_ɐtẽn'didɐ]

Danke, ich sehe mich
nur um.

Obrigado/Obrigada, eu quero só ver.
[obriˈgadu/obriˈgadɐ eu ˈkɛru sɔ ver]

Ich möchte ...

Queria .../Gostaria de ...
[kəˈriɐ/guʃtɐˈriɐ d̥ə]

Haben Sie ...?

Tem ...? [tẽi]

Zeigen Sie mir bitte ...

Mostre-me ..., se faz favor.
[mɔʃtrəmə ... sə faʃ fɐ'vor]

Bitte ...
  ein Paar ...
  ein Stück ...

Se faz favor, ... [sə faʃ fɐ'vor]
  um par de ... [ũm par d̥ə]
  um pedaço de ... [ũm pɐ'dasu d̥ə]

Können Sie mir bitte
ein anderes/eine(n) ande-
re(n) ... zeigen?

Pode-me mostrar outro/outra ... se faz
favor? [ˈpɔdəmə muʃˈtrar_ˈotru/_ˈotrɐ ... sə
faʃ fɐ'vor]

Haben Sie auch etwas
Billigeres?

Tem também mais barato?
[tẽi tẽm'bẽi maiʒ bɐ'ratu]

Das gefällt mir.
Ich nehme es.

Gosto deste/desta. Vou levá-lo/levá-la.
[ˈgɔʃtu ˈdeʃtɐ/ˈdɛʃtɐ. vo lə'valu/lə'valɐ]

Wieviel kostet es?

Quanto custa? [ˈkwẽntu ˈkuʃtɐ]

Nehmen Sie ...
  deutsches Geld?
  Euroschecks?
  Kreditkarten?
  Reiseschecks?

Aceitam ... [ɐˈseitɐu]
  dinheiro alemão? [dɐ'ɲeiru ɐlɐˈmẽu]
  eurocheques? [eurɔ'ʃɛkəʃ]
  cartões de crédito? [kɐr'tõiʒ d̥ə 'krɛditu]
  cheques de viagem? [ˈʃɛkəʒ d̥ə 'vjaʒẽi]

Können Sie es mir einpacken?	Pode embrulhar, se faz favor? [ˈpɔd‿ẽmbruˈʎar sə faʃ fɛˈvor]
Ich möchte dies umtauschen.	Queria trocar isto. [kəˈriɐ truˈkar‿iʃtu]

Wortliste Geschäfte

Antiquariat	o alfarrabista [u alfɐʀɐˈbiʃtɐ]
Antiquitätengeschäft	loja de antiguidades [ˈlɔʒɐ d‿ẽntigwiˈdadəʃ]
	antiquário [ẽntiˈkwarju]
Apotheke	farmácia [fɐrˈmasjɐ]
Bäckerei	padaria [padɐˈriɐ]
Bazar	o bazar [u bɐˈzar]
Blumengeschäft	florista [fluˈriʃtɐ]
Bootsbedarf	os apetrechos para barcos [uz‿epɐˈtreʃuʃ ˈperɐ ˈbarkuʃ]
Boutique	a boutique [ɐ buˈtikɐ]
Buchhandlung	livraria [livrɐˈriɐ]
Drogerie	drogaria [drugɐˈriɐ]
Eisenwarengeschäft	loja de ferragens [ˈlɔʒɐ də fɐˈʀaʒẽiʃ]
Elektrohandlung	loja de artigos elé(c)tricos [ˈlɔʒɐ d‿ɐrˈtiguz‿iˈlɛtrikuʃ]
Feinkostgeschäft	charcutaria [ʃɐrkutɐˈriɐ]
Fischgeschäft	peixaria [peiʃɐˈriɐ]
Flohmarkt	feira da ladra [ˈfeirɐ dɐ ˈladrɐ]
Fotoartikel	(loja de) artigos fotográficos [(ˈlɔʒɐ d‿)ɐrˈtiguʃ futuˈgrafikuʃ]
Friseur	o salão de cabeleireiro [u sɐˈlẽu də kɐbɐleiˈreiru]
	barbearia [bɐrbjɐˈriɐ]
Gemüsehändler	o vendedor de hortaliça [u vẽndɐˈdor d‿ɔrtɐˈlisɐ]
Haushaltswarengeschäft	loja de artigos domésticos [ˈlɔʒɐ d‿ɐrˈtiguʒ duˈmɛʃtikuʃ]
Juwelier	joalharia [ʒwɐʎɐˈriɐ]
Käserei	queijaria [keiʒɐˈriɐ]
Kaufhaus	o grande armazém [u ˈgrɐnd‿armɐˈzẽi]
Konditorei	pastelaria [peʃtɐlɐˈriɐ]
Kosmetiksalon	instituto de beleza [iʃtiˈtutu də bɐˈlezɐ]
Kunstgewerbe	artesanato [ɐrtɐzɐˈnatu]
Kunsthändler	o negociante de obje(c)tos de arte [u nɐguˈsjɐntɐ d‿ɔbˈʒɛtuʒ d‿ˈartɐ]
Lebensmittelgeschäft	mercearia [mɐrsjɐˈriɐ]

Lederwarengeschäft	loja de artigos de couro/pele ['lɔʒɐ d_er'tiguʒ dɐ 'koru/'pɛlɐ]
Markt	mercado [mɐr'kadu]
Metzgerei	talho ['taʎu]
	(Br) o açougue [u a'sogi]
Milchgeschäft	leitaria [leitɐ'riɐ]
Möbelgeschäft	a loja/o armazém de móveis [ɐ 'lɔʒɐ/u armɐ'zɐ̃i dɐ 'mɔveiʃ]
Musikgeschäft	loja de artigos de música ['lɔʒɐ d_er'tiguʒ dɐ 'muzikɐ]
Obsthandlung	frutaria [frutɐ'riɐ]
Optiker	óptico ['ɔtiku], o oculista [u ɔku'liʃtɐ]
Parfümerie	perfumaria [pɐrfumɐ'riɐ]
Pelzgeschäft	loja de peles ['lɔʒɐ dɐ 'pɛlɐʃ]
	pelaria [pɐlɐ'riɐ]
	(Br) peleteria [pelete'riɐ]
Reformhaus	loja de alimentação dietética ['lɔʒɐ d_elimɐ̃tɐ'sɐ̃u djɛ'tɛtikɐ]
Reinigung, chemische	tinturaria [tĩnturɐ'riɐ]
Reiseandenken	(loja de) recordações [('lɔʒɐ dɐ) ʀɐkurdɐ'sõiʃ]
Reisebüro	agência de viagens [ɐ'ʒɐ̃sjɐ dɐ 'vjaʒɐ̃iʃ]
Schallplattengeschäft	loja de discos ['lɔʒɐ dɐ 'diʃkuʃ]
Schneider/in	o alfaiate [u alfɐ'jatɐ]
	a modista [ɐ mu'diʃtɐ]
Schreibwarengeschäft	papelaria [pɐpɐlɐ'riɐ]
Schuhgeschäft	sapataria [sɐpɐtɐ'riɐ]
Schuhmacher	sapateiro [sɐpɐ'teiru]
Secondhand-Laden	loja de roupas em segunda mão ['lɔʒɐ dɐ 'ʀopɐʃ_ɐ̃i sɐ'gũndɐ mɐ̃u]
Selbstbedienungsladen	auto-serviço ['auto sɐr'visu]
Spielwarengeschäft	loja de brinquedos ['lɔʒɐ dɐ brĩŋ'keduʃ]
Spirituosengeschäft	loja de bebidas alcoólicas ['lɔʒɐ dɐ bɐ'bidɐz_al'kwɔlikɐʃ]
Sportartikel	(loja de) artigos de desporto *(Br* esporte) [('lɔʒɐ d_)er'tiguʒ dɐ dɐʃ'portu (is'pɔrti)]
Supermarkt	supermercado [supɛrmɐr'kadu]
Süßwarengeschäft	confeitaria [kõfeitɐ'riɐ]
	pastelaria [pɐʃtɐlɐ'riɐ]
Tabakladen	tabacaria [tɐbɐkɐ'riɐ]
Trödler	ferro-velho ['fɛʀu 'vɛʎu]
Uhrmacher	relojoeiro [ʀɐlu'ʒweiru]
Wäscherei	lavandaria [lɐvɐ̃ndɐ'riɐ]
Waschsalon	lavandaria [lɐvɐ̃ndɐ'riɐ]

| Weinhandlung | o armazém de vinhos [u armɐˈzẽi dɐ ˈviɲuʃ] |
| Zeitungshändler | o vendedor de jornais [u vẽndɐˈdor dɐ ʒurˈnaiʃ] |

Lebensmittel

Géneros (ê) alimentícios

Was darf es sein?	O que deseja? [u kɐ dɐˈzeʒɐ]
Geben Sie mir bitte ...	Dê-me, se faz favor, ... [ˈdemɐ sɐ faʃ fɐˈvor]
ein Kilo ...	um quilo de ... [ũ ˈkilu dɐ]
10 Scheiben ...	10 fatias de ... [dɛʃ fɐˈtieʒ dɐ]
ein Stück von ...	um bocado de ... [ũm buˈkadu dɐ]
eine Packung ...	uma embalagem de ... [umɐ ẽmbɐˈlaʒẽi dɐ]
ein Glas ...	um copo de ... [ũ ˈkɔpu dɐ]
eine Dose ...	uma caixa/lata de ... [ˈumɐ ˈkaiʃɐ/ˈlatɐ dɐ]
eine Flasche ...	uma garrafa de ... [ˈumɐ gɐˈʀafɐ dɐ]
eine Einkaufstüte.	um saco. [ũ ˈsaku]
Darf es auch etwas mehr sein?	Pode ser um pouco mais? [ˈpɔdɐ ser ũm ˈpoku maiʃ]
Darf es sonst noch etwas sein?	Mais alguma coisa? [maiz alˈgumɐ ˈkoizɐ]
Dürfte ich vielleicht etwas hiervon probieren?	Posso provar um pouco disto? [ˈpɔsu pruˈvar ũm ˈpoku ˈdiʃtu]
Danke, das ist alles.	Obrigado/Obrigada, é tudo. [obriˈgadu/obriˈgadɐ ɛ ˈtudu]

Wortliste Lebensmittel

Aal — enguia [ēŋˈgie]
Äpfel — as maçãs [eʒ meˈsēʃ]
Apfelsinen — as laranjas [eʒ leˈrēʒeʃ]
Aprikosen — os damascos [uʒ deˈmaʃkuʃ]
Artischocken — as alcachofras [ez_alkeʃɔfreʃ]
Auberginen — as beringelas [eʒ bərïˈʒɛleʃ]
Aufschnitt — as carnes frias [eʃˈkarnəʃ ˈfrieʃ]
Austern — as ostras [ez_ˈoʃtreʃ]
Avocado — o abacate [u ebeˈkatə]
Bananen — as bananas [eʒ beˈnɐneʃ]
Basilikum — basílico [beˈziliku]
Bier — cerveja [sərˈveʒe]
  alkoholfreies ~ — cerveja sem álcool [sərˈveʒe sēi ˈalkwɔl]
Birnen — as peras [eʃ ˈpereʃ]
Blumenkohl — a couve-flor [e ˈkovə flor]
Bohnen — o feijão [u feiˈʒēu]
  grüne ~ — o feijão verde [u feiˈʒēu ˈverdə]
  weiße ~ — o feijão branco [u feiˈʒēu ˈbrēŋku]
Brombeeren — as amoras [ez_eˈmɔreʃ]

Brot — o pão [u pēu]
  Schwarz~ — o pão escuro [u pēu ˈʃkuru]
  Weiß~ — a pão branco [u pēu ˈbrēŋku]
Brötchen — os pãezinhos [uʃ pēiˈziɲuʃ]
  belegte ~ — as sandes [eʃ ˈsēndəʃ]
    — as sanduíches [eʃ sēnˈdwiʃeʃ]
    — (Br) os sanduíches [us_sēnˈdwiʃis]
  süße ~ — os pãezinhos de leite
    [uʃ pēiˈziɲuʒ də ˈleitə]
Butter — manteiga [mēnˈteige]
Champagner — o champanhe [u ʃēmˈpeɲə]
Chicoree — chicória [ʃiˈkɔrje]
Datteln — as tâmaras [eʃ ˈtemereʃ]
Dörrfleisch — a carne seca [e ˈkarnə ˈseke]
Eier — os ovos [uz_ˈovuʃ]
  ~ von freilaufenden — os ovos do campo
  Hühnern — [uz_ˈovuʒ du ˈkēmpu]
Eis — gelo [ˈʒelu]
Erbsen — as ervilhas [ez_irˈviʎeʃ]
  Kichererbsen — o grão [u grēu]
Erdbeeren — os morangos [uʒ muˈrēŋguʃ]
Essig — o vinagre [u viˈnagrə]
Feigen — os figos [uʃ ˈfiguʃ]

Fenchel	funcho [ˈfũʃu]
Fisch	o peixe [u ˈpeiʃə]
Fleisch	a carne [ɐ ˈkarnə]
Fleischwurst	chouriço [ʃoˈrisu]
frisch	fresco [ˈfreʃku]
Garnelen	as gambas [ɐʒ ˈgẽmbɐʃ]
Gebäck	os bolos [uʒ ˈboluʃ]
Gemüse	a hortaliça / os legumes [ɐ ɔrtɐˈlisɐ / uʒ ləˈguməʃ]
~ aus Eigenanbau	~ de produção própria [də produˈsɐ̃u ˈprɔprjɐ]
gespritzt	com água mineral com gás [kõ ˈagwɐ minɐˈral kõ gaʃ]
Goldbrasse	dourada [doˈradɐ]
Grieß	sêmola [ˈsemulɐ]
Gurke	o pepino [u pəˈpinu]
Hackfleisch	a carne picada [ɐ ˈkarnə piˈkadɐ]
Haferflocken	os flocos de aveia [uʃ ˈflɔkuʒ d_ɐˈvejɐ]
Hähnchen	frango [ˈfrɐ̃ŋgu]
Hammelfleisch	a carne de carneiro [ɐ ˈkarnə də kɐrˈneiru]
Hering	o arenque [u ɐˈrẽŋkə]
Honig	o mel [u mɛl]
~kuchen	bolo de mel [ˈbolu də mɛl]
Joghurt	o iogurte [u joˈgurtə]
Johannisbrot	alfarroba [alfɐˈʀobɐ]
Kaffee	o café [u kɐˈfɛ]
Kalbfleisch	a carne de vitela [ɐ ˈkarnə də viˈtɛlɐ]
Kaninchen	coelho [ˈkwɛʎu]
Karotten	as cenouras [ɐʃ səˈnoɾɐʃ]
Kartoffeln	as batatas [ɐʒ bɐˈtatɐʃ]
Käse	queijo [ˈkeiʒu]
Camembert	Camembert [kamẽmˈbɛr]
Weich~	queijo amanteigado [ˈkeiʒ_emẽnteiˈgadu]
Ziegen~	queijo de cabra [ˈkeiʒu də ˈkabrɐ]
Kastanien	as castanhas [ɐʃ keʃˈtɐɲɐʃ]
Kekse	as bolachas [ɐʒ buˈlaʃɐʃ]
Kindernahrung	a alimentação para crianças [a_alimẽntɐˈsɐ̃u ˈpɐrɐ ˈkrjɐ̃sɐʃ]
Kirschen	as cerejas [ɐʃ səˈreʒɐʃ]
Kitzfleisch	a carne de cabrito [ɐ ˈkarnə də kɐˈbritu]
Knoblauch	alho [ˈaʎu]
Kohl	a couve [ɐ ˈkovə]

Kokosnuß	coco [ˈkoku]
Konserven	as conservas [eʃ kõˈsɛrveʃ]
Kotelett	costeleta [kuʃtəˈlete]
Krabben	os camarões [uʃ kɐməˈrõiʃ]
Kuchen	bolo [ˈbolu]
Kürbis	abóbora [eˈbɔburɐ]
Lammfleisch	a carne de cordeiro [ɐ ˈkarnə də kurˈdeiru]
Languste	lagosta [leˈgoʃtɐ]
Lauch	alho porro [ˈaʎu ˈporu]
Leberpastete	o patê de fígado [u paˈte də ˈfigedu]
Leberwurst	pasta de fígado [ˈpaʃte də ˈfigedu]
Limonade	limonada [limuˈnade]
Linsen	as lentilhas [eʒ lẽnˈtiʎeʃ]
Mais	milho [ˈmiʎu]
Makrele	cavala [keˈvale]
Mandarine	tangerina [tẽʒəˈrine]
Mandeln	as amêndoas [ez ̮eˈmẽndweʃ]
Margarine	margarina [mergeˈrine]
Marmelade	o doce [u ˈdosɐ] marmelada [merməˈlada]
Maulbeeren	as amoras [ez ̮eˈmɔreʃ]
Mayonnaise	a maionese [ɐ majoˈnɛzɐ]
Mehl	farinha [feˈriɲe]
Melone	*(Honig~)* o melão [u məˈlẽu] *(Wasser~)* melancia [melẽˈsie]
Miesmuscheln	os mexilhões [uʒ məʃiˈʎõiʃ]
Milch	o leite [u ˈleitɐ]
fettarme ~	o leite magro [u ˈleitə ˈmagru]
Mineralwasser	água mineral [ˈagwe mineˈral]
Muscheln	os mariscos [uʒ meˈriʃkuʃ]
Müsli	o muesli [u ˈmusli]
Nudeln	massa [ˈmase]
Spaghetti	o espaguete [u ʃpaˈgɛtə]
Nüsse	as nozes [eʒ ˈnɔzəʃ]
Obst	fruta [frutɐ]
Öl	óleo [ˈɔlju]
Oliven	as azeitonas [ez ̮ezeiˈtoneʃ]
Olivenöl	o azeite [u eˈzeitɐ]
Orangeade	laranjada [lerẽˈʒade]
Orangensaft	sumo *(Br* suco) de laranja [ˈsumu (ˈsuku) də leˈrẽʒe]
Oregano	os orégãos [uz ̮ɔˈrɛgẽuʃ]
Pampelmuse	toranja [toˈrẽʒe]

Paprika	pimento [piˈmēntu]
~schoten	os pimentos [uʃ piˈmēntuʃ]
Petersilie	salsa [ˈsalsɐ]
Pfeffer	pimenta [piˈmēntɐ]
Pfirsiche	os pêssegos [uʃ ˈpesəguʃ]
Pflaumen	as ameixas [ɐz_eˈmeiʃɐʃ]
Quark	o requeijão [u ʀəkeiˈʒɐ̃u]
Rauchfleisch	a carne defumada [ɐ ˈkarnə dəfuˈmadɐ]
Reis	o arroz [u eˈʀoʃ]
Rindfleisch	a carne de vaca [ɐ ˈkarnə də ˈvakɐ]
Rosinen	as passas [ɐʃ ˈpasɐʃ]
Safran	o açafrão [u ɐsɐˈfrɐ̃u]
Sahne	as natas [ɐʒ ˈnatɐʃ]
Salami	o salame [u sɐˈlɐmə]
Salat	salada [sɐˈladɐ]
Kopfsalat	a alface [ɐ alˈfasə]
Salz	o sal [u sal]
Sardine	sardinha [sɐrˈdiɲɐ]

Schellfisch	pescada [pəʃˈkadɐ]
Schinken	presunto [prəˈzūntu]
gekochter ~	o fiambre [u ˈfjēmbrə]
	(Br) presunto [preˈzūntu]
roher ~	presunto [prəˈzūntu]

Schokolade	o chocolate [u ʃukuˈlatə]
Schokoriegel	barra de chocolate [ˈbaʀɐ də ʃukuˈlatə]
Schweinefleisch	a carne de porco [ɐ ˈkarnɐ də ˈporku]
Schwertfisch	o espadarte [u ʃpɐˈdartɐ]
	o peixe-espada [u ˈpeiʃɐ ˈʃpadɐ]
Seeteufel	o tamboril [u tẽmbuˈril]
Seezunge	linguado [lĩŋˈgwadu]
Sellerie	aipo [ˈaipu]
Senf	mostarda [muʃˈtardɐ]
Spargel	os espargos [uz ɐʃˈparguʃ]
Spinat	os espinafres [uz ɐʃpiˈnafrəʃ]
Stockfisch	o bacalhau [u bɐkɐˈʎau]
Suppe	sopa [ˈsopɐ]
Süßigkeiten	os doces [uʒ ˈdosəʃ]
Tee	o chá [u ʃa]
~beutel	saquinho de chá [sɐˈkiɲu də ʃa]
Thunfisch	o atum [u ɐˈtũ]
Thymian	tomilho [tuˈmiʎu]
Tintenfisch	as lulas [ɐʒ ˈluleʃ], os chocos [uʃ ʃɔkuʃ]
Toast	torrada [tuˈʀadɐ];
Tomaten	os tomates [uʃ tuˈmatəʃ]
Waffeln	bolacha [buˈlaʃɐ]
Wein	vinho [ˈviɲu]
Rot~	vinho tinto [ˈviɲu ˈtĩtu]
Weiß~	vinho branco [ˈviɲu ˈbrẽŋku]
Weintrauben	as uvas [ɐz ˈuvɐʃ]
Wurst	chouriço [ʃoˈrisu], salsicha [salˈsiʃɐ]
Würstchen	as salsichas [ɐʃ salˈsiʃɐʃ]
Ziegenfleisch	a carne de cabra [ɐ ˈkarnɐ də ˈkabrɐ]
Zitronen	os limões [uʒ liˈmõiʃ]
Zucchini	as aborinhas [ɐz ɐbɔbuˈriɲɐʃ]
Zucker	o açúcar [u ɐˈsukar]
Zwiebeln	as cebolas [ɐʃ səˈboleʃ]

Drogerieartikel

Artigos de drogaria

Wortliste Drogerieartikel

Augenbrauenstift	o lápis para as sobrancelhas [u ˈlapiʃ ˈperaʃ subrēˈseʌeʃ]
Bürste	escova [ˈʃkove]
Creme	o creme [u ˈkrɛmə]
~ für trockene/norma-le/fettige Haut	o creme para pele seca/normal/oleosa [u ˈkrɛmə ˈperə ˈpɛlə ˈseke/norˈmal/oˈljozɐ]
Feuchtigkeits~	o creme hidratante [u ˈkrɛm_idreˈtēntə]
Hand~	o creme para as mãos [u ˈkrɛmə ˈperaʃ mēuʃ]
Damenbinden	os pensos higiénicos [uʃ ˈpēsuʃ_iˈʒjɛnikuʃ]
Deo(dorant)	o desodorizante [u dəzoduriˈzentə]
Duschgel	o gel de banho [u ʒɛl də ˈbeɲu]
Erfrischungstücher	os toalhetes [uʃ tweˈʌeteʃ]
Eyeliner	o eyeliner [u aiˈlaine]
Fleckenwasser	o tira-nódoas [u ˈtire ˈnɔdweʃ]
Haar│bürste	escova do cabelo [ˈʃkove du keˈbelu]
~entferner	depilatório [dəpileˈtɔrju]
~festiger	o fixador [u fikseˈdor]
~gel	o gel para o cabelo [u ʒɛl perə u keˈbelu]
~gummi	elástico para o cabelo [iˈlaʃtiku perə u keˈbelu]
~klammern	os ganchos do cabelo [uʒ ˈgēʃuʒ du keˈbelu]
~spray	laca [ˈlake]
~waschmittel	o champô [u ʃēmˈpo] o champu (*Br* xampu) [u ʃēmˈpu]
~~ für fettiges/norma-les/trockenes Haar	o champu para cabelo oleoso/normal/seco [u ʃēmˈpu ˈperə keˈbelu oˈljozu/norˈmal/ˈseku]
~~ gegen Schuppen	o champu contra a caspa [u ʃēmˈpu ˈkōntra ˈkaʃpe]
Kamm	o pente [u ˈpēntə]
Kleiderbürste	escova de fato (*Br* roupa) [ˈʃkove də ˈfatu (ˈʀope)]
Kölnisch Wasser	água de Colónia (ô) [ˈagwe də kuˈlɔnjɐ]
Körpermilch	o leite para o corpo [u ˈleitə ˈperə u ˈkorpu]

Lichtschutzfaktor	o fa(c)tor de prote(c)ção solar
	[u faˈtor də prutɛˈsẽu suˈlar]
Lidschatten	sombra para os olhos
	[ˈsõmbrə ˈperə uzˈɔʎʃ]
Lippenstift	o batom [u baˈtõ]
Lockenwickler	rolo [ˈʀolu]
Mundwasser	água dentífrica [ˈagwe dẽnˈtifrike]
Nagel|bürste	escova de unhas [ˈʃkove dˈuɲeʃ]
~feile	lima para unhas [ˈlime ˈperə ˈuɲeʃ]
~lack	o verniz para unhas [u vərˈniʃ ˈperə ˈuɲeʃ]
~lackentferner	acetona [esəˈtone]
~schere	tesoura para unhas [təˈzore ˈperə ˈuɲeʃ]
Papiertaschentücher	os lenços de papel [uʒ ˈlẽsuʒ də pɐˈpɛl]
Parfüm	o perfume [u pərˈfumə]
Pflaster	adesivo [edɐˈzivu]
Pinzette	pinça [ˈpĩse]
Präservativ	preservativo [prəzərvɐˈtivu]
Puder	o pó-de-arroz [u pɔ dˌeˈʀoʃ]
Rasier|apparat	máquina de barbear [ˈmakine də berˈbjar]
~klinge	lâmina para barbear [ˈlemine ˈperə berˈbjar]
~pinsel	o pincel de barba [u pĩˈsɛl də ˈbarbe]
~seife	o sabão de barbear [u seˈbẽu də berˈbjar]
~wasser	a loção (para a barba)
	[ə luˈsẽu (ˈpera ˈbarbe)]
Reinigungsmilch	o leite de limpeza [u ˈleitə də lĩˈpeze]
Reisenecessaire	o nécessaire [u neseˈsɛr]
	(Br) frasqueira [frasˈkere]
Rouge	o rouge [u ˈʀuʒe]
Saugflasche	o biberão [u bibɐˈʀẽu]
Schaumfestiger	o plix [u pliks]
Schnuller	chucha [ˈʃuʃe], chupeta [ʃuˈpete]
Schwamm	esponja [ˈʃpõʒe]
Seife	o sabão [u seˈbẽu]
	o sabonete [u sebuˈnete]
Sicherheitsnadeln	o alfinete de segurança/de dama
	[u alfiˈnete də səguˈrẽse/də ˈdeme]
Sonnen|creme	o creme para o sol [u ˈkrɛmə ˈperə u sɔl]
~öl	óleo solar [ˈɔlju suˈlar]
Spiegel	espelho [ˈʃpeʎu]
Spül|bürste	escova para a louça [ˈʃkove ˈpera ˈlose]
~mittel	o detergente para a louça
	[u dətərˈʒẽntə ˈpera ˈlose]
~tuch	o esfregão para a louça
	[u ʃfrɐˈgẽu ˈpera ˈlose]
Tampons	os tampões [uʃ tẽˈpõiʃ]

Toilettenpapier	o papel higiénico (ê) [u pe'pɛl_i'ʒjɛniku]
Wasch|lappen	luva de lavar ['luve də le'var]
~mittel	o detergente para a roupa [u dətər'ʒɛntə 'pera 'ʀope]
Watte	o algodão [u algu'dẽu]
~stäbchen	os cotonetes [uʃ koto'nɛtəʃ]
Wimperntusche	o rímel [u 'ʀimɛl]
Windeln	as fraldas [ɐʃ 'fraldeʃ]
Zahn|bürste	escova de dentes ['ʃkove də 'dẽtəʃ]
~pasta	pasta dentífrica ['paʃte dẽ'tifrike]

Tabakwaren

Tabaco (*Br* Fumo)

Ein Päckchen/Eine Stange ... Zigaretten mit/ohne Filter, bitte.	Um maço/Um pacote de cigarros ... com/sem filtro, se faz favor. [ũ 'masu/ũm pe'kotə də si'gaʀuʃ ... kõ/sẽi 'filtru sə faʃ fe'vor]
Haben Sie deutsche/amerikanische/Menthol-Zigaretten?	Tem cigarros alemães/americanos/de mentol? [tẽi si'gaʀuz_ele'mẽiʃ/_emeri'kenuʃ/də mẽn'tɔl]
Welche Marke (leichter/starker Zigaretten) können Sie mir empfehlen?	Que marca (de cigarros leves/fortes) me aconselha? [kə 'marke (də si'gaʀuʃ 'lɛvəʒ/'fɔrtəʒ) m_ekõ'seʎe]
Zehn Zigarren/Zigarillos, bitte.	Dez charutos/cigarrilhas, se faz favor. [dɛʃ ʃe'rutuʃ/sige'ʀiʎeʃ sə faʃ fe'vor]
Ein Päckchen/Eine Dose Zigaretten-/Pfeifentabak, bitte.	Uma pacote/Uma caixa de tabaco para cigarros/cachimbo, se faz favor. [ũm pe'kotə/ume 'kaiʃe də te'baku 'pere si'gaʀuʃ/ke'ʃimbu sə faʃ fe'vor]
Eine Schachtel Streichhölzer/Ein Feuerzeug, bitte.	Uma caixa de fósforos/Um isqueiro, se faz favor. ['ume 'kaiʃe də 'fɔʃfuruʃ/ũ iʃ'keiru sə faʃ fe'vor]

Kleidung/Lederwaren/Reinigung ▶ auch Kap.1 – Farben

Vestuário/Artigos de couro/Limpeza

Können Sie mir ... zeigen?	Pode-me mostrar ...? ['pɔdəmə muʃ'trar]
● Denken Sie an eine bestimmte Farbe?	De que cor deseja?/Tem preferência por alguma cor? [də kə kor də'zeʒe/tẽi prəfə'rẽsje pur_al'gume kor]

Ich möchte etwas in …	Queria em … [kə'riɐ ɐ̃i]
Ich möchte etwas Passendes hierzu.	Queria qualquer coisa que ficasse bem com isto. [kə'riɐ kwal'kɛr 'koizɐ kə fi'kasə bɐ̃i kõ 'iʃtu]
Kann ich es anprobieren?	Posso provar? ['pɔsu pru'var]
● Welche (Konfektions-) Größe haben Sie?	Que número usa? [kə 'numɐru 'uzɐ]
Das ist mir zu …	Está muito … [ʃta 'mũintu]
eng/weit.	apertado/largo. [ɐpər'tadu/'largu]
kurz/lang.	curto/comprido. ['kurtu/kõm'pridu]
klein/groß.	pequeno/grande. [pə'kenu/'grɐ̃dɐ]
Das paßt gut.	Está bom. Levo este.
Ich nehme es.	[ʃta bõ. 'lɛvu 'eʃtə]
Das ist nicht ganz, was ich möchte.	Não é bem isto que eu quero. [nɐ̃u ɛ bɐ̃i 'iʃtu kjeu 'kɛru]
Ich möchte ein Paar …-Schuhe	Queria um par de sapatos … [kə'riɐ ũm par də sə'patuʃ]
Ich habe Schuhgröße …	Calço e número … ['kalsu ə 'numɐru]
Sie drücken mich.	Apertam-me um pouco. [ɐ'pɛrtɐ̃u̯m ũm 'poku]
Sie sind zu eng/weit.	Estão muito apertados/largos. [ʃtɐ̃u 'mũintu ɐpər'taduʃ/'larguʃ]
Bitte noch eine Dose Schuhcreme/ein Paar Schnürsenkel.	Dê-me também uma caixa de pomada/um par de atacadores, se faz favor. ['demə tɐ̃m'bɐ̃i 'umɐ 'kaiʃɐ də pu'madə/ũm par d ɐtɐkɐ'dorəʃ sə faʃ fɐ'vor]
Ich möchte diese Schuhe neu besohlen lassen.	Queria mandar pôr solas novas nestes sapatos. [kə'riɐ mɐ̃'dar por 'sɔlɐʒ 'novɐʒ 'neʃtəʃ sə'patuʃ]
Können Sie bitte die Absätze neu machen?	Pode pôr saltos novos, se faz favor? ['pɔdə por 'saltuʒ 'nɔvuʃ sə faʃ fɐ'vor]
Ich möchte diese Sachen reinigen/waschen lassen.	Podem-me limpar/lavar esta roupa? ['pɔdɐ̃i̯mə lĩ'par /lɐ'var 'ɛʃtɐ 'ʀopɐ]
Wann sind sie fertig?	Quando é que está pronta? ['kwɐ̃dwɛ kə ʃta 'prõtɐ]

Wortliste Kleidung/Lederwaren/Reinigung

Abendkleid	vestido de noite [vəʃˈtidu də ˈnoitə]
Anorak	o anorak [u enoˈrak]
Anzug	fato [ˈfatu], *(Br)* terno [ˈtɛrnu]
Ärmel	manga [ˈmẽŋgə]
Bade|anzug	fato de banho [ˈfatu də ˈbeɲu]
	(Br) o maiô [u maˈjo]
~hose	o calção de banho [u kalˈsẽu də ˈbeɲu]
~mantel	o roupão de banho [u ʀoˈpẽu də ˈbeɲu]
~mütze	touca de banho [ˈtokɐ də ˈbeɲu]
~schuhe	os sapatos para banho [uʃ seˈpatuʃ ˈperɐ ˈbeɲu]
Baumwolle	o algodão [u alguˈdẽu]
Bikini	o biquíni [u biˈkini]
Blazer	o blazer [u ˈbleizə]
Bluse	blusa [ˈbluzə]
bügelfrei	anti-rugas [ˈẽnti ˈʀugeʃ]
bügeln	passar a ferro [peˈsar e ˈfɛʀu]
Büstenhalter	o soutien, *(Br)* sutiã [u suˈtjẽ]
	(Br) o porta-seios [u ˈpɔrtɐ ˈsejuʃ]
chemisch reinigen	limpar a seco [lĩˈpar e ˈseku]
Druckknopf	mola [ˈmɔlɐ]
Farbe	a cor [e kor]
Fliege	laço [ˈlasu]
Frottee	os turcos [uʃ ˈturkuʃ]
Futter	forro [ˈfoʀu]
gestreift	riscado [ʀiʃˈkadu], de riscas [də ˈʀiʃkeʃ]
Gummistiefel	as botas de borracha [eʒ ˈbɔteʒ də buˈʀaʃe]
Gürtel	cinto [ˈsĩtu]
Halstuch	lenço do pescoço [ˈlẽsu du peʃˈkosu]
Hand|schuhe	as luvas [eʒ ˈluveʃ]
~tasche	mala de mão [ˈmalɐ də mẽu]
	carteira [kerˈteirɐ]
Hausschuhe	os sapatos de quarto [uʃ seˈpatuʒ də ˈkwartu], os chinelos [uʃ ʃiˈnɛluʃ]
Hemd	camisa [keˈmizɐ]
Hose	as calças [eʃ ˈkalseʃ]
kurze Hose	os calções [uʃ kalˈsõiʃ]
Hut	o chapéu [u ʃeˈpɛu]
Sonnen~	o chapéu para o sol [u ʃeˈpɛu ˈperɐ u sɔl]
Jacke	casaco [keˈzaku]
Jeans	as jeans [eʒ dʒinz]
Jogging|anzug	fato de treino [ˈfatu də ˈtreinu]
~hose	as calças de treino [eʃ ˈkalseʒ də ˈtreinu]

kariert   aos quadrados [euʃ kwe'draduʃ]
Kinderschuhe   os sapatos para criança
                           [uʃ se'patuʃ 'pere 'krjɐse]
Kleid   vestido [veʃ'tidu]
Kniestrümpfe   as meias pelo joelho
                           [ɐʒ 'mejeʃ 'pelu 'ʒweʎu]
Knopf   o botão [u bu'tɐ̃u]
Koffer   mala ['male]
Kostüm   (fato de) saia e casaco
                           [('fatu də) 'saje i ke'zaku]
                           (Br) o tailler [u tai'jɛr]
Kragen   gola ['gɔle], colarinho [kule'riɲu]
Krawatte   gravata [gre'vate]
Kunstfaser   fibra sintética ['fibre sĩn'tɛtike]
Leder|hose   as calças de cabedal (Br de couro)
                           [eʃ 'kalseʒ də keba'dal (di 'koru)]
  ~jacke   casaco (curto) de cabedal (Br de couro)
                           [ke'zaku ('kurtu) də keba'dal (di 'koru)]
  ~mantel   casaco (comprido) de cabedal (Br de
                           couro) [ke'zaku (kõm'pridu) də keba'dal
                           (di 'koru)]
Leinen   tecido de linho [tə'sidu də 'liɲu]
Mantel   (Damen~) casaco comprido
                           [ke'zaku kõm'pridu]
                           (Herren~) sobretudo [sobrə'tudu]
Minirock   minissaia [mini'saje]
Morgenrock   o robe [u 'ʀɔbə]
Mütze   o boné [u bɔ'nɛ]
Nachthemd   camisa de noite [ke'mize də 'noitə]
                           (Br) camisola [kami'zɔle]
Overall   o macacão [u meke'kɐ̃u]
Pelz|jacke   casaco (curto) de peles
                           [ke'zaku ('kurtu) də 'pɛləʃ]
  ~mantel   casaco (comprido) de peles
                           [ke'zaku (kõm'pridu) də 'pɛləʃ]
Pullover   camisola [kemi'zɔle], o pulôver [u pu'lovɛr]
Pyjama   o pijama [u pi'ʒeme]
Regenmantel   gabardina [gebar'dine]
                           o impermeável [u ĩmpər'mjavɛl]
Reisetasche   mala de viagem ['male də 'vjaʒɐ̃i]
Reißverschluß   fecho de correr ['feʃu də ku'ʀer]
                           fecho eclair (Br ecler) ['feʃ_e'klɛr]
Rock   saia ['saje]
Rucksack   mochila [mu'ʃile]

Sakko	casaco [kɐˈzaku]
Sandalen	as sandálias [ɐʃ sɐnˈdaljɐʃ]
Schal	o cachecol [u kɐʃəˈkɔl]
Schirm	o guarda-chuva [u ˈgwardɐ ˈʃuvɐ]
Schuh|e	os sapatos [uʃ sɐˈpatuʃ]
~bürste	escova de calçado [ˈʃkovɐ də kalˈsadu]
~creme	pomada [puˈmadɐ], graxa [ˈgraʃɐ]
~größe	número de calçado [ˈnuməru də kalsadu]
Seide	seda [ˈsedɐ]
Seiden|strümpfe	as meias de seda [ɐʒ ˈmejɐʒ də ˈsedɐ]
~strumpfhose	meia-calça / o collant de seda
	[ˈmejɐ ˈkalsɐ / u ˈkɔlɐ̃ də ˈsedɐ]
Shorts	o calção [u kalˈsɐ̃u]
Skihose	as calças de esqui [ɐʃ ˈkalsɐʒ də ʃki]
Socken	as peúgas [ɐʃ ˈpjugɐʃ]
Sohle	sola [ˈsɔlɐ]
Sommerkleid	vestido de Verão [vəʃˈtidu də vəˈrɐ̃u]
Stiefel	as botas [ɐʒ ˈbotɐʃ]
Ski~	botas de esqui [ˈbotɐʒ də ʃki]
Strandschuhe	os sapatos de praia [uʃ sɐˈpatuʒ də ˈprajɐ]
Strickjacke	casaco de malha [kɐˈzaku də ˈmaʎɐ]
Strümpfe	as meias [ɐʒ ˈmejɐʃ]
Strumpfhose	meia-calça [ˈmejɐ ˈkalsɐ]
Tasche	saco [ˈsaku], pasta [ˈpaʃtɐ]
Taschentuch	lenço de assoar [ˈlẽsu d‿əˈswar]
Trainingsanzug	fato de treino [fatu də ˈtreinu]
T-Shirt	a T-shirt [ɐ ti ʃert]
Turnschuhe	os ténis [uʃ ˈtɛniʃ],
	as sapatilhas [ɐʒ sɐpɐˈtijɐʃ]
Umhängetasche	mala a tiracolo [ˈmala tirɐˈkɔlu]
Unter|hemd	camisola [kɐmiˈzɔlɐ]
	(Br) camiseta [kamiˈzetɐ]
~hose	(kurze) as cuecas [ɐʃ ˈkwɛkɐʃ]
	(lange) as ceroulas [ɐʃ səˈro18ɐʃ]
~rock	o saiote [u sɐˈjɔtə]
	(Br) anágua [ɐˈnagwɐ]
~wäsche	roupa interior [ˈropɐ ĩtəˈrjor]
waschmaschinenfest	lavável à máquina [lɐˈvavɛl‿a ˈmakinɐ]
Weste	o colete [u kuˈletɐ]
Wildleder|jacke	casaco (curto) de camurça
	[kɐˈzaku (ˈkurtu) də kɐˈmursɐ]
~mantel	casaco (comprido) de camurça
	[kɐˈzaku (kõˈpridu) də kɐˈmursɐ]
Wolle	a lã [ɐ lɐ̃]

Bücher und Schreibwaren

Livros e artigos de escritório

Ich hätte gern ...
    eine deutsche Zeitung.
    eine Zeitschrift.
    einen Reiseführer.

Queria ... [kəˈriɐ]
    um jornal alemão. [ũ ʒurˈnal ɐlɐˈmɐ̃u]
    uma revista. [ˈumɐ ʀɐˈviʃtɐ]
    um guia turístico. [ũ ˈgiɐ tuˈriʃtiku]

Wortliste Bücher und Schreibwaren

Ansichtskarte	o postal ilustrado [u puʃˈtal_iluʃˈtradu]
Bleistift	o lápis [u ˈlapiʃ]
~spitzer	o apara-lápis [u ɐˈparɐ ˈlapiʃ]
Brief|marke	selo (postal) [ˈselu (puʃˈtal)]
~papier	o papel de carta [u peˈpɛl dɐ ˈkartɐ]
~umschlag	o envelope [u ẽvɐˈlopɐ]
	sobrescrito [sobrɐʃˈkritu]
Farbstift	o lápis de cor [u ˈlapiʒ dɐ kor]
Filzstift	o lápis de feltro [u ˈlapiʒ dɐ ˈfeltru]
Füllfederhalter	caneta (de tinta permanente) [kɐˈnetɐ (dɐ ˈtĩtɐ pɐrmɐˈnẽntɐ)]
Geschenkpapier	o papel para presente [u peˈpɛl ˈpɐrɐ prɐˈzẽntɐ]
Illustrierte	revista [ʀɐˈviʃtɐ]
Klebstoff	cola [ˈkɔlɐ]
Kugelschreiber	esferográfica [iʃfɛrɔˈgrafikɐ]
Landkarte	o mapa [u ˈmapɐ]
Malbuch	livro para pintar [ˈlivru ˈpɐrɐ pĩˈtar]
Notiz|block	bloco de notas [ˈblɔku dɐ ˈnɔtɐʃ]
~buch	agenda [ɐˈʒẽndɐ]
	livro de notas [ˈlivru dɐ ˈnɔtɐʃ]
Papier	o papel [u peˈpɛl]
Radiergummi	borracha [buˈʀaʃɐ]
Roman	o romance [u ʀuˈmɐ̃sɐ]
Kriminal~	o romance policial [u ʀuˈmɐ̃sɐ puliˈsjal]
Spielkarten	as cartas de jogar [ɐʃ ˈkartɐʒ dɐ ʒuˈgar]
Stadtplan	planta da cidade [ˈplɐntɐ dɐ siˈdadɐ]
Straßenkarte	o mapa de estradas [u ˈmapɐ dɐ ɐʃˈtradɐʃ]
Taschenbuch	livro de bolso [ˈlivru dɐ ˈbolsu]
Tesafilm	fita adesiva [ˈfit_adɐˈzivɐ]
	fita colante [ˈfitɐ kuˈlɐntɐ]
Zeichenblock	bloco de papel de desenho [ˈblɔku dɐ peˈpɛl dɐ dɐˈzɐɲu]
Zeitschrift	revista [ʀɐˈviʃtɐ]
Zeitung	o jornal [u ʒurˈnal]

Haushaltswaren

Artigos domésticos

Wortliste Haushaltswaren

Abfallbeutel	saco do lixo [ˈsaku du ˈliʃu]
Alufolie	folha / o papel de alumínio [ˈfoʎɐ / u peˈpɛl dˌeluˈminju]
Besen	vassoura [veˈsoɾɐ]
Brennspiritus	o álcool desnaturado [u ˈalkwɔl dəʒnɐtuˈradu]
Camping‧stuhl	cadeira de campismo (Br camping) [keˈdeiɾɐ də kẽmˈpiʒmu (ˈkẽmpiŋ)]
~tisch	mesa de campismo (Br camping) [ˈmezɐ də kẽmˈpiʒmu (ˈkẽmpiŋ)]
Dosenöffner	o abre-latas [u ˈabrə ˈlatɐʃ]
Eimer	o balde [u ˈbaldə]
Eßbesteck	o talher [u tɐˈʎɛɾ]
Flaschenöffner	o abre-garrafas [u ˈabrə gɐˈʀafɐʃ]
Frischhaltefolie	os sacos para congelados [uʃ ˈsakuʃ ˈpɐɾɐ kõʒɐˈladuʃ]

Glas   vidro [ˈvidru]
Grill   o grelhador [u grəʌeˈdor]
~anzünder   as acendalhas [ɐz‿ɐsẽnˈdaʌeʃ]
~kohle   o carvão [u kɐrˈvẽu]
Handfeger   vassoura de mão [vɐˈsorɐ də mẽu]
Kehrblech   a pá [ɐ pa]
Kerzen   as velas [ɐʒ ˈvɛleʃ]
Kochtopf   panela [pɐˈnɛlɐ], tacho [ˈtaʃu]
Korkenzieher   o saca-rolhas [u ˈsakɐ ˈʀoʌeʃ]
Kühl|element   placa de refrigeração
    [ˈplakɐ də ʀɐfriʒɐrɐˈsẽu]
~tasche   saco frigorífico [ˈsaku friguˈrifiku]
Papierservietten   os guardanapos de papel
    [uʒ gwɐrdɐˈnapuʒ də pɐˈpɛl]
Petroleum   petróleo [pɐˈtrɔlju]
Plastikbeutel   saquinho de plástico [sɐˈkiɲu də ˈplaʃtiku]
Sonnenschirm   o guarda-sol [u ˈgwardɐ sɔl]
Taschenmesser   o canivete [u kɐniˈvɛtɐ]
Tauchsieder   o fervedor de imersão
    [u fɐrvɐˈdor d‿imɐrˈsẽu]
Thermosflasche   termo [ˈtermu]
Wäsche|klammern   as molas para a roupa

    [ɐʒ ˈmɔleʃ ˈpɐrɐ ˈʀopɐ]
~leine   corda para estender roupa
    [ˈkɔrdɐ ˈpɐrɐ ʃtẽnˈder ˈʀopɐ]
Windschirm   o guarda-vento [u ˈgwardɐ ˈvẽntu]

Elektro- und Fotoartikel

Artigos elé(c)tricos e fotográficos

Ich möchte ...
einen Film für diesen Fotoapparat.

einen Farbfilm für Papierbilder/Dias.

einen Film mit 36/20/12 Aufnahmen.

Queria ... [kə'riɐ]
um rolo para esta máquina. [ũ 'ʀolu 'pɐrɐ 'ɛʃtɐ 'makinɐ]
um rolo/a côres para fotografias/dia-positivos. [ũ 'rolu/ɐ'korɐʃ 'pɐrɐ futugrɐ'fiɐʃ/djɐpuzi'tivuʃ]
um rolo de 36/20/12 fotografias. [ũ 'ʀolu dɐ 'trĩntɐ i seiʃ/'vĩntɐ/'dozɐ futugrɐ'fiɐʃ]

Könnten Sie mir bitte den Film einlegen?

Pode-me pôr o rolo, se faz favor? ['pɔdəmə por u 'rolu sɐ faʃ fɐ'vor]

Würden Sie mir bitte diesen Film entwickeln?

Podia-me revelar este filme/rolo, se faz favor? [pu'diɐmɐ ʀɐvə'lar 'eʃtɐ 'filmɐ/ 'ʀolu sɐ faʃ fɐ'vor]

Bitte machen Sie mir je einen Abzug von diesen Negativen.

Faça-me uma cópia de cada um destes negativos, se faz favor. ['fasɐm 'umɐ 'kɔpjɐ dɐ 'kɐdɐ ũ 'deʃtɐʒ nɐgɐ'tivuʃ sɐ faʃ fɐ'vor]

Welches Format bitte?

Que tamanho deseja? [kɐ tɐ'mɐɲu dɐ'zeʒɐ]

Sieben mal zehn./ Neun mal neun.

Sete por dez./Nove por nove. ['sɛtɐ pur dɛʃ/'nɔvɐ pur 'nɔvɐ]

Wünschen Sie Hochglanz oder Seidenglanz?

Brilhante ou mate? [bri'ʎɐ̃t o 'matɐ]

Wann kann ich die Bilder abholen?

Quando posso vir buscar as fotografias? ['kwɐ̃du 'pɔsu vir buʃ'kar ɐʃ futugrɐ'fiɐʃ]

Der Sucher/Der Auslöser funktioniert nicht.

O visor/O disparador não funciona. [u vi'zor/u dɐʃpɐrɐ'dor nɐ̃u fũ'sjonɐ]

Das ist kaputt. Können Sie es bitte reparieren?

Isto está avariado. Pode repará-lo, se faz favor? ['iʃtu ʃta ɐvɐ'rjadu. 'pɔdə ʀɐpɐ'ralu sɐ faʃ fɐ'vor]

Wortliste Elektro- und Fotoartikel

Adapter | o adaptador [u ɐdɐptɐ'dor]
Auslöser | o disparador [u dɐʃpɐrɐ'dor]
Batterie | pilha ['piʎɐ]

Belichtungsmesser fotómetro (ô) [fuˈtɔmətru]
Blende o diafragma [u djeˈfragmɐ]
Blitz|gerät o flash [u flɛʃ]
~würfel lâmpada de flash [ˈlẽmpɐdɐ dɐ flɛʃ]
Camcorder camcorder [kẽmˈkɔrdɐ]
CD, Compactdisc CD, disco compacto
[se de, ˈdiʃku kõˈpaktu]
Film|empfindlichkeit a sensibilidade do filme
[ɐ sẽsibɐliˈdadɐ du ˈfilmɐ]
~kamera máquina de filmar [ˈmakinɐ dɐ filˈmar]
~transport avanço do filme [ɐˈvẽsu du ˈfilmɐ]
Fön o secador do cabelo [u sɐkɐˈdor du kɐˈbelu]
Glühbirne lâmpada [ˈlẽmpɐdɐ]
Kassette a cassete, (Br) o cassete [ɐ kaˈsɛtɐ, u kaˈsɛti]
Kassetten|film o filme em cassete [u ˈfilm_ẽi kaˈsɛtɐ]
~rekorder o gravador de cassetes
[u grɐvɐˈdor dɐ kaˈsɛtəʃ]
Kopfhörer os auscultadores [uz_euʃkultɐˈdorəʃ]
Lautsprecher o altifalante [u altifɐˈlẽtɐ]
Linse a lente [ɐ ˈlẽtɐ]
Objektiv obje(c)tiva [ɔbʒɛˈtivɐ]
Paßbild fotografia de passaporte

[futugrɐˈfiɐ dɐ pasɐˈpɔrtɐ]
Schallplatte disco [ˈdiʃku]
Schwarzweiß-Film o filme a preto e branco
[u ˈfilm_ɐ ˈpret_i ˈbrẽŋku]
Selbstauslöser o disparador automático
[u dɐʃpɐrɐˈdor_autuˈmatiku]
Stativ o tripé [u triˈpɛ]
Stecker ficha [ˈfiʃɐ]
Sucher o visor [u viˈzor]
Super-8-Film o filme súper 8 [u ˈfilmɐ ˈsupɛr_ˈoitu]
Taschen|lampe lâmpada de bolso [ˈlẽmpɐdɐ dɐ ˈbolsu]
~rechner calculadora de bolso
[kalkulɐˈdorɐ dɐ ˈbolsu]
Teleobjektiv teleobje(c)tiva [tɛlɛɔbʒɛˈtivɐ]
Verlängerungsschnur a extensão [ɐ ʃtẽˈsẽu]
Verschluß o obturador [u obturɐˈdor]
Video|film o filme video [u ˈfilmɐ ˈvidju]
~kamera câmara de video [ˈkẽmɐrɐ dɐ ˈvidju]
~kassette a cassete de vídeo [ɐ kaˈsɛtɐ dɐ ˈvidju]
(Br) o videocassete [u vidjokaˈsɛti]
~rekorder vídeo [ˈvidju]
Walkman walkman [ˈwɔkmɐn]

Beim Optiker

No oculista

Würden Sie mir bitte diese Brille/das Gestell reparieren?

Podia-me consertar estes óculos/a armação, se faz favor?
[puˈdiɐmə kõsərˈtar ˈeʃtəz ˈɔkuluʃ/ɐ armeˈsɐ̃u, sə faʃ fɐˈvor]

Mir ist ein Glas meiner Brille zerbrochen.

Partiu-se uma lente dos meus óculos.
[perˈtius ˈumɐ ˈlẽntɐ duʒ meuz ˈɔkuluʃ]

Ich bin kurzsichtig/weitsichtig.

Sou míope/Tenho a vista cansada.
[so ˈmiupɐ/teɲu ɐ ˈviʃtɐ kɐ̃ˈsadɐ]

Wie ist Ihre Sehstärke?

Quantas dioptrias tem?
[ˈkwẽntɐʒ djɔpˈtriɐʃ tɐ̃i]

rechts plus/minus ..., links ...

Olho direito mais/menos ..., esquerdo ...
[ˈoʎu diˈreitu maiʃ/menuʃ, ˈʃkerdu]

Wann kann ich die Brille abholen?

Quando posso vir buscar os óculos?
[ˈkwẽndu ˈpɔsu vir buʃˈkar uz ˈɔkuluʃ]

Ich brauche ...
  Aufbewahrungslösung

Preciso de ... [prɐˈsizu də]
  solução para conservar as lentes
  [suluˈsɐ̃u ˈpɐrɐ kõsərˈvar ɐʒ ˈlẽntɐʃ]

  Reinigungslösung

  liquido para limpar as lentes
  [ˈlikidu ˈpɐrɐ lĩˈpar ɐʒ ˈlẽntɐʃ]

  für harte/weiche Kontaktlinsen.

  para lentes de contacto duras/moles
  [ˈpɐrɐ ˈlẽntɐʒ də kõˈtaktu ˈdurɐʃ/ˈmɔləʃ]

Ich suche ...
  eine Sonnenbrille.
  ein Fernglas.

Queria ... [kɐˈriɐ]
  uns óculos de sol. [ũz ˈɔkuluʒ də sɔl]
  um binóculo [ũm biˈnɔkulu]

Beim Uhrmacher/Juwelier

Na relojoaria/joalharia

Meine Uhr geht nicht mehr. Können Sie mal nachsehen?	O meu relógio não trabalha. Pode ver o que tem? [u meu ʀəˈlɔʒju nẽu treˈbaʎɐˈpɔdə ver‿u kə tẽi]
Ich möchte ein hübsches Andenken/Geschenk.	Queria uma lembrança bonita/um presente bonito. [kəˈriɐ ˈumɐ lẽmˈbrẽsɐ buˈnitɐ/ũm prəˈzẽntɐ buˈnitu]
● Wieviel wollen Sie ausgeben?	Quanto quer gastar? [ˈkwẽntu kɛr geʃˈtar]
Ich möchte etwas nicht zu Teures.	Queria uma coisa não muito cara. [kəˈriɐ ˈumɐ ˈkoizɐ nẽu ˈmũinto ˈkarɐ]

Wortliste Uhrmacher/Juwelier

Anhänger	o medalhão [u mədɐˈʎẽu]
Arm|band	pulseira [pulˈseirɐ]
~banduhr	relógio de pulso [ʀəˈlɔʒju də ˈpulsu]
Brosche	o broche [u ˈbrɔʃə]
Gold	ouro [ˈoru]
Kette	o colar [u kuˈlar]
Koralle	o coral [u kuˈral]
Kristall	o cristal [u kriʃˈtal]
Ohrringe	os brincos [uʒ ˈbrĩŋkuʃ]
Perle	pérola [ˈpɛrulɐ]
Ring	o anel [u ɐˈnɛl]
Schmuck	as jóias [eʒ ˈʒɔjeʃ], bijutaria (*Br* bijuteria) [biʒuteˈriɐ (biʒuteˈriɐ)]
Silber	prata [ˈpratɐ]
Türkis	turquesa [turˈkezɐ]

Beim Friseur

No cabeleireiro/Na barbearia

Kann ich mich für morgen anmelden?	Pode-me marcar para amanhã? [ˈpɔdəmə merˈkar per‿ameˈɲẽ]
● Wie hätten Sie gern Ihr Haar?	Como deseja o cabelo? [ˈkomu dəˈzeʒɐ u kɐˈbelu]

Waschen und fönen/
legen, bitte.

Lavar e brushing/mise, se faz favor.
[lɐˈvar‿i ˈbrɛʃiŋ/ˈmizə sə faʃ fɐˈvor]

Schneiden mit/ohne
Waschen, bitte.

Cortar e/sem lavar, se faz favor.
[kurˈtar‿i/sẽi lɐˈvar, sə faʃ fɐˈvor]

Ich möchte ...
    eine Dauerwelle.

Queria ... [kɐˈriɐ]
    fazer uma permanente.
    [fɐˈzer‿ˈumɐ pɐrmɐˈnẽntə]

    mir die Haare färben/
    tönen lassen.
    mir Strähnchen färben
    lassen.

    pintar o cabelo/fazer uma rinçage.
    [pĩnˈtar‿u kɐˈbelu/ fɐˈzer‿ˈumɐ ʁẽˈsaʒẽi]
    fazer madeixas.
    [fɐˈzer mɐˈdeiʃɐʃ]

Lassen Sie es bitte lang.

Deixe-mo comprido, se faz favor.
[ˈdeiʃɐmu kõmˈpridu sə faʃ fɐˈvor]

Nur die Spitzen.

Só as pontas. [sɔ ɐʃ ˈpõntɐʃ]

Nicht zu kurz/Ganz
kurz/Etwas kürzer, bitte.

Não muito curto/Muito curto/Um
pouco mais curto, se faz favor.
[nɐ̃u ˈmũintu ˈkurtu/ˈmũintu ˈkurtu/ũm
ˈpoku maiʃ ˈkurtu, sə faʃ ˈfɐˈvor]

Bitte hinten/vorn/
oben/an den Seiten
(noch) etwas wegneh-
men.

Corte (mais) um pouco atrás/à frente/
em cima/dos lados, se faz favor.
[ˈkɔrtə (maiz‿)ũm ˈpoku ɐˈtraʃ/a ˈfrẽntɐ/ẽi
ˈsimɐ/duʒ ˈladuʃ, sə faʃ fɐˈvor]

Die Ohren sollen frei
sein/bedeckt bleiben.

Quero as orelhas destapadas/tapadas.
[ˈkɛrw‿ez‿oˈreʎɐʒ dɐʃtɐˈpadɐʃ/tɐˈpadɐʃ]

Den Scheitel links/
rechts, bitte.

A risca à esquerda/direita, se faz favor.
[ɐ ˈʁiʃka ˈʃkerdɐ/diˈreitɐ sə faʃ fɐˈvor]

Einen Messerschnitt,
bitte.

Um corte à navalha, se faz favor.
[ũ ˈkɔrt‿a nɐˈvaʎɐ sə faʃ fɐˈvor]

Bitte etwas toupieren.

Cardar um pouco, se faz favor.
[kɐrˈdar‿ũm ˈpoku sə faʃ fɐˈvor]

Bitte kein/nur wenig
Haarspray.

Não me ponha laca,/Só um pouco de
laca, se faz favor. [nɐ̃u mə ˈpoɲɐ ˈlakɐ/sɔ
ũm ˈpoku də ˈlakɐ sə faʃ fɐˈvor]

Rasieren, bitte.

A barba, se faz favor.
[ɐ ˈbarbɐ sə faʃ fɐˈvor]

Stutzen Sie mir bitte den
Bart.

Apare-me a barba, se faz favor.
[ɐˈparɐm‿e ˈbarbɐ sə faʃ fɐˈvor]

Können Sie mir Maniküre machen?	Pode-me arranjar as unhas, se faz favor? [ˈpɔdəm_ɐʀɐ̃ˈʒar_ɐz_ˈuɲɐʃ sə faʃ fɐˈvor]
Vielen Dank. So ist es gut.	Muito obrigado/obrigada. Está bem assim. [ˈmũint_obriˈgadu/_obriˈgadɐ. ʃta bɐ̃i eˈsĩ]

Wortliste Friseur

Augenbrauen	as sobrancelhas [aʃ subrɐ̃ˈseʎɐʃ]
~ zupfen	depilar as sobrancelhas [dəpiˈlar_ɐʃ subrɐ̃ˈseʎɐʃ]
Bart	barba [ˈbarbɐ]
blond	louro [ˈloru]
Dauerwelle	a permanente [ɐ pərmɐˈnẽntɐ]
färben	pintar [pĩˈtar]
fönen	secar/brushing [səˈkar/brɛʃiŋ]
frisieren	pentear [pẽnˈtjar]
Frisur	penteado [pẽnˈtjadu]
Haar	cabelo [kɐˈbelu]
fettiges ~	cabelo oleoso [kɐˈbel_oˈljozu]
trockenes ~	cabelo seco [kɐˈbelu ˈseku]
Haar|ausfall	queda do cabelo [ˈkɛdɐ du kɐˈbelu]
~kur	tratamento do cabelo [trɐtɐˈmẽntu du kɐˈbelu]
~schnitt	o corte de cabelo [u ˈkɔrtɐ də kɐˈbelu]
~spray	laca [ˈlakɐ]
~teil	postiço [puʃˈtisu]
kämmen	pentear [pẽnˈtjar]
Koteletten	as suíças [ɐʃ ˈswisɐʃ]
legen	fazer uma mise [fɐˈzer_ˈumɐ ˈmizɐ]
Locken	os caracóis [uʃ kɐrɐˈkɔiʃ]
~wickler	rolo (para o cabelo) [ˈʀolu (ˈpɐrɐ u kɐˈbelu]
Perücke	peruca [pəˈrukɐ], cabeleira [kɐbəˈleirɐ]
Pony	franja [ˈfrɐ̃ʒɐ]
sich rasieren lassen	fazer a barba [fɐˈzer_ɐ ˈbarbɐ]
Scheitel	risca [ˈʀiʃkɐ]
Schnurrbart	o bigode [u biˈgɔdə]
Schuppen	caspa [ˈkaʃpɐ]
Shampoo	o champô [u ʃẽmˈpo], o champu (*Br* xampu) [u ʃẽmˈpu]
Stufenschnitt	o corte em escadinha [u ˈkɔrt_ɐ̃i ʃkɐˈdiɲɐ]
stutzen	aparar [ɐpɐˈrar]
tönen	fazer uma rinçage [fɐˈzer_ˈumɐ ʀɐ̃ˈsaʒɐ̃i]
Wasserwelle	a mise [ɐ ˈmizɐ]

...ngo, "Cena Doméstica com Céu Verde", 1977 / Col. Manuel de Brito

PORTUGAL 60.

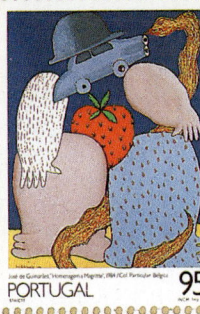

José de Guimarães, "Homenagem a Magritte", 1984 / Col. Particular Belgica

PORTUGAL 95.

...o Rodrigo, "Moenda Tordesilhas", 1976 / Col. Part.

PORTUGAL 32.

Noronha da Costa, "Pintura", 1980 / Col. Part.

PORTUGAL 60.

...ira, "Samurai", 1949 / Col. CAM-FCG

PORTUGAL 87.

Costa Pinheiro, "O Rei Infante", 1966 / Col. Manuel de Brito

PORTUGAL 32.

...sa Abreu, "Les Spirales", 1954 / Col. Museu da Região Flaviense

PORTUGAL 60.

Carlos Calvet, "Sem", 1987 / Col. Part.

PORTUGAL 87.

Geldangelegenheiten
Questões de dinheiro

Wo ist hier bitte eine Bank/eine Wechselstube?
Onde há aqui um banco/uma casa de câmbio? [ˈônd_a eˈki ũ ˈbẽŋku/ˈume ˈkaze də ˈkẽmbju]

Wann öffnet/schließt die Bank?
A que horas abre/fecha o banco? [e ˈkjɔrez ˈebrə/ˈfɛʃe u ˈbẽŋku]

Ich möchte ... DM (Schilling, Schweizer Franken) in Escudos (Cruzeiros) wechseln.
Queria trocar ... marcos (xelins, francos suíços) por escudos (cruzeiros). [kəˈrie truˈkar ... ˈmarkuʃ (ʃəˈliʃ, ˈfrẽŋkuʃ ˈswisuʃ) pur ˈʃkuduʃ (kruˈzerus)]

Wie ist heute der Wechselkurs?
Como está hoje o câmbio? [ˈkomu ʃta ˈoʒ_u ˈkẽmbju]

Wieviel Escudos/Cruzeiros bekomme ich für 100 DM?
Quantos escudos/cruzeiros se recebem por cem marcos? [ˈkwẽntuz_əʃˈkuduʃ/kruˈzerus sə ʀəˈsɛbẽi pur sẽi ˈmarkuʃ]

Ich möchte diesen Reisescheck/diesen Euroscheck/diese Postanweisung einlösen.
Queria receber este traveller/este eurocheque/este vale postal. [kəˈrie ʀəsəˈber ˈeʃtə ˈtrevəˈlɛr/ˈeʃt_euroˈʃɛkə/ˈeʃtə ˈvalə puʃˈtal]

Auf welchen Betrag kann ich diesen Scheck maximal ausstellen?
Qual é a importância máxima que posso levantar com este cheque? [kwalˈɛ e ĩmpurˈtẽsjə ˈmasimɐ kə ˈpɔsu ləvẽnˈtar kõ ˈeʃtə ˈʃɛkə]

- Ihre Scheckkarte, bitte.
O seu cartão eurocheque, se faz favor. [u seu kerˈtẽu euroˈʃɛkə sə faʃ feˈvor]

- Darf ich bitte Ihren Paß/Ausweis sehen?
Pode-me mostrar o seu passaporte/o seu bilhete (Br a sua carteira) de identidade, se faz favor? [ˈpɔdəmə muʃˈtrar_u seu pasəˈpɔrtə/u seu bəˈʎetə (a ˈsua karˈtere) d_idẽntiˈdadə sə faʃ feˈvor]

- Würden Sie bitte hier unterschreiben?
Assine aqui, se faz favor. [eˈsin_eˈki sə faʃ feˈvor]

Ich möchte ... DM/Escudos von meinem Konto/Postsparbuch abheben.
Queria levantar ... marcos alemães/escudos da minha conta/caderneta de poupança postal. [kəˈrie ləvẽnˈtar ... ˈmarkuz_ələˈmẽiʃ/ˈʃkuduʒ de ˈmiɲɐ ˈkõntɐ/kedərˈnete də poˈpẽsɐ puʃˈtal]

Ist Geld auf mein Konto/ für mich überwiesen worden?	Foi enviado algum dinheiro para a minha conta/para mim? [foi ẽ'vjadu al'gũ də'ɲeiru 'pera 'miɲe 'kõntɐ/'perɐ mĩ]
Gehen Sie bitte zur Kasse.	Vá à caixa, se faz favor. [va a 'kaiʃe sə faʃ fɐ'vor]
Wie wollen Sie das Geld haben?	Como quer o dinheiro? ['komu kɛr_u də'ɲeiru]
Bitte nur Scheine.	Só em notas, se faz favor. [sɔ ẽi 'nɔteʃ sə faʃ fɐ'vor]
Auch etwas Kleingeld.	Algum dinheiro miúdo também, se faz favor. [al'gũ də'ɲeiru 'mjudu tẽm'bẽi sə faʃ fɐ'vor]
Geben Sie mir bitte drei 1000-Escudo-(Cruzeiro-) Scheine und den Rest in Kleingeld.	Dê-me três notas de mil escudos (cruzeiros) e o resto em dinheiro miúdo, se faz favor. ['demə treʒ 'nɔteʒ də mil 'ʃkuduʃ (kru'zerus) i u 'ʀɛʃtu ẽi də'ɲeiru 'mjudu sə faʃ fɐ'vor]
Ich habe meine Reiseschecks verloren. Was muß ich tun?	Perdi os meus cheques de viagem. O que é que tenho que fazer? [pər'di uʒ meuʃ 'ʃɛkəʒ də 'vjaʒẽi. u kjɛ kə 'teɲu kə fɐ'zer]

In Portugal ist es vielfach noch üblich, bei der Unterteilung des escudo *statt in* centavos *in* réis *zu rechnen. Der* real *ist eine alte Währung, die längst nicht mehr existiert. 1000* réis *entsprachen 1* escudo. *Für z.B. 7$50 sagt man daher immer noch* sete e quinhentos *und nicht* sete e cinquenta.
Statt mil escudos *sagt man fast immer* um conto.

Wortliste Geldangelegenheiten

abheben	levantar [ləvɐ̃nˈtar]
auszahlen	pagar [pɐˈgar]
Bank	banco [ˈbɐ̃ŋku]
~konto	conta bancária [ˈkõtɐ bɐ̃ŋˈkarjɐ]
~leitzahl	código bancário [ˈkɔdigu bɐ̃ŋˈkarju]
bar	a dinheiro [ɐ dəˈɲeiru], a pronto [ɐ ˈprõntu]
Bargeld	dinheiro de contado [dəˈɲeiru dɐ kõˈtadu]
	numerário [numəˈrarju]
Betrag	importância [ĩmpurˈtɐ̃sjɐ]
	quantia [kwɐ̃nˈtiɐ]
Devisen	as divisas [ɐʒ dəˈvizɐʃ]
D-Mark	marco alemão [ˈmarku ɐlɐˈmɐ̃u]
einzahlen	pagar [pɐˈgar], depositar [dəpuziˈtar]
Euroscheck	o eurocheque [u eurɔˈʃɛkə]
Formular	impresso [ĩmˈprɛsu]
Geheimzahl	número secreto [ˈnuməru səˈkrɛtu]
Geld	dinheiro [dəˈɲeiru]
~automat	multibanco [multiˈbɐ̃ŋku]
~anweisung	a ordem de pagamento [ɐ ˈɔrdɐ̃i dɐ pɐgɐˈmẽntu], transferência de dinheiro [trɐ̃ʃfəˈrẽsjɐ dɐ dəˈɲeiru]
~schein	nota [ˈnɔtɐ]
~wechsel	câmbio [ˈkɐ̃mbju]
Kleingeld	dinheiro miúdo [dəˈɲeiru ˈmjudu]
Konto	conta [ˈkõtɐ]
Kreditkarte	o cartão de crédito [u kɐrˈtɐu dɐ ˈkrɛditu]
Kurs	câmbio [ˈkɐ̃mbju]
Münze	moeda [ˈmwɛdɐ]
Post|anweisung	o vale de correio [u ˈvalə dɐ kuˈʀeju]
	o vale postal [u ˈvalə puʃˈtal]
~sparbuch	caderneta da caixa económica (ô)/de poupança postal [kɐdərˈnetɐ dɐ ˈkaiʃ_ikuˈnɔmikɐ/dɐ poˈpɐ̃sɐ puʃˈtal]
~sparkasse	caixa económica (ô) postal [ˈkaiʃ_ikuˈnɔmikɐ puʃˈtal]
Provision	a comissão [ɐ kumiˈsɐ̃u]
Quittung	recibo [ʀəˈsibu]
Reisescheck	o traveller [u trevələr]
Rückzahlungskarte *(Post)*	o vale postal [u ˈvalə puʃˈtal]
Schalter	o guiché [u giˈʃɛ]

Scheck	o cheque [u ˈʃɛkə]
einen ~ ausstellen	passar um cheque [pɐˈsar ũ ˈʃɛkə]
einen ~ einlösen	levantar/descontar um cheque [ləvēnˈtar‿/dəʃkōnˈtar‿ũ ˈʃɛkə]
~buch	livro de cheques [ˈlivru də ˈʃɛkəʃ]
~gebühr	despesa bancária [dəʃˈpeze bēŋˈkarjɐ]
~karte	o cartão eurocheque [u kɐrˈtēu eurɔˈʃɛkə]
Schilling	o xelim austríaco [u ʃəˈlī euʃˈtrieku]
Schweizer Franken	franco suíço [ˈfrēŋku ˈswisu]
Spar|buch	caderneta de poupança [kɐdɐrˈnete də poˈpēsɐ]
~kasse	caixa económica (ô) [ˈkaiʃ‿ikuˈnɔmikɐ]
~konto	conta de poupança [ˈkōnte də poˈpēsɐ]
Überweisung	transferência [trēʃfɐˈrēsjɐ]
telegrafische ~	o vale telegráfico [u ˈvalɐ tələˈgrafiku]
umtauschen	cambiar [kēmˈbjar], trocar [truˈkar]
unterschreiben	assinar [ɐsiˈnar]
Unterschrift	assinatura [ɐsineˈturɐ]
Währung	moeda [ˈmwɛdɐ]
Wechsel|kurs	(taxa de) câmbio [(ˈtaʃɐ də) ˈkēmbju]
~stube	casa de câmbio [ˈkaze də ˈkēmbju]
zahlen	pagar [pɐˈgar]
Zahlkarte	o vale de correio [u ˈvalɐ də kuˈʀeju]
Zahlung	pagamento [pɐgɐˈmēntu]
Zahlungsanweisung	a ordem de pagamento [ɐ ˈɔrdēi də pɐgɐˈmēntu]

Auf der Post
No correio

Wo ist das nächste
Postamt/der nächste
Briefkasten?

Pode-me dizer, se faz favor, onde é
o correio mais próximo/a caixa de
correio mais próxima? [ˈpɔdəmə diˈzer
sə faʃ feˈvor ˈõnd_ɛ u kuˈʀeju maiʃ ˈprɔsimu/
ɐ ˈkaiʃe də kuˈʀeju maiʃ ˈprɔsimɐ]

Was kostet ein Brief/eine
Postkarte …

Quanto paga uma carta/um postal …
[ˈkwẽntu ˈpage ˈume ˈkarte/ũm puʃˈtal]

   nach Deutschland?

   para a Alemanha? [ˈpera_eləˈmɐɲe]

   nach Österreich?

   para a Áustria? [ˈpera_ˈauʃtrjɐ]

   in die Schweiz?

   para a Suíça? [ˈpera ˈswisɐ]

Drei Briefmarken zu
… Escudos, bitte.

Três selos de … escudos, se faz favor.
[treʃ ˈseluʒ də … ˈʃkuduʃ sə faʃ feˈvor]

Diesen Brief bitte per …

Queria mandar esta carta …
[kəˈrie mẽnˈdar_ˈɛʃtɐ ˈkarte]

   Einschreiben.

   registada. [ʀəʒiʃˈtade]

   Luftpost.

   por avião. [pur_ɐˈvjẽu]

   Express.

   por expresso. [pur ˈʃprɛsu]

Wie lange braucht ein
Brief nach Deutschland?

Quanto tempo leva uma carta para a
Alemanha? [ˈkwẽntu ˈtẽmpu ˈlɛve ˈume
ˈkarte ˈpera_eləˈmɐɲe]

*Bei Leuten, die in Portugal in
größeren Wohneinheiten wohnen, sollte man in der Anschrift
nie vergessen, das Stockwerk anzu-
geben und ob die Wohnung rechts
oder links liegt, da an den Briefkä-
sten oft keine Namen stehen. Also*

     „Senhora D …
     Rua …, 3°-d.°
     Lisboa"

Kann ich bei Ihnen auch Sondermarken bekommen?

Tem também selos especiais? [tẽi tẽmˈbẽi ˈseluz_əʃpəˈsjaiʃ]

Diesen Satz/Je eine Marke, bitte.

Dê-me esta série/um selo de cada série, se faz favor. [ˈdem_ˈɛʃtə ˈsɛrjə/_ũ ˈselu də ˈkedɐ ˈsɛrjə sə faʃ feˈvor]

Postlagernd

Posta restante

Ist Post für mich da? Mein Name ist …

Há correio para mim? O meu nome é … [a kuˈʀeju ˈpɐrɐ mĩ. u meu ˈnom_ɛ]

• Nein, es ist nichts da.

Não, não há nada. [nẽu nẽu a ˈnadɐ]

• Ja, es ist etwas da. Ihren Ausweis, bitte.

Há, sim. Tem um documento de identificação, se faz favor? [a sĩ. tẽi ũ dukuˈmẽntu d_idẽntɐfikɐˈsẽu sə faʃ feˈvor]

Telegramme/Telefax

Telegramas/Telefax

Ich möchte ein Telegramm aufgeben.

Queria mandar um telegrama. [kəˈrie mẽnˈdar_ũ tələˈgremɐ]

Können Sie mir bitte beim Ausfüllen helfen?

Pode-me ajudar a preencher o impresso, se faz favor? [ˈpɔdəm_ɐʒuˈdar_ɐ prjẽˈʃer_u ĩmˈpresu sə faʃ feˈvor]

Was kostet ein Wort?

Quanto custa cada palavra? [ˈkwẽntu ˈkuʃte ˈkedɐ pɐˈlavrɐ]

• Bis 10 Worte kostet es …, jedes weitere Wort …

Até 10 palavras custa …, cada palavra a mais … [ɐˈtɛ dɛʃ pɐˈlavreʃ ˈkuʃte … ˈkedɐ pɐˈlavra maiʃ]

Kommt das Telegramm heute noch in … an?

Este telegrama ainda chega hoje a …? [ˈeʃtə tələˈgrem_aˈĩndɐ ˈʃegɐ ˈɔʒ_ɐ]

Kann ich bei Ihnen ein Telefax nach … schicken?

Posso mandar aqui um telefax para …? [ˈpɔsu mẽnˈdar_ɐˈki ũ tɛlɛˈfaks ˈpɐrɐ]

Wortliste Post ▶ auch Wortliste Geldangelegenheiten

absenden	enviar [ẽ'vjar], mandar [mẽn'dar]
Absender	o remetente [u ʀəmə'tẽntə]
Adresse	endereço [ẽndə'resu]
aufgeben	enviar [ẽ'vjar], mandar [mẽn'dar]
ausfüllen	preencher [prjë'ʃer]
Bestimmungsort	destino [dəʃ'tinu]
Brief	carta ['kartə]
~kasten	caixa do correio ['kaiʃə du ku'ʀeju]
~marke	selo ['selu]
~markenautomat	o distribuidor automático de selos [u dəʃtribwi'dor_autu'matiku də 'seluʃ]
~träger/in	carteiro / carteira [kər'teiru / kər'teirə]
~umschlag	o envelope [u ẽvə'lɔpə] sobrescrito [sobrəʃ'kritu]
Drucksache	(os) impressos [(uz_)ĩm'prɛsuʃ]
Eilbrief	carta por expresso ['kartə pur 'ʃprɛsu]
Einschreibebrief	carta registada ['kartə ʀəʒiʃ'tadə]
Empfänger	destinatário [dəʃtinə'tarju]
Empfangsbestätigung	aviso de recepção [ɐ'vizu də ʀəsɛ'sẽu]
Formular	impresso [ĩm'prɛsu]
frankieren	franquiar [frẽŋ'kjar]
Gebühr	taxa ['taʃɐ], tarifa [tɐ'rifɐ], o porte [u 'pɔrtə]
Gewicht	peso ['pezu]
Hauptpostamt	a estação central dos correios [ɐ ʃtɐ'sẽu sẽn'tral duʃ ku'ʀejuʃ]
Leerung	a tiragem [ɐ ti'raʒẽi]
Luftpost, mit	por avião [pur_ɐ'vjẽu]
Nachnahme, per	à cobrança [a ku'brẽsɐ]
nachsenden	enviar [ẽ'vjar], remeter [ʀəmə'ter]
Päckchen	encomenda postal [ẽŋku'mẽndɐ puʃ'tal]
Paket	encomenda postal [ẽŋku'mẽndɐ puʃ'tal]
~karte	guia de encomenda postal ['giɐ d_ẽŋku'mẽndɐ puʃ'tal]
Porto	o porte [u 'pɔrtə], franquia [frẽŋ'kiɐ]
Post|amt	correio [ku'ʀeju], a estação dos correios [ɐ ʃtɐ'sẽu duʃ ku'ʀejuʃ]
~karte	o postal [u puʃ'tal]
~lagernd	posta restante ['pɔʃtɐ ʀəʃ'tẽntə]
~leitzahl	código postal ['kɔdigu puʃ'tal]
Schalter	o guiché (ê) [u gi'ʃɛ]
~stunden	as horas de expediente [ez_'ɔrɐʒ də ʃpə'djẽntə]

Sondermarke	selo especial [ˈselu ʃpəˈsjal]
Telex	o telex [u teˈlɛks]
Vordruck	impresso [īmˈprɛsu]
Wertangabe	a declaração de valor [ɐ dəklɐrɐˈsēu də veˈlor]
Zollerklärung	a declaração para a alfândega [ɐ dəklɐrɐˈsēu ˈperɐ_alˈfēndəgɐ]

Telefonieren

Telefonar

Dürfte ich wohl Ihr Telefon benutzen?	Posso utilizar o seu telefone? [ˈpɔs_utɐliˈzar_u seu tələˈfɔnə]
Wo ist die nächste Telefonzelle?	Onde é a cabina telefónica (ô) mais próxima? [ˈônd_ɛ ɐ kaˈbinɐ tələˈfɔnikɐ maiʃ ˈprɔsimɐ]
Können Sie mir bitte eine Telefonkarte/Telefonmünze geben?	Pode-me dar, se faz favor, um credifone/*(Br)* uma ficha de telefone? [ˈpɔdəmə dar sə faʃ feˈvor_ū krɛdiˈfɔnə/ ˈuma ˈfiʃe di teleˈfoni]

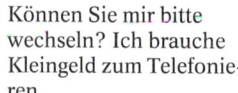

Telefonmünzen gibt es nur in Brasilien, nicht in Portugal.

Können Sie mir bitte wechseln? Ich brauche Kleingeld zum Telefonieren.	Pode-me trocar este dinheiro, se faz favor? Preciso de moedas para telefonar. [ˈpɔdəmə truˈkar_ˈeʃtə dəˈɲeiru sə faʃ feˈvor. prəˈsizu də ˈmwɛdeʃ ˈperɐ tələfuˈnar]
Haben Sie ein Telefonbuch von ...?	Tem uma lista telefónica (ô) de ...? [tēi ˈumɐ ˈliʃtɐ tələˈfɔnikɐ də]
Wie ist die Vorwahl von ...?	Qual é o indicativo de ...? [kwalˈɛ u īndikɐˈtivu də]
Auskunft, bitte, geben Sie mir die Nummer von ...	Diga-me, se faz favor, o número de ... [ˈdigɐmə sə faʃ feˈvor_u ˈnumɐru də]
Bitte ein Ferngespräch nach ...	Eu queria uma chamada para ... se faz favor. [eu kəˈriɐ ˈumɐ ʃɐˈmadɐ ˈperɐ ... sə faʃ feˈvor]

Vorwahlnummern:

Deutschland	00/49
Österreich	00/43
Schweiz	00/41

Ich möchte ein
R-Gespräch anmelden.

Eu queria pedir uma chamada a pagar pelo destinatário. [eu kəˈriɐ pəˈdir ˈume ʃeˈmada peˈgar ˈpelu dəʃtinɐˈtarju]

Können Sie mich bitte
mit ... verbinden?

Pode-me ligar para ..., se faz favor? [ˈpodəmə liˈgar ˈpɐrɐ ... sə faʃ feˈvor]

● Gehen Sie in Kabine Nr. ..

Cabina número ... [kaˈbinɐ ˈnuməru]

● Die Leitung ist besetzt.

Está impedido. [ʃta ĩpɐˈdidu]

● Es meldet sich niemand.

Ninguém responde. [nĩŋˈgẽi ʀəʃˈpõndə]

● Bleiben Sie bitte am
Apparat.

Não desligue, se faz favor. [nɐ̃u dəʒˈligə sə faʃ feˈvor]

Hier spricht ...

Aqui fala ... [ɐˈki ˈfalɐ]

Hallo, mit wem spreche
ich?

Está? Quem fala? [ʃta. kẽi ˈfalɐ]

Kann ich bitte
Herrn/Frau/Fräulein ...
sprechen?

Posso falar com o senhor/a senhora/a menina ..., se faz favor? [ˈposu feˈlar kõ u səˈɲor/ɐ səˈɲorɐ/ɐ məˈninɐ ... sə faʃ feˈvor]

● Am Apparat.

É o próprio/a própria. [ɛ o ˈprɔprju/ɐ ˈprɔprjɐ]

● Ich verbinde.

Vou ligar. [vo liˈgar]

● Tut mir leid, er/sie ist nicht da/zuhause.
Tenho muita pena, mas ele/ela não está/não está em casa. [ˈtɐɲu ˈmũĩntɐ ˈpenɐ mez‿ˈelɐ/‿ˈɛlɐ nɐ̃u ʃta/nɐ̃u ʃta ɐ̃i ˈkazɐ]

Wann wird er/sie zurück sein?
Quando é que volta? [ˈkwɐ̃ndwɐ kɛ ˈvɔltɐ]

● Kann er/sie Sie zurückrufen?
Ele/Ela pode ligar para si (*Br* ligar de volta)? [ˈele/ˈɛlɐ ˈpɔdɐ liˈgar ˈpɐrɐ si (liˈgar di ˈvɔltɐ)]

Ja, meine Nummer ist …
Pode, sim. O meu número é … [ˈpɔdɐ sĩ. u meu ˈnumɐru ɛ]

● Möchten Sie eine Nachricht hinterlassen?
Quer deixar um recado? [kɛr deiˈʃar‿ũ ʀɐˈkadu]

Würden Sie ihm/ihr bitte sagen, ich hätte angerufen?
Pode fazer o favor de lhe dizer que eu telefonei? [ˈpɔdɐ feˈzer‿u feˈvor dɐ ʎɐ diˈzer kjeu tɐlɐfuˈnei]

Könnten Sie ihm/ihr etwas ausrichten?
Pode dar-lhe um recado? [ˈpɔdɐ ˈdarʎ‿ũ ʀɐˈkadu]

Ich rufe später nochmal an.
Eu volto a falar mais tarde. [eu ˈvɔlt‿ɐ fɐˈlar maiʃ ˈtardɐ]

● Falsch verbunden.
Foi engano. [foi ɐ̃ŋˈgɐnu]

● Kein Anschluß unter dieser Nummer.
Não há nenhum telefone com este número. [nɐ̃u a nɐˈɲũ tɐlɐˈfonɐ kõ ˈeʃtɐ ˈnumɐru]

Wortliste Telefonieren

abnehmen
atender (o telefone) [ɐtɐ̃nˈder(‿u tɐlɐˈfonɐ)], levantar (o auscultador) [lɐvɐ̃nˈtar(‿u ɐuʃkultɐˈdor)]

Anruf
chamada [ʃɐˈmadɐ]

o telefonema [u tɐlɐfuˈnemɐ]

~beantworter
o atendedor automático de chamadas [u ɐtɐ̃ndɐˈdor ɐutuˈmatiku dɐ ʃɐˈmadɐʃ]

anrufen
telefonar [tɐlɐfuˈnar]

Auskunft
(as) informações [(ɐz‿) ĩfurmɐˈsõiʃ]

Auslandsgespräch
chamada internacional [ʃɐˈmad‿ĩtɐrnɐsjuˈnal]

besetzt	impedido [ĩmpəˈdidu]
Besetztzeichen	o sinal de impedido [u siˈnal d_ĩmpəˈdidu]
Branchenverzeichnis	lista classificada [ˈliʃtɐ klɐsəfiˈkadɐ]
durchwählen	ligar dire(c)tamente [liˈgar dirɛtəˈmẽntɐ]
Fern|gespräch	chamada interurbana [ʃɐˈmad_ĩntɛrurˈbɐnɐ]
~sprechamt	a central telefónica (ô) [ɐ sẽnˈtral tələˈfɔnikɐ]
Freizeichen	o sinal de chamar [u siˈnal də ʃɐˈmar]
Gebühr	taxa [ˈtaʃɐ], tarifa [tɐˈrifɐ]
Gebühreneinheit	impulso [ĩmˈpulsu]
Gespräch	chamada [ʃɐˈmadɐ]
	o telefonema [u tələfuˈnemɐ]
Hörer	o auscultador [u euʃkultɐˈdor]
Münz|fernsprecher	cabina telefónica (ô) [kaˈbinɐ tələˈfɔnikɐ]
	o telefone público (automático) [u tələˈfɔnə ˈpubliku (autuˈmatiku)]
~wechsler	automático para trocar moedas [autuˈmatiku ˈpɐrɐ truˈkar ˈmwɛdɐʃ]
Ortsgespräch	chamada local [ʃɐˈmadɐ luˈkal]
R-Gespräch	chamada a pagar pelo destinatário [ʃɐˈmada pɐˈgar ˈpelu dəʃtinɐˈtarju]
Rufnummer	número de telefone [ˈnuməru də tələˈfɔnə]
Störungsstelle	(serviço de) avarias [(sərˈvisu d_)ɐvɐˈriɐʃ]
Summton	zumbido [zũmˈbidu]
Telefon	o telefone [u tələˈfɔnə]
~buch	lista telefónica (ô) [ˈliʃtɐ tələˈfɔnikɐ]
~gespräch	chamada telefónica (ô) [ʃɐˈmadɐ tələˈfɔnikɐ], o telefonema [u tələfuˈnemɐ]
~karte	o credifone [u krɛdiˈfɔnə]
	cartão de telefone [kɐrˈtẽu də tələˈfɔnə]
	(Br) ficha de telefone [ˈfiʃɐ di teleˈfoni]
~münze	
~nummer	número de telefone [ˈnuməru də tələˈfɔnə]
~zelle	cabina telefónica (ô) [kaˈbinɐ tələˈfɔnikɐ]
Verbindung	a ligação [ɐ ligɐˈsẽu]
Vermittlung	a central telefónica (ô) [ɐ sẽnˈtral tələˈfɔnikɐ]
Voranmeldung	chamada com pré-aviso [ʃɐˈmadɐ kõm prɛ ɐˈvizu]
Vorwahlnummer	indicativo [ĩndikɐˈtivu]
wählen	marcar (o número) [mɐrˈkar (u ˈnuməru)]
	(Br) discar [disˈkar]

Auf der Polizei

Na esquadra da polícia

▶ auch Kap. 3, Mit dem Auto unterwegs – Verkehrsunfall

Wo ist bitte das nächste Polizeirevier?
Pode-me dizer, se faz favor, onde é a esquadra da polícia mais próxima?
[ˈpɔdəmə diˈzer sə faʃ feˈvor ˈõndˌɛ e ˈʃkwadrɐ dɐ puˈlisjɐ maiʃ ˈprɔsimɐ]

Ich möchte einen Diebstahl/Verlust/Unfall anzeigen.
Quero participar um roubo/uma perda/um acidente. [ˈkɛru pɐrtɐsiˈparˌũ ˈʀobu/ˈumɐ ˈpɛrdɐ/ũ esiˈdẽntɐ]

Mir ist … gestohlen worden.
Roubaram-me …
[ʀoˈbarẽumˌ]

  die Handtasche
  a mala de mão (*Br* a bolsa).
  [ˌe ˈmalɐ dɐ mãu (a ˈbolsɐ)]

  die Brieftasche
  a carteira. [ˌe kɐrˈteirɐ]

  mein Fotoapparat
  a máquina fotográfica.
  [ˌa ˈmakinɐ futuˈgrafikɐ]

  mein Auto / mein Fahr-rad
  o carro / a bicicleta.
  [ˌu ˈkaʀu / ˌe bɐsiˈklɛtɐ]

Mein Auto ist aufgebrochen worden.
Arrombaram-me a porta do carro.
[ɐʀõmˈbarẽumˌe ˈpɔrtɐ du ˈkaʀu]

Aus meinem Auto ist … gestohlen worden.
Roubaram-me do carro …
[ʀoˈbarẽumɐ du ˈkaʀu]

Ich habe … verloren.
Perdi … [pɐrˈdi]

Mein Sohn/Meine Tochter ist seit … verschwunden.
O meu filho/A minha filha desapareceu há …
[u meu ˈfiʎu/ɐ ˈmiɲɐ ˈfiʎɐ dɐzɐpɐrɐˈseu a]

Dieser Mann belästigt mich.
Este homem está-me a importunar.
[ˈeʃtjˌˈɔmẽi ˈʃtamˌe ĩmpurtuˈnar]

Können Sie mir bitte helfen?
Pode-me ajudar, por favor?
[ˈpɔdəmˌeʒuˈdar pur feˈvor]

● Wann genau ist das passiert?
Quando é que exa(c)tamente isso se passou? [ˈkwẽndwɛ kˌizateˈmẽntˌˈisu sə peˈso]

● Wir werden der Sache nachgehen.
Vamo-nos ocupar do assunto.
[ˈvemunuzˌɔkuˈpar du eˈsũntu]

Ich habe damit nichts zu tun. — Não tenho nada a ver com isso. [nɐ̃u ˈteɲu ˈnada ver kõ ˈizu]

- Ihren Namen und Ihre Anschrift, bitte. — O seu nome e o seu endereço, se faz favor. [u seu ˈnom‿i u seu ɐ̃ndɐˈresu sə faʃ feˈvor]

- Wenden Sie sich bitte an das deutsche/österreichische/Schweizer Konsulat. — Dirija-se, se faz favor, ao Consulado alemão/austríaco/suíço. [diˈriʒəsə sə faʃ feˈvor‿eu kõsuˈladu ɐləˈmɐ̃u/euʃˈtrieku/ˈswisu]

Wortliste Polizei

anzeigen	denunciar [dənũˈsjar]
	participar [pertəsiˈpar]
aufbrechen	arrombar [ɐʀõmˈbar]
Auto|radio	rádio de automóvel ['ʀadju d‿autuˈmɔvɛl]
~schlüssel	as chaves do carro [ɐʃ ˈʃavəʒ du ˈkaʀu]
belästigen	importunar [ĩmpurtuˈnar]
beschlagnahmen	apreender [eprjɐ̃nˈder]
	confiscar [kõfiʃˈkar]
Dieb	o ladrão [u leˈdrɐ̃u]
~stahl	roubo ['ʀobu]
Gefängnis	a prisão [ɐ priˈzɐ̃u]
Geldbörse	bolsa ['bolsɐ]
	o porta-moedas [u ˈpɔrte ˈmwɛdəʃ]
Gericht	o tribunal [u tribuˈnal]
Kfz-Schein	o livrete do carro [u liˈvrete du ˈkaʀu]
Papiere	os papéis [uʃ peˈpɛiʃ]
	os documentos [uʒ dukuˈmɛ̃ntuʃ]
Personalausweis	o bilhete (*Br* a carteira) de identidade [u bəˈʎete (ɐ karˈtere) d‿idɐ̃ntiˈdadə]
Polizei	polícia [puˈlisjɐ]
~wagen	carro da polícia [ˈkaʀu dɐ puˈlisjɐ]
Polizist/in	o/a polícia [u/ɐ puˈlisjɐ]
Rauschgift	droga ['drɔgɐ]
	os estupefacientes [uz‿əʃtupɐfeˈsjɐ̃ntəʃ]
	(*Br*) os entorpecentes [uz‿ɐ̃ntorpeˈsɐ̃ntis]
Rechtsanwalt	advogado [edvuˈgadu]
Reisepaß	o passaporte [u pasɐˈpɔrtɐ]
Richter	o juiz [u ˈʒwiʃ]
Schlüssel	a chave [ɐ ˈʃavə]

Schmuggel	contrabando [kõntre'bëndu]
Schuld	culpa ['kulpe]
Taschendieb	o carteirista [u kertei'riʃte]
Überfall	assalto [e'saltu]
	a agressão [a_agrə'sëu]
Untersuchungshaft	a prisão preventiva
	[e pri'zëu prəvën'tive]
Verbrechen	o crime [u 'krimə]
Vergewaltigung	a violação [e vjulɛ'sëu]
	estupro ['ʃtupru]
verhaften	prender [prën'der]
verlieren	perder [pər'der]
zusammenschlagen	espancar [ʃpëŋ'kar]

Fundbüro

Se(c)ção de perdidos e achados

Wo ist das Fundbüro, bitte?	Onde são os perdidos e achados, se faz favor? [õndə sëu uʃ pər'diduz_i e'ʃaduʃ sə faʃ fe'vor]
Ich habe ... verloren.	Perdi ... [pər'di]
Ich habe meine Handtasche im Zug vergessen.	Esqueci-me da minha carteira/mala de mão no comboio (*Br* trem). [ʃkɛ'simə de 'miɲe ker'teire/'male də mëu nu kõm'boju (trëi)]
Benachrichtigen Sie mich bitte, wenn sie abgegeben/gefunden werden sollte.	Avise-me, por favor, se alguém a entregar/achar. [e'vizəmə pur fe'vor sjal'gëi e ëntrə'gar/_e'ʃar]
Hier ist meine Hotelanschrift/Heimatadresse.	Aqui tem o endereço do meu hotel/o meu endereço na Alemanha/Áustria/Suíça. [e'ki tëi u ëndə'resu du meu ɔ'tɛl/u meu ëndə'resu ne elə'meɲe/'auʃtrje/'swisə]

10 **Gesundheit**
Saúde

In der Apotheke
Na farmácia

Wo ist die nächste Apotheke (mit Nachtdienst)?	Onde é a farmácia (de serviço) mais próxima? [ˈond̯ɛ ɐ fɐrˈmasjɐ (də sərˈvisu) maiʃ ˈprɔsimɐ]
Geben Sie mir bitte etwas gegen …	Pode-me dar qualquer coisa para …, se faz favor. [ˈpɔdəmə dar kwalˈkɛr ˈkoizɐ ˈpɐrɐ … sə faʃ feˈvor]
● Dieses Mittel ist rezeptpflichtig.	Este remédio só se pode vender com receita médica. [ˈeʃtə ʀəˈmɛdju sɔ sə ˈpɔdə vẽnˈder kõ ʀɐˈseitɐ ˈmɛdikɐ]
Kann ich darauf warten?	Posso esperar? [ˈpɔsu ʃpəˈrar]
Wann kann ich es abholen?	Quando posso vir buscá-lo? [ˈkwẽndu ˈpɔsu vir buʃˈkalu]

Wortliste Apotheke

▶ auch Wortliste Arzt/Zahnarzt/Krankenhaus

Abführmittel	o purgante [u purˈgẽntɐ]
Antibabypille	pílula anticoncepcional [ˈpilulɐ ẽntikõsɛpsjuˈnal]
Antibiotikum	antibiótico [ẽntiˈbjɔtiku]
Aspirin	aspirina [ɐʃpiˈrinɐ]
Augentropfen	as gotas oftálmicas [ɐʒ ˈgotɐz ɔfˈtalmikɐʃ]
äußerlich	para uso externo [ˈpɐrɐ ˈuzu ˈʃtɛrnu]
Beruhigungsmittel	o calmante [u kalˈmẽntɐ]
Brandsalbe	pomada para queimaduras [puˈmadɐ ˈpɐrɐ keiməˈdurɐʃ]
Desinfektionsmittel	o desinfe(c)tante [u dəzĩfɛˈtẽntɐ]
einnehmen	tomar [tuˈmar]
Elastikbinde	ligadura elástica [ligɐˈdur_iˈlaʃtikɐ]
vor dem Essen	antes das refeições [ˈẽntɐʒ dɐʒ ʀɐfeiˈsõiʃ]
nach dem Essen	depois das refeições [dəˈpoiʒ dɐʒ ʀɐfeiˈsõiʃ]
Fieberthermometer	termómetro (ô) [tərˈmɔmətru]
Gegengift	contraveneno [kõntrɐvɐˈnenu] antídoto [ẽnˈtidutu]
Gurgelwasser	gargarejo [gɐrgɐˈreʒu] medicamento para gargarejar [mədikɐˈmẽntu ˈpɐrɐ gɐrgɐrəˈʒar]

Halstabletten	os comprimidos para a garganta [uʃ kõmpriˈmiduʃ ˈpɐra gɐrˈgẽnte]
Hustensaft	o xarope [u ʃɐˈrɔpə]
innerlich	para uso interno [ˈpɐrɐ ˈuzu ĩnˈtɛrnu]
Insektenmittel	o inse(c)ticida [u ĩsɛtiˈside]
Insulin	insulina [ĩsuˈlinɐ]
Jod(tinktur)	tintura de iodo [tĩnˈturɐ d_ˈjodu]
Kamillentee	chá de camomila/macela [ʃa də kɐmuˈmilɐ/meˈsɛlɐ]
Kohletabletten	os comprimidos de carvão [uʃ kõmpriˈmiduʒ dɐ kɐrˈvẽu]
Kopfschmerztabletten	os comprimidos para a dor de cabeça [uʃ kõmpriˈmiduʃ ˈpɐra dor də keˈbesɐ]
Kreislaufmittel	remédio para a circulação [ʀəˈmɛdju ˈpɐra sirkuleˈsẽu]
auf nüchternen Magen	em jejum [ẽi ʒəˈʒũ]
Magentropfen	as gotas para a dor de estômago [ɐʒ ˈgotɐʃ ˈpɐra dor də ˈʃtomɐgu]
Medikament	medicamento [mədikɐˈmẽntu] remédio [ʀəˈmɛdju]
Mittel	remédio [ʀəˈmɛdju]
Mullbinde	a gaze [ɐ ˈgazə]
im Mund zergehen lassen	deixar desfazer na boca [deiˈʃar dəʃfeˈzer nɐ ˈbokɐ]
Nebenwirkungen	os efeitos secundários [uz_iˈfeituʃ səkũnˈdarjuʃ]
Ohrentropfen	as gotas para os ouvidos [ɐʒ ˈgotɐʃ ˈpɐrɐ uz_oˈviduʃ]
Pflaster	adesivo [edəˈzivu]
Präservativ	preservativo [prəzərveˈtivu]
Puder	(o pó de) talco [(u pɔ də) ˈtalku]
Rezept	receita [ʀəˈseitɐ]
Salbe	pomada [puˈmadɐ]
Schlaftabletten	os soniferos [uʃ suˈnifɐruʃ]
Schmerztabletten	os comprimidos contra as dores [uʃ kõmpriˈmiduʃ ˈkõntraʒ ˈdorɐʃ]
Sonnenbrand	queimadura do sol [keimɐˈdurɐ du sɔl]
Tablette	comprimido [kõmpriˈmidu]
Traubenzucker	a glicose [ɐ gliˈkozɐ]
Tropfen	as gotas [ɐʒ ˈgotɐʃ]
Watte	o algodão [u alguˈdẽu]
Zäpfchen	supositório [supuziˈtɔrju]

Arztbesuch

No médico

Können Sie mir einen guten … empfehlen?	Pode-me indicar um bom … [ˈpɔdəmˌĩndiˈkarˌũm bõ]
Arzt	médico? [ˈmɛdiku]
Augenarzt	oftalmologista? [ɔftalmuluˈʒiʃtɐ]
Frauenarzt	ginecologista? [ʒinəkuluˈʒiʃtɐ]
Hals-Nasen-Ohren-Arzt	otorrinolaringologista? [ɔtoʀinoleʀĩŋguluˈʒiʃtɐ]
Hautarzt	dermatologista? [dɛrmɐtuluˈʒiʃtɐ]
Heilpraktiker	médico-naturalista? [ˈmɛdiku nɐtuʀɐˈliʃtɐ]
Internisten	médico de doenças internas? [ˈmɛdiku dɐ ˈdwẽsɐzˌĩnˈtɛrnɐʃ]
Kinderarzt	pediatra? [pəˈdjatɾɐ]
Nervenarzt	neurologista? [neuruluˈʒiʃtɐ]
Praktischen Arzt	médico de clínica geral? [ˈmɛdiku dɐ ˈklinikɐ ʒəˈral]
Urologen	urologista? [uruluˈʒiʃtɐ]
Zahnarzt	dentista? [dẽnˈtiʃtɐ]
Wo ist seine Praxis?	Onde é o consultório? [ˈõndˌɛ u kõsulˈtɔrju]
Wann hat er Sprechstunde?	A que horas é a consulta? [ɐ ˈkjɔrɐzˌɛ ɐ kõˈsultɐ]
Was für Beschwerden haben Sie?	De que se queixa? [də kə sə ˈkeiʃɐ]
Ich fühle mich nicht wohl.	Não me sinto bem. [nẽu mə ˈsĩntu bẽi]
Ich habe Fieber.	Tenho febre. [ˈteɲu ˈfɛbrə]
Ich kann nicht schlafen.	Durmo muito mal./Não durmo de noite. [ˈdurmu ˈmũintu mal/nẽu ˈdurmu də ˈnoitə]
Mir ist schlecht/oft schwindelig.	Sinto-me mal/Tenho vertigens com frequência. [ˈsĩntəmə mal/ˈteɲu vərˈtiʒẽiʃ kõ frəˈkwẽsjə]
Ich bin ohnmächtig geworden.	Desmaiei. [dəʃmɐˈjei]
Ich bin stark erkältet.	Estou muito constipado (Br resfriado). [ʃto ˈmũintu kõʃtiˈpadu (ʀeʃˈfrjadu)]

Ich habe Kopfschmerzen/Halsschmerzen.

Dói-me a cabeça/a garganta. [ˈdɔim̩_e kɐˈbeseˌ/_ɐ gɐrˈgẽntɐ]

Ich habe Husten.

Tenho tosse [ˈteɲu ˈtɔsɐ]

Ich bin gestochen/gebissen worden.

Fui picado/mordido. [fui piˈkadu/murˈdidu]

Ich habe mir den Magen verdorben.

Tenho uma indigestão. [ˈteɲ̩ˈum̩ˌīndiʒɐʃˈtẽu]

Ich habe Durchfall/Verstopfung.

Tenho diarreia/prisão de ventre. [ˈteɲu djeˈʀɐjɐ/priˈzẽu dɐˈvẽntrɐ]

Ich vertrage das Essen/die Hitze nicht.

Não me dou bem com a comida/o calor. [nɐ̃u mɐ do bẽi kõ ɐ kuˈmidɐ/u kɐˈlor]

Ich habe mich verletzt.

Aleijei-me. [ɐleiˈʒeimɐ]

Ich bin gestürzt.

Caí. [kɐˈi]

Ich glaube, ich habe mir ... gebrochen/verstaucht.

Creio que parti/torci ... [ˈkreju kɐ perˈti/turˈsi]

● Wo tut es weh?

Onde é que lhe dói? [ˈõndˈɛ kɐ ʎɐ dɔi]

Ich habe hier Schmerzen.

Dói-me aqui. [ˈdɔimˌeˈki]

● Tut es hier weh?

Dói-lhe aqui? [ˈdɔiʎˌeˈki]

Ich habe einen hohen/niedrigen Blutdruck.

Tenho a tensão arterial (*Br* pressão sanguínea) alta/baixa. [teɲ̩_e tẽˈsẽu ɐrtɐˈrjal (preˈsẽu sẽɲˈginjɐ) alteˈ/baiʃɐ]

Ich bin Diabetiker.

Sou diabético. [so djeˈbɛtiku]

Ich bin schwanger.

Estou grávida. [ʃto ˈgravidɐ]

Ich hatte vor kurzem ...

Tive há pouco tempo ... [ˈtivˌa ˈpoku ˈtẽmpu]

● Bitte, machen Sie sich/Ihren Arm frei.

Dispa-se/Ponha o braço a descoberto, se faz favor. [ˈdiʃpɐsɐ/poɲɐ u ˈbrasu ɐ dɐʃkuˈbɛrtu sɐ faʃ fɐˈvor]

● Bitte tief einatmen. Atem anhalten.

Respire fundo. Contenha a respiração. [ʀɐʃˈpirɐ ˈfũndu. kõnˈteɲɐ ʀɐʃpirɐˈsẽu]

● Öffnen Sie den Mund.

Abra a boca. [ˈabrɐ ˈbokɐ]

● Zeigen Sie die Zunge.

Mostre-me a sua língua. [ˈmɔʃtrɐmˌe ˈsuɐ ˈlĩŋgwɐ]

● Husten, bitte.

Tussa. [ˈtusɐ]

- Wie lange fühlen Sie sich schon so?

Há quanto tempo se sente assim?
[a ˈkwēntu ˈtēmpu sə ˈsēnt̮ e'sī]

- Haben Sie Appetit?

Tem apetite? [tēi epə'titə]

Ich habe keinen Appetit.

Não tenho apetite. [nēu ˈten̮ epə'titə]

- Haben Sie einen Impfschein?

Tem um certificado de vacina?
[tēi ū sərtəfi'kadu də ve'sinɐ]

Ich bin gegen … geimpft.

Estou vacinado/vacinada contra …
[ʃto vesiˈnadu/vesiˈnadɐ ˈkōntrɐ]

- Sie müssen geröntgt werden.

Tem de ser radiografado/radiografada.
[tēi də ser ʀadjugrɐˈfadu/ʀadjugrɐˈfadɐ]

- Ich brauche eine Blut-/Urinprobe.

Preciso de uma análise de sangue/urina.
[prə'sizu d̮ ˈum̮ a'nalizə də ˈsēŋgə/u'rinɐ]

- Ich muß Sie an einen Facharzt überweisen.

Tem de consultar um especialista.
[tēi də kōsulˈtar̮ ū ʃpəsjɐ'liʃtɐ]

- Sie müssen operiert werden.

Tem de ser operado/operada.
[tēi də ser̮ opɐˈradu/ˌopɐ'radɐ]

- Sie brauchen ein paar Tage Bettruhe.

Tem de ficar uns dias de cama.
[tēi də fiˈkar̮ ūʒ ˈdieʒ də ˈkemɐ]

- Es ist nichts Ernstes.

Não é nada de grave.
[nēu ɛ ˈnadɐ də ˈgravə]

Können Sie mir bitte etwas gegen … geben/verschreiben?

Pode-me dar/receitar qualquer coisa para …, se faz favor. [ˈpodəmə dar/
ʀəseiˈtar kwalˈkɛr ˈkoizə ˈpɐrɐ … sə faʃ fe'vor]

Normalerweise nehme ich …

Normalmente tomo …
[nɔrmalˈmēntɐ ˈtomu]

- Nehmen Sie eine Tablette vor dem Schlafengehen.

Tome um comprimido antes de se deitar.
[ˈtom̮ ū kōmpriˈmidu ˈēntɐʒ də sə dei'tar]

Hier ist mein internationaler Krankenschein.

Aqui está a minha credencial internacional. [eˈki ʃta ɐ ˈmiɲɐ krədē'sjal̮
ˌīntərnɐsjuˈnal]

Können Sie mir bitte ein ärztliches Attest ausstellen?

Pode-me passar, por favor, um atestado médico? [ˈpodəmə pɐˈsar pur feˈvor̮ ū
ɐtɐʃˈtadu ˈmɛdiku]

Beim Zahnarzt

No dentista

Ich habe (starke) Zahnschmerzen.
Tenho uma (grande) dor de dentes. ['teɲ_'ume ('grēndə) dor də 'dēntəʃ]

Dieser Zahn (oben/ unten/vorn/hinten) tut weh.
Dói-me este dente (em cima/em baixo/ à frente/atrás). ['dɔim_'eʃtə 'dēntə (ēi 'simɐ/ ēi 'baiʃu/a 'frēntə/e'traʃ)]

Ich habe eine Füllung verloren.
Perdi um chumbo. [pər'di ū 'ʃũmbu]

Mir ist ein Zahn abgebrochen.
Partiu-se-me um dente. [per'tiusəm_ū 'dēntə]

● Ich muß ihn plombieren.
Tenho de o chumbar/obturar. ['teɲu dju ʃũm'bar/obtu'rar]

● Ich muß ihn ziehen.
Tenho de o tirar. ['teɲu dju ti'rar]

● Ich behandle ihn nur provisorisch.
Vou-lhe fazer só um tratamento provisório. ['voʎə fe'zer sɔ ū tretɐ'mēntu pruvi'zɔrju]

● Dieser Zahn muß eine Krone bekommen.
Tenho de pôr uma coroa neste dente. ['teɲu də por_'umɐ ku'roɐ 'neʃtə 'dēntə]

Geben Sie mir bitte eine/ keine Spritze.
Por favor, dê-me uma/não me dê nenhuma inje(c)ção. [pur fe'vor 'dem_ 'umɐ/nēu mə de nə'ɲum_īʒɛ'sēu]

● Bitte gut spülen.
Bocheche bem, se faz favor. [bu'ʃeʃə bēi sə faʃ fe'vor]

Können Sie diese Prothese reparieren?
Pode reparar esta prótese? ['pɔdə ʀɐpe'rar_ɛʃtə 'prɔtəzə]

● Kommen Sie in zwei Tagen bitte nochmal zum Nachsehen.
Volte cá daqui a dois dias, para ver co- mo está. ['vɔltə ka dɐ'ki ɐ doiʒ 'dieʃ 'pɐrɐ ver 'komu ʃta]

● Suchen Sie dann zu Hause gleich Ihren Zahnarzt auf.
Quando chegar a casa, vá logo ao seu dentista. ['kwēndu ʃɐ'gar_ɐ 'kazɐ va 'lɔgu ɐu seu dēn'tiʃtɐ]

Im Krankenhaus

No hospital

Wie lange muß ich hier bleiben?	Quanto tempo terei de aqui ficar? [ˈkwɛntu ˈtẽmpu təˈrei d͜ɐˈki fiˈkar]
Ich habe Schmerzen/Ich kann nicht einschlafen. Geben Sie mir bitte eine Schmerztablette/Schlaftablette.	Tenho dores/Não consigo dormir. Pode-me dar um analgésico/um soporífero, se faz favor? [ˈteɲu ˈdorəʃ/nẽu kõˈsigu durˈmir. ˈpɔdəmə dar͜ ũ ɐnalˈʒɛziku/͜ũ supuˈrifəru sə faʃ feˈvor]
Wann darf ich aufstehen?	Quando é que posso levantar-me? [ˈkwẽndwɛ kə ˈposu ləvẽnˈtarmə]
Geben Sie mir bitte eine Bescheinigung über die Dauer des Krankenhausaufenthalts mit Diagnose.	Dê-me, se faz favor, um certificado de que conste a duração da permanência no hospital e o diagnóstico. [ˈdemə sə faʃ feˈvor͜ũ sərtəfiˈkadu də kə ˈkõʃt͜ɐ durɐˈsẽu də pərməˈnẽsjə nu oʃpiˈtal͜i u djɐɡˈnɔʃtiku]

Wortliste Arzt/Zahnarzt/Krankenhaus

Abszeß	abcesso [ɐbˈsɛsu]
Ader	veia [ˈvejə]
Aids	SIDA [ˈsidə], *(Br)* AIDS [eidz]
Allergie	alergia [ɐlərˈʒiə]
allergisch sein gegen	ser alérgico/alérgica a [ser ɐˈlɛrʒiku/ɐˈlɛrʒikɐ ɐ]
Anfall	o ataque [u ɐˈtakə], acesso [ɐˈsɛsu]
Angina	angina [ẽˈʒinɐ]
Anspruchsausweis (der Krankenkasse)	o cartão de beneficiário (da Caixa de Previdência) [u kɐrˈtẽu də bənəfiˈsjarju (də ˈkaiʃɐ də prəviˈdẽsjə)]
ansteckend	contagioso [kõntɐˈʒjozu]
Appetitlosigkeit	falta de apetite [ˈfaltɐ d͜ɐpɐˈtitə]
Arm	braço [ˈbrasu]
Asthma	asma [ˈaʒmɐ]
Atembeschwerden	a dificuldade de respirar [ɐ dəfikulˈdadə də ʀəʃpiˈrar], dispneia (é) [diʃˈpnejə]
atmen	respirar [ʀəʃpiˈrar]
Attest	atestado [ɐtəʃˈtadu]

Augen	os olhos [uz_ɔʎɐʃ]
Ausschlag	eczema [ɛkˈzeme]
Bänderriß	rotura de ligamentos [ʀuˈturɐ dɐ ligɐˈmẽntuʃ]
Bauch	o ventre [u ˈvẽntr]
	a abdome [u ɐbˈdɔmɐ]
Bein	perna [ˈpɛrnɐ]
Bescheinigung	atestado [ɐtɐʃˈtadu]
	certificado [sɐrtɐfiˈkadu]
Besuchszeit	as horas da visita [ɐz_ˈɔrɐʒ dɐ vɐˈzitɐ]
bewußtlos	sem sentidos [sɐ̃i sɐ̃nˈtiduʃ]
Blähungen	flatulência [flɐtuˈlẽsjɐ]
Blase	bexiga [bɐˈʃigɐ]
Blinddarm	o apêndice [u ɐˈpẽndisɐ]
~entzündung	a apendicite [a_ɐpẽndɐˈsitɐ]
Blut	o sangue [u ˈsɐ̃ŋgɐ]
~druck, hoher/niedriger	a tensão arterial (*Br* a pressão sanguínea), alta/baixa [ɐ tẽˈsɐ̃u ɐrtɐˈrjal (a preˈsɐ̃u sɐ̃ŋˈginjɐ) ˈaltɐ/ˈbaiʃɐ]
bluten	sangrar [sɐ̃ŋˈgrar]
Blut|erguß	o derrame [u dɐˈrɐmɐ]
	o hematoma [u emɐˈtomɐ]
~gruppe	grupo sanguíneo [ˈgrupu sɐ̃ŋˈg(w)inju]
~probe	a análise de sangue [a_ɐˈnalizɐ dɐ ˈsɐ̃ŋgɐ]
~transfusion	a transfusão de sangue [ɐ trɐ̃ʃfuˈzɐ̃u dɐ ˈsɐ̃ŋgɐ]
~ung	hemorragia [emuʀɐˈʒiɐ]
~vergiftung	septicemia [sɛptisɐˈmie]
Brechreiz	as náuseas [ɐʒ ˈnauzjɐʃ]
Bronchien	os brônquios [uʒ ˈbrõŋkjuʃ]
Bronchitis	a bronquite [ɐ brõŋˈkitɐ]
Bruch	(*Leisten~*) hérnia [ˈɛrnjɐ]
	(*Knochen~*) fra(c)tura [fraˈturɐ]
Brust	peito [ˈpeitu]
~korb	o tórax [u ˈtɔraks]
	caixa torácica [ˈkaiʃɐ tɔraˈsikɐ]
Bypass	o bypass [u baiˈpas]
Chirurg/in	o cirurgião / a cirurgiã [u sirurˈʒjɐ̃u / ɐ sirurˈʒjɐ̃]
Cholera	a cólera [ɐ ˈkɔlɐrɐ]
Darm	intestino [ĩntɐʃˈtinu]
desinfizieren	desinfe(c)tar [dɐzĩfɛˈtar]
Diabetes	a diabetes [ɐ djeˈbɛtɐʃ]

Diagnose	diagnóstico [djeg'nɔʃtiku]
Diät	dieta ['djɛtɐ]
Diphtherie	difteria [diftə'riɐ]
Durchfall	diarreia [dje'ʀɐjɐ]
Eiter	o pus [u puʃ]
eitern	supurar [supu'rar]
Ellbogen	cotovelo [kutu'velu]
Entzündung	a inflamação [ɐ ĩflɐmɐ'sɐ̃u]
erbrechen, sich	vomitar [vumi'tar]
erkälten, sich	constipar-se [kõʃti'parsə]
	(Br) resfriar(-se) [ʀeʃ'frjar (si)]
erkältet	constipado [kõʃti'padu]
	(Br) resfriado [ʀeʃ'frjadu]
Erkältung	a constipação [ɐ kõʃtipɐ'sɐ̃u]
	(Br) resfriado [ʀeʃ'frjadu]
Facharzt	o especialista [u ʃpəsjɐ'liʃtɐ]
Fehlgeburt	aborto [ɐ'bortu]
Fieber	a febre [ɐ 'fɛbrə]
Finger	dedo ['dedu]
Fuß	o pé [u pɛ]
Gallenblase	vesícula biliar [və'zikulɐ bi'ljar]
gebrochen	partido [per'tidu]
Gehirn	cérebro ['sɛrəbru]
~erschütterung	traumatismo craniano [traumɐ'tiʒmu krɐ̃ni'ɐnu]
~schlag	apoplexia cerebral [ɐpoplɛ'ksiɐ sərə'bral]
Gehör	ouvido [o'vidu]
Gelb|fieber	a febre amarela [ɐ 'fɛbr_ɐmɐ'rɛlɐ]
~sucht	icterícia [iktə'risjɐ]
Gelenk	a articulação [ɐ_artikulɐ'sɐ̃u]
Geschlechts|krankheit	doença venérea ['dwẽsɐ və'nɛrjɐ]
~organe	os órgãos genitais/sexuais [uz_'ɔrgɐ̃uʒ ʒəni'taiʃ/sɛk'swaiʃ]
geschwollen	inchado [ĩ'ʃadu]
Geschwulst	o tumor [u tu'mor]
Geschwür	úlcera ['ulsərɐ]
Gesicht	cara ['karɐ] , rosto ['ʀoʃtu]
Glieder	os membros [uʒ 'mẽmbruʃ]
Grippe	a gripe [ɐ 'gripə]
Hals	pescoço [pəʃ'kosu]
	(Kehle) garganta [gɐr'gɐ̃tɐ]
~schmerzen	as dores de garganta [ɐʒ 'dorəʒ də gɐr'gɐ̃tɐ]
Hämorrhoiden	as hemorróidas [ɐz_emu'ʀɔidɐʃ]
Hand	a mão [ɐ mɐ̃u]

Haut	a pele [ɐ ˈpɛlə]
~krankheit	doença da pele [ˈdwēsɐ də ˈpɛlə]
heiser sein	estar rouco [ʃtar ˈʀoku]
Herz	o coração [u kurɐˈsēu]
~anfall	o ataque cardíaco [u ɐˈtakə kerˈdieku]
~beschwerden	as perturbações cardíacas [ɐʃ pərturbɐˈsōiʃ kerˈdiekɐʃ]
~fehler	a lesão/deficiência cardíaca [ɐ ləˈzēu/dəfiˈsjēsjə kerˈdiekɐ]
~infarkt	o enfarte de miocárdio [u ēˈfartə də mjoˈkardju]
~schrittmacher	o pace-maker [u ˈpeisə ˈmeikə]
~spezialist	o cardiologista [u kɐrdjuluˈʒiʃtə]
Heuschnupfen	a febre dos fenos [ɐ ˈfɛbrə duʃ ˈfenuʃ]
	a rinite alérgica [ɐ ʀiˈnit_ɐˈlɛrʒikə]
Hexenschuß	lumbago [lūmˈbagu]
Höhensonne	lâmpada de raios ultravioletas [ˈlēmpɐdə də ˈʀajuz_ultrevjuˈletɐʃ]
Hüfte	anca [ēŋkɐ], o quadril [u kweˈdril]
Husten	a tosse [ɐ ˈtosə]
impfen	vacinar [vɐsiˈnar]
Impfpaß	certificado de vacina [sərtəfiˈkadu də vɐˈsinɐ]
Impfung	a vacinação [ɐ vɐsinɐˈsēu]
	vacina [vɐˈsinɐ]
Infektion	a infecção [ɐ ĩfɛˈsēu]
Infusion	a infusão [ɐ ĩfuˈzēu]
Ischias	ciática [ˈsjatikɐ]
Keuchhusten	a tosse convulsa [ɐ ˈtɔsə kõˈvulsɐ]
Kiefer	maxila [maˈksilɐ]
Kinderlähmung	paralisia infantil [pɐrɐləˈzi_ĩfēnˈtil]
	a poliomielite [ɐ poljomjeˈlitɐ]
Knie	joelho [ˈʒweʎu]
Knöchel	tornozelo [turnuˈzelu], artelho [erˈteʎu]
Knochen	osso [ˈosu]
~bruch	fra(c)tura [fraˈturɐ]
Kolik	cólica [ˈkɔlikɐ]
Kopf	cabeça [kɐˈbesɐ]
~schmerzen	a dor de cabeça [ɐ dor də kɐˈbesɐ]
Krampf	cãibra [ˈkẽibrɐ], espasmo [ˈʃpaʒmu]
krank	doente [ˈdwēntɐ]
Kranken|haus	o hospital [u oʃpiˈtal]
~kasse	Caixa de Previdência [ˈkaiʃɐ də prəviˈdēsjɐ]
~schein	a credencial [ɐ krɐˈdēsjal]
~schwester	enfermeira [ēfərˈmeirɐ]

Krankheit	doença [ˈdwẽsɐ]
Krebs	cancro [ˈkẽŋkru], *(Br)* o câncer [u ˈkẽsɛr]
Kreislaufstörung	a perturbação circulatória [ɐ pɐrturbɐˈsẽu sirkulɐˈtɔrjɐ]
Krone	coroa [kuˈroɐ]
Lähmung	paralisia [pɐrɐlɐˈziɐ]
Lebensmittelvergiftung	a intoxicação alimentar [ɐ ĩtɔksikɐˈsẽu ɐlimẽˈtar]
Leber	fígado [ˈfigɐdu]
Leistenbruch	hérnia inguinal [ˈɛrnjɐ ĩgiˈnal]
Lippe	lábio [ˈlabju]
Loch *(im Zahn)*	buraco (no dente) [buˈraku (nu ˈdẽtɐ)]
Lunge	o pulmão [u pulˈmẽu]
Lungenentzündung	pneumonia [pneumuˈniɐ]
Magen	estômago [ˈʃtomɐgu]
~schmerzen	a dor de estômago [ɐ dor dɐ ˈʃtomɐgu]
Malaria	malária [mɐˈlarjɐ]
Mandelentzündung	a amigdalite [ɐ ɐmigdɐˈlitɐ]
	angina [ẽˈʒinɐ]
Mandeln	as amígdalas [ɐz ɐˈmigdɐlɐʃ]
Masern	sarampo [sɐˈrẽmpu]
Menstruation	a menstruação [ɐ mẽʃtrwɐˈsẽu]
Migräne	enxaqueca [ẽʃɐˈkekɐ]
Mittelohrentzündung	a otite [ɐ ɔˈtitɐ]
Mumps	a parotidite [ɐ pɐrɔtiˈditɐ]
	papeira [pɐˈpeirɐ]
Mund	boca [ˈbokɐ]
Muskel	músculo [ˈmuʃkulu]
nähen	coser [kuˈzer]
Narbe	a cicatriz [ɐ sikɐˈtriʃ]
Narkose	anestesia [ɐnɐʃtɐˈziɐ]
Nase	o nariz [u nɐˈriʃ]
Nasenbluten	hemorragia nasal [emuʁɐˈʒiɐ nɐˈzal]
	a epistaxe [ɐ epiʃˈtaksɐ]
Nerv	nervo [ˈnervu]
nervös	nervoso [nɐrˈvozu]
Niere	o rim [u ʁĩ]
Nieren|entzündung	a nefrite [ɐ nɐˈfritɐ]
~stein	cálculo renal [ˈkalkulu ʁɐˈnal]
Ohnmacht	desmaio [dɐʒˈmaju]
Ohr	orelha [oˈreʎɐ], ouvido [oˈvidu]
Operation	a operação [ɐ opɐrɐˈsẽu]
Plombe	chumbo [ˈʃũmbu]
Pocken	a varíola [ɐ vɐˈriulɐ]

Praxis	consultório [kõsul'tɔrju]
Prellung	a contusão [ɐ kõntu'zɐ̃u]
Prothese	a prótese [ɐ 'prɔtǝzǝ]
Puls	pulso ['pulsu]
Quetschung	a contusão [ɐ kõntu'zɐ̃u]
Rheuma	reumatismo [ʀeumɐ'tiʒmu]
Rippe	costela [kuʃ'tɛlɐ]
röntgen	radiografar [ʀɐdjugrɐ'far]
Röntgenaufnahme	radiografia [ʀɐdjugrɐ'fiɐ]
Röteln	rubéola [ʀu'bɛulɐ]
Rücken	as costas [ɐʃ 'kɔʃtɐʃ]
~schmerzen	a dor nas costas [ɐ dor nɐʃ 'kɔʃtɐʃ]
Rückgrat	coluna vertebral [ku'lunɐ vɐrtǝ'bral]
	espinha dorsal ['ʃpiɲɐ dor'sal]
Rücktransport	o transporte de retorno [u trɐ̃ʃ'pɔrtɐ dǝ ʀǝ'tornu]
Salmonellen	as salmonelas [ɐʃ salmu'nɛlɐʃ]
Schädel	crânio ['krɐnju]
Scharlach	escarlatina [ʃkɐrlɐ'tinɐ]
Schiene	tala ['talɐ]
Schienbein	tíbia ['tibjɐ]
Schlaflosigkeit	insónia (ô) [ĩ'sɔnjɐ]
Schlaganfall	(o ataque de) apoplexia [(u ɐ'takɐ d_) ɐpoplɛ'ksiɐ]
Schlüsselbein	clavícula [klɐ'vikulɐ]
Schmerzen	as dores [ɐʒ 'dorɐʃ]
Schnittwunde	o golpe [u 'gɔlpǝ]
Schnupfen	a constipação [ɐ kõʃtipɐ'sɐ̃u]
	(Br) resfriado [ʀeʃ'frjadu]
Schulter	ombro ['õmbru], espádua ['ʃpadwɐ]
Schüttelfrost	os calafrios [uʃ kɐlɐ'friuʃ]
Schwangerschaft	a gravidez [ɐ grevi'deʃ]
Schweiß	o suor [u swɔr]
Schwellung	inchaço [ĩ'ʃasu]
Schwindel	a vertigem [ɐ vɐr'tiʒɐ̃i]
	as tonturas [ɐʃ tõn'turɐʃ]
schwitzen	suar [swar]
Seitenstechen	pontada de lado [põn'tadɐ dǝ 'ladu]
Sodbrennen	azia [ɐ'ziɐ]
Sonnenstich	a insolação [ɐ ĩsulɐ'sɐ̃u]
Speiseröhre	esófago [i'zɔfɐgu]
Sprechstunde	(as horas de) consulta [(ɐʒ 'ɔrɐʒ dǝ) kõ'sultɐ]
Spritze	a inje(c)ção [ɐ ĩʒɛ'sɐ̃u]

Station	serviço [sərˈvisu]
Stich	picada [piˈkadɐ]
Stirnhöhlenentzündung	a sinusite [ɐ sinuˈzitɐ]
Stuhlgang	a evacuação [ɐ ivɐkwɐˈsɐ̃u]
	as fezes [ɐʃ ˈfɛzəʃ]
Tetanus	tétano [ˈtɛtɐnu]
Trommelfell	(membrana do) tímpano
	[(mẽmˈbrɐnɐ du) ˈtĩmpɐnu]
Typhus	o tifo [u ˈtifu]
Übelkeit	náusea [ˈnauzjɐ], enjoo (ôo) [ẽˈʒou]
Ultraschalluntersuchung	o exame por meio de ultra-sons
	[u iˈzɐmə pur meju d͜ ultrɐ sõʃ]
Unterleib	o abdome [u ɐbˈdɔmə]
	baixo-ventre [ˈbaiʃu ˈvẽntrə]
Untersuchung	o exame [u iˈzɐmə]
Urin	urina [uˈrinɐ]
Verband	penso [ˈpẽsu], ligadura [ligɐˈdurɐ]
verbinden	pensar [pẽˈsar]
Verbrennung	queimadura [keimɐˈdurɐ]
Verdauung	a digestão [ɐ diʒɐʃˈtɐ̃u]
Verdauungsstörung	a indigestão [ɐ ĩdiʒɐʃˈtɐ̃u]
Vergiftung	envenenamento [ẽvɐnɐnɐˈmẽntu]
	a intoxicação [ɐ ĩtɔksikɐˈsɐ̃u]
verletzen	ferir [fəˈrir]
Verletzung	ferida [fəˈridɐ]
verschreiben	receitar [ʀəseiˈtar]
verstaucht	torcido [turˈsidu]
Verstopfung	a prisão de ventre [ɐ priˈzɐ̃u də ˈvẽntrə]
Virus	o vírus [u ˈviruʃ]
Wartezimmer	sala de espera [ˈsalɐ də͜ ˈʃpɛrɐ]
weh tun	doer [dwer]
Windpocken	varicela [vɐriˈsɛlɐ]
Wirbelsäule	coluna vertebral [kuˈlunɐ vərtɐˈbral]
Wunde	ferida [fəˈridɐ]
Zahn	o dente [u ˈdẽntə]
Backen~	o dente molar [u ˈdẽntə muˈlar]
Schneide~	o dente incisivo [u ˈdẽnt͜ isiˈzivu]
~fleisch	gengiva [ʒẽˈʒivɐ]
~schmerzen	a dor de dentes [ɐ dor də ˈdẽntəʃ]
Zehe	dedo do pé [ˈdedu du pɛ]
Zerrung	a distensão [ɐ dəʃtẽˈsɐ̃u]
ziehen *(Zahn)*	arrancar [ɐʀẽŋˈkar]
Zunge	língua [ˈlĩŋgwɐ]

In Kur

Numa estância termal

Welche Diagnose hat Ihr Arzt gestellt?	Qual o diagnóstico do seu médico? [kwal‿u djeg'noʃtiku du seu 'mɛdiku]
Wie viele Anwendungen bekomme ich noch?	Quantos tratamentos tenho de fazer ainda? ['kwẽntuʃ trete'mẽntuʃ 'teɲu də fe'zer‿e'ĩnde]
Ich möchte noch einige zusätzliche ...	Queria ainda mais alguns/algumas ... [kə'ri‿a'ĩnde maiz‿al'gũʃ/‿al'gumeʃ]
Könnte ich einen anderen Termin bekommen?	Poderá marcar-me uma outra data? [pudə'ra mer'karm‿'ume 'otre 'date]

Wortliste Kur

Anwendung	tratamento [trete'mẽntu]
Atemtherapie	terapêutica respiratória [terə'peutike ʀəʃpire'tɔrje]
Autogenes Training	treino autógeno ['trein‿au'tɔʒenu]
Bad	banho ['beɲu]
Dampf~	banho de vapor ['beɲu də ve'por]
Fuß~	banho aos pés ['beɲu euʃ pɛʃ]
medizinisches ~	banho medicinal ['beɲu mədisi'nal]
Moor~	banho de lodo ['beɲu də 'lodu]
Sole~	banho de águas salinas ['beɲu d‿'agweʃ se'lineʃ]
Badearzt	médico das termas ['mɛdiku deʃ 'termeʃ]
Behandlung	tratamento (médico) [trete'mẽntu ('mɛdiku)]
Bestrahlung	radioterapia [ʀadjutərə'pie]
Diät	dieta ['djɛte]
1000 Kalorien-~	dieta de 1000 calorias ['djɛte də mil kelu'rieʃ]
Frischzellentherapie	terapêutica por meio de células vivas [terə'peutike pur 'meju də 'sɛluleʒ 'viveʃ]
Heil|mittel	remédio [ʀə'mɛdju] medicamento [mədike'mẽntu]
~quelle	fonte de água medicinal ['fõnte d‿'agwe mədisi'nal]

Heißluft	ar quente [ar ˈkẽntə]
Höhensonne	lâmpada de raios ultravioletas ['lẽmpede də ˈʀajuz_ultrevjuˈleteʃ]
Inhalation	inalação [inɐleˈsẽu]
inhalieren	inalar [inɐˈlar]
Kneippkur	tratamento hidroterápico segundo Kneipp [treteˈmẽnt_idrɔtɐˈrapiku səˈgũndu knaip]
Krankengymnastik	ginástica terapêutica [ʒiˈnaʃtike tɐrɐˈpeutike]
Kur	tratamento [treteˈmẽntu], cura [ˈkure]
~karte	cartão de banhista [kerˈtẽu də beˈɲiʃte]
~ort	estância termal [ˈʃtẽsje tərˈmal]
~taxe	taxa de turismo [ˈtaʃe də tuˈriʒmu]
Liegekur	cura de repouso [ˈkure də ʀəˈpozu]
Luftkurort	estância climática [ˈʃtẽsje kliˈmatike]
Massage	a massagem [ɐ meˈsaʒẽi]
Unterwasser~	a massagem subaquática/de imersão [ɐ meˈsaʒẽi subeˈkwatike/d_iməɾˈsẽu]
Masseur/in	o/a massagista [u/e meseˈʒiʃte]
massieren	dar massagens [dar meˈsaʒẽiʃ]
Mineral|bad	banho de águas minerais [ˈbeɲu d_ˈagweʒ minəˈraiʃ]
~quelle	fonte de águas minerais [ˈfõntə d_ˈagweʒ minəˈraiʃ]
Nachkur	cura complementar [ˈkure kõmpləmẽnˈtar]
Naturheilverfahren	processo da medicina naturalista [pruˈsɛsu də mədəˈsine netureˈliʃte]
Physiotherapie	fisioterapia [fizjɔtɐrɐˈpie]
Sanatorium	sanatório [seneˈtɔrju], casa de repouso [ˈkaze də ʀəˈpozu]
Seebad	estação balnear marítima [ʃteˈsẽu balˈnjar meˈritime]
Thermal|bad	banho de águas termais [ˈbeɲu d_ˈagweʒ tərˈmaiʃ]
~becken	piscina termal [pəʃˈsine tərˈmal]
~kur	cura/tratamento de águas medicinais [ˈkure/treteˈmẽntu d_ˈagweʒ mədisiˈnaiʃ]
Ultraschall	os ultra-sons [uz_ˈultre sõʃ]
Yoga	ioga [ˈjɔge]

11 Geschäftsreise
Viagem de negócios

Der lange Weg zum Geschäftspartner

O longo caminho para chegar ao parceiro de negócios

Wie komme ich bitte zu ...?	Como é que se vai para ...? ['komwɛ kə sə vai 'pɐrɐ]
Wo ist der Haupteingang?	Onde é a entrada principal? ['õnd_ɛ ɐ ẽn'tradɐ prīsi'pal]
Mein Name ist ...	O meu nome é ... [u meu 'nom_ɛ ...]
Ich komme von der Firma ...	Eu pertenço à firma ... [eu pɐr'tẽs_a 'firmɐ]
Kann ich bitte ... sprechen?	Posso falar com ...? ['pɔsu fɐ'lar kõ]
Melden Sie mich bitte bei ... an.	Faça favor de me anunciar a ... ['fasɐ fɐ'vor də m_ɐnũ'sjar_ɐ]
Ich habe einen Termin bei ...	Tenho um encontro marcado com ... ['teɲ_ũ ẽn'kõntru mɐr'kadu kõ]
● ... erwartet Sie bereits.	... já está à sua espera. [ʒa ʃta ɐ 'suɐ 'ʃpɛrɐ]
● Er/Sie ist noch in einer Sitzung.	... está ainda numa reunião. [ʃta ɐ'ĩndɐ 'numɐ ʀju'njẽu]
● Ich führe Sie zu ...	Vou levá-lo/levá-la a ... [vo lɐ'valu/lɐ'valɐ ɐ]
Entschuldigen Sie bitte, daß ich zu spät komme.	Peço desculpa de chegar atrasado/atrasada. ['pɛsu dəʃ'kulpɐ də ʃɐ'gar_ɐtrɐ'zadu/ɐtrɐ'zadɐ]
● Bitte setzen Sie sich.	Sente-se, se faz favor. ['sẽntəsə sə faʃ fɐ'vor]
● Darf ich Ihnen etwas zu trinken anbieten?	Deseja tomar alguma coisa? [də'zeʒɐ tu'mar_al'gumɐ 'koizɐ]
● Hatten Sie eine angenehme Reise?	Fez boa viagem? [feʒ 'boɐ 'vjaʒẽi]
Wieviel Zeit haben wir?	Quanto tempo temos? ['kwẽntu 'tẽmpu 'temuʃ]
● Wann geht Ihre Maschine?	A que horas parte o seu avião? [ɐ 'kjɔrɐʃ 'part_u seu ɐ'vjẽu]
Ich brauche einen Dolmetscher.	Preciso de um intérprete. [prɐ'sizu d_ũ ĩn'tɛrprɐtə]

Wortliste Weg zum Geschäftspartner

Abteilung	a se(c)ção [ɐ sɛkˈsɐ̃u]
	departamento [dəpɐrtɐˈmẽntu]
Büro	escritório [ʃkriˈtɔrju]
Dolmetscher/in	o/a intérprete [u/ɐ ĩnˈtɛrprətə]
Eingang	entrada [ẽnˈtradɐ]
Empfang	a recepção [ɐ ʀəsɛˈsɐ̃u]
Firma	firma [ˈfirmɐ]
Gebäude	edifício [idəˈfisju]
Konferenz|raum	sala de reuniões [ˈsalɐ də ʀjuˈnjõiʃ]
~zentrum	centro de conferências
	[ˈsẽntru də kõfəˈrẽsjeʃ]
Pförtner	porteiro [purˈteiru]
Sekretariat	secretaria [səkrətəˈriɐ]
	secretariado [səkrətəˈrjadu]
Sekretär/in	secretário / secretária
	[səkrəˈtarju / səkrəˈtarjɐ]
Sitzung	a reunião [ɐ ʀjuˈnjɐ̃u], a sessão [ɐ səˈsɐ̃u]
Stockwerk	o andar [u ẽnˈdar]
Termin	prazo [ˈprazu], data [ˈdatɐ]

Verhandlung/Konferenz/Messe

Negociação/Conferência/Feira

Ich suche den Messe-stand der Firma ...	Eu procuro o stand da firma ... [eu prɔˈkur_u stẽnd dɐ ˈfirmɐ]
● Gehen Sie in Halle ..., Stand Nr. ...	É no pavilhão ... stand nº ... [ɛ nu pɐviˈʎɐ̃u ... stẽnd ˈnuməru]
Wir sind Hersteller von ...	Nós somos produtores de ... [nɔʃ ˈsomuʃ produˈtorəʒ də]
Wir handeln mit ...	Nós negociamos com ... [nɔʒ nəguˈsjemuʃ kõ]
Haben Sie Informations-material über ...?	Tem material de informação sobre ...? [tẽi mətəˈrjal d_ĩfurmɐˈsɐ̃u ˈsobrə]
Wir können Ihnen aus-führliches Material über ... zusenden.	Podemos mandar-lhe material com informações pormenorizadas sobre ... [puˈdemuʒ mẽnˈdarʎə mətəˈrjal kõ ĩfurmɐˈsõiʃ purmənuriˈzadəʃ ˈsobrə]
Wer ist Ansprechpartner für ...?	A quem é que me devo dirigir para tratar de ... [ɐ kẽi ɛ kə mə dəˈvu diriˈʒir ˈpɐrɐ trɐˈtar də]

Könnten Sie uns ein An-gebot zukommen lassen?	Podem enviar-nos uma oferta? [ˈpɔdẽi ẽˈvjarnuz ˌumˌoˈfɛrtɐ]
Wir sollten ein Treffen vereinbaren.	Devíamos combinar um encontro. [dɐˈviemuʃ kõmbiˈnar ũ ẽnˈkõntru]
Hier ist meine Visiten-karte.	Aqui tem o meu cartão de visita. [eˈki tẽi u meu kɐrˈtẽu dɐ vɐˈzite]

Wortliste Verhandlung/Konferenz/Messe

Angebot	oferta [oˈfɛrtɐ]
Ansprechpartner	o interlocutor [u ĩntɐrlukuˈtor]
Auftrag	encomenda [ẽŋkuˈmẽndɐ] pedido [pɐˈdidu]
Auftragsbestätigung	a confirmação da encomenda/do pedido [ɐ kõfirmɐˈsẽu de ẽŋkuˈmẽndɐ/du pɐˈdidu]
Aussteller	o expositor [u ʃpuziˈtor]
~verzeichnis	lista dos expositores [ˈliʃtɐ duz ɐʃpuziˈtorɐʃ]
Einzelhändler/in	o/a retalhista [u/ɐ ʀɐtɐˈʎiʃtɐ]
Export	a exportação [ɐ ʃpurtɐˈsẽu]
Exporteur	o exportador [u ʃpurtɐˈdor]
Fachmesse	feira especializada [ˈfeirɐ ʃpɐsjeliˈzadɐ]
Finanzierung	financiamento [finẽsjɐˈmẽntu]
Fracht	o frete [u ˈfrɛtɐ], carga [ˈkargɐ]
Garantie	garantia [gɐrẽˈtiɐ]
Generalvertretung	a representação geral [ɐ ʀɐprɐzẽntɐˈsẽu ʒɐˈral]
Geschäfts|beziehungen	as relações comerciais [ɐʃ ʀɐlɐˈsõiʃ kumɐrˈsjaiʃ]
~partner	parceiro de negócios [pɐrˈseiru dɐ nɐˈgɔsjuʃ]
Großhändler/in	o/a grossista [u/ɐ gruˈsiʃtɐ] o/a atacadista [u/ɐ etɐkɐdiʃtɐ]
Halle	o pavilhão [u peviˈʎẽu]
Hallenplan	planta dos pavilhões [ˈplẽntɐ duʃ peviˈʎõiʃ]
Handelsvertreter/in	o/a agente / representante comercial [u/ɐ ɐˈʒẽntɐ / ʀɐprɐzẽnˈtẽntɐ kumɐrˈsjal]
Hersteller	o produtor [u produˈtor] o fabricante [u febriˈkẽntɐ]
Import	a importação [ɐ ĩmpurtɐˈsẽu]
Importeur	o importador [u ĩmpurtɐˈdor]
Industriemesse	feira industrial [ˈfeirˌĩnduʃˈtrjal]
Informations|material	o material de informação [u metɐˈrjal dˌĩfurmɐˈsẽu]

~stand
o stand de informações
[u stɛnd d_ĩfurmeˈsõiʃ]

interessiert sein an
estar interessado em [ʃtar_ĩntəreˈsadu ẽi]

Joint-venture
a joint venture [ɐ dʒɔint vɛntʃɐ]

Kabine
cabina [kaˈbinɐ]

Katalog
catálogo [kɐˈtalugu]

Kaufvertrag
contrato de compra [kõnˈtratu də ˈkõmprɐ]

Kondition
a condição [ɐ kõndiˈsẽu]

Konferenz
conferência [kõfɐˈrẽsjɐ]

Konzern
grupo empresarial [ˈgrup_ẽmprɐzɐˈrjal]

Kooperation
a cooperação [ɐ kwopɐrɐˈsẽu]

Kosten
custo [ˈkuʃtu], os custos [uʃ ˈkuʃtuʃ]
as despesas [ɐʒ dəʃˈpezɐʃ]

~voranschlag
orçamento [ɔrsɐˈmẽntu]

Kunde / Kundin
o/a cliente [u/ɐ kljẽntɐ]

Leasing
o leasing [u ˈliziŋ]

Lieferant
o fornecedor [u furnəsɐˈdor]

Liefer|bedingungen
as condições de fornecimento
[ɐʃ kõndiˈsõiʒ də furnəsiˈmẽntu]

~ung
fornecimente [furnəsiˈmẽntu]
entrega [ẽnˈtrɛgɐ]

~zeit
prazo de entrega [ˈprazu d_ẽntrɛgɐ]

Lizenz(vertrag)
(contrato de) licença [(kõnˈtratu də) liˈsẽsɐ]

Marketing
o marketing [u ˈmarketiŋ]

Meeting Point
ponto de encontro [ˈpõntu d_ẽnˈkõntru]

Mehrwertsteuer
imposto sobre o valor acrescentado
[ĩmˈpoʃtu ˈsobr_u vɐˈlor_ɐkrɐʃsẽˈtadu]

Messe
feira [ˈfeirɐ]

~ausweis
o cartão de livre-trânsito
[u kɐrˈtẽu də ˈlivrɐ ˈtrẽzitu]

~hosteß
hospedeira [oʃpɐˈdeirɐ]

~leitung
a dire(c)ção da feira [ɐ dirɛˈsẽu də ˈfeirɐ]

~rabatt
desconto de feira [dəʃˈkõntu də ˈfeirɐ]

~service
assistência [ɐsiʃˈtẽsjɐ]

~stand
o stand da feira [u stɛnd də ˈfeirɐ]

~zentrum
o parque da feira [u ˈparkɐ də ˈfeirɐ]

Muster
amostra [ɐˈmɔʃtrɐ]

Öffentlichkeitsarbeit
(as) relações públicas
[(ɐʒ) ʀɐlɐˈsõiʃ ˈpublikɐʃ]

Preis
preço [ˈpresu]

~liste
lista de preços [ˈliʃtɐ də ˈpresuʃ]

~nachlaß
desconto [dəʃˈkõntu]
a redução de preços
[ɐ ʀɐduˈsẽu də ˈpresuʃ]

Produktion	a produção [ɐ produˈsẽu]
Proforma-Rechnung	fa(c)tura pró-forma [faˈturɐ prɔˈfɔrmɐ]
Prospekt	prospecto [pruʃˈpɛtu]
Protokoll	protocolo [prɔtɔˈkɔlu], a(c)ta [ˈatɐ]
Rechnung	conta [ˈkõntɐ]
	fa(c)tura [faˈturɐ]
Schulung	a instrução [ɐ ĩʃtruˈsẽu]
Skonto	desconto [dɐʃˈkõntu]
Tagesordnung	a ordem do dia [ɐ ˈɔrdẽi du ˈdiɐ]
Tochtergesellschaft	a filial [ɐ fiˈljal], a sucursal [ɐ sukurˈsal]
Transport	o transporte [u trẽʃˈpɔrtɐ]
Treffen	encontro [ẽŋˈkõntru]
Umsatzsteuer	imposto sobre transa(c)ções [ĩmˈpoʃtu ˈsobrɐ trẽzaˈsõiʃ]
Verkäufer/in	o vendedor / a vendedora [u vẽndɐˈdor / ɐ vẽndɐˈdorɐ]
Verkaufsförderung	a promoção de vendas [ɐ prumuˈsẽu dɐ ˈvẽndɐʃ]
Verpackung	a embalagem [ɐ ẽmbɐˈlaʒẽi]
Versicherung	seguro [sɐˈguru]
Vertrag	contrato [kõnˈtratu]
Vertragsbedingungen	as condições do contrato [ɐʃ kõndiˈsõiʒ du kõnˈtratu]
Vertreter/in	o/a representante [u/ɐ ʀɐprɐzẽnˈtẽntɐ] o/a agente [u/ɐ ɐˈʒẽntɐ]
Vertrieb	venda [ˈvẽndɐ]
Vertriebsnetz	a rede de vendas [ɐ ˈʀedɐ dɐ ˈvẽndɐʃ]
Visitenkarte	o cartão de visita [u kɐrˈtẽu dɐ vɐˈzitɐ]
Vortrag	conferência [kõfɐˈʀẽsjɐ]
Ware	mercadoria [mɐrkɐduˈriɐ]
Warenverzeichnis	inventário de mercadorias [ĩvẽnˈtarju dɐ mɐrkɐduˈriɐʃ]

Werbe|kampagne	campanha de publicidade [kẽmˈpɐɲɐ dɐ publisiˈdadɐ]
~material	o material de propaganda [u mɐtɐˈrjal dɐ prupɐˈgẽndɐ]
Werbung	propaganda [prupɐˈgẽndɐ] a publicidade [a publisiˈdadɐ]
Zahlungsbedingungen	as condições de pagamento [ɐʃ kõndiˈsõiʒ dɐ pɐgɐˈmẽntu]
Zentrale	a central [ɐ sẽnˈtral]

Ausstattung

Equipamento

Könnten Sie mir hiervon einige Kopien machen?

Pode-me fazer disto algumas cópias? ['pɔdəmə fe'zer 'diʃt_al'gumeʃ 'kɔpjeʃ]

Für meinen Vortrag benötige ich einen Tageslichtprojektor.

Preciso de um retroproje(c)tor para a minha conferência. [prə'sizu d_ũ ʀetrɔprujeˈtor 'pera 'miɲe kõfe'rẽsje]

Würden Sie mir bitte ... besorgen?

Pode-me arranjar ..., se faz favor? ['pɔdəm_ɐʀẽ'ʒar ... sə faʃ fe'vor]

Kurzgrammatik

Der Artikel (Geschlechtswort)

		bestimmter Artikel		unbestimmter Artikel	
Singular (Einzahl)	männlich	**o** carro	der Wagen	**um** sapato	ein Schuh
	weiblich	**a** porta	die Tür	**uma** bota	ein Stiefel
Plural (Mehr-zahl)	männlich	**os** carros	die Wagen	**(uns)** sapatos	Schuhe
	weiblich	**as** portas	die Türen	**(umas)** botas	Stiefel

Mit bestimmtem Artikel stehen

● Meere, Flüsse, Berge, Kontinente, die meisten Länder, einige Städte u.a.

o Atlântico	der Atlantik	a Europa	Europa
o Tejo	der Tejo	o Brasil	Brasilien
os Alpes	die Alpen	o Porto	Porto

● Titel, *senhor, senhora,* außer in der Anrede,

o doutor Silva	Boa noite, senhor engenheiro
a senhora D. Luísa	Gute Nacht, Herr Ingenieur

● besitzanzeigende Fürwörter,
● *ambos/-as, todo/-a, todos/-as,*

o meu quarto	mein Zimmer	ambos os filhos	beide Söhne
a minha prima	meine Kusine	toda a noite	die ganze Nacht
		todos os livros	alle Bücher

● Zeitangaben und Namen von Festen.

às três horas	um drei Uhr	o Natal	Weihnachten
no domingo	am Sonntag	a Páscoa	Ostern

Ohne Artikel stehen

● einige Ländernamen,
em Portugal in Portugal   em Israel in Israel

● Monatsnamen,
em Dezember im Dezember

● Verkehrsmittel nach *de* in Verbindung mit einigen Verben wie
ir, vir, andar.

Vou de comboio, de carro, de avião, de táxi, de autocarro, de bicicleta, etc.	Ich fahre mit dem Zug, dem Wagen, dem Flugzeug, dem Taxi, dem Autobus, dem Fahrrad, usw.

Ohne unbestimmten Artikel steht

● *meio/-a.*
Chegámos há meia hora.   Wir sind vor einer halben Stunde
angekommen.

Präpositionen + Artikel
(Verhältniswörter + Geschlechtswort)

Die Präpositionen *a, de, em* und *por* verschmelzen mit dem nachfolgenden bestimmten Artikel zu einem Wort:

a + o > ao	de + o > do	em + o > no	por + o > pelo
a + a > à	de + a > da	em + a > na	por + a > pela
a + os > aos	de + os > dos	em + os> nos	por + os > pelos
a + as > às	de + as > das	em + as > nas	por + as > pelas

Dou uma gorjeta **ao** porteiro.	Ich gebe dem Portier ein Trinkgeld.
Vou telefonar **às** minhas amigas.	Ich werde meine Freundinnen anrufen.
Os passageiros saíram **do** avião.	Die Passagiere verließen das Flugzeug.
Recebi uma carta **da** minha tia.	Ich erhielt einen Brief von meiner Tante.
Já não há quartos **no** hotel.	Im Hotel sind keine Zimmer mehr frei.
Há muita gente **na** rua.	Es sind viele Leute auf der Straße.
Passámos **pelo** centro da cidade.	Wir gingen durch das Stadtzentrum.
Fazemos esta viagem **pela** primeira vez.	Wir machen diese Reise zum ersten Mal.

Die Präpositionen *de* und *em* können mit dem unbestimmten Artikel verschmelzen, aber auch getrennt stehen. Die Verschmelzung mit *em* ist häufiger als die mit *de*.

de + um	> dum	em + um	> num
de + uma	> duma	em + uma	> numa
de + uns	> duns	em + uns	> nuns
de + umas	> dumas	em + umas	> numas

Este quadro é **dum** pintor pouco conhecido.	Dieses Bild ist von einem wenig bekannten Maler.
Li **numa** revista um artigo sobre este assunto.	Ich habe in einer Zeitschrift einen Artikel über dieses Thema gelesen.

Das Substantiv (Hauptwort)

Die meisten Substantive auf *-o* sind männlich, die auf *-a* weiblich; sächliche Substantive gibt es nicht.

Männliche Substantive auf *-a* sind:

o clima	das Klima	o programa	das Programm
o dia	der Tag	o telegrama	das Telegramm
o mapa	die Landkarte	u. a.	

Einige Substantive, die Personen bezeichnen, haben nur eine Form; das Geschlecht wird durch den Artikel ausgedrückt:

o artista	der Künstler	**o** jovem	der junge Mann
a artista	die Künstlerin	**a** jovem	das Mädchen
o intérprete	der Dolmetscher	**o** turista	der Tourist
a intérprete	die Dolmetscherin	**a** turista	die Touristin

Zur Bildung der weiblichen Form (Femininum) eines Substantivs wird das *-o* der männlichen Form (Maskulinum) durch *-a* ersetzt.

Bei Substantiven, die auf einen Konsonanten (Mitlaut) enden, wird meist ein *-a* hinzugefügt. Bei einigen Substantiven auf *-ão* wird diese Endung durch *-ã* ersetzt.

Maskulinum		Femininum	
o amigo	der Freund	a amiga	die Freundin
o pintor	der Maler	a pintora	die Malerin
o português	der Portugiese	a portuguesa	die Portugiesin
o alemão	der Deutsche	a alemã	die Deutsche
o irmão	der Bruder	a irmã	die Schwester

Der Plural wird allgemein durch Anhängen eines -s gebildet.
Endet jedoch das Substantiv auf -r, -s oder -z, so wird -es angehängt.

Singular		Plural	
o mercado	der Markt	os mercados	die Märkte
a data	das Datum	as datas	die Daten
a irmã	die Schwester	as irmãs	die Schwestern
a mulher	die Frau	as mulheres	die Frauen
o país	das Land	os países	die Länder
o rapaz	der Junge	os rapazes	die Jungen

Die Endungen -m und -l werden im Plural zu -ns bzw. -is. Unbetontes -il wird zu -eis.

a viagem	die Reise	as viagens	die Reisen
o som	der Ton	os sons	die Töne
o jornal	die Zeitung	os jornais	die Zeitungen
o hotel	das Hotel	os hotéis	die Hotels
o fóssil	das Fossil	os fósseis	die Fossilien

Die Substantive auf -ão bilden den Plural meist auf -ões, einige auch auf -ãos, -ães.

o avião	das Flugzeug	os aviões	die Flugzeuge
a melão	die Melone	os melões	die Melonen
o irmão	der Bruder	os irmãos	die Brüder
o pão	das Brot	os pães	die Brote

Nominativ/Akkusativ/Dativ/Genitiv
(Die vier Fälle)

Da das Portugiesische keine Deklination des Substantivs kennt, werden die vier Fälle entweder durch die Stellung des Substantivs im Satz oder durch Präpositionen gekennzeichnet.

Den vier Fällen des Deutschen entsprechen im Portugiesischen:

Nominativ Wer? Was?	**O motorista** conduz o carro. Der Chauffeur lenkt den Wagen.	Subjekt vor dem Verb
Akkusativ Wen? Was?	O motorista conduz **o carro.**	Objekt nach dem Verb
Dativ Wem?	Contei a história **a um jornalista.** Ich erzählte die Geschichte einem Journalisten.	Präposition **a** vor dem Objekt
Genitiv Wessen?	Aquela é a casa **do médico.** Das ist das Haus des Arztes.	Präposition **de** vor dem Objekt

Das Adjektiv
(Eigenschaftswort)

Das Geschlecht

- Die Adjektive auf -*o* haben in der weiblichen Form die Endung -*a*;

- die Adjektive auf -*ol*, -*or*, -*ês* und -*u* fügen meistens ein -*a* hinzu;

- die Adjektive auf -*ão* bilden die weibliche Form auf -*ona* bzw. -*ã* ;

- die Adjektive auf -*eu* haben in der weiblichen Form die Endung -*eia*.

Maskulinum	Femininum	
branco	branca	weiß
bonito	bonita	schön
espanhol	espanhola	spanisch
português	portuguesa	portugiesisch
encantador	encantadora	bezaubernd
cru	crua	roh
mandrião	mandriona	faul
alemão	alemã	deutsch
europeu	europeia	europäisch

Ausnahmen		
bom	boa	gut
mau	má	schlecht

● Viele Adjektive haben für beide Geschlechter nur eine Form:

um passeio interessante	ein interessanter Spaziergang
uma viagem interessante	eine interessante Reise
o vestido azul	das blaue Kleid
a saia azul	der blaue Rock

Der Plural
(Mehrzahl)

Bei der Pluralbildung folgen die Adjektive den Regeln für die Substantive

novo	novos	neu	azul	azuis	blau
regular	regulares	regelmäßig	fácil	fáceis	leicht
feliz	felizes	glücklich	mandrião	mandriões	faul
bom	bons	gut	alemão	alemães	deutsch

Die Übereinstimmung von Substantiv und Adjektiv

Das Adjektiv richtet sich in Geschlecht und Zahl immer nach dem Substantiv.

um homem alt**o**	ein großer Mann
uma mulher baixa	eine kleine Frau
os sapatos nov**os**	die neuen Schuhe
as botas velh**as**	die alten Stiefel
O vinho é car**o.**	Der Wein ist teuer.
A fruta é barat**a.**	Das Obst ist billig.
Os sapatos são car**os.**	Die Schuhe sind teuer.
As sandálias são barat**as.**	Die Sandalen sind billig.

Die Stellung des Adjektivs

Das Adjektiv steht normalerweise nach dem Substantiv; einige jedoch stehen meist davor.

um	artista	português	ein portugiesischer Künstler
um	objecto	perdido	ein verlorener Gegenstand
o	céu	azul	der blaue Himmel
um	bom	rapaz	ein guter Junge
um	lindo	dia	ein schöner Tag
o	mau	tempo	das schlechte Wetter

Steigerung des Adjektivs und Vergleich

Komparativ	mais ... (do) que	As laranjas são mais baratas (do) que as bananas. Die Orangen sind billiger als die Bananen.
	tão ... como	A mulher é tão alta como o homem. Die Frau ist so groß wie der Mann.
	menos ... (do) que	A pensão é menos confortável (do) que o hotel. Die Pension ist weniger komfortabel als das Hotel.

Superlativ	o/a mais …	Este peixe é o mais saboroso. Dieser Fisch ist am schmackhaftesten.	
	o/a menos …	Este peixe é o menos saboroso. Dieser Fisch ist am wenigsten schmackhaft.	
	muito …	A carne é muito cara. Das Fleisch ist sehr teuer.	
	…íssimo/a	A carne é caríssima. Das Fleisch ist sehr, sehr teuer.	

Unregelmäßige Steigerung

bom, boa	melhor	o/a melhor	óptimo/-a
gut	besser	der/die/das beste	sehr gut
mau, má	**pior**	**o/a pior**	**péssimo/-a**
schlecht	schlechter	der/die/das schlechteste	sehr schlecht
grande	**maior**	**o/a maior**	**máximo/-a**
groß	größer	der/die/das größte	sehr groß
pequeno/-a	**menor**	**o/a menor**	**mínimo/-a**
klein	kleiner	der/die/das kleinste	sehr klein

Die Formen *menor* und *o/a menor* werden im allgemeinen durch *mais pequeno/-a* bzw. *o/a mais pequeno/-a* ersetzt; statt *máximo/-a* und *mínimo/-a* werden meistens die Superlative *grandíssimo/-a* oder *muito grande* bzw. *pequeníssimo/-a* oder *muito pequeno/-a* verwendet.

Das Adverb (Umstandswort)

● Es gibt ursprüngliche Adverbien

aqui	**hoje**	**depressa**
hier	heute	schnell

● und abgeleitete Adverbien, die durch Anhängen von **-mente** an die weibliche Form des Eigenschaftswortes gebildet werden, wobei der Akzent des Adjektivs beim Adverb wegfällt.

Adjektiv		Adverb	
Maskulinum	Femininum		
certo	certa	certa**mente**	sicher
evidente		evidente**mente**	selbstverständlich
fácil		facil**mente**	leicht
Ausnahmen			
bom	boa	bem	gut
mau	má	mal	schlecht

Steigerung und Vergleich

● Manche Adverbien können wie Adjektive Steigerungsformen bilden.

devagar	mais devagar	muito devagar
langsam	langsamer	sehr langsam
claramente	mais claramente	muito claramente
deutlich	deutlicher	sehr deutlich

Die deutschen Superlativformen haben im Portugiesischen keine Entsprechung; sie werden durch eine eigene Konstruktion mit Hilfe des Komparativs wiedergegeben.

Ele é o que corre mais depressa.　　Er läuft am schnellsten.

Unregelmäßige Steigerung

bem	melhor	muito bem
gut	besser	sehr gut
mal	pior	muito mal
schlecht	schlechter	sehr schlecht
muito	mais	muitíssimo
sehr/viel	mehr	sehr viel
pouco	menos	pouquíssimo
wenig	weniger	sehr wenig

Das Verb (Zeitwort)

● Verbformen werden gewöhnlich ohne Personalpronomen verwendet.

    Temos tempo.   Wir haben Zeit.

● Im allgemeinen wird die 2. Person Plural durch die 3. Person Plural ersetzt. Dem deutschen „ihr" entspricht dabei *vocês*. Die 2. Person Plural wird deshalb in dieser Grammatik nicht aufgeführt.

    Vocês não vão hoje à praia?   Geht ihr heute nicht
                                an den Strand?

● Als Höflichkeitsform wird die 3. Person Singular oder Plural verwendet, meist in Verbindung mit *você (vocês), o senhor, a senhora (os senhores, as senhoras)* bzw. mit Titeln oder Namen. In Portugal dient *você* als Höflichkeitsform im vertrauten Umgang; in Brasilien hat es auch das *tu* verdrängt.

    O senhor (a senhora) pode-me   Können Sie mir sagen,
    dizer onde é o correio,   wo die Post ist, bitte?
    se faz favor?

● Eine Dame wird mit *(senhora) D. (= Dona)* und dem Vornamen angeredet.

    A (senhora) D. Amália vai   Gehen Sie heute einkaufen?
    hoje às compras?

Das Präsens (Gegenwart)

a) Die Verben ser – estar; ter – haver

	ser	estar	ter	haver
eu	sou	estou	tenho	hei
tu	és	estás	tens	hás
ele ⎫ ela ⎭	é	está	tem	há
nós	somos	estamos	temos	havemos
vocês	são	estão	têm	hão
eles ⎫ elas ⎭	são	estão	têm	hão

- *Ser* bezeichnet wesentliche, andauernde Eigenschaften, wie Geschlecht, Beruf, Verwandtschaft, Staatszugehörigkeit, Religion und steht bei Zeitbestimmungen.

- *Ser* wird außerdem zur Bildung des Passivs verwendet.

- *Estar* bezeichnet einen vorübergehenden Zustand und hat auch oft die Bedeutung „sich befinden".

A cidade é grande.	Die Stadt ist groß.
O senhor é português?	Sind Sie Portugiese?
Hoje é quinta-feira.	Heute ist Donnerstag.
A bagagem é transportada para o aeroporto.	Das Gepäck wird zum Flugplatz befördert.
A janela está fechada.	Das Fenster ist geschlossen.
O rapaz está muito contente.	Der Junge ist sehr froh.
Estamos em Lisboa.	Wir sind in Lissabon.

- *Ter* bedeutet „haben" (= besitzen) und wird auch zur Bildung der zusammengesetzten Zeiten verwendet.

- *Haver* wird dagegen selten zur Bildung der zusammengesetzten Zeiten gebraucht, allgemein aber in Verbindung mit *de* + Infinitiv zur Umschreibung der Zukunft. Keinesfalls aber bedeutet es „haben" (besitzen).

- *Há* steht häufig im Sinne von „es gibt" oder bei Zeitangaben in der Bedeutung „seit" oder „vor".

Tenho aqui dez escudos.	Hier habe ich zehn Escudos.
Temos tempo.	Wir haben Zeit.
O meu amigo tem viajado muito.	Mein Freund ist in der letzten Zeit viel gereist.
Hei-de escrever um postal.	Ich werde eine Karte schreiben.
Hoje não há peixe.	Heute gibt es keinen Fisch.
Há dois dias que não o vejo.	Seit zwei Tagen habe ich ihn nicht gesehen.
Estive em Lisboa há dois anos.	Vor zwei Jahren war ich in Lissabon.

b) Die regelmäßigen Verben

Die Verben werden gemäß ihrer Infinitivendung in drei Gruppen (Konjugationen) eingeteilt.

	-ar	-er	-ir
	falar sprechen	viver leben	partir abreisen
eu	falo	vivo	parto
tu	falas	vives	partes
ele ela	fala	vive	parte
nós	falamos	vivemos	partimos
vocês	falam	vivem	partem
eles elas	falam	vivem	partem

Die Zeiten der Vergangenheit

	falar	viver	partir
Imperfeito	falava falavas falava falávamos falavam falavam	vivia vivias vivia vivíamos viviam viviam	partia partias partia partíamos partiam partiam
Perfeito simples	falei falaste falou falámos falaram falaram	vivi viveste viveu vivemos viveram viveram	parti partiste partiu partimos partiram partiram
Perfeito composto	tenho falado tens falado tem falado etc.	tenho vivido tens vivido tem vivido etc.	tenho partido tens partido tem partido etc.

- Das *imperfeito* (Imperfekt) bezeichnet Handlungen, die in der Vergangenheit andauern oder oftmals wiederholt werden.

- Das *perfeito simples* (Historisches Perfekt) bezeichnet eine in der Vergangenheit abgeschlossene Handlung.

- Das *perfeito composto* (Zusammengesetztes Perfekt) bezeichnet ausschließlich Handlungen, die von der Vergangenheit in die Gegenwart reichen.

Ele chegava sempre tarde.	Er kam immer spät.
O meu primo visitou-me quando eu vivia em Lisboa.	Mein Cousin besuchte mich, als ich in Lissabon lebte.
Ultimamente não tem chovido.	In der letzten Zeit hat es nicht geregnet.

- Die Verben der ersten Konjugation *(-ar)* bilden das Partizip auf *-ado;* diejenigen der zweiten und der dritten Konjugation *(-er,-ir)* auf *-ido.*

Wichtige unregelmäßige Partizipien:

abrir	öffnen	aberto
dizer	sagen	dito
escrever	schreiben	escrito
fazer	machen	feito
ganhar	verdienen, gewinnen	ganho
gastar	ausgeben	gasto
pagar	zahlen	pago
pôr	stellen	posto
ver	sehen	visto
vir	kommen	vindo

Futur und Konditional

(Zukunft und Bedingungsform)

	falar	viver	partir
Futur	falarei	viverei	partirei
	falarás	viverás	partirás
	falará	viverá	partirá
	falaremos	viveremos	partiremos
	falarão	viverão	partirão
	falarão	viverão	partirão
Kondi-tional	falaria	viveria	partiria
	falarias	viverias	partirias
	falaria	viveria	partiria
	falaríamos	viveríamos	partiríamos
	falariam	viveriam	partiriam
	falariam	viveriam	partiriam

● Die Zukunft wird häufig auch durch das Präsens bzw. durch *ir* (im Präsens) + Infinitiv ausgedrückt.

Parto amanhã para Portugal.	Ich fahre morgen nach Portugal.
Vou-lhe dizer o que penso.	Ich werde Ihnen sagen, was ich denke.

● Das Konditional dient auch zur Formulierung eines höflichen Ersuchens. Es wird häufig durch das Imperfekt ersetzt.

Poderia (podia) dizer-me que horas são, se faz favor?	Könnten Sie mir sagen, wie spät es ist, bitte?
Desejaria (desejava) fazer-lhe uma pergunta.	Ich würde Ihnen gern eine Frage stellen.

Der Imperativ (Befehlsform)

	falar		comer	
	bejaht	verneint	bejaht	verneint
Singular	**fala**	não fal**es**	**come**	não com**as**
	sprich	sprich nicht	iß	iß nicht
	não fal**e**		(não) com**a**	
	sprechen Sie (nicht)		essen Sie (nicht)	
Plural	(não) fal**em**		(não) com**am**	
	sprecht (nicht)		eßt (nicht)	
	sprechen Sie (nicht)		essen Sie (nicht)	

Ebenso: **partir**

Das Gerundium

falar	comer	partir
fal**ando**	com**endo**	part**indo**

Diese unveränderlichen Formen entsprechen meist deutschen Sätzen, die mit den Bindewörtern und, da, indem, wobei, weil, wenn, als, etc. eingeleitet werden.

Ele saiu logo, nem sequer tendo tempo para comer.	Er ging gleich weg und hatte nicht einmal Zeit zu essen.
Em chegando, telefone-me.	Wenn Sie ankommen, rufen Sie mich an.

Die Verlaufsform

Estar + Gerundium oder *estar* + *a* + Infinitiv bezeichnen eine eben ablaufende Handlung. Die erste Konstruktion wird allgemein in Brasilien, die zweite in Portugal verwendet.

Estou lendo o jornal.	Ich lese (gerade) die Zeitung.
Estou a ler o jornal.	

Konjunktiv und persönlicher Infinitiv
(Möglichkeitsform und persönliche Nennform)

Diese beiden Modi (Aussageweisen) kommen im Portugiesischen häufig vor. Der persönliche Infinitiv hat im Deutschen keine Entsprechung, und der Konjunktiv wird im Portugiesischen meistens anders angewendet als im Deutschen.

Sie kommen fast ausschließlich in Nebensätzen vor, und ihre Behandlung in diesem Reisewörterbuch würde zu weit führen. Der Reisende kann sich auch ohne die Kenntnis dieser Formen sowohl in Portugal als auch in Brasilien verständlich machen.

Die Verneinung

● *Não* „nicht" steht immer vor dem Verb.

● *Nada* „nichts", *nunca* „niemals", *ninguém* „niemand" und *nenhum* „kein", „keinerlei" können vor oder nach dem Verb stehen; stehen sie danach, müssen sie durch *não* vor dem Verb ergänzt werden.

Não sei.	Ich weiß nicht.
Não entendo nada.	Ich verstehe nichts.
Nunca estive em Portugal.	Ich war nie in Portugal.
Ainda não visitei nenhum museu.	Ich habe noch kein Museum besichtigt.

Wichtige unregelmäßige Verben

Die nachstehende Übersicht enthält nicht die Formen, die regelmäßig gebildet werden oder wenig gebräuchlich sind.

caber Platz haben, hineingehen   Partizip: cabido

Präsens	caibo, cabes, cabe, cabemos, cabem
Perfeito s.	coube, coubeste, coube, coubemos, couberam

cair fallen   Partizip: caído

Präsens	caio, cais, cai, caímos, caem
Imperativ (vern.)	não caias, não caia, não caiam

So auch **sair** ausgehen, hinausgehen

cobrir bedecken   Partizip: coberto

Präsens	cubro, cobres, cobre, cobrimos, cobrem
Imperativ	cobre/não cubras, (não) cubra, (não) cubram

So auch **dormir** schlafen (Partizip: dormido)

dar geben   Partizip: dado

Präsens	dou, dás, dá, damos, dão
Perfeito s.	dei, deste, deu, demos, deram
Imperativ	dá/não dês, (não) dê, (não) dêem

despir ausziehen   Partizip: despido

Präsens	dispo, despes, despe, despimos, despem
Imperativ	despe/não dispas, (não) dispa, (não) dispam

So auch **ferir** verletzen, **mentir** lügen, **preferir** vorziehen, **seguir** folgen, **sentir** fühlen, **servir** dienen, **vestir** anziehen

dizer sagen   Partizip: dito

Präsens	digo, dizes, diz, dizemos, dizem
Perfeito s.	disse, disseste, disse, dissemos, disseram
Futur	direi, dirás, dirá, diremos, dirão
Kondit.	diria, dirias, diria, diríamos, diriam
Imperativ	diz/não digas, (não) diga, (não) digam

estar sein   Partizip: estado

Präsens	estou, estás, está, estamos, estão
Perfeito s.	estive, estiveste, esteve, estivemos, estiveram
Imperativ	está/não estejas, (não) esteja, (não) estejam

fazer machen   Partizip: feito

Präsens	faço, fazes, faz, fazemos, fazem
Perfeito s.	fiz, fizeste, fez, fizemos, fizeram
Futur	farei, farás, fará, faremos, farão
Kondit.	faria, farias, faria, faríamos, fariam
Imperativ	faz/não faças, (não) faça, (não) façam

fugir fliehen   Partizip: fugido

Präsens	fujo, foges, foge, fugimos, fogem
Imperativ	foge/não fujas, (não) fuja, (não) fujam

So auch **consumir** verbrauchen, **acudir** helfen, **sacudir** schütteln

haver haben   Partizip: havido

Präsens	hei, hás, há, havemos, hão
Perfeito s.	houve, houveste, houve, houvemos, houveram

ir gehen, fahren   Partizip: ido

Präsens	vou, vais, vai, vamos, vão
Perfeito s.	fui, foste, foi, fomos, foram
Imperativ	vai/não vás, (não) vá, (não) vão

ler lesen   Partizip: lido

Präsens	leio, lês, lê, lemos, lêem
Perfeito s.	li, leste, leu, lemos, leram
Imperativ	lê/não leias, (não) leia, (não) leiam

so auch **crer** glauben

medir messen   Partizip: medido

Präsens	meço, medes, mede, medimos, medem
Imperativ	mede/não meças, (não) meça, (não) meçam

so auch **pedir** bitten

ouvir hören   Partizip: ouvido

Präsens	ouço (oiço), ouves, ouve, ouvimos, ouvem
Imperativ	ouve/não ouças, (não) ouça, (não) ouçam

perder verlieren   Partizip: perdido

Präsens	perco, perdes, perde, perdemos, perdem
Imperativ (vern.)	não percas, não perca, não percam

poder können   Partizip: podido

Präsens	posso, podes, pode, podemos, podem
Perfeito s.	pude, pudeste, pôde, pudemos, puderam

220

pôr legen, setzen, stellen — Partizip: posto

Präsens	ponho, pões, põe, pomos, põem
Imperfeito	punha, punhas, punha, púnhamos, punham
Perfeito s.	pus, puseste, pôs, pusemos, puseram
Imperativ	pôe/não ponhas, (não) ponha, (não) ponham

prevenir warnen — Partizip: prevenido

Präsens	previno, prevines, previne, prevenimos, previnem
Imperativ	previne/não previnas, (não) previna, (não) previnam

So auch **agredir** angreifen, **progredir** fortschreiten, **transgredir** überschreiten

querer wollen — Partizip: querido

Präsens	quero, queres, quer, queremos, querem
Perfeito s.	quis, quiseste, quis, quisemos, quiseram
Imperativ	queira (o senhor, você), queiram

rir lachen — Partizip: rido

Präsens	rio, ris, ri, rimos, riem
Imperativ	ri/não rias, (não) ria, (não) riam

saber wissen — Partizip: sabido

Präsens	sei, sabes, sabe, sabemos, sabem
Perfeito s.	soube, soubeste, soube, soubemos, souberam

ser sein — Partizip: sido

Präsens	sou, és, é, somos, são
Imperfeito	era, eras, era, éramos, eram
Perfeito s.	fui, foste, foi, fomos, foram
Imperativ	sê/não sejas, (não) seja, (não) sejam

ter haben   Partizip: tido

Präsens	tenho, tens, tem, temos, têm
Imperfeito	tinha, tinhas, tinha, tínhamos, tinham
Perfeito s.	tive, tiveste, teve, tivemos, tiveram
Imperativ	tem/não tenhas, (não) tenha, (não) tenham

trazer bringen   Partizip: trazido

Präsens	trago, trazes, traz, trazemos, trazem
Perfeito s.	trouxe, trouxeste, trouxe, trouxemos, trouxeram
Futur	trarei, trarás, trará, traremos, trarão
Kondit.	traria, trarias, traria, traríamos, trariam
Imperativ	traz/não tragas, (não) traga, (não) tragam

valer wert sein   Partizip: valido

Präsens	valho, vales, vale, valemos, valem

ver sehen   Partizip: visto

Präsens	vejo, vês, vê, vemos, vêem
Perfeito s.	vi, viste, viu, vimos, viram
Imperativ	vê/não vejas, (não) veja, (não) vejam

vir kommen   Partizip und Gerundium: vindo

Präsens	venho, vens, vem, vimos, vêm
Imperfeito	vinha, vinhas, vinha, vínhamos, vinham
Perfeito s.	vim, vieste, veio, viemos, vieram
Imperativ	vem/não venhas, (não) venha, (não) venham

Die Wortstellung

Die regelmäßige Wortstellung **im Aussagesatz** ist:

Subjekt	Prädikat	direktes Objekt	indirektes Objekt
O passageiro	mostrou	o bilhete	ao revisor.
Der Reisende	zeigte	die Fahrkarte	dem Schaffner.

Im Fragesatz bleibt die Wortfolge erhalten, nur die Satzmelodie steigt gegen Ende an.

O hotel é caro?   Ist das Hotel teuer?

Nach einem einleitenden Fragewort werden Subjekt und Prädikat umgestellt. Nach einem Fragewort + *é que* steht dagegen meist die normale Wortfolge

	Este comboio vai para Lisboa?
Para onde	vai este comboio?
Quando	chega o próximo avião?
Quando é que	a navio parte?

Die Pronomen (Fürwörter)

Personalpronomen (Persönliche Fürwörter)

Nominativ		Dativ		Akkusativ		nach Präpositionen	
eu	ich	me	mir	me	mich	para mim	für mich
tu	du	te	dir	te	dich	para ti	für dich
ele	er	lhe ⎰ ihm		o	ihn	para ele	für ihn
ela	sie	lhe ⎱ ihr		a	sie	para ela	für sie
				se	sich	para si	für sich
nós	wir	nos	uns	nos	uns	para nós	für uns
vocês	ihr	lhes / a vocês } euch		os/as / vocês } euch		para vocês	für euch
eles elas } sie		lhes	ihnen	os as } sie		para eles para elas } für sie	
				se	sich	para si	für sich

Kontrahierte Formen:

de +ele(s), ela(s) > dele(s), dela(s)
em+ele(s), ela(s) > nele(s), nela(s)

com+mim	comigo
com+ti	contigo
com+si	consigo
com+nós	connosco

● Se steht auch oft in der Bedeutung des deutschen „man":
Isso não se diz!   Das sagt man nicht!

● Si und *consigo* werden häufig für die höfliche Anrede gebraucht:

Esta carta é para si.	Dieser Brief ist für Sie.
Preciso de falar consigo	Ich muß mit Ihnen sprechen.

● In Portugal stehen die Objektpronomen nach dem Verb und werden mit diesem durch Bindestrich verbunden.

In verneinten Sätzen jedoch, in Nebensätzen, nach bestimmten Adverbien wie *já, ainda, também* u. a. und ebenso nach Pronomen wie *alguém, todo, muito* u. a., stehen die Objektpronomen vor dem Verb.

Vejo-o todos os dias.	Ich sehe ihn jeden Tag.
Ele não me deu o troco.	Er gab mir das Wechselgeld nicht.
Creio que o perdi.	Ich glaube, daß ich es verloren habe.
O guia já nos chamou.	Der Reiseleiter hat uns schon gerufen.
Toda a gente a conhece.	Jeder kennt sie.

● In Brasilien stehen die Objektpronomen meist vor dem Verb.

Eu o vejo todos os dias.   Ich sehe ihn jeden Tag.

● Leitet ein Fragewort den Satz ein, so stehen die Pronomen – ebenso wie in den Nebensätzen – vor dem Verb.

Quem lhe deu a notícia?   Wer hat Ihnen die Nachricht gegeben?

Sei que lhe telefonou ontem.   Ich weiß, daß Sie ihn gestern angerufen haben.

- Endet die Verbform auf *-r, -s* oder *-z*, verwandeln sich *o, a, os, as* in *lo, la, los, las*, wobei der Schlußkonsonant des Verbs wegfällt. Endet die Verbform auf einen Nasallaut *(-ão, -am, -em)*, so entstehen die Formen *no, na, nos* und *nas*.

Penso encontrá-**la** hoje.	Ich denke, sie heute zu treffen.
Mostremo-**lo** aos outros.	Zeigen wir es den anderen.
Vamos vê-**los** amanhã.	Wir werden sie morgen sehen.
A porta estava fechada e eles abriram-**na**.	Die Tür war geschlossen, und sie öffneten sie.

- Zwei Objektpronomen beim Verb werden miteinander verschmolzen:

me + o > mo	nos + o > no-lo
te + o > to	lhes + o > lho
lhe + o > lho	etc.

Dei-**lho** ontem.	Ich habe es ihm gestern gegeben.
Mostra-**na-la**!	Zeig sie uns!
Não **mo** ofereceram.	Sie haben es mir nicht geschenkt.

Reflexivpronomen und reflexive Verben
(Rückbezügliche Für- und Zeitwörter)

lavar-se sich waschen

eu	lavo-me	ich wasche mich
tu	lavas-te	du wäschst dich
ele / ela	lava-se	er / sie wäscht sich
nós	lavamo-nos	wir waschen uns
vocês	lavam-se	ihr wascht euch
eles / elas	lavam-se	sie waschen sich

- Die Stellung der Reflexivpronomen entspricht derjenigen der Objektpronomen.
- *Se* dient auch zur Umschreibung des Passivs und steht dann nach der 3. Person Singular oder Plural des Verbs.

| Vende-se este terreno. | Dieses Grundstück ist zu verkaufen. |
| Alugam-se quartos. | Zimmer zu vermieten. |

Possessivpronomen (Besitzanzeigende Fürwörter)

Besitz / Besitzer	Singular		Plural		
	m	*f*	*m*	*f*	
Singular	meu teu seu	minha tua sua	meus teus seus	minhas tuas suas	mein(e) dein(e) ⎰sein(e) ⎱ihr(e) ⎰Ihr(e)
Plural	nosso vosso seu	nossa vossa sua	nossos vossos seus	nossas vossas suas	unser(e) ⎰euer(e) ⎱Ihr(e) ihr(e)

● Die Possessivpronomen werden mit dem Artikel verwendet.

A sua irmã está em São Paulo?	Ist Ihre Schwester in São Paulo?
Onde está o meu chapéu?	Wo ist mein Hut?

● Da die Formen *seu, sua, seus, suas* auch bei der Anrede gebraucht werden, ist es üblich – um Mißverständnisse zu vermeiden – die verschmolzenen Formen *dele, dela, deles, delas* zu benützen.

Conhecemos a mulher dele.	Wir kennen seine Frau.
Sabe qual é o carro delas?	Wissen Sie welcher ihr Wagen ist?

Demonstrativpronomen (Hinweisende Fürwörter)

unverän- derlich	veränderlich				
	Singular		Plural		
	m	*f*	*m*	*f*	
isto isso aquilo	este esse aquele	esta essa aquela	estes esses aqueles	estas essas aquelas	diese/r/s jene/r/s

- *Isto, este, esta,* etc. weisen auf etwas hin, das im Bereich des Sprechenden liegt.

- *Isso, esse, essa,* etc. weisen auf etwas hin, das im Bereich des Angesprochenen liegt.

- *Aquilo, aquele, aquela,* etc. weisen auf etwas hin, das weder im Bereich des Sprechenden noch in dem des Angesprochenen liegt.

- *Isto, isso, aquilo* stehen immer allein.

Queres este bolo?	Willst du diesen Kuchen?
Não, prefiro aquele.	Nein, mir ist der dort lieber.
Onde comprou essas calças?	Wo haben Sie diese Hose gekauft?
O que é isso?	Was ist das?
Isto é uma caixa.	Das ist eine Schachtel.

- Die Demonstrativpronomen werden mit den Präpositionen *de* und *em* verschmolzen:

de + isto	> disto		em + isto	> nisto	
de + este	> deste		em + este	> neste	
de + esse	> desse		em + esse	> nesse	
de + aquele	> daquele		em + aquele	> naquele	
etc.					

Gostam **deste** vinho?	Schmeckt Ihnen *(pl)* dieser Wein?
Naquele restaurante come- -se bem.	In dem Restaurant dort ißt man gut.

Relativpronomen (Bezügliche Fürwörter)

● *Que* (der, die, das, welcher, welche, welches) ist das meistge-
brauchte Relativpronomen. Es ist unveränderlich und kann
sich sowohl auf Personen als auch auf Dinge beziehen.

● *O que* entspricht dem deutschen „(das,) was"

O homem **que** saiu esta manhã ainda não voltou.	Der Mann, der heute morgen hinausgegangen ist, ist noch nicht zurückgekommen.
O fato **que** comprei está apertado.	Der Anzug, den ich gekauft habe, ist zu eng.
O que ele me disse era verdade.	Was er mir sagte, war wahr.

● *Quem* (wer, der) ist ebenfalls unveränderlich, bezieht sich
jedoch ausschließlich auf Personen und wird meist mit einer
Präposition verwendet.

Quem muito dorme pouco aprende.	Wer lang schläft, lernt wenig.
Este é o senhor com **quem** falei ontem.	Das ist der Herr, mit dem ich gestern gesprochen habe.

Fragepronomen und Fragewörter

quem wer wen	**Quem** fala? **Quem** encontraram ontem à noite? Para **quem** é este presente? De **quem** estão a falar?	Wer spricht? Wen haben Sie gestern abend getroffen? Für wen ist dieses Geschenk? Von wem sprechen Sie (sprecht ihr)?
(o) que was	**(O) que** está a fazer? Em **que** está a pensar? Para **que** serve isto?	Was machen Sie? Woran denken Sie? Wozu ist das gut?
qual, quais welcher, welche	**Qual** é a sua mala? **Quais** sapatos comprou?	Welcher ist Ihr Koffer? Welche Schuhe haben Sie gekauft?
quanto, -a wieviel quantos, -as wie viele	**Quanto** custam as uvas? **Quantas** horas dura a viagem?	Wieviel kosten die Trauben? Wie viele Stunden dauert die Reise?
onde wo donde woher aonde wohin para onde wohin	**Onde** está o lápis? **Donde** vêm os senhores? **Aonde** vamos? **Para onde** vai este comboio?	Wo ist der Bleistift? Woher kommen Sie? Wohin gehen wir? Wohin fährt dieser Zug?
como wie	**Como** se chama?	Wie heißen Sie?
porque warum	**Porque** vens tão tarde?	Warum kommst du so spät?

● Allein oder am Ende eines Satzes stehend, werden *que* und *porque* durch die betonten Formen *quê* und *porquê* ersetzt.

O quê? Was?
Não sei porquê. Ich weiß nicht warum.

Indefinitpronomen (Unbestimmte Fürwörter)

alguém jemand	Alguém perguntou por mim?	Hat jemand nach mir gefragt?
algum, a irgendeine/r/s	Há aqui alguma farmácia?	Gibt es hier eine Apotheke?
	Tem alguma coisa para mim?	Haben Sie etwas für mich?
(alg)uns, (alg)umas einige	Estão aqui umas cartas para si.	Hier sind einige Briefe für Sie.
ninguém niemand	Aqui ninguém me conhece e eu não conheço ninguém.	Hier kennt mich niemand, und ich kenne niemanden.
nenhum, a keine/r/s, keinerlei	Não faço ideia nenhuma.	Ich habe keine Ahnung.
todo, -a ganz	A viagem durou toda a noite.	Die Reise dauerte die ganze Nacht.
todos, -as alle	Partimos todos. Todos os lugares estão ocupados.	Wir reisen alle ab. Alle Plätze sind besetzt.
tudo alles	Já vimos tudo.	Wir haben schon alles gesehen.
nada nichts	Não percebo nada.	Ich verstehe nichts.
cada um, a jeder, jede	Cada um paga a sua conta.	Jeder bezahlt seine Rechnung.
cada jede/r/s	Em cada mesa ficam quatro pessoas.	An jedem Tisch sitzen vier Personen.

- *Alguém, ninguém, tudo, nada, cada* sind unveränderlich.

- *Algum, nenhum, todo* sind in Geschlecht und Zahl veränderlich.

- Nach *todo, toda, todos, todas* steht der bestimmte Artikel, wenn ein Substantiv folgt.

Wörterbuch Deutsch–Portugiesisch

Das themenbezogene Vokabular finden Sie in den Wortlisten der Kapitel 1–11.

A

ab de [də], desde [ˈdeʒdə]; a partir de [ɐ perˈtir də]
abbestellen *(Zimmer)* anular a reserva [ɐnuˈlar_ɐ ʀəˈzɛrvɐ]; *(Fahr-, Flugkarten)* cancelar [kɐsɐˈlar]
abbrechen partir [perˈtir]; interromper [ĩtɐʀõˈper]
Abend a tarde [ɐ ˈtardə]; *(nach Einbruch der Dunkelheit)* a noite [ɐ ˈnoitə]; **am** ~ à tardinha [a terˈdiɲɐ], à noite [ɐ ˈnoitɐ]
aber mas [mɐʃ]
abfahren (von) partir (de) [perˈtir (də)]
Abfall lixo [ˈliʃu]
abgeben entregar [ĩtrəˈgar]
abgelegen afastado [ɐfɐʃˈtadu], distante [dəʃˈtẽtɐ]
abholen ir buscar [ir buʃˈkar]; ~ **lassen** mandar buscar [mẽˈdar buʃˈkar]
Abkürzung abreviatura [ɐbrəvjeˈturɐ]; *(Weg)* atalho [ɐˈtaʎu]
abladen descarregar [dəʃkɐʀəˈgar]
ablaufen *(Frist)* terminar [tərmiˈnar], vencer [vẽˈser]; *(Paß)* caducar [kɐduˈkar]
ablehnen recusar [ʀəkuˈzar]
abnehmen diminuir [dəmiˈnwir]; *(dünner werden)* emagrecer [emɐgrəˈser]
Abreise partida [perˈtidɐ]
abreisen (nach) partir (para) [perˈtir (ˈpɐrɐ)]
Absatz *(Schuh)* salto [ˈsaltu], tacão [tɐˈkɐ̃u]; *(Abschnitt)* parágrafo [pɐˈragrɐfu]
Abschied nehmen despedir-se [dəʃpɐˈdirsə]
abschließen fechar à chave [fəˈʃar_a ˈʃavə]
Abschnitt *(Scheck, Kontroll~)* o talão [u tɐˈlɐ̃u]
Absicht a intenção [ɐ ĩtẽˈsɐ̃u]
absichtlich de propósito [də pruˈpɔzitu]
Abstand distância [dəʃˈtẽsjɐ]
abstellen *(Auto)* estacionar [ʃtɐsjuˈnar]; *(Motor, Radio)* desligar [dəʒliˈgar]
abwärts para baixo [ˈpɐrɐ ˈbaiʃu]

abwesend ausente [auˈzẽtɐ]
achtgeben (auf) prestar atenção (a) [prəʃˈtar_ɐtẽˈsɐ̃u (ɐ)]
Achtung a atenção [a_ɐtẽˈsɐ̃u]
Adresse endereço [ẽdəˈresu]
adressieren endereçar [ẽdərəˈsar]
Agentur agência [ɐˈʒẽsjɐ]
ähnlich semelhante [səməˈʎẽtɐ]
Ahnung ideia (é) [iˈdɐjɐ]; **keine ~!** não faço ideia (é) [nɐ̃u fas_iˈdɐjɐ]
akklimatisieren, s. ~ aclimatar-se [ɐklimɐˈtarsə]
Algen as algas [ɐz_ˈalgɐʃ]
alle todos [ˈtoduʃ]; **auf ~ Fälle** de qualquer maneira [də kwalˈker məˈneirɐ]; ~ **Tage** todos os dias [ˈtoduz_uʒ ˈdiɐʃ]; ~ **zwei Stunden** de duas em duas horas [də ˈduɐz_ɐ̃i ˈduɐz_ˈɔrɐʃ]
allein só [sɔ], sozinho [sɔˈziɲu]
alles tudo [ˈtudu]
allgemein geral [ʒəˈral]; **im ~en** geralmente [ʒəralˈmẽtɐ]
als *(zeitlich)* quando [ˈkwẽdu]; *(bei Vergleich)* que [kə], do que [du kə]; **besser** ~ melhor (do) que [məˈʎɔr (du) kə]; **nichts** ~ (não . . .) senão [(nɐ̃u) səˈnɐ̃u]; ~ **ob** como se [ˈkomu sə]
also então [ẽˈtɐ̃u], portanto [purˈtẽtu]
alt *(nicht frisch)* velho [ˈvɛʎu]; *(aus früheren Zeiten)* antigo [ẽˈtigu]
Alter a idade [ɐ iˈdadə]
Amt *(Dienststelle)* a repartição [ɐ ʀəpɐrtiˈsɐ̃u], os serviços [uʃ sərˈvisuʃ]
amtlich oficial [ofɐˈsjal]
amüsieren, s. ~ divertir-se [divərˈtirsə]
an em [ɐ̃i]; **am Abend** à tardinha [a terˈdiɲɐ], à noite [a ˈnoitɐ]; **am Sonntag** no domingo [nu duˈmĩgu]; **am Tejo** junto/na margem do Tejo [ˈʒũtu/nɐ ˈmarʒɐ̃i du ˈteʒu]
anbieten oferecer [ofərəˈser]
Andenken lembrança [lẽˈbrɐsɐ]
andere, der ~ o outro [u ˈotru]; **ein** ~**r** outro [ˈotru]
andermal, ein ~ outra vez [ˈotrɐ veʃ]
ändern mudar [muˈdar], alterar [altəˈrar]

anders *adj* diferente [difɐˈrẽntɐ]; *adv* de outra maneira/forma [dˌˈotrɐ mɐˈneirɐ/ˈfɔrmɐ], de outro modo [dˌˈotru ˈmɔdu]
anderswo noutro lado [ˈnotru ˈladu]
anderthalb um e meio [ũ i ˈmeju], uma e meia [ˈumɐ i ˈmeiɐ]
Anfang começo [kuˈmesu]
anfangen começar [kumɐˈsar]
Angabe a indicação [ɐ ĩdikɐˈsɐ̃u]; **~n machen** dar indicações [dar ĩdikɐˈsõiʃ]; **nähere ~n** indicações mais pormenorizadas [ĩdikɐˈsõiʃ maiʃ purmɐnuriˈzadɐʃ]
Angelegenheit assunto [ɐˈsũntu]; **eine ~ erledigen** resolver um assunto [ʀɐzolˈverˌũ ɐˈsũntu]
angeln pescar à linha [pɐʃˈkarˌa ˈliɲɐ]
angenehm agradável [ɐgrɐˈdavɛl]
Angst medo [ˈmedu]
anhalten parar [pɐˈrar]
Anhänger/in partidário/partidária [pɐrtiˈdarju/pɐrtiˈdarjɐ], adepto/adepta [ɐˈdɛptu/ɐˈdɛptɐ]
anklopfen bater à porta [bɐˈterˌa ˈpɔrtɐ]
Anlage a instalação [ɐ ĩʃtɐlɐˈsɐ̃u]; *(Brief)* anexo [ɐˈnɛksu]
Anlaß *(Grund)* motivo [muˈtivu]; *(Gelegenheit)* a ocasião [ɐ okɐˈzjɐ̃u]
anmachen *(Licht)* acender [ɐsẽnˈder]
anmelden *(ankündigen)* anunciar [ɐnũˈsjar]; *(angeben)* declarar [dɐklɐˈrar]; *(einschreiben)* inscrever [ĩʃkrɐˈver]
Annahme a aceitação [a̲ɐseitɐˈsɐ̃u]; *(Vermutung)* a suposição [ɐ supuziˈsɐ̃u]
annehmen aceitar [ɐseiˈtar]; *(vermuten)* supor [suˈpor]
anprobieren provar [pruˈvar]
anrufen telefonar [tɐlɐfuˈnar]
anschauen olhar [oˈʎar], observar [obsɐrˈvar], ver [ver]
anscheinend *adv* aparentemente [ɐpɐrẽntɐˈmẽntɐ], segundo parece [sɐˈgũndu pɐˈrɛsɐ]
Anschrift endereço [ẽndɐˈresu]
ansehen ver [ver], observar [obsɐrˈvar]
Ansicht vista [ˈviʃtɐ], aspecto [ɐʃˈpɛtu]; *(Meinung)* a opinião [ɐ opɐˈnjɐ̃u]
anspringen *(Motor)* pegar [pɐˈgar]
anstatt em vez de [ẽi vɐʃ dɐ]
anstrengend fatigante [fɐtiˈgẽntɐ]
Anstrengung esforço [ʃˈforsu]
Antwort resposta [ʀɐʃˈpɔʃtɐ]

antworten responder [ʀɐʃpõnˈder]
anwenden empregar [ẽmprɐˈgar]; *(Gesetz)* aplicar [ɐpliˈkar]
Anwendung emprego [ẽmˈpregu], a utilização [ɐ utɐlizɐˈsɐ̃u]
anwesend presente [prɐˈzẽntɐ]
Anzeige *(Inserat)* anúncio [ɐˈnũsju]
anziehen *(Kleidungsstück)* vestir [vɐʃˈtir]; **s. ~** vestir-se [vɐʃˈtirsɐ]
anzünden acender [ɐsẽnˈder]
Apparat aparelho [ɐpɐˈreʎu]
Appetit o apetite [u ɐpɐˈtitɐ]
Arbeit trabalho [trɐˈbaʎu]; *(Anstellung)* emprego [ẽmˈpregu]
arbeiten trabalhar [trɐbɐˈʎar]
arbeitslos desempregado [dɐzẽmprɐˈgadu]
ärgern, s. ~ über irritar-se com [iriˈtarsɐ kõ], aborrecer-se com [ɐbuʀɐˈsersɐ kõ]
arm pobre [ˈpɔbrɐ]
Art maneira [mɐˈneirɐ], modo [ˈmɔdu]
Artikel *(Ware, Zeitung)* artigo [ɐrˈtigu]
Atem a respiração [ɐ ʀɐʃpirɐˈsɐ̃u]
Atlantik Atlântico [ɐˈtlẽntiku]
auch também [tɐ̃mˈbɐ̃i]; **~ nicht** também não [tɐ̃mˈbɐ̃i nɐ̃u]
auf (1) *prp* sobre [ˈsobrɐ], em cima de [ẽi ˈsimɐ dɐ], em [ẽi]; **~ den Azoren** nos Açores [nuzˌɐˈsorɐʃ]; **~ der Reise** durante a viagem [duˈrẽntˌɐ ˈvjaʒɐ̃i]; **~ der Straße** na rua [nɐ ˈʀuɐ]; **~ die/der Post** ao/no correio [ɐu/nu]
auf (2) *(offen)* aberto [ɐˈbɛrtu]
aufbewahren guardar [gwɐrˈdar], conservar [kõsɐrˈvar]
aufbrechen *(gewaltsam)* arrombar [ɐʀõmˈbar]; *(fortgehen)* partir [pɐrˈtir]
Aufenthalt estada [ˈʃtadɐ]; *(Zug)* a paragem [ɐ pɐˈraʒɐ̃i], *(Br)* parada [pɐˈradɐ]
auffordern convidar [kõviˈdar]
aufgeben *(Brief, Telegramm)* mandar [mɐ̃nˈdar]; *(Gepäck)* despachar [dɐʃpɐˈʃar]
aufhalten, jdn ~ deter alg [dɐˈterˌalˈgɐ̃i]; **s. ~** demorar-se [dɐmuˈrarsɐ]
aufhängen pendurar [pẽnduˈrar]
aufhören acabar [ɐkɐˈbar], terminar [tɐrmiˈnar]
aufladen carregar [kɐʀɐˈgar]
aufmachen abrir [ɐˈbrir]
aufmerksam atento [ɐˈtẽntu]

Aufnahme *(Empfang)* a recepção [ɐ ʀəsɛˈsẽu]; *(Foto)* fotografia [futuɡɾɐˈfiɐ]

aufnehmen *(Foto)* tirar [tiˈʀar]

aufpassen (auf) tomar conta (de) [tuˈmar ˈkõtɐ (də)]

aufpumpen encher (de ar) [ẽˈʃer (d_ar)]

aufrufen chamar [ʃɐˈmar]

aufschieben adiar [ɐˈdjar]

aufschreiben anotar [ɐnuˈtar], tomar nota de [tuˈmar ˈnɔtɐ də]

Aufschub adiamento [ɐdjɐˈmẽtu]

Aufseher *(Wächter)* o guarda [u ˈɡwardɐ]

aufstehen levantar-se [ləvɐ̃ˈtarsə]

aufstellen pôr [por]; *(Zelt)* montar [mõˈtar]; *(Liste)* fazer [fɐˈzer]

aufwachen acordar [ɐkurˈdar], despertar [dəʃpərˈtar]

aufwärts para cima [ˈpɐɾɐ ˈsimɐ]

aufwecken acordar [ɐkurˈdar], despertar [dəʃpərˈtar]

Aufzeichnung apontamento [ɐpõtɐˈmẽtu], nota [ˈnɔtɐ]

Auge olho [ˈoʎu]

Augenblick momento [muˈmẽtu]

aus *(Herkunft)* de [də]; ~ **Lissabon** de Lisboa [də liʒˈboɐ]; *(Material)* de [də]; **ein Kleid ~ Seide** um vestido de seda [ũ vəʃˈtidu dɐ ˈsedɐ]; *(Grund)* por [pur]; ~ **diesem Grund** por este motivo [pur_ˈeʃtɐ muˈtivu]

Ausbildung a formação [ɐ furmɐˈsẽu], a instrução [ɐ iʃtruˈsẽu]

Ausdruck a expressão [ɐ ʃprɐˈsẽu]

ausdrücklich expressamente [ʃpresɐˈmẽtɐ]

Ausfahrt saída [sɐˈidɐ]

ausführen *(Arbeit)* executar [izɐkuˈtar]

ausführlich pormenorizado [purmɐnurizadu]

Ausgaben as despesas [ɐʒ dəʃˈpezɐʃ]

Ausgang saída [sɐˈidɐ]

ausgeben gastar [ɡɐʃˈtar]

ausgehen *(Haus verlassen)* sair [sɐˈir]; *(Licht)* apagar-se [ɐpɐˈɡarsə]

ausgeschlossen impossível [ĩpuˈsivɛl]

ausgezeichnet excelente [ʃsəˈlẽtɐ]

Auskunft a informação [ɐ ĩfurmɐˈsẽu]; ~ **einholen** pedir informações [pɐˈdir_ĩfurmɐˈsõiʃ]

Ausland estrangeiro [ʃtrẽˈʒeiru]; **im/ins ~** no/ao (para o) estrangeiro [nu/eu (ˈpɐɾɐ u) ʃtrẽˈʒeiru]

Ausländer estrangeiro [ʃtrẽˈʒeiru]

ausländisch estrangeiro [ʃtrẽˈʒeiru]

ausmachen *(Kosten)* ser [ser]

Ausnahme a exce(p)ção [ɐ ʃsɛˈsẽu]

auspacken *(Koffer)* desfazer [dəʃfɐˈzer]

ausreisen sair [sɐˈir], partir [pɐrˈtir]

ausrichten *(Botschaft)* transmitir [trẽʒmiˈtir], dizer [diˈzer]; *(Grüße)* dar [dar]

ausruhen, s. ~ descansar [dəʃkẽˈsar]

aussehen ter ar de [ter_ar də], ter aspecto de [ter_ɐʃˈpɛtu də]

außen fora [ˈfɔɾɐ]; **von ~** de fora [də ˈfɔɾɐ], por fora [pur ˈfɔɾɐ]

außer exce(p)to [ʃˈsɛtu], além de [aˈlẽi də]

außerdem além disso [aˈlẽi ˈdisu]

außergewöhnlich extraordinário [ʃtreɔrdiˈnarju]

außerhalb fora de [ˈfɔɾɐ də]

äußerlich exterior [ʃtɐˈrjor]

Aussicht vista [ˈviʃtɐ]

Aussprache pronúncia [pruˈnũsjɐ]

aussprechen pronunciar [prunũˈsjar]

Ausstattung equipamento [ikipɐˈmẽtu]

aussuchen escolher [ʃkuˈʎer]

Austausch troca [ˈtrɔkɐ]

austauschen trocar [truˈkar]

ausüben *(Beruf)* exercer [izɐrˈser]

Ausverkauf a liquidação [ɐ likidɐˈsẽu], saldo [ˈsaldu]

Auswahl escolha [ˈʃkoʎɐ]

Ausweis *(Personal~)* o bilhete de identidade [u bɐˈʎetɐ d_idẽtiˈdadɐ], *(Br)* carteira de identidade [karˈteɾɐ di idẽtiˈdadi]

ausziehen *(Wohnung verlassen)* mudar de casa [muˈdar dɐ ˈkazɐ]; *(Kleidungsstück)* despir [dəʃˈpir]; **s. ~** despir-se [dəʃˈpirsə]

Auto carro [ˈkaʀu], o automóvel [u autuˈmɔvɛl]; ~ **fahren** conduzir [kõduˈzir]

Automat *(Waren)* o distribuidor automático [u dəʃtribwiˈdor autuˈmatiku]

automatisch automático [autuˈmatiku]

B

Baby o bebé [u beˈbɛ]

Bad banho [ˈbɐɲu]

baden *(Wanne, schwimmen)* tomar banho [tuˈmar ˈbɐɲu]

Badeort a estação balnear [ə ʃteˈsɐu balˈɲjar]; as termas [əʃ ˈtɛrmeʃ]; praia [ˈprajɐ]

bald logo [ˈlɔgu], em breve [ɐ̃i ˈbrɛvə]; **so ~ wie möglich** o mais depressa possável [u majʒ dəˈprɛsɐ puˈsivɛl], quanto antes [ˈkwɐ̃ntu ˈɐ̃ntəʃ]

Ball bola [ˈbɔlɐ]; *(Fest)* o baile [u ˈbailə]

Band *n (aus Stoff)* fita [ˈfitɐ]; *m (Buch)* o volume [u vuˈlumə]

Bank *(Geldinstitut, Sitz ~)* banco [ˈbɐ̃nku]

bar zahlen pagar em dinheiro [peˈgar ɐ̃i dɐˈɲeiru]

Batterie bateria [bɐtəˈriɐ]; pilha [ˈpiʎɐ]

bauen construir [kõʃˈtrwir]

Bauer *(Landwirt)* camponês [kɐ̃mpuˈneʃ], agricultor [ɐgrikulˈtor]

Bauernhof fazenda [fɐˈzɐ̃ndɐ]

Baum a árvore [ɐ ˈarvurɐ]

beabsichtigen tencionar [tɐ̃sjuˈnar]

beachten considerar [kõsidəˈrar]

Beanstandung a reclamação [ɐ ʀɐklɐmɐˈsɐ̃u]

beantworten responder a [ʀɐ∫põnˈder_ɐ]

bearbeiten trabalhar [trɐbɐˈʎar]; *(Text)* redigir [ʀədɐˈʒir]

Becher copo [ˈkɔpu]; taça [ˈtasɐ]

Bedauern o pesar [u pəˈzar]

bedauern lamentar [lɐmɐ̃nˈtar], sentir [sɐ̃nˈtir]

bedecken cobrir [kuˈbrir]

bedeuten significar [signifiˈkar]

bedeutend importante [ĩmpurˈtɐ̃ntə]

Bedeutung *(Sinn)* significado [signifiˈkadu], a significação [ɐ signifikɐˈsɐ̃u]; *(Wichtigkeit)* importância [ĩmpurˈtɐ̃sjɐ]

bedienen servir [sɐrˈvir]

Bedienung serviço [sɐrˈvisu]

Bedingung a condição [ɐ kõndiˈsɐ̃u]

beeilen, s. ~ apressar-se [ɐprɐˈsarsə], despachar-se [dəʃpɐˈʃarsə]

beenden acabar [ɐkɐˈbar], terminar [tərmiˈner]

befinden, s. ~ encontrar-se [ɐ̃nkõnˈtrarsə]

befolgen seguir [səˈgir]

befördern transportar [trɐ̃ʃpurˈtar]

befreundet sein ser amigo [ser_eˈmigu]

befriedigt satisfeito [sɐtəʃˈfeitu], contente [kõnˈtɐ̃ntə]

befürchten recear [ʀəˈsjar]

begegnen encontrar [ɐ̃nkõnˈtrar]

begeistert (von) entusiasmado (com) [ɐ̃ntuzjɐʒˈmadu (kõ)]

Beginn começo [kuˈmesu], princípio [prɐ̃iˈsipju]

beginnen começar [kumɐˈsar]

begleiten acompanhar [ɐkõmpɐˈɲar]

Begleitung acompanhamento [ɐkõmpɐɲeˈmɐ̃ntu]; **in ~ von** em companhia de [ɐ̃i kõmpɐˈɲiɐ də]

begrüßen cumprimentar [kũmprimɐ̃nˈtar]

behalten guardar [gwɐrˈdar], ficar com [fiˈkar kõ]

Behälter o recipiente [u ʀɐsiˈpjɐ̃ntə], depósito [dəˈpɔzitu]

behandeln tratar [trɐˈtar]

Behandlung tratamento [trɐtɐˈmɐ̃ntu]

behaupten afirmar [ɐfirˈmar]

behilflich, jdm ~ sein ajudar alg [ɐʒuˈdar_alˈgɐi]

Behörde as autoridades [ɐz_auturiˈdadəʃ]

bei *(nahe)* perto de [ˈpɛrtu də]; **~ Tag/Nacht** de dia/noite [də ˈdiɐ/ˈnoitə]; **~ Tisch** à mesa [a ˈmezɐ]; **~ diesem Wetter** com este tempo [kõ ˈeʃtə ˈtɐ̃mpu]

beide ambos [ˈɐ̃mbuʃ], ambas [ˈɐ̃mbɐʃ]

Beifall aplausos [ɐˈpleuzuʃ]

Beileid os pêsames [uʃ ˈpezɐməʃ]

beinahe quase [ˈkwazə]

Beispiel exemplo [iˈzɐ̃mplu]; **zum ~** por exemplo [pur_iˈzɐ̃mplu]

beißen morder [murˈder]; *(Insekten)* picar [piˈkar]

bekannt conhecido [kuɲɐˈsidu]; **jdm mit jdm ~ machen** apresentar alg a alg [ɐprəzɐ̃nˈtar_alˈgɐi e alˈgɐi]; **~ sein** ser conhecido [ser kuɲɐˈsidu]

Bekannte, der, die ~ o conhecido [u kuɲɐˈsidu], a conhecida [ɐ kuɲɐˈsidɐ]

Bekanntschaft conhecimento [kuɲɐsiˈmɐ̃ntu]

beklagen, s. ~ (über) queixar-se (de) [keiˈʃarsə (də)]

bekommen receber [ʀɐsɐˈber]

belästigen importunar [ĩmpurtuˈnar], incomodar [ĩŋkumuˈdar]

belegen, einen Platz ~ ocupar um lugar [okuˈpar_ũ luˈgar]

beleidigen ofender [ofɐ̃nˈder]

Beleidigung ofensa [oˈfēsə]
beleuchtet iluminado [ilumiˈnadu]
Belgien Bélgica [ˈbɛlʒikə]
Belgier/in o/a belga [u/ɐ ˈbɛlɡɐ]
Belieben, nach ~ à vontade [a
võnˈtadə], à discrição [a dəʃkriˈsēu]
belohnen recompensar
[ʀəkõmpēˈsar], gratificar [ɡrɐtəfiˈkar]
Belohnung recompensa
[ʀəkõmˈpēsə], a gratificação [ɐ
ɡrɐtəfikɐˈsēu]
bemerken notar [nuˈtar]; *(sagen)*
observar [obsɐrˈvar]
bemühen, s. ~ esforçar-se
[ʃfurˈsarsə]
benachrichtigen avisar [ɐviˈzar],
informar [ĩfurˈmar]
Benehmen comportamento
[kõmpurtɐˈmēntu]
benötigen precisar de [prəsiˈzar də]
benutzen utilizar [utəliˈzar], usar
[uˈzar]; *(Verkehrsmittel)* tomar
[tuˈmar], *(Br)* pegar [peˈɡar]
Benzin gasolina [ɡəzuˈlinə]
beobachten observar [obsɐrˈvar]
bequem cómodo [ˈkɔmudu],
confortável [kõfurˈtavɛl]
Bequemlichkeit a comodidade
[ɐ kumudiˈdadə]
berechnen calcular [kalkuˈlar]
berechtigt autorizado [auturiˈzadu],
com direito [kõ diˈreitu]
bereit pronto [ˈprõntu], disposto
[dəʃˈpoʃtu]
bereits já [ʒa]
Berg o monte [u ˈmõntə]
bergab para baixo [ˈpɐrɐ ˈbaiʃu]
bergauf para cima [ˈpɐrɐ ˈsimə]
Bericht relato [ʀəˈlatu], relatório
[ʀələˈtorju]
Beruf a profissão [ɐ prufiˈsēu]
beruhigen, s. ~ acalmar-se
[ɐkalˈmarsə], serenar [sərəˈnar]
berühmt célebre [ˈsɛlɐbrə], famoso
[fɐˈmozu]
berühren tocar [tuˈkar]
Berührung conta(c)to [kõnˈta(k)tu]
beschädigen danificar [dɐnəfiˈkar]
Beschädigung dano [ˈdɐnu]
beschaffen *verb* arranjar [ɐʀēˈʒar]
beschäftigt ocupado [okuˈpadu]; *(angestellt)* empregado [ēmprəˈɡadu]
Bescheid resposta [ʀəʃˈpoʃtə]; a
informação [ɐ ĩfurməˈsēu]; **~ sagen**
informar [ĩfurˈmar]
bescheinigen certificar [sərtəfiˈkar],
atestar [ɐtəʃˈtar]

beschleunigen acelerar [ɐsələˈrar]
beschließen resolver [ʀəzolˈver],
decidir [dəsiˈdir]
beschreiben descrever [dəʃkrəˈver]
beschützen proteger [prutəˈʒer]
Beschwerde queixa [ˈkeiʃə], a
reclamação [ɐ ʀəklɐməˈsēu]
beschweren, s. ~ (über) queixar- se
(de) [keiˈʃarsə (də)]
besetzt *(Platz)* ocupado [okuˈpadu];
(voll) completo [kõmˈplɛtu]
besichtigen visitar [vəziˈtar]
Besitz a posse [ɐ ˈposə]; *(Eigentum)* a
propriedade [ɐ pruprjeˈdadə]
besitzen possuir [puˈswir]
Besitzer o possuidor [u puswiˈdor],
dono [ˈdonu], proprietário
[pruprjeˈtarju]
besonders especialmente
[ʃpəsjalˈmēntə]
besorgen arranjar [ɐʀēˈʒar]
besorgt preocupado [prjokuˈpadu]
Besorgung compra [ˈkõmprə]
besser melhor [məˈʎor]
bestätigen confirmar [kõfirˈmar]
beste(r, s) melhor [məˈʎor]
bestehen existir [iziʃˈtir]; **~ auf** insistir
em [ĩsiʃˈtir ̯ēi]; **~ aus** constar de
[kõʃˈtar də], ser constituído por [ser
kõʃtiˈtwidu pur]
bestimmt *adj* certo [ˈsɛrtu],
determinado [dətərmiˈnadu]; *adv*
certamente [sɛrtɐˈmēntə], com
certeza [kõ sɐrˈtezə]
Besuch visita [vəˈzitə]
besuchen, jdn ~ visitar alg
[vəziˈtar ˌalˈɡēi]
beten rezar [ʀəˈzar]
betrachten observar [obsɐrˈvar]; *(ansehen als)* considerar (como)
[kõsidəˈrar (ˈkomu)]
beträchtlich considerável
[kõsidəˈravɛl]
Betrag importância, [ĩmpurˈtēsjə],
quantia [kwēnˈtiə]
betragen importar em [ĩmpurˈtar ̯ēi]
betreffend respectivo [ʀəʃpɛˈtivu],
relativo a [ʀələˈtivu ɐ]
betreten entrar em [ēnˈtrar ̯ēi]
betrinken, s. ~ embriagar-se
[ēmbrjeˈɡarsə]
Betrug *(Gaunerei)* engano [ēŋˈɡenu],
a vigarice [ɐ viɡɐˈrisə]; *(Handel)* a
fraude [ɐ ˈfraudə]
betrügen enganar [ēŋɡɐˈnar]
betrunken embriagado [ēmbrjeˈɡadu];
(leicht) alegre [ɐˈlɛɡrə]

Bett cama [ˈkɐmɐ]; **zu ~ gehen** ir deitar-se [ir deiˈtarsə], ir para a cama [ir ˈpɐra ˈkɐmɐ]
beunruhigen, s. ~ inquietar-se [iŋkjeˈtarsə]
beurteilen julgar [ʒulˈgar]
Beutel bolsa [ˈbolsɐ]
bevor antes de [ˈɐ̃təʒ də]
bewachen vigiar [viˈʒjar]
bewegen mover [muˈver]
bewegt (Gefühl) comovido [kumuˈvidu]; (Meer) agitado [ɐʒiˈtadu]
Bewegung movimento [muviˈmẽntu]
Beweis prova [ˈprɔvɐ]
beweisen provar [pruˈvar], demonstrar [dəmõʃˈtrar]
Bewohner o habitante [u ɐbiˈtɐ̃tə]
bewundern admirar [ɐdmiˈrar]
bewußt consciente [kõʃˈsjẽntə]
bezahlen pagar [pɐˈgar]
bezaubernd encantador [ɐ̃ŋkɐ̃təˈdor]
Bezeichnung a designação [ɐ dəʒignɐˈsẽu]
beziehen, s. ~ auf referir-se a [ʀəfəˈrirs̩ ɐ]
biegen dobrar [duˈbrar], curvar [kurˈvar]
Biene abelha [ɐˈbeʎɐ]
bieten oferecer [ofərəˈser]
Bild (Foto) fotografia [futɐgrɐˈfiɐ]; (Abbildung) gravura [grɐˈvurɐ]; (Gemälde) quadro [ˈkwadru]
bilden formar [furˈmar], constituir [kõʃtiˈtwir]
billig barato [bɐˈratu]
binden atar [ɐˈtar], ligar [liˈgar]
Bindfaden fio [ˈfiu], o cordel [u kurˈdɛl]
Birne pêra [ˈperɐ]; (el) lâmpada [ˈlẽmpɐdɐ]
bis até [ɐˈtɛ]; **~ jetzt** até agora [ɐˈtɛ ɐˈgɔrɐ]
bißchen, ein ~ um pouco [ũm ˈpoku]
bitte se faz favor [sə faʃ fɐˈvor]; (Antwort auf Dank) de nada [də ˈnadɐ], não tem de quê [nẽu tẽi də ke]; **wie ~?** como? [ˈkomu]
Bitte pedido [pɐˈdidu]
bitten, jdn um etw ~ pedir alguma coisa a alg [pɐˈdir‿alˈgumɐ ˈkoizɐ alˈgẽi]
bitter amargo [ɐˈmargu]
Blatt folha [ˈfoʎɐ]
bleiben ficar [fiˈkar]
bleich pálido [ˈpalidu]

Blick o olhar [u oˈʎar]; (Ausblick) vista [ˈviʃtɐ]
blind cego [ˈsɛgu]
blinken piscar [piʃˈkar]
Blitz (Wetter) relâmpago [ʀəˈlẽmpɐgu]; (Foto) o flash [u flɛʃ]
blöd(e) parvo [ˈparvu], tolo [ˈtolu], estúpido [ˈʃtupidu]
blühen florescer [flurɐʃˈser]
Blume a flor [ɐ flor]
Boden solo [ˈsɔlu], o chão [u ʃẽu]; (Fuß~) o chão [u ʃẽu]
Boot barco [ˈbarku]
Bord, an ~ gehen embarcar [ẽmbɐrˈkar]
böse mau [mau]; (verärgert) zangado [zẽˈgadu]
Botschaft (dipl. Vertretung) embaixada [ẽmbaiˈʃadɐ]
Brand incêndio [ĩˈsẽndju], fogo [ˈfogu]
Brasilianer/in o brasileiro [u brɐziˈleiru], a brasileira [ɐ brɐziˈleirɐ]
brasilianisch brasileiro [brɐziˈleiru]
Brasilien Brasil [brɐˈzil]
Braten assado [ɐˈsadu]
braten assar [ɐˈsar]; (in der Pfanne) fritar [friˈtar]
brauchen precisar de [prɐsiˈzar də], necessitar (de) [nəsəsiˈtar (də)]; (Zeit) levar [ləˈvar]
braun castanho [kɐʃˈtɐɲu], (Br) marrom [mɐˈʀõ]; (gebräunt) bronzeado [brõˈzjadu], queimado [keiˈmadu]; (Haar) castanho [kɐʃˈtɐɲu]
brechen partir [pɐrˈtir], quebrar [kəˈbrar]
breit largo [ˈlargu]
brennen arder [ɐrˈder]
Brief carta [ˈkartɐ]
Brieftasche carteira [kɐrˈteirɐ]
Briefwechsel correspondência [kurɐʃpõˈdẽsjɐ]
Brille os óculos [uz‿ˈɔkuluʃ]
bringen (her~) trazer [trɐˈzer]; (weg~) levar [ləˈvar]
Bruder o irmão [u irˈmẽu]
Brunnen poço [ˈposu]
Buch livro [ˈlivru]
buchen (Platz) marcar [mɐrˈkar], reservar [ʀəzərˈvar]
Büchse caixa [ˈkaiʃɐ]; (Konserve) lata de conserva [ˈlatɐ də kõˈsɛrvɐ]
buchstabieren soletrar [suləˈtrar], dizer as letras [diˈzer‿ɐʒ ˈletrɐʃ]
Bucht baía [bɐˈiɐ]

Bügeleisen ferro (de engomar) [ˈfɛʀu (dˌẽŋguˈmar)]
Bummel passeio [pɐˈseju]
Bund *(Gemüse, Schlüssel)* molho [ˈmoʎu]
bunt multicolor [multikuˈlor], polícromo [puˈlikrumu]; *(abwechslungsreich)* variado [vɐˈrjadu]
Büro escritório [ʃkriˈtɔrju]
Bürste escova [ˈʃkovɐ]
bürsten escovar [ʃkuˈvar]
Busch arbusto [erˈbuʃtu]; o bosque [uˈbɔʃkə]; selva [ˈsɛlvə]

C

Café o café [uˈkeˈfɛ]
Chauffeur o motorista [uˈmutuˈriʃtə], *(Br)* o chofer [uˈʃɔˈfer]
Chef o chefe [uˈʃɛfə]
Chor coro [ˈkoru]
Cousin/e o primo [uˈprimu], a prima [ɐˈprimə]

D

da *(Ort)* aí [ɐˈi], ali [ɐˈli], além [aˈlɐ̃i], lá [la]; *(Grund)* como [ˈkomu], já que [ʒaˈkə]; *(Zeit)* então [ẽnˈtẽu], em que [ẽiˈkə]
dafür sein ser a favor de [serˌɐfɐˈvor də]
dagegen sein ser contra [serˈkõntrə]
daheim em casa [ẽiˈkazə]
daher *(Grund)* por isso [purˌˈisu]
damals então [ẽnˈtẽu]
Dame senhora [sɐˈɲorɐ]
danach depois [dəˈpoiʃ]
Dank agradecimento [ɐgrɐdɐsiˈmẽntu]
dankbar agradecido [ɐgrɐdɐˈsidu], grato [ˈgratu]
danken agradecer [ɐgrɐdɐˈser]
dann então [ẽnˈtẽu], depois [dəˈpoiʃ]
das isto [ˈiʃtu], isso [ˈisu], aquilo [ɐˈkilu]
dasein estar presente [ʃtar prɐˈzẽntə]
daß que [kə]
dasselbe o mesmo [uˈmeʒmu]
Datum data [ˈdatə]
Dauer a duração [ɐ durɐˈsẽu]
dauern durar [duˈrar]

dazu além disso [aˈlɐ̃i ˈdisu]; *(Zweck)* para isso [ˈpɐrɐ ˈisu]
Decke *(Bett~)* o cobertor [u kubɐrˈtor]; *(Zimmer~)* te(c)to [ˈtɛtu]
defekt avariado [ɐvɐˈrjadu]; danificado [dɐnɐfiˈkadu]
dein teu [teu], tua [ˈtuɐ]
demnächst brevemente [brɛvɐˈmẽntə]
denken an pensar em [pẽˈsar ˌẽi]
denn pois [poiʃ], porque [ˈpurkə]
derselbe o mesmo [uˈmeʒmu]
deshalb por isso [purˌˈisu]
deutlich claro [ˈklaru]
deutsch alemão [ɐlɐˈmẽu]
Deutsche, der, die ~ o alemão [u ɐlɐˈmẽu], a alemã [a ˌalɐˈmẽ]
Deutschland Alemanha [ɐlɐˈmɐɲɐ]
Dia diapositivo [djɐpuʒiˈtivu]
Diagnose diagnóstico [djɐgˈnɔʃtiku]
dich te [tə], ti [ti]
dicht *(Nebel)* denso [ˈdẽsu], cerrado [sɐˈʀadu]; *adv* perto [ˈpɛrtu]; ~ **dabei** muito perto [ˈmũintu ˈpɛrtu]
dick gordo [ˈgordu]; *(geschwollen)* inchado [ĩˈʃadu]
dienen servir [sɐrˈvir]
Dienst serviço [sɐrˈvisu]
diese(r, s) esta [ˈeʃtə], este [ˈeʃtə]; essa [ˈesə], esse [ˈesə]
Ding coisa [ˈkoizə]
dir te [tə], ti [ti]
direkt dire(c)to [diˈrɛtu]; *(sofort)* logo [ˈlɔgu], imediatamente [imədjatɐˈmẽntə]
Direktion a dire(c)ção [ɐ dirɛˈsẽu]
Direktor o dire(c)tor [u dirɛˈtor]
doch mas [maʃ], porém [puˈrẽi]
Doktor o doutor [u doˈtor], médico [ˈmɛdiku]
Dokument documento [dukuˈmẽntu]
doppelt duplo [ˈduplu]
Dorf aldeia [alˈdeiə]
dort ali [ɐˈli], além [aˈlɐ̃i], lá [la]; *(beim Angeredeten)* aí [ɐˈi]; ~ **oben/unten** lá em cima/em baixo [la ẽi ˈsimə/ẽi ˈbaiʃu]
dorthin para lá [ˈpɐrɐ la], lá [la]
Dose caixa [ˈkaiʃə], lata [ˈlatə]
Draht o arame [u ɐˈrɐmə]
draußen fora [ˈfɔrɐ]
drehen virar [viˈrar], voltar [vɔlˈtar]
drin(nen) lá dentro [la ˈdẽntru], no interior [nu ĩtɐˈrjor]
dringend urgente [urˈʒẽntə]
dritte(r, -s) terceira [tɐrˈseirə], terceiro [tɐrˈseiro]

Drittel, ein ~ um terço [ũ ˈtersu]
drittens (em) terceiro (lugar) [(ẽi)
  təˈseiru (ˈlugar)]
drüben além [aˈlẽi], do outro lado [du
  ˈotru ˈladu]
drücken *(stoßen)* empurrar
  [ẽmpuˈʀar]
du tu [tu], *(Br)* você [vɔˈse]
dumm parvo [ˈparvu], tolo [ˈtolu]
dunkel escuro [ˈʃkuru]
dünn delgado [dɛlˈgadu]
durch *(quer ~)* através de [etʀeˈvɛʒ
  də]; *(mittels)* por [pur], por meio de
  [pur ˈmeju də]; *(Passiv)* por [pur]
durchaus nicht de maneira nenhuma
  [də məˈneirɐ nəˈnumɐ]
Durchfahrt a passagem [ɐ pɐˈsaʒẽi],
  travessia [treveˈsiɐ]
Durchgang a passagem [ɐ pɐˈsaʒẽi]
Durchreise a passagem [ɐ pɐˈsaʒẽi];
  auf der ~ de passagem [də pɐˈsaʒẽi]
durchschnittlich *adj* médio [ˈmɛdju];
  adv em média [ẽi ˈmɛdjɐ]
dürfen poder [puˈder]
Durst a sede [ɐ ˈsedɐ]
durstig sein ter sede [ter ˈsedɐ]

E

eben *(flach)* plano [ˈplɐnu]; *(zeitlich)*
  agora mesmo [ɐˈgɔʀɐ ˈmeʒmu]
Ebene a planície [ɐ plɐˈnisjə]
echt autêntico [auˈtẽtiku]
Ecke esquina [ˈʃkinɐ], canto [ˈkẽtu]
Ehe casamento [kazɐˈmẽtu]
Ehefrau a mulher [ɐ muˈʎɛr], esposa
  [ˈʃpozɐ]
Ehemann marido [mɐˈridu], esposo
  [ˈʃpozu]
Ehepaar o casal [u kɐˈzal]
eher *(lieber)* antes [ˈẽtəʃ]
Ehering aliança [ɐˈljẽsɐ]
Ehre honra [ˈõʀɐ]
Ei ovo [ˈovu]
eigen próprio [ˈprɔprju]; *(eigenartig)*
  particular [pɐrtikuˈlar], peculiar
  [pəkuˈljar]; *(seltsam)* singular
  [sĩguˈlar], estranho [ˈʃtrɐɲu]
Eigenschaft a qualidade
  [ɐ kwɐliˈdadɐ]
eigentlich verdadeiro [vərdɐˈdeiru];
  adv no fundo [nu ˈfũdu], para dizer
  a verdade [ˈpɐʀɐ diˈzer ɐ vərˈdadɐ]
Eigentümer proprietário
  [pruprjeˈtarju], dono [ˈdonu]

eilig apressado [ɐprəˈsadu]; **es** ~ **haben** ter pressa [ter ˈprɛsɐ]
ein(e) um [ũ], uma [ˈumɐ]
einander um ao outro [ũ eu ˈotru],
  uns aos outros [ũz ˌeuz ˈotruʃ]
einbiegen, nach rechts/links ~ virar
  à direita/esquerda [viˈrar ɐ diˈreitɐ/
  ˈʃkerdɐ]
Eindruck a impressão [ɐ ĩprəˈsẽu]
einfach simples [ˈsĩpləʃ]
Einfahrt entrada [ẽˈtradɐ]
Eingang entrada [ẽˈtradɐ]
einheimisch natural [nɐtuˈral], nativo
  [nɐˈtivu], indígena [ĩˈdiʒɐnɐ]
einig sein estar de acordo [ʃtar
  d ɐˈkordu]
einige alguns [alˈgũʃ], algumas
  [alˈgumɐʃ]
einigen unir [uˈnir], unificar
  [unifiˈkar]; **s.** ~ chegar a acordo
  [ʃəˈgar ɐ ɐˈkordu]
einkaufen comprar [kõˈprar], fazer
  compras [fɐˈzer kõˈpreʃ]
einladen convidar [kõviˈdar]
Einladung o convite [u kõˈvitɐ]
einmal uma vez [ˈumɐ veʃ]
einpacken embrulhar [ẽmbruˈʎar]
einreisen entrar [ẽˈtrar]
eins um [ũ], uma [ˈumɐ]
einsam solitário [suliˈtarju]; sozinho
  [sɔˈziɲu]
einschalten ligar [liˈgar]; *(Licht)*
  acender [esẽˈder]
einschlafen adormecer [edurmɐˈser]
einschließen incluir [ĩˈklwir]
eintreffen chegar [ʃəˈgar]
eintreten entrar [ẽˈtrar]
Eintritt entrada [ẽˈtradɐ]; ~ **verboten** proibida a entrada [prwiˈbida
  ẽˈtradɐ]
Eintrittspreis preço de entrada
  [ˈpresu d ẽˈtradɐ]
Einverständnis acordo [ɐˈkordu]
einwerfen *(Briefe)* deitar na caixa
  [ˈdeitar nɐ ˈkaiʃɐ]
einwickeln embrulhar [ẽmbruˈʎar]
einwilligen consentir [kõsẽˈtir]
Einwohner o habitante [u ɐbiˈtẽtɐ]
Einzelheit o pormenor [u purmɐˈnɔr],
  o detalhe [u dɐˈtaʎɐ]
einzeln só [sɔ]; isolado [izuˈladu]; *adv*
  um a um [ũ ɐ ũ]
einzig único [ˈuniku]; *(~artig)*
  singular [sĩguˈlar], sem par [sẽi par]
Eis *(Glatt~)* gelo [ˈʒelu]; *(Speise~)*
  gelado [ʒɐˈladu], *(Br)* o sorvete [u
  sorˈveti]

Eisen ferro ['fɛʀu]
elektrisch elé(c)trico [i'lɛtriku]
Eltern os pais [uʃ paiʃ]
emanzipiert emancipado [imẽsi'padu]
Empfang *(Erhalt, Hotel, Besuch)* a recepção [ɐ ʀɐsə'sẽu]
empfangen receber [ʀɐsə'ber]
empfehlen recomendar [ʀɐkumẽ'dar]
Empfehlung a recomendação [ɐ ʀɐkumẽde'sẽu]
Ende o fim [u fĩ]; **am ~** por fim [pur fĩ]
enden acabar [ɐke'bar], terminar [tɐrmi'nar]
endgültig *adj* definitivo [dəfini'tivu]; *adv* definitivamente [dəfinitivɐ'mẽntə]
endlich finalmente [final'mẽntə]
eng estreito ['ʃtreitu]
englisch inglês [ĩ'gleʃ]
Enkel/in o neto [u 'netu], a neta [ɐ 'netɐ]
entdecken descobrir [dəʃku'brir]
entfernt distante [dəʃ'tẽntə]
Entfernung distância [dəʃ'tẽsjɐ]
entgegengesetzt oposto [o'poʃtu]
enthalten conter [kõ'ter]
entlang ao longo de [eu 'lõŋgu də]
entscheiden decidir [dəsi'dir], resolver [ʀəzol'ver]
entschließen, s. ~ decidir-se [dəsi'dirsə], resolver-se [ʀəzol'versə]
entschlossen sein ser/estar decidido [ser/ʃtar dəsi'didu]
Entschluß a decisão [ɐ dəsi'zẽu], a resolução [ɐ ʀɐzulu'sẽu]
entschuldigen desculpar [dəʃkul'par]; **~ Sie bitte** desculpe [dəʃ'kulpə]; **s. ~** desculpar-se [dəʃkul'parsə]
Entschuldigung desculpa [dəʃ'kulpɐ]; **ich bitte um ~** peço desculpa ['pesu dəʃ'kulpɐ]
enttäuscht desiludido [dəzilu'didu]
entweder ... oder ou ... ou [o ... o]
entwickeln desenvolver [dəzẽvol'ver]
Entwicklung desenvolvimento [dəzẽvolvi'mẽntu]
entzückend encantador [ẽŋkẽntɐ'dor]
entzückt encantado [ẽŋkẽn'tadu]
er ele ['elə]
Erde terra ['tɛʀɐ]
Erdgeschoß o rés-do-chão [u ʀɛʒdu'ʃẽu]
ereignen, s. ~ suceder [susə'der], acontecer [ɐkõntə'ser]

Ereignis acontecimento [ɐkõntəsi'mẽntu]
erfahren *verb* saber [sɐ'ber]; *adj* experiente [ʃpɐ'rjẽntə]
Erfahrung experiência [ʃpɐ'rjẽsjɐ]
erfinden inventar [ĩvẽ'tar]
Erfolg êxito ['ezitu], sucesso [su'sɛsu]
erfreut (über) satisfeito (com) [sɐtəʃ'feitu (kõ)], contente (com) [kõn'tẽntə (kõ)]
Erfrischung refresco [ʀə'freʃku]
Ergebnis resultado [ʀɐzul'tadu]
ergreifen apanhar [ɐpɐ'nar], agarrar [ɐgɐ'ʀar]
erhalten receber [ʀɐsə'ber]; *(durch Bemühung)* conseguir [kõsə'gir], obter [ob'ter]
erhältlich, ist ~ está à venda [ʃta_a 'vẽndə]
erhöhen *(Preise)* aumentar [aumẽ'tar]
erholen, s. ~ descansar [dəʃkẽ'sar], restabelecer-se [ʀəʃtɐbələ'sersə]
Erholung repouso [ʀɐ'pozu], descanso [dəʃ'kẽsu]
erinnern, jdn an etw ~ lembrar alguma coisa a alg [lẽm'brar_al'gumɐ 'koizɐ_al'gẽi]; **s. ~** lembrar-se [lẽm'brarsə], recordar-se [ʀɐkur'darsə]
erkennen reconhecer [ʀɐkuɲə'ser]
erklären *(angeben)* declarar [dəklɐ'rar]; *(deutlich machen)* explicar [ʃpli'kar]
erkundigen, s. ~ informar-se [ĩfur'marsə]
erlangen obter [ob'ter]
erlauben permitir [pərmi'tir]
Erlaubnis a permissão [ɐ pɐrmi'sẽu], a autorização [a_auterize'sẽu]
erledigen resolver [ʀɐzol'ver], despachar [dəʃpɐ'ʃar]
Ermäßigung a redução [ɐ ʀɐdu'sẽu], desconto [dəʃ'kõntu]
ermöglichen permitir [pərmi'tir], tornar possível [tur'nar pu'sivɛl]
erneuern renovar [ʀɐnu'var]
ernst sério ['sɛrju]
Ernte colheita [ku'ʎeitɐ]
erreichen alcançar [alkẽ'sar], conseguir [kõsə'gir]
Ersatz *(Schaden~)* a inde(m)nização [ɐ ĩndɐ(m)nize'sẽu]
erscheinen aparecer [ɐpɐrɐ'ser]; *(Buch)* aparecer [ɐpɐrɐ'ser], sair [sɐ'ir]
erschöpft esgotado [ʒgu'tadu]

erschrecken assustar [ǝsuʃˈtar]; *(erschrocken sein)* ficar assustado [fiˈkar ǝsuʃˈtadu], assustar-se [ǝsuʃˈtarsǝ]
ersetzen substituir [subʃtiˈtwir]; *(Schaden)* reparar [ʀǝpǝˈrar], inde(m)nizar [ĩndǝ(m)niˈzar]
erst *(zuerst)* primeiro [priˈmeiru]; *(nicht früher als)* só [sɔ]
erste(r, -s) primeira [priˈmeirǝ] primeiro
erstens (em) primeiro (lugar) [(ẽi) priˈmeiru (luˈgar)]
erstklassig de primeira ordem [dǝ priˈmeirǝ ˈordẽi], excelente [ʃsǝˈlẽntǝ]
ertragen suportar [supurˈtar], aguentar (gü) [ɐgwẽnˈtar]
Erwachsene(r) adulta [ɐˈdultɐ], adulto [ɐˈdultu]
erwarten esperar [ʃpǝˈrar]
erwidern responder [ʀǝʃpõnˈder], replicar [ʀɐpliˈkar]
erzählen contar [kõnˈtar]
erzeugen produzir [produˈzir]
Erzeugnis produto [pruˈdutu]
Erziehung a educação [ɐ idukǝˈsẽu]
es gibt há [a]
Esel burro [ˈbuʀu]
eßbar comestível [kumǝʃˈtivɛl]
Essen *(Nahrung)* comida [kuˈmidɐ]; *(Mahlzeit)* a refeição [ɐ ʀɐfeiˈsẽu]; **beim** ~ à refeição [a ʀɐfeiˈsẽu]
essen comer [kuˈmer]
etwa cerca de [ˈserkɐ dǝ]
etwas algo [ˈalgu], alguma coisa [alˈgumɐ ˈkoizɐ]; *(ein wenig)* um pouco [ũm ˈpoku]
euch *dat* lhes [ʎǝʃ], *(Br)* a vocês [ɐ vɔˈseʃ]; *acc* os/as [uʃ/ɐʃ], *(Br)* vocês [vɔˈseʃ]
euer vosso [ˈvɔsu]
Europa Europa [euˈrɔpɐ]
Europäer/in europeu [euruˈpeu], europeia (éi) [euruˈpejɐ]
europäisch europeu [euruˈpeu]
eventuell *adv* eventualmente [ivẽntwalˈmẽntɐ], talvez [talˈveʃ]
extra extra [ˈeiʃtrɐ], especial [ʃpǝˈsjal]

F

Fabrik fábrica [ˈfabrikɐ]
Faden fio [ˈfiu]
fähig capaz [kɐˈpaʃ]
fahren ir [ir]; *(lenken)* conduzir [kõnduˈzir]
Fahrer o condutor [u kõnduˈtor]
Fahrgast passageiro [pɐsɐˈʒeiru]
Fahrstuhl o elevador [u ilǝvɐˈdor], o ascensor [u ɐʃsẽˈsor]
Fahrt a viagem [ɐ ˈvjaʒẽi]
fair corre(c)to [kuˈʀɛtu], leal [ljal]
Fall *(Vorfall)* caso [ˈkazu]; **auf alle Fälle** de qualquer maneira [dǝ kwalˈkɛr mɐˈneirɐ]
fallen cair [kɐˈir]
falls no caso de [nu ˈkazu dǝ], se [sǝ]
falsch falso [ˈfalsu], errado [iˈʀadu]; *(betrügerisch)* falso [ˈfalsu]
Familie família [fɐˈmiljɐ]
fangen apanhar [ɐpɐˈɲar]
Farbe a cor [ɐ kor]
farbig colorido [kuluˈridu], de cor [dǝ kor]
fast quase [ˈkwazǝ]
faul preguiçoso [prǝgiˈsozu]; *(Obst)* podre [ˈpodrǝ], estragado [ʃtrɐˈgadu]
Feder pena [ˈpenɐ]; *(elastisch)* mola [ˈmɔlɐ]
fehlen faltar [falˈtar]
Fehler *(den man macht)* erro [ˈeʀu], falta [ˈfaltɐ]; *(den man hat)* defeito [dǝˈfeitu]
feierlich solene [suˈlɛnǝ]
Feiertag feriado [fǝˈrjadu], dia de festa [ˈdiɐ dǝ ˈfɛʃtɐ]
feilschen regatear [ʀǝgǝˈtjar]
fein *(dünn)* fino [ˈfinu], delgado [delˈgadu]; *(vornehm)* distinto [dǝʃˈtĩntu]; *(zart)* delicado [dǝliˈkadu]
Feld campo [ˈkẽmpu]
Fell a pele [ɐ ˈpɛlɐ]
Fels rocha [ˈʀoʃɐ], rochedo [ʀuˈʃedu]
Ferien as férias [ɐʃ ˈfɛrjɐʃ]; **in** ~ de férias [dǝ ˈfɛrjɐʃ]
Fernglas binóculo [biˈnɔkulu]
fertig *(bereit, vollständig)* pronto [ˈprõntu]
fest *(hart)* sólido [ˈsɔlidu]; *(dauernd)* constante [kõʃˈtẽntɐ], estável [ˈʃtavɛl]
Fest festa [ˈfɛʃtɐ]
festsetzen fixar [fiˈksar], estabelecer [ʃtɐbǝlǝˈser]
fett gordo [ˈgordu]
feucht (h)úmido [ˈumidu]
Feuer fogo [ˈfogu]

feuergefährlich inflamável [ifle'mavɛl]
Feuerlöscher o extintor de incêndios [u ʃtin'tor d_ĩ'sẽndjuʃ]
Feuermelder o sinal de alarme de incêndio [u si'nal d_e'larmə d_ĩ'sẽndju]
Feuerwehr os bombeiros [uʒ bõm'beiruʃ]
Feuerwerk fogo de artifício ['fogu d_ertə'fisju]
Feuerzeug isqueiro [iʃ'keiru]
Filiale a filial [e fi'ljal], a sucursal [e sukur'sal]
Film *(Photo, Kino)* o filme [u 'filmə]
Filter filtro ['filtru]
finden achar [e'ʃar], encontrar [ẽŋkõn'trar]
finster escuro ['ʃkuru]
Firma firma ['firmə], empresa [ẽm'preze]
Fisch o peixe [u 'peiʃə]
fischen pescar [peʃ'kar]
fit em boa condição física [ẽi 'boe kõndi'sẽu 'fizike]
flach plano ['plenu], raso ['razu]
Flamme chama ['ʃemə]
Flasche garrafa [ge'rafe]
Fleck(en) mancha ['mẽʃe], nódoa ['nɔdwe]
Fleisch a carne [e 'karne]
fleißig trabalhador [trebeʎe'dor]
flicken remendar [ʁemẽn'dar], consertar [kõser'tar]
Fliege mosca ['moʃke]
fliegen voar [vwar]; *(mit dem Flugzeug)* ir de avião [ir d_e'vjẽu]
fließen correr [ku'ʁer]
Flirt flirt [flert], namorico [nemu'riku]
Fluß rio ['ʁiu]
flüssig líquido ['likidu]
folgen seguir [sə'gir]
fordern exigir [izi'ʒir]
Forderung exigência [izi'ʒẽsje]
Form forma ['formə]
Format formato [fur'matu]
Formular impresso [ĩm'presu]; **ein ~ ausfüllen** preencher um impresso [prjẽ'ʃer_u ĩm'presu]
fort ausente [au'zẽnte]
Fortschritt progresso [pru'grɛsu]
fortsetzen continuar [kõnti'nwar]
forttragen levar [lə'var]
Foto a foto [e 'fotu], fotografia [futegre'fie]
Fotoapparat máquina fotográfica ['makine futu'grafike]

fotografieren fotografar [futegre'far], tirar fotografias [ti'rar futegre'fieʃ]
Fracht carga ['karge], o frete [u 'frɛte]
Frage pergunta [pər'gũnte]
fragen perguntar [pərgũn'tar]
Frankreich França ['frẽse]
Franzose o francês [u frẽ'seʃ]
Französin a francesa [e frẽ'seze]
französisch francês [frẽ'seʃ]
Frau a mulher [e mu'ʎɛr]; *(Anrede, vor Namen)* Senhora D. [sə'nore 'done], D. ['done]; *(Ehe~)* a mulher [e mu'ʎɛr], esposa ['ʃpoze]
Fräulein menina [mə'nine], senhora [sə'nore], *(Br)* senhorita [seno'rite]
frei livre ['livrə]; *(gratis)* gratuito [gre'tuitu], grátis ['gratiʃ]; **im Freien** ao ar livre [eu ar 'livre]
fremd *(ausländisch)* estrangeiro [ʃtrẽ'ʒeiru]; *(unbekannt)* desconhecido [dəʃkune'sidu]
Fremde, der, die ~ o forasteiro [u fureʃ'teiru], a forasteira [e fureʃ'teire], o estrangeiro [u ʃtrẽ'ʒeiru], a estrangeira [e ʃtrẽ'ʒeire]
Freude alegria [ele'grie]
freuen, s. ~ über folgar com [fol'gar kõ], ficar satisfeito com [fi'kar seteʃ'feitu kõ]; **s. ~ auf** estar desejando [ʃtar dəzə'ʒẽndu], ter muito prazer em [ter 'mũintu prɐ'zer_ẽi]
Freund/in o amigo [u e'migu], a amiga [a_a'mige]
freundlich amável [e'mavɛl], cordial [kur'djal]
Freundlichkeit a amabilidade [a_amebeli'dade]
Freundschaft a amizade [a_ami'zade]
Friede a paz [e paʃ]
frieren ter frio [ter 'friu], estar gelado [ʃtar ʒe'ladu], gelar [ʒe'lar]
frisch fresco ['freʃku]; *(neu)* novo ['novu], recente [ʁə'sẽnte]; *(Wäsche)* lavado [lɐ'vadu]
froh *(zufrieden)* satisfeito [seteʃ'feitu], contente [kõn'tẽnte]; *(glücklich)* feliz [fə'liʃ]; *(lustig)* alegre [e'lɛgre]
früh cedo ['sedu]
früher *(eher)* antes ['ẽnteʃ]; *(damals)* dantes ['dẽnteʃ], antigamente [ẽntige'mẽnte]
frühstücken tomar o pequeno almoço/*(Br)* o café da manhã [tu'mar_u pə'ken_al'mosu/u ka'fɛ da me'nẽ]
fühlen sentir [sẽntir]

führen conduzir [kõndu'zir], guiar [gjar]
Führer *(für Fremde)* o guia [u 'giɐ]
füllen encher [ẽ'ʃer]
Fundbüro a se(c)ção de perdidos e achados [ɐ sɛk'sẽu dɐ pɐr'diduz_i e'ʃaduʃ]
Funke faísca [fɐ'iʃkɐ]
funktionieren funcionar [fũsju'nar]
für para ['pɐrɐ], por [pur]
Furcht medo ['medu], receio [ʀɐ'seju]
fürchten temer [tɐ'mer], recear [ʀɐ'sjar]; **s. ~ vor** ter medo de [ter 'medu dɐ]
fürchterlich terrível [tɐ'ʀivɛl], horrível [o'ʀivɛl]
Fußgänger o peão [u pjẽu], *(Br)* o pedestre [u pe'dɛʃtri]
Futter comida (de animais) [ku'midɐ (d_eni'maiʃ], *(Stoff)* forro ['foʀu]

G

Gang *(Auto)* a velocidade [ɐ vɐlusi'dadɐ]; *(Durchgang)* a passagem [ɐ pɐ'saʒẽi], *(Essen)* prato ['pratu]; *(Flur)* o corredor [u kuʀe'dor]
ganz *adj* todo ['todu]; *(vollständig)* completo [kõm'plɛtu], inteiro [ĩ'teiru]; *adv* completamente [kõmplɛtɐ'mẽtɐ], inteiramente [ĩteirɐ'mẽtɐ]
Ganze, das ~ o todo [u 'todu], o conjunto [u kõ'ʒũntu], o total [u tu'tal]
gar nicht de modo nenhum [dɐ 'modu nɐ'ɲũ]
Garage a garagem [ɐ gɐ'raʒẽi]
Garantie garantia [gɐrẽn'tie]
Garten o jardim [u ʒɐr'dĩ]
Gast o hóspede [u 'ɔʃpɐdɐ], convidado [kõvi'dadu]
Gastfreundschaft a hospitalidade [ɐ oʃpitali'dadɐ]
Gastgeber/in dono/dona da casa ['donu/'donɐ dɐ 'kezɐ], o anfitrião/a anfitriã [u ẽnfi'trjẽu/a_ẽfi'trjẽ]
Gasthaus, ~hof a pensão [ɐ pẽ'sẽu], a estalagem [ɐ ʃtɐ'laʒẽi]
gähnen bocejar [busɐ'ʒar]
Gebäude edifício [idɐ'fisju]
geben dar [dar]
Gebet a oração [ɐ ɔrɐ'sẽu]
geboren nascido [nɐʃ'sidu]

Gebrauch uso ['uzu], emprego [ẽm'pregu]
gebrauchen usar [u'zar], empregar [ẽmprɐ'gar]
gebräuchlich usual [u'zwal], vulgar [vul'gar]
Gebühren taxas ['taʃɐʃ]
Geburt nascimento [nɐʃsi'mẽtu]
gebürtig aus natural de [nɐtu'ral dɐ]
Geburtstag aniversário [enivɐr'sarju]
Gedanke pensamento [pẽsɐ'mẽtu], ideia (é) [i'dɐjɐ]
Geduld paciência [pɐ'sjẽsjɐ]
geduldig paciente [pɐ'sjẽtɐ]
Gefahr perigo [pɐ'rigu]
gefährlich perigoso [pɐri'gozu]
Gefallen o prazer [u prɐ'zer]
gefallen agradar [egrɐ'dar]
Gefälligkeit o favor [u fɐ'vor]
Gefäß o recipiente [u ʀɐsi'pjẽtɐ], vaso ['vazu]
Gefühl sentimento [sẽti'mẽtu]
gegen *(wider)* contra ['kõntrɐ]; *(in Richtung auf, zeitlich)* para ['pɐrɐ], a [e]
Gegend a região [ɐ ʀɐ'ʒjẽu]
Gegenstand *(Gesprächs~)* assunto [ɐ'sũntu]; *(Ding)* obje(c)to [ob'ʒɛtu]
Gegenteil contrário [kõn'trarju]; **im ~** pelo contrário ['pelu kõn'trarju]
gegenüber *adv* em frente [ẽi 'frẽtɐ]; *prp* em frente de [ẽi 'frẽtɐ dɐ]
Gegenwert o equivalente [u ikive'lẽtɐ]
geheim secreto [sɐ'krɛtu]
gehen ir [ir]; *(zu Fuß)* ir a pé [ir_ɐ pɛ]; **geradeaus ~** seguir a direito [sɐ'gir_ɐ di'reitu]; **vorwärts ~** avançar [evẽ'sar]; **zurück ~** voltar atrás [vɔl'tar_e'traʃ], recuar [ʀɐ'kwar]
gehören ser de [ser dɐ], pertencer a [pɐrtẽ'ser_e]
Gelände terreno [tɐ'ʀenu]
Geld dinheiro [dɐ'ɲeiru]
Geldstrafe multa ['mũltɐ]
Geldstück moeda ['mwɛdɐ]
Gelegenheit a ocasião [ɐ okɐ'zjẽu], a oportunidade [ɐ oportuni'dadɐ]
gelegentlich *adv* acidentalmente [esidẽtal'mẽtɐ], ocasionalmente [okezjunal'mẽtɐ]
gelten valer [vɐ'ler], ser válido [ser 'validu]
gemein comum [ku'mũ], vulgar [vul'gar]; *(ordinär)* baixo ['baiʃu], ordinário [ordi'narju]

gemeinsam *adj* comum [kuˈmũ]; *adv* em comum [ẽi kuˈmũ], juntos [ˈʒũntuʃ]

gemischt misturado [miʃtuˈradu], misto [ˈmiʃtu]

gemütlich confortável [kõfurˈtavɛl], agradável [ɐgrɐˈdavɛl]

genau exa(c)to [iˈzatu], preciso [prɐˈsizu]; **~so ... wie** tão ... como [tẽu ˈkomu]

Genauigkeit a exa(c)tidão [ɐ izetiˈdẽu], a precisão [ɐ prɐsiˈzẽu]

genehmigen autorizar [auturiˈzar], permitir [pɐrmiˈtir]

genießen gozar [guˈzar]

genug bastante [baʃˈtẽntɐ], suficiente [sufɐˈsjẽntɐ]

Genuß gozo [ˈgozu], o prazer [u praˈzer]

geöffnet aberto [ɐˈbɛrtu]

gerade *adj* direito [diˈreitu]; *(zeitlich)* justamente [ʒuʃtɐˈmẽntɐ], exa(c)tamente [izateˈmẽntɐ]

geradeaus em frente [ẽi ˈfrẽntɐ], a direito [a diˈreitu]

Geräusch ruído [ʀwidu], barulho [bɐˈruʎu]

gerecht justo [ˈʒuʃtu]

Gericht *(Essen)* prato [ˈpratu]; *(Justiz)* o tribunal [u tribuˈnal]

gering pequeno [pɐˈkenu], diminuto [dɐmiˈnutu]; **~er** menor [mɐˈnor], inferior [ĩfɐˈrjor]

gern de bom grado [dɐ bõ ˈgradu], com muito gosto [kõ ˈmũintu ˈgoʃtu]; **nicht ~** contra vontade [ˈkõntrɐ võnˈtadɐ]

Geruch cheiro [ˈʃeiru]

Gesang canto [ˈkẽntu]

Geschäft *(Laden)* loja [ˈlɔʒɐ]; *(Handel)* negócio [nɐˈgɔsju]

geschehen acontecer [ɐkõntɐˈser], suceder [susɐˈder]; **was ist ~?** que aconteceu? [kj ɐkõntɐˈseu], que se passou? [kɐ sɐ pɐˈso]

Geschenk o presente [u prɐˈzẽntɐ]

Geschichte história [ˈʃtɔrjɐ]

geschickt hábil [ˈabil]

geschlossen fechado [fɐˈʃadu]

Geschmack gosto [ˈgoʃtu]

Geschwindigkeit a velocidade [ɐ vɐlusiˈdadɐ]

Gesellschaft companhia [kõmpɐˈɲiɐ], a sociedade [ɐ susjɐˈdadɐ]

Gespräch conversa [kõˈvɛrsɐ]

gesund são [sẽu], saudável [seuˈdavɛl]

Gesundheit a saúde [ɐ sɐˈudɐ]

getrennt separado [sɐpɐˈradu]

gewähren conceder [kõsɐˈder]

gewaltig poderoso [pudɐˈrozu], enorme [iˈnɔrmɐ]

Gewebe tecido [tɐˈsidu]

Gewicht peso [ˈpezu]

Gewinn ganho [ˈgɐɲu], lucro [ˈlukru]

gewinnen ganhar [gɐˈɲar]

gewiß *adj* certo [ˈsɛrtu]; *adv* certamente

gewissenhaft escrupuloso [ʃkrupuˈlozu], consciencioso [kõʃsjẽˈsjozu]

Gewitter trovoada [truˈvwadɐ] [sɛrtɐˈmẽntɐ]

gewöhnen, s. ~ an acostumar-se a [ɐkuʃtuˈmars_ɐ], habituar-se a [ɐbiˈtwars_ɐ]

Gewohnheit hábito [ˈabitu], o costume [u kuʃˈtumɐ]

gewöhnlich *(üblich)* habitual [ɐbiˈtwal], corrente [kuˈʀẽntɐ]; *(ordinär)* vulgar [vulˈgar], ordinário [ordiˈnarju]

gewohnt sein estar habituado [ʃtar ɐbiˈtwadu]

gibt, es ~ há [a]

Gift veneno [vɐˈnenu]

giftig venenoso [vɐnɐˈnozu]

Gipfel cimo [ˈsimu], o cume [u ˈkumɐ]

Gips gesso [ˈʒesu]

Gitarre guitarra [giˈtaʀɐ]

Gitter a grade [ɐ ˈgradɐ]

glänzen brilhar [briˈʎar]

glänzend brilhante [briˈʎẽntɐ]

Glas *(Scheibe)* vidro [ˈvidru]; *(Trink~)* copo [ˈkɔpu]

glatt liso [ˈlizu]; escorregadio [ʃkuʀɐgɐˈdiu]

Glaube a fé [ɐ fɛ], crença [ˈkrẽsɐ]

glauben crer [krer], acreditar [ɐkrɐdiˈtar]

gleich *adj* igual [iˈgwal]; *(sofort)* já [ʒa], imediatamente [imɐdjatɐˈmẽntɐ]

gleichen parecer-se com [pɐrɐˈsersɐ kõ]

gleichfalls igualmente [igwalˈmẽntɐ]

gleichwertig equivalente [ikivɐˈlẽntɐ]

gleichzeitig *adv* ao mesmo tempo [eu ˈmeʒmu ˈtẽmpu]

Glück a felicidade [ɐ fɐlɐsiˈdadɐ]; **viel ~!** boa sorte [ˈboɐ ˈsortɐ]

glücklich feliz [fɐˈliʃ]

Glückwunsch os parabéns [uʃ pɐrɐˈbẽiʃ], as felicitações [eʃ fɐlɐsiteˈsõiʃ]

Glut brasa [ˈbrazɐ]
Gott Deus [ˈdeuʃ]; ~ **sei Dank!** graças a Deus [ˈgrasɐz̺_e deuʃ]
Grad o grau [u grau]
gratis grátis [ˈgratiʃ], de graça [dɐ ˈgrasɐ]
gratulieren felicitar [fɐlɐsiˈtar]
Grenze fronteira [frõˈteirɐ]
Griff (Hand~) cabo [ˈkabu], punho [ˈpuɲu]
groß grande [ˈgrẽdɐ]; (bedeutend) grande [ˈgrẽdɐ], importante [ĩpurˈtẽtɐ]
großartig formidável [furmiˈdavɛl], grandioso [grẽˈdjozu]
Größe (Ausdehnung) a extensão [ɐ ʃtẽˈsɐ̃u]; (geistige) grandeza [grẽˈdezɐ]; (Kleidung) tamanho [tɐˈmɐɲu]; (Schuhe) número [ˈnumɐru]
Großmutter a avó [a_aˈvɔ]
Großvater a avô [a e'vo]
Grund a razão [ɐ ʀɐˈzɐ̃u], causa [ˈkauzɐ]; (Beweg~) motivo [muˈtivu]
Gruppe grupo [ˈgrupu]
grüßen cumprimentar [kũprimẽˈtar]
gültig válido [ˈvalidu]
Gültigkeit a validade [ɐ vɐliˈdadɐ]
günstig (Preis) favorável [fɐvuˈravɛl]
gut adj bom [bõ]; adv bem [bẽi]
Gutschein o vale [u ˈvalɐ]

H

haben ter [ter]
Hahn galo [ˈgalu]; (Wasser~) torneira [turˈneirɐ]
Haken gancho [ˈgɐ̃ʃu]; (Kleider~) o cabide [u kɐˈbidɐ]
halb meio [ˈmeju]
Hälfte a metade [ɐ mɐˈtadɐ]
Halle átrio [ˈatrju]; o pavilhão [u pɐviˈʎɐ̃u]
hallo olá! [ɔˈla]; (tele) Está lá? [ʃta la]
halt! alto! [ˈaltu]
haltbar duradouro [durɐˈdoru], resistente [ʀɐziʃˈtẽtɐ]
halten, (fest~) segurar [sɐguˈrar], cumprir [kũˈprir]; (dauern) durar [duˈrar]; (stehenbleiben) parar [pɐˈrar]
Hammer martelo [marˈtɛlu]
Hand a mão [ɐ mɐ̃u]

handgemacht feito à mão [ˈfeitu a ˈmɐ̃u]
Hang (Ab~) encosta [ẽˈkoʃtɐ]
hängen (auf~) pendurar [pẽduˈrar]
hart duro [ˈduru]
Härte dureza [duˈrezɐ]
häßlich feio [ˈfeju]
häufig adv frequentemente (qü) [frɐkwẽtɐˈmẽtɐ], muitas vezes [ˈmũĩteʒ ˈvezɐʃ]
Haupteingang entrada principal [ẽˈtradɐ prĩsiˈpal]
hauptsächlich adj principal [prĩsiˈpal]; adv principalmente [prĩsipalˈmẽtɐ]
Hauptstadt a capital [ɐ kɐpiˈtal]
Haus casa [ˈkazɐ]
Haustür porta da rua [ˈpɔrtɐ dɐ ˈʀuɐ]
heben levantar [lɐvẽˈtar]
Heft caderno [kɐˈdɛrnu]
heilig santo [ˈsẽtu], sagrado [sɐˈgradu]
Heimat pátria [ˈpatrjɐ], terra natal [ˈtɛʀɐ nɐˈtal]
heimlich secreto [sɐˈkrɛtu]; adv em segredo [ẽi sɐˈgredu]
Heimreise regresso [ʀɐˈgrɛsu]
Heirat casamento [kɐzɐˈmẽtu]
heiraten casar(-se) [kɐˈzar(sɐ)]
heiß quente [ˈkẽtɐ]
heißen chamar [ʃɐˈmar]; chamar-se [ʃɐˈmarsɐ]
heiter alegre [ɐˈlɛgrɐ]; (Wetter) (céu) limpo [(sɛu) ˈlĩpu]
heizen aquecer [ɐkɐˈser], (Br) esquentar [ɐskẽˈtar]
Heizöl óleo combustível [ˈɔlju kõbuʃˈtivɛl]
hektisch agitado [ɐʒiˈtadu]
helfen, jdm ~ ajudar alg [ɐʒuˈdar_alˈgẽi]
hell claro [ˈklaru]
herabsetzen (Preise) baixar [baiˈʃar], reduzir [ʀɐduˈzir]
heraufsetzen (Preise) aumentar [aumẽˈtar]
herausgeben (Geld) dar troco [dar ˈtroku]
herb (Wein) seco [ˈseku]
herein! entre! [ˈẽtrɐ]
hereinkommen entrar [ẽˈtrar]
Hering o arenque [u ɐˈʀẽkɐ]; (Zelt) estaca [ˈʃtakɐ]
Herr o senhor [u sɐˈɲor]
herrlich magnífico [mɐˈgnifiku], esplêndido [ˈʃplẽdidu]
Herz o coração [u kurɐˈsɐ̃u]

herzlich cordial [kurˈdjɐl]
Herzlichkeit a cordialidade [ɐ
 kurdjɐliˈdadɐ]
heute hoje [ˈoʒɐ]; ~ **abend** esta
 tarde/noite [ˈɛʃtɐ ˈtardɐ/ˈnoitɐ];
 ~ **nacht** esta noite [ˈɛʃtɐ ˈnoitɐ]
hier aqui [ɐˈki]
hierher cá [ka], para cá [ˈpɐrɐ ka]
Hilfe ajuda [ɐˈʒudɐ]; **Erste** ~ os
 primeiros socorros [uʃ priˈmeiruʃ
 suˈkɔʀuʃ]
Himmel o céu [u sɛu]
hinaufgehen subir [suˈbir]
hinausgehen sair [sɐˈir]
hindern impedir [ĩpɐˈdir]
hineingehen entrar [ẽnˈtrar]
hinlegen pôr [por]; **s.** ~ deitar-se
 [deiˈtarsɐ]
hinsetzen, s. ~ sentar-se [sẽnˈtarsɐ]
hinten atrás [ɐˈtraʃ]
hinter atrás de [ɐˈtraʒ dɐ]
hinterlassen deixar [ˈdeiʃar]
hinterlegen depositar [dɐpuziˈtar]
hinuntergehen descer [dɐʃˈser]
hinzufügen acrescentar [ɐkrɐʃsẽnˈtar]
Hobby o hobby [u ˈɔbi]
hoch alto [ˈaltu]
höchstens quando muito [ˈkwẽndu
 ˈmũintu], no máximo [nu ˈmaʃimu]
Hochzeit *(Feier)* casamento
 [kɐzɐˈmẽntu]
Hof pátio [ˈpatju]
hoffen esperar [ʃpɐˈrar]
höflich cortês [kurˈteʃ], delicado
 [dɐliˈkadu]
Höflichkeit cortesia [kurtɐˈzie],
 delicadeza [dɐlikɐˈdeze]
Höhe altura [alˈturɐ]
Höhepunkt ponto culminante [ˈpõntu
 kulmiˈnẽntɐ], o auge [u ˈauʒɐ]
holen ir buscar [ir buʃˈkar]
Holz madeira [mɐˈdeirɐ]
Honorar os honorários [uz onoˈrarjuʃ]
hören ouvir [oˈvir]; *(zu~)* escutar
 [ʃkuˈtar]
Hotel o hotel [u ɔˈtɛl]
hübsch bonito [buˈnitu], lindo [ˈlĩndu]
Hügel colina [kuˈlinɐ]
Hund o cão [u kẽu]
hundert cem [sẽi], cento [ˈsẽntu];
 ~**mal** cem vezes [sẽi ˈvezɐʃ]
Hunger a fome [ɐ ˈfomɐ]
hungrig sein ter fome [ter ˈfomɐ]
husten tossir [tuˈsir]
Hütte cabana [kɐˈbɐnɐ]; *(Berg~)*
 abrigo [ɐˈbrigu]

I

ich eu [eu]
Idee ideia (é) [iˈdɐjɐ]
ihr (1) *pers prn* vocês [vɔˈseʃ]
ihr (2) *poss prn f sing* seu [seu], sua
 [ˈsuɐ], dela [ˈdɐlɐ]; *pl* deles [ˈdɐlɐʃ],
 delas [ˈdɐlɐʃ]
Imbiß merenda [mɐˈrẽndɐ], pequena
 refeição [pɐˈkenɐ ʀɐfeiˈsẽu]
immer sempre [ˈsẽmprɐ]
imstande sein ser capaz de [ser
 kɐˈpaʒ dɐ]
in em [ẽi]
inbegriffen incluído [ĩŋˈklwidu]
informieren informar [ĩfurˈmar]
Inhalt conteúdo [kõnˈtjudu]
Inland o país (u país), o interior (do
 país) [u ĩntɐˈrjor (du pɐˈiʃ)]
innen dentro [ˈdẽntru]
Innere, das ~ o interior [u ĩntɐˈrjor]
innerhalb *(zeitlich)* dentro de
 [ˈdẽntru dɐ]
Insekt inse(c)to [ĩˈsɛtu]
Insel ilha [ˈiʎɐ]
Inserat anúncio [ɐˈnũsju]
interessant interessante [ĩntɐrɐˈsẽntɐ]
Interesse o interesse [u ĩntɐˈresɐ]
interessieren, s. ~ **(für)** interessar-se
 (por) [ĩntɐrɐˈsarsɐ (pur)]
international internacional
 [ĩntɐrnɐsjuˈnal]
inzwischen entretanto [ẽntrɐˈtẽntu]
irgend etwas alguma coisa [alˈgumɐ
 ˈkoizɐ]; *(etwas Beliebiges)* qualquer
 coisa [kwalˈkɐr ˈkoizɐ]
irgendwie de qualquer modo [dɐ
 kwalˈkɐr ˈmodu]
irgendwo algures [alˈgurɐʃ], em
 qualquer parte [ẽi kwalˈkɐr ˈpartɐ]
irgendwohin a qualquer parte [ɐ
 kwalˈkɐr ˈpartɐ]
irren, s. ~ enganar-se [ẽŋgɐˈnarsɐ]
Irrtum erro [ˈeʀu]

J

Jahr ano [ˈɐnu]
Jahreszeit a estação do ano [ɐ ʃtɐˈsẽu
 du ˈɐnu]
jährlich *adj* anual [ɐˈnwal]; *adv* por
 ano [pur ˈɐnu], anualmente
 [ɐnwalˈmẽntɐ]
je nunca [ˈnũŋkɐ]; **von** ~ desde
 sempre [ˈdeʒdɐ ˈsẽmprɐ] ~ **zwei** dois
 a dois [doiz ɐ doiʃ]

jeder *adj* cada ['kɐdɐ]; *prn* cada um ['kɐdɐ ũ]; ~ **beliebige** qualquer [kwal'kɐr]
jedesmal cada vez ['kɐdɐ veʃ], todas as vezes ['todɐʒ ɐʒ 'vezɐʃ]
jedoch porém [pu'rɐ̃i], contudo [kõ'tudu], no entanto [nu ẽn'tẽntu]
jemals jamais [ʒa'maiʃ]
jemand alguém [al'gɐ̃i]
jene(r, -s) aquele [ɐ'kelɐ], aquela [ɐ'kɛlɐ]; aqueles [ɐ'kelɐʃ], aquelas [ɐ'kɛlɐʃ]
jenseits do outro lado (de) [du 'otru 'ladu (dɐ)]
jetzt agora [ɐ'gɔrɐ]
jucken fazer comichão [fɐ'zer kumɐ'ʃɐ̃u]
Jugend a juventude [ɐ ʒuvẽn'tudɐ]
jung jovem ['ʒɔvɐ̃i], novo ['novu]
Junge o rapaz [u ʀɐ'paʃ]
Junggeselle solteiro [sol'teiru]

K

Kabine cabina [ka'binɐ], o camarote [u kɐmɐ'rɔtɐ]
Kaffee o café [u kɐ'fɛ]
Kahn barco ['barku]
Kakerlake barata [bɐ'ratɐ]
kalt frio ['friu]
Kanal esgoto ['ʒgotu]
Kapelle *(Gebäude)* capela [kɐ'pɛlɐ]; *(Musik~)* banda ['bẽndɐ], orquestra [ɔr'kɛʃtrɐ]
kaputt estragado [ʃtrɐ'gadu], partido [pɐr'tidu]
Karte, *(Eintritts~, Fahr~)* o bilhete [u bɐ'Aetɐ]; *(Land~)* o mapa [u 'mapɐ]; *(Post~)* o postal [u puʃ'tal]; *(Speise~)* lista ['liʃtɐ], ementa [i'mẽntɐ], *(Br)* cardápio [kar'dapju]
Kasse caixa ['kaiʃɐ], *(Theater~)* bilheteira [bɐAɐ'teirɐ], *(Br)* bilheteria [biAɐte'riɐ]
Katze gato ['gatu]
Kauf compra ['kõmprɐ]
kaufen comprar [kõm'prar]
Käufer o comprador [u kõmprɐ'dor]
Kaufhaus o grande armazém [u grẽnd_arme'zẽi]
Kaugummi pastilha elástica [peʃ'tiʎ_i'laʃtikɐ]
kaum mal [mal]

Kaution a caução [ɐ keu'sɐ̃u], fiança ['fjẽsɐ]
kein nenhum [nɐ'ɲũ]
keine(r) ninguém [nĩŋ'gɐ̃i]
keinesfalls de maneira nenhuma [dɐ mɐ'neirɐ nɐ'ɲumɐ]
kennen conhecer [kuɲɐ'ser]
kennenlernen conhecer [kuɲɐ'ser]
Kenntnis conhecimento [kuɲɐsi'mẽntu]
Kennzeichen número de matrícula/ *(Br)* de licenciamento ['numɐru dɐ mɐ'trikulɐ/di liʃẽsjɐ'mẽntu]
Keramik cerâmica [sɐ'remikɐ]
Kerze vela ['vɛlɐ]
Kette cadeia [kɐ'dejɐ], a corrente [ɐ ku'ʀẽntɐ]; *(Hals~)* o colar [u ku'lar]
Kind criança ['krjẽsɐ]
Kissen almofada [almu'fadɐ]
Kiste caixa ['kaiʃɐ], o caixote [u kai'ʃɔtɐ]
Klang o som [u sõ]
klar claro ['klaru]
Klasse a classe [ɐ 'klasɐ]
Kleidung vestuário [vɐʃ'twarju], roupa ['ʀopɐ]
klein pequeno [pɐ'kenu]; *(Alter)* novo ['novu]
Klima o clima [u 'klimɐ]
Klingel campainha [kẽmpɐ'iɲɐ]
klingeln tocar (a campainha) [tu'kar (ɐ kẽmpɐ'iɲɐ)]
klug esperto ['ʃpɐrtu], inteligente [ĩtɐli'ʒẽntɐ]
knipsen tirar (uma fotografia) [ti'rar ('umɐ futugrɐ'fiɐ)]
Knopf o botão [u bu'tɐ̃u]; **(auf) einen ~ drücken** carregar num botão [kɐʀɐ'gar nũ bu'tɐ̃u], *(Br)* apertar um botão [ɐper'tar_ũ bo'tɐ̃u]
Knoten o nó [u nɔ]
kochen *(Essen zubereiten)* cozinhar [kuzɐ'ɲar]; *(Wasser)* ferver [fɐr'ver]
Koffer mala ['malɐ]
Kohle o carvão [u kɐr'vɐ̃u]
Kollege o colega [u ku'lɛgɐ]
kommen vir [vir]; *(an~)* chegar [ʃɐ'gar]
Kompaß bússola ['busulɐ]
Kondom preservativo [prɐzɐrvɐ'tivu]
können poder [pu'der]; *(gelernt haben)* saber ['saber]
Konsulat consulado [kõsu'ladu]
konsultieren consultar [kõsul'tar]
Kontakt conta(c)to [kõn'taktu]
kontrollieren controlar [kõntru'lar], verificar [vɐrifi'kar]

Kopie cópia [ˈkɔpjɐ]
Korb cesto [ˈseʃtu]
Körper corpo [ˈkorpu]
korrekt corre(c)to [kuˈrɛtu]
kosten custar [kuʃˈtar]
Kosten custo [ˈkuʃtu], as despesas [ɐʒ dɐʃˈpezɐʃ]
kostenlos grátis [ˈgratiʃ], gratuito [grɐˈtuitu]
kostspielig dispendioso [dɐʃpẽnˈdjozu], caro [ˈkaru]
Kraft força [ˈforsɐ]
kräftig forte [ˈfortɐ]
krank doente [ˈdwẽntɐ]; ~ **werden** adoecer [ɐdwiˈser]
Krankenwagen ambulância [ɐ̃mbuˈlɐ̃sjɐ]
kreativ criador [krjɐˈdor], criativo [krjɐˈtivu]
Kredit crédito [ˈkrɛditu]
Kreuzung (Straße) cruzamento [kruzɐˈmẽntu]
Krieg guerra [ˈgɛrɐ]
kritisieren criticar [kritiˈkar]
Küche cozinha [kuˈziɲɐ]
Kuh vaca [ˈvakɐ]
kühl fresco [ˈfreʃku]
Kultur cultura [kulˈturɐ]
Kummer desgosto [dɐʒˈgoʃtu], mágoa
kümmern, s. ~ um ocupar-se de [okuˈparsɐ dɐ]; tratar de [treˈtar dɐ] [ˈmagwɐ]
Kunde o freguês [u frɐˈgeʃ], o cliente [u ˈkljẽntɐ]
Kurs (Unterricht) curso [ˈkursu]; (Wechsel~) câmbio [ˈkɐ̃mbju]
Kurve curva [ˈkurvɐ]
kurz (räumlich) curto [ˈkurtu]; (kurzgefaßt) breve [ˈbrɛvɐ]
kurzfristig a curto prazo [ɐ ˈkurtu ˈprazu]
Kuß beijo [ˈbeiʒu]
küssen beijar [beiˈʒar]
Küste costa [ˈkɔʃtɐ]

L

lachen rir [ʀir]
lächerlich ridículo [ʀiˈdikulu]
Laden loja [ˈlɔʒɐ]
Lage a situação [ɐ sitwɐˈsɐ̃u]
Lampe candeeiro [kɐ̃nˈdjeiru]
Land o país [u pɐˈiʃ]; (Gegensatz zu Wasser) terra [ˈtɛrɐ]
Landgut quinta [ˈkĩntɐ]

Landhaus casa de campo [ˈkazɐ dɐ ˈkɐ̃mpu]
Landsmann o compatriota [u kõmpɐˈtrjɔtɐ]
lang comprido [kõmˈpridu]
Länge comprimento [kõmpriˈmẽntu]
langsam adj lento [ˈlẽntu]; adv devagar [dɐvɐˈgar]
langweilig aborrecido [ɐbuʀɐˈsidu]
Lärm ruído [ˈʀwidu], barulho [bɐˈruʎu]
lassen (zulassen) deixar [deiˈʃar]
lästig importuno [ĩmpurˈtunu], maçador [mɐsɐˈdor]
laufen correr [kuˈrer]
Laune a disposição [ɐ diʃpuziˈsɐ̃u], o humor [u ˈumor]
laut alto [ˈaltu]; ~ **sprechen** falar alto [fɐˈlar ˈaltu]
läuten tocar [tuˈkar]
Lautsprecher o alto-falante [u ˈaltu fɐˈlẽntɐ]
Leben vida [ˈvidɐ]
leben viver [viˈver]
lebend vivo [ˈvivu]
Lebensmittel os géneros (ê) alimentícios [uʒ ˈʒɛnɐruʒ ɐlimẽnˈtisjuʃ]
lebhaft vivo [ˈvivu]
Leder couro [ˈkoru], o cabedal [u kɐbɐˈdal]
ledig solteiro [solˈteiru]
leer vazio [vɐˈziu]
legen pôr [por]
lehren ensinar [ẽsiˈnar]
leicht (einfach) fácil [ˈfasil]; (Gewicht) leve [ˈlɛvɐ]
leider infelizmente [ĩfɐliʒˈmẽntɐ]
leihen, (ver~) emprestar [ẽmprɐʃˈtar]; (ent~) pedir emprestado [pɐˈdir ẽmprɐʃˈtadu]
leise baixo [ˈbaiʃu]; ~ **sprechen** falar baixo/em voz baixa [fɐˈlar ˈbaiʃu/ẽi voʒ ˈbaiʃɐ]
Leiter f escada [ˈʃkadɐ]
Leiter/in o dire(c)tor/a dire(c)tora [u dirɛˈtor/ɐ dirɛˈtorɐ]
Leitung (el, tele) linha [ˈliɲɐ]; (Gas, Wasser) a canalização [ɐ kɐnɐlizɐˈsɐ̃u]
lernen aprender [ɐprẽnˈder], estudar [ʃtuˈdar]
lesen ler [ler]
letzte(r, -s) última [ˈultimɐ], último [ˈultimu]
leuchtend luminoso [lumiˈnozu]
Leuchtturm o farol [u fɐˈrɔl]
leugnen negar [nɐˈgar]
Leute a gente [ɐ ˈʒẽntɐ]

Licht a luz [ɐ luʃ]; ~ **anmachen/aus-
machen** acender/apagar a luz
[ɐsēnˈder/ɐpɐˈgar_ɐ luʃ]
lieb caro [ˈkaru]; **jdn** ~**haben** gostar
de alg [guʃˈtar d_alˈgēi]
Liebe o amor [u ɐˈmor]
lieben amar [ɐˈmar], gostar de [guʃˈtar
də]
liebenswürdig amável [ɐˈmavɛl]
Liebenswürdigkeit a amabilidade
[a_amɐbəliˈdadə]
lieber antes [ˈēntəʃ]; ~ **haben** preferir
[prəfəˈrir], gostar mais de [guʃˈtar
maiʒ də]
Liebling querido [kəˈridu], querida
[kəˈridə]
Lied a canção [ɐ kēˈsēu]
liefern fornecer [furnəˈser]
liegen (s. befinden) ficar [fiˈkar],
encontrar-se [ēŋkōnˈtrarsə]; (ausgestreckt sein) estar deitado [ʃtar
deiˈtadu]
liegenlassen (vergessen) esquecer-se
de [ʃkeˈsersə də]
Linie linha [ˈliɲə]
linke(r, -s) esquerda [ˈʃkerdɐ],
esquerdo [ˈʃkerdu]
links à esquerda [a ˈʃkerdə]
Liste lista [ˈliʃtə]
loben louvar [loˈvar], elogiar [iluˈʒjar]
Loch buraco [buˈraku], furo [ˈfuru]
logisch lógico [ˈlɔʒiku]
Lohn salário [səˈlarju]
Lokal (Gaststätte) o restaurante
[u Rəʃtauˈrēntə], o café [u kəˈfɛ]
löschen apagar [ɐpəˈgar]
lösen soltar [solˈtar]
Luft o ar [u ar]
lüften arejar [ɐrəˈʒar], ventilar [vēntiˈlar]
Luftzug a corrente de ar [ɐ kuˈRēntə
d_ar]
Lüge mentira [mēnˈtirɐ]
Lust o prazer [u prɐˈzer], a vontade
[ɐ vōntadə]
lustig alegre [ɐˈlɛgrə]; (erheiternd)
divertido [divərˈtidu]
luxuriös luxuoso [luˈʃwozu]
Luxus luxo [ˈluʃu]

M

machen (herstellen) fazer [fɐˈzer]; ~
lassen mandar fazer [mēnˈdar fɐˈzer]
Mädchen rapariga [Rɐpɐˈrigɐ], moça
[ˈmosɐ]
mager magro [ˈmagru]
Mahlzeit a refeição [ɐ Rəfeiˈsēu]
Mal a vez [ɐ veʃ]; **einmal** uma vez
[umɐ veʃ]; **jedesmal** cada vez [ˈkedɐ
veʃ], todas as vezes [ˈtodɐz_ɐʒ ˈvezəʃ];
zweimal duas vezes [ˈduɐʒ ˈvezəʃ]
malen pintar [pīnˈtar]
man se [sə], a gente [ɐ ˈʒēntɐ]
Mangel (Fehlen) falta [ˈfaltə]; (Fehler) defeito [dɐˈfeitu]
Mann o homem [u ˈɔmēi]; (Ehe~)
marido [mɐˈridu]
männlich masculino [mɐʃkuˈlinu]
Mannschaft (Sport) equipa [iˈkipɐ],
(Br) a equipe [a eˈkipi], o time
[u ˈtimi]; (Schiff) a tripulação [ɐ
tripulɐˈsēu]
Mappe (Akten~) pasta [ˈpaʃtə]
Marke (Brief~) selo [ˈselu]; (Han-
dels~) marca [ˈmarkə]
Maschine máquina [ˈmakinə]
Maß medida [məˈdidə]
mäßig moderado [mudəˈradu]
Material o material [u metəˈrjal]
Meer o mar [u mar]
mehr mais [maiʃ]; ~ **als** mais (do) que
[maiʃ (du) kə]; ~ **oder weniger** mais
ou menos [maiz_o ˈmenuʃ]
mein(e) meu [meu], minha [ˈmiɲə]
meinen pensar [pēˈsar], achar [ɐˈʃar];
opinar [opiˈnar], afirmar [ɐfirˈmar]
meinetwegen por mim [pur mī]
Meinung a opinião [ɐ opɐˈnjēu]; **meiner** ~ **nach** na minha opinião [nɐ
min_opɐˈnjēu], no meu entender [nu
meu ēntēnˈder]
melden anunciar [ɐnūˈsjar]; (berichten) informar [īfurˈmar], participar
[pertəsiˈpar]
Menge a quantidade [ɐ kwēntiˈdadə];
(Menschen~) a multidão [ɐ
multiˈdēu]; **eine** ~ grande número de
[ˈgrēndə ˈnumɐru də]
Mensch o homem [u ˈɔmēi], pessoa
[pɐˈsoɐ]
menschlich humano [uˈmɐnu]
merken notar [nuˈtar]; **s. etw** ~ tomar
nota de alguma coisa [tuˈmar ˈnɔtə
d_alˈgumɐ ˈkoizɐ]
Messe (rel) missa [ˈmisɐ]; (Ausstellung) feira [ˈfeirɐ]

messen medir [məˈdir]
mich me [mə], mim [mĩ]
Miete renda [ˈʀẽdə], *(Br)* o aluguel [u aluˈgɛl]
mieten alugar [əluˈgar]
mild suave [ˈswavə], ameno [eˈmenu]
mindestens pelo menos [ˈpelu ˈmenuʃ]
minus menos [ˈmenuʃ]
Minute minuto [miˈnutu]
mir me [mə], mim [mĩ]
Mißbrauch abuso [əˈbuzu]
mißbrauchen abusar de [əbuˈzar də]
mißtrauen desconfiar de [dəʃkõˈfjar də]
Mißverständnis equívoco [iˈkivuku], mal-entendido [mal̃ ẽntẽnˈdidu]
mißverstehen entender/interpretar mal [ẽntẽnˈder/intərprəˈtar mal]
mit com [kõ]
mitbringen trazer [trɐˈzer]
Mitleid pena [ˈpenə]
mitnehmen levar [ləˈvar]
Mittag o meio-dia [u ˈmeju ˈdiə]
Mitte meio [ˈmeju]
mitteilen comunicar [kumuniˈkar], participar [pərtəsiˈpar]
Mitteilung a comunicação [ɐ kumunikɐˈsẽu], a participação [ɐ pərtəsipɐˈsẽu]
Mittel meio [ˈmeju]; *(Heil~)* remédio [ʀɐˈmɛdju]
Mittelmeer Mediterrâneo [mədɐiteˈʀɐnju]
Mitternacht a meia-noite [ɐ ˈmejɐ ˈnoitə]; **um** ~ à meia-noite [a ˈmejɐ ˈnoitə]
Möbel o móvel [u ˈmɔvɛl]
möblieren mobilar [mubiˈlar]
Mode moda [ˈmɔdɐ]
modern moderno [muˈdɛrnu]
mögen *(gern haben)* gostar de [guʃˈtar dɐ]; *(wünschen)* querer [kɐˈrer], desejar [dɐzəˈʒar]
möglich possível [puˈsivɛl]; **so bald wie** ~ quanto antes [ˈkwẽntu ˈẽntəʃ]
Möglichkeit a possibilidade [ɐ pusibəliˈdadə]
Mole o molhe [u ˈmɔʎə]
Moment momento [muˈmẽntu], o instante [u iˈʃtẽntə]
Monat o mês [u meʃ]
monatlich *adj* mensal [mẽˈsal]; *adv* por mês [pur meʃ], mensalmente [mẽsalˈmẽntə]
Mond lua [ˈluɐ]
Morgen a manhã [a mɐˈnẽ]

morgen amanhã [amɐˈnẽ]; ~ **früh/ abend** amanhã de manhã/à tarde [amɐˈnẽ adə mɐˈnẽ/a ˈtardə]
Möwe gaivota [gaiˈvotə]
Mücke mosquito [muʃˈkitu]
müde cansado [kẽˈsadu], fatigado [fɐtiˈgadu]
Mühe esforço [ˈʃforsu]; **s.** ~ **geben** esforçar-se [ʃfurˈsarsə]
Müll lixo [ˈliʃu]
Mülltonne o contentor do lixo [u kõntentor du ˈliʃu]
münden *(Fluß)* desaguar [dəzaˈgwar]; *(Straße)* desembocar [dəzẽmbuˈkar]
Mündung a foz [ɐ fɔʃ]
Münze moeda [ˈmwedɐ]
Musik música [ˈmuzikə]
müssen ter de [ter də], dever [dɐˈver]
Muster modelo [muˈdelu]; *(Probe)* amostra [ɐˈmɔʃtrə]
Mutter a mãe [ɐ mẽi]

N

nach *(zeitlich)* depois de [dəˈpoiʒ də]; ~ **Portugal** a/para Portugal [ɐ/ˈpɐrə purtuˈgal]; ~ **Porto** ao/para o Porto [ɐu/ˈpɐrə u ˈportu]
Nachbar/in vizinho/vizinha [vəˈziɲu/ vəˈziɲɐ]
nachgehen *(jdm)* seguir [səˈgir]; *(einer Sache)* ocupar-se de [okuˈparsə də]
nachher depois [dəˈpoiʃ]
nachlässig negligente [nəgliˈʒẽntə], descuidado [dəʃkuiˈdadu]
Nachmittag a tarde [ɐ ˈtardə]
nachprüfen examinar [izemiˈnar], verificar [vərifiˈkar]
Nachricht notícia [nuˈtisjə]
nachsehen examinar [izemiˈnar]; procurar [prɔkuˈrar]; ir ver [ir ver]
nächste(r, -s) próximo [ˈprɔsimu], próxima [ˈprɔsimə] seguinte [səˈgĩntə]
Nacht a noite [ɐ ˈnoitə]; **bei** ~ de noite [də ˈnoitə]; **heute nacht** esta noite [ˈɛʃtə ˈnoitə]
Nachteil a desvantagem [ɐ dəzvẽnˈtaʒɛi], o inconveniente [u iŋkõvəˈnjẽntə]
nackt nu [nu]
Nadel agulha [ɐˈguʎə]
Nagel prego [ˈprɛgu]; *(Finger~)* unha [ˈuɲə]

nahe perto ['pɛrtu]; ~ **bei** perto de ['pɛrtu də]
Nähe a proximidade [ə prɔsəmi'dadə]
nähern, s. ~ aproximar-se [əprɔsi'marsə]
nahrhaft nutritivo [nutri'tivu]
Nahrung alimento [əli'mĕntu], a alimentação [ə_alimĕntə'sĕu]
Nahrungsmittel os géneros (ê) alimentícios [uʒ ʒɛnəruz_elimĕn'tisjuʃ]
Name o nome [u 'nomə]
Namenstag o dia do santo onomástico [u 'diə du 'sĕnt_ɔnɔ'maʃtiku]
naß molhado [mu'ʎadu]; *(durchnäßt)* encharcado[êʃər'kadu]
Nation a nação [ə nə'sĕu]
Natur natureza [nətu'rəzə]
natürlich *adj* natural [nətu'ral]; *adv* naturalmente [nətural'mĕntə], claro ['klaru]
neben junto de ['ʒũntu də], ao lado de [əu 'ladu də]
neblig enevoado [ənə'vwadu]
Neffe sobrinho [su'briɲu]
negativ negativo [nəgə'tivu]
nehmen tomar [tu'mar]
nennen nomear [nu'mjar], chamar [ʃe'mar]
nervös nervoso [nər'vozu]
nett *(hübsch)* bonito [bu'nitu]; *(freundlich)* simpático [sĩm'patiku]
Netz a rede [ə 'redə]
neu novo ['novu]
neugierig curioso [ku'rjozu]
Neuheit a novidade [ə nuvi'dadə]
Neuigkeit notícia [nu'tisjə], a novidade [ə nuvi'dadə]
neulich há pouco [a 'poku], outro dia ['otru 'diə]
nicht não [nĕu]; ~ **einmal** nem sequer [nĕi sə'kɛr]; ~ **wahr?** não é verdade? [nĕu ɛ vər'dadə]; **gar** ~ de maneira nenhuma [də mə'neirə nə'ɲumə]; **noch** ~ ainda não [e'ĩndə nĕu]
Nichte sobrinha [su'briɲə]
nichts nada ['nadə]; **sonst** ~ nada mais ['nadə maiʃ], mais nada [maiʒ 'nadə]
nie nunca ['nũŋkə]
nieder, niedrig baixo ['baiʃu]
niemand ninguém [nĕiɲ'gĕi]
niesen espirrar [ʃpi'ʀar]
nirgends em parte nenhuma [ĕi 'partə nə'ɲumə]
noch ainda [e'ĩndə]; ~ **immer** ainda [e'ĩndə]; ~ **nicht** ainda não [e'ĩndə nĕu]

Nonne freira ['freirə], monja ['mõʒə]
Norden o norte [u 'nɔrtə]
nördlich do norte [du 'nɔrtə]; ~ **von** ao norte de [əu 'nɔrtə də]
normal normal [nɔr'mal]
normalerweise normalmente [nɔrmal'mĕntə]
Notfall, im ~ em caso de necessidade [ĕi 'kazu də nəsəsi'dadə]
notieren tomar nota [tu'mar 'nɔtə]
nötig preciso [prə'sizu], necessário[nəsə'sarju]
notwendig preciso [prə'sizu], necessário [nəsə'sarju]
Notwendigkeit a necessidade [ə nəsəsi'dadə]
nüchtern em jejum [ĕi ʒə'ʒũ]
numerieren numerar [numə'rar]
Nummer número ['numəru]
nun agora [e'gɔrə], então [ĕn'tĕu]
nur só [sɔ], apenas [e'penəʃ]
nützlich útil ['util]
nutzlos inútil [i'nutil]

O

ob se [sə]
oben em cima [ĕi 'simə]; **dort** ~ lá em cima [la ĕi 'simə]; **nach** ~ para cima ['perə 'simə]
obwohl embora [ĕm'bɔrə], ainda que [e'ĩndə kə]
oder ou [o]
Ofen fogão [fu'gĕu], forno ['fornu]
offen aberto [e'bɛrtu]
öffentlich público ['publiku]
offiziell oficial [ofə'sjal]
öffnen abrir [e'brir]
Öffnungszeit horário de abertura [o'rarju d_ebər'turə]
oft muitas vezes ['mũintəʒ 'vezəʃ], frequentemente (qü) [frəkwĕntə'mĕntə]
ohne sem [sĕi]
ohnmächtig desmaiado [dəʒmə'jadu]
Öl óleo ['ɔlju]
Onkel tio ['tiu]
operieren operar [opə'rar]
Orden *(rel)* a ordem [e 'ɔrdĕi]; *(Auszeichnung)* a condecoração [e kõndəkurə'sĕu]
ordentlich *(geordnet)* em ordem [ĕi 'ɔrdĕi]; *(Mensch)* metódico [mə'tɔdiku], ordenado [ordə'nadu]
Ordnung a ordem [e 'ɔrdĕi]
Ort o lugar [u lu'gar], sítio ['sitju]

Ortschaft a povoação [ɐ puvwe'sẽu]
Osten o leste [u 'lɛʃtə], o oriente [u
 o'rjẽntə]
Österreich Áustria ['auʃtrjɐ]
Österreicher/in austríaco [euʃ'trieku],
 austríaca [auʃ'triekɐ]
Ozean oceano [o'sjɐnu]

P

Paar, ein ~ um par de [ũm par də];
 (Ehe~) o casal [u ke'zal]
paar, ein ~ alguns [al'gũʃ], algumas
 [al'gumɐʃ]
Päckchen o pacote [u pe'kɔtə]; *(Post)*
 encomenda [ẽŋku'mẽndɐ]
packen *(Koffer)* fazer as malas
 [fe'zer_ɐʃ 'maleʃ]
Packung a embalagem [ɐ ẽmbe'laʒẽi]
Paket o pacote [u pe'kɔtə], embrulho
 [ẽm'bruʎu]; *(Post)* encomenda
 [ẽŋku'mẽndɐ]
Panorama o panorama [u pɐnu'rɐmɐ]
Park o parque [u 'parkə]
parken estacionar [ʃtesju'nar]
Party festa ['fɛʃtɐ]
Paß *(Ausweis)* o passaporte [u
 pasɐ'pɔrtə]; *(Gebirge)* passo ['pasu]
Passage a passagem [ɐ pe'saʒẽi]
passen *(Kleidung)* ficar bem [fi'kar
 bẽi]; *(gelegen kommen)* convir
 [kõ'vir], vir a propósito [vir_ɐ
 pru'pɔzitu]
passieren acontecer [ɐkõntə'ser],
 suceder [susɐ'der]
Pauschale preço total ['presu tu'tal];
 soma global ['somɐ glu'bal]
Pelz a pele [ɐ 'pɛlə]
Peripherie periferia [pərifɐ'riɐ]
Person pessoa [pɐ'soɐ]
Personal o pessoal [u pɐ'swal]
Personalien os dados pessoais [uʒ
 'daduʃ pɐ'swaiʃ]
persönlich pessoal [pɐ'swal]
Pfad atalho [ɐ'taʎu], senda ['sẽndɐ]
Pfand o penhor [u pɐ'ɲor]; *(Fla-
 schen~)* depósito [dɐ'pɔzitu]
Pfeife apito [ɐ'pitu], assobio [esu'biu];
 (Tabaks~) cachimbo [kɐ'ʃĩmbu]
Pflanze planta ['plẽntɐ]
Pflicht o dever [u dɐ'ver], a obrigação
 [ɐ obrigɐ'sẽu]
pflücken colher [ku'ʎer]
Plakat o cartaz [u kar'taʃ]

Plan plano ['plɐnu]; *(Absicht)*
 proje(c)to [pru'ʒɛtu]; *(Entwurf)*
 desenho [dɐ'zɐɲu]
Plastik *(Kunststoff)* plástico ['plaʃtiku];
 (Skulptur) escultura [ʃkul'turɐ]
Platte *(zum Anrichten)* prato ['pratu];
 (Schall~) disco ['diʃku]
Plattenspieler o gira-discos [u 'ʒirɐ
 'diʃkuʃ], *(Br)* o toca-discos [u 'tɔkɐ
 'diʃkuʃ]
Platz *(in der Stadt)* praça ['prasɐ];
 (Raum, Sitz) o lugar [u lu'gar]
platzen rebentar [Rɐbẽn'tar]
plötzlich de repente [də Rɐ'pẽntə]
plus mais [maiʃ]
Politik política [pu'litikɐ]
Portugal Portugal [purtu'gal]
Portugiese o português [u purtu'geʃ]
Portugiesin a portuguesa [ɐ
 purtu'gezɐ]
portugiesisch português [purtu'geʃ]
positiv positivo [puzi'tivu]
Post correio [ku'Reju]; **auf die/der** ~
 ao/no correio [eu/nu ku'Reju]
praktisch prático ['pratiku]
Praxis prática ['pratikɐ]; *(med)*
 consultório [kõsul'tɔrju]
Predigt o sermão [u sɐr'mẽu]
Preis preço ['presu]
Priester o padre [u 'padrə]
prima esplêndido ['ʃplẽndidu]
privat particular [pɐrtiku'lar], privado
 [pri'vadu]
pro por [pur]
Probe experiência [ʃpɐ'rjẽsjɐ], ensaio
 [ẽ'saju]
Produkt produto [pru'dutu]
Programm o programa [u pru'grɐmɐ]
Prospekt prospe(c)to [pruʃ'pɛtu]
protestieren protestar [pruteʃ'tar]
provisorisch provisório [pruvi'zɔrju]
Prozent por cento [pur 'sẽntu]
Prozentsatz a percentagem [ɐ
 pɐrsẽn'taʒẽi]
Prozession a procissão [ɐ prusi'sẽu]
prüfen examinar [izemi'nar], verificar
 [vɐrifi'kar]
Prüfung o exame [u i'zɐmə]
Publikum público ['publiku]
Pulver o pó [u pɔ], pólvora ['pɔlvurɐ]
Punkt ponto ['põntu]
pünktlich pontual [põn'twal]
Puppe boneca [bu'nɛkə]
putzen limpar [lĩm'par]

Q

Qualität a qualidade [ɐ kwɐliˈdadɐ]
Qualle medusa [mɐˈduzɐ], alforreca
[alfuˈʀɛkɐ]
Quelle a fonte [ɐ ˈfõntɐ], a nascente
[ɐ nɐʃˈsẽntɐ]
quer durch através de [ɐtreˈvɛʒ dɐ]
quittieren passar recibo [pɐˈsar
ʀɐˈsibu]
Quittung recibo [ʀɐˈsibu]

R

Rabatt desconto [dɐʃˈkõntu]
Radio a rádio [ɐ ˈʀadju]
Rand a margem [ɐ ˈmarʒɐ̃i], borda
[ˈbordɐ], beira [ˈbeirɐ]
rasch *adj* rápido [ˈʀapidu]; *adv*
depressa [dɐˈprɛsɐ], rapidamente
[ʀapidɐˈmẽntɐ]
Rasen relva [ˈʀɛlvɐ]; *(Br)* grama
[ˈgramɐ]
rasieren barbear [bɐrˈbjar], fazer a
barba [fɐˈzer ɐ ˈbarbɐ]
Rat conselho [kõˈseʎu]; **jdn um ~
fragen** pedir conselho a alg [pɐˈdir
kõˈseʎu ɐ alˈgẽi]
raten *(Rat erteilen)* aconselhar
[ɐkõseˈʎar]; *(er~)* adivinhar
[ɐdɐviˈɲar]
Rauch fumo [ˈfumu]
rauchen fumar [fuˈmar]
Raum espaço [ˈʃpasu]; *(Räumlich-
keit)* quarto [ˈkwartu], a divisão
[ɐ dɐviˈzɐ̃u]
rechnen calcular [kalkuˈlar]; **~ mit**
contar com [kõnˈtar kõ]
Rechnung fa(c)tura [faˈturɐ];
(im Restaurant, Café) conta
[ˈkõntɐ]
Recht direito [diˈreitu]
recht haben ter razão [ter ʀɐˈzɐ̃u]
rechte(r, -s) *adj* direita [diˈreitɐ],
direito [ˈdiˈreito]
rechts à direita [a diˈreitɐ]
rechtzeitig *adv* a tempo [ɐ ˈtẽmpu]
reden falar [fɐˈlar]
regelmäßig *adj* regular [ʀɐguˈlar];
adv regularmente [ʀɐgularˈmẽntɐ]
regeln regular [ʀɐguˈlar]
Regierung governo [guˈvernu]
regnen chover [ʃuˈver]

reich rico [ˈʀiku]
reichen, *(aus~)* bastar [bɐʃˈtar],
chegar [ʃɐˈgar]; *(geben)* passar
[pɐˈsar]; *(s. erstrecken)* estender-se
[ʃtẽnˈdersɐ]
reichlich abundante [ɐbũnˈdẽntɐ];
bastante [bɐʃˈtẽntɐ]
Reichtum riqueza [ʀiˈkezɐ]
reif maduro [mɐˈduru]
Reihe fila [ˈfilɐ]
reinigen limpar [lĩˈpar]
Reinigung *(Geschäft)* tinturaria
[tĩnturɐˈriɐ]
Reise a viagem [ɐ ˈvjaʒɐ̃i]; **auf der ~**
durante a viagem [duˈrẽnt_ɐ ˈvjaʒɐ̃i]
Reiseführer o guia [u ˈgiɐ]
Reisegesellschaft grupo de turistas
[ˈgrupu dɐ tuˈriʃtɐʃ]
reisen viajar [vjɐˈʒar]; **~ nach** partir
para [pɐrˈtir ˈpɐrɐ]
Reisende, der, die ~ o/a viajante [u/ɐ
vjɐˈʒẽntɐ]
Reiseroute itinerário [itinɐˈrarju]
reißen *(ziehen)* tirar [tiˈrar], arrancar
[ɐʀɐ̃ˈkar]; *(kaputtgehen)* rasgar-se
[ʀɐʒˈgarsɐ], partir-se [pɐrˈtirsɐ]
Reklame reclamo [ʀɛˈklɐmu],
propaganda [prupɐˈgẽndɐ]
reklamieren reclamar [ʀɐkleˈmar]
rennen correr [kuˈʀer]
Reparatur a reparação [ɐ ʀɐpɐrɐˈsɐ̃u],
conserto [kõˈsertu]
reparieren reparar [ʀɐpɐˈrar],
consertar [kõsɐrˈtar]
reservieren reservar [ʀɐzɐrˈvar]
Rest resto [ˈʀɛʃtu]; *(Stoff~)* retalho
[ʀɐˈtaʎu]
Restaurant o restaurante [u
ʀɐʃtauˈrẽntɐ]
retten salvar [salˈvar]
Revue *(Vorstellung; Zeitschrift)*
revista [ʀɐˈviʃtɐ]
richtig *(Gegensatz zu falsch)*
exa(c)to [iˈzatu]; *(geeignet)* próprio
[ˈprɔprju]
richtigstellen corrigir [kuʀiˈʒir],
re(c)tificar [ʀɛtɐfiˈkar]
Richtung a dire(c)ção [ɐ dirɛˈsɐ̃u]
riechen cheirar [ʃeiˈrar]
Riegel ferrolho [fɐˈʀoʎu]
Riemen correia [kuˈʀeiɐ]
Ring o anel [u ɐˈnɛl]
Risiko risco [ˈʀiʃku]
Rohr tubo [ˈtubu]
Route itinerário [itinɐˈrarju]
Rückfahrt (a viagem de) regresso
[(ɐ ˈvjaʒɐ̃i dɐ) ʀɐˈgrɛsu]

Rückkehr volta ['voltə], regresso [Rə'gresu]
Rucksack mochila [mu'ʃilɐ]
Rücksicht a consideração [ɐ kõsidɐrɐ'sēu]
rücksichtslos sem respeito [sēi Rəʃ'peitu]
rückwärts para trás ['pɐrɐ traʃ]
rufen chamar [ʃɐ'mar]
Ruhe descanso [dəʃ'kēsu], repouso [Rə'pozu]; *(seelisch, Stille)* calma ['kalmɐ]
ruhen, *(aus~)* descansar [dəʃkē'sar], repousar [Rəpo'zar]
ruhig calmo ['kalmɪɪ]
rund redondo [Rə'dõndu]
Runde volta ['voltə]; rodada [Ru'dadɐ]

S

Saal sala ['salɐ]
Sache *(Ding)* coisa ['koizɐ]; *(Angelegenheit)* assunto [ɐ'sũntu]
Sack saco ['saku]
sagen dizer [di'zer]
Saison a estação [ɐ ʃtɐ'sēu], época ['epukɐ]; **außerhalb der ~** fora da estação ['fɔrɐ dɐ ʃtɐ'sēu]
sammeln reunir [Rju'nir], cole(c)cionar [kuləsju'nar]; *(auf~)* recolher [Rɐku'ʎer]
Sammlung a cole(c)ção [ɐ kuləs'sēu]
satt satisfeito [sɐtɐʃ'feitu]; farto ['fartu]
Satz a frase [ɐ 'frazɐ]
sauber limpo ['līmpu]
sauer azedo [ɐ'zedu], ácido ['asidu]
Schachtel caixa ['kaiʃɐ]
schade, es ist ~ é pena [ɛ 'penɐ]; **wie ~!** que pena! [kɐ 'penɐ]
schaden fazer mal a [fɐ'zer mal ɐ], prejudicar [prɐʒudi'kar]
Schaden prejuízo [prɐ'ʒwizu], dano ['denu]
Schadenersatz a inde(m)nização [ɐ īndɐmnizɐ'sēu]
schädlich nocivo [nu'sivu]
Schaf ovelha [o'veʎɐ]
schaffen criar [krjar]; produzir [prudu'zir]
Schalter o guiché(ê) [u gi'ʃɛ]; *(el)* o interruptor [u īntɐRup'tor]
scharf *(Messer)* cortante [kur'tēntə], afiado [ɐ'fjadu]; *(Essen)* picante [pi'kēntə]

Schatten sombra ['sõmbrɐ]
schätzen avaliar [ɐvɐ'ljar], apreciar [ɐprɐ'sjar]
schauen ver [ver], olhar [o'ʎar]
Schaufenster montra ['mõntrɐ], *(Br)* vitrina [vi'trinɐ]
Scheibe *(Fenster)* vidro ['vidru], vidraça [vi'drasɐ]; *(Brot)* fatia [fɐ'tiɐ]
Schein *(Geld~)* nota ['nɔtɐ]; *(Anschein)* aparência [ɐpɐ'rēsjɐ]
scheinen parecer [pɐrɐ'ser]; *(glänzen)* brilhar [bri'ʎar]
schenken oferecer [ofɐrɐ'ser]
Schere tesoura [tɐ'zorɐ]
Scherz gracejo [grɐ'seʒu], brincadeira [brīŋkɐ'deirɐ]
schicken mandar [mēn'dar], enviar [ē'vjar]
schieben empurrar [ēmpu'Rar]
schießen atirar [ɐti'rar]
Schild placa ['plakɐ]
Schilf o canavial [u kɐnɐ'vjal], o caniçal [u kɐni'sal]
schimpfen ralhar [Rɐ'ʎar]; insultar [īsul'tar]
Schirm o guarda-chuva [u 'gwardɐ 'ʃuvɐ]
Schlaf sono ['sonu]
schlafen dormir [dur'mir]
Schlag o golpe [u 'gɔlpɐ], pancada [pēŋ'kadɐ]
schlagen bater [bɐ'ter]; *(Uhr)* dar horas [dar_'ɔrɐʃ]
Schlamm lama ['lemɐ]
Schlange a serpente [ɐ sɐr'pēntɐ]; **~ stehen** fazer bicha [fɐ'zer 'biʃɐ], *(Br)* fazer fila [fɐ'zer 'filɐ]
schlank delgado [dɛl'gadu], elegante [ilɐ'gēntɐ]
schlau esperto ['ʃpɛrtu]
Schlauch mangueira [mēŋ'geirɐ], tubo ['tubu]
schlecht *adj* mau [mau]; *adv* mal [mal]
schließen fechar [fɐ'ʃar]
schlimm mau [mau]; **~er** pior [pjor]; **~st** o pior [u pjor]
Schloß *(Burg)* castelo [kɐʃ'tɛlu]; *(Palast)* palácio [pɐ'lasju]; *(Tür)* fechadura [fɐʃɐ'durɐ], fecho ['feʃu]
Schluck gole ['gɔlɐ], trago ['tragu]
Schluß *(Ende)* o fim [u fī]
schmal estreito ['ʃtreitu]
schmecken saber [sɐ'ber]
schmerzen doer [dwer]
schmerzhaft doloroso [dulu'rozu]
schminken, s. ~ pintar-se [pīn'tarsɐ]

schmuggeln fazer contrabando [feˈzer kõntrɐˈbẽndu]
Schmutz a sujidade [ɐ suʒiˈdadɐ]; *(Schlamm)* lama [ˈlɐmɐ]
schmutzig sujo [ˈsuʒu]
schnarchen ressonar [ʀɐsuˈnar]
schneiden cortar [kurˈtar]
schneien nevar [nɐˈvar]
schnell *adj* rápido [ˈʀapidu]; *adv* depressa [dɐˈprɛsɐ], rapidamente [ʀapidɐˈmẽntɐ]
Schnelligkeit a rapidez [ɐ ʀɐpiˈdeʃ]
Schnellimbiß a refeição rápida [ɐ ʀɐfeiˈsɐ̃u ˈʀapidɐ]; o snack-bar [u snɛk bar], *(Br)* a lanchonete [ɐ lɐ̃ʃoˈnɛti]
Schnur o cordão [u kurˈdɐ̃u], o cordel [u kurˈdɛl]
Schnürsenkel o atacador [u ɐtɐkɐˈdor]
schon já [ʒa]
schön belo [ˈbɛlu], lindo [ˈlĩndu], bonito [buˈnitu]
Schönheit beleza [bɐˈlezɐ]
schrecklich terrível [tɐˈʀivɛl], horrível [oˈʀivɛl]
schreiben escrever [ʃkrɐˈver]
schreien gritar [griˈtar]
Schrift *(Hand~)* escrita [ˈʃkritɐ]
schriftlich por escrito [pur ˈʃkritu]
Schritt passo [ˈpasu]
schüchtern tímido [ˈtimidu]
Schuh sapato [sɐˈpatu]
Schuld culpa [ˈkulpɐ]; *(Geld)* dívida [ˈdividɐ]
schulden dever [dɐˈver]
Schule escola [ˈʃkolɐ]
Schuß tiro [ˈtiru]
Schutz a prote(c)ção [ɐ prutɛˈsɐ̃u]
schwach fraco [ˈfraku]
Schwäche fraqueza [frɐˈkezɐ]
Schwager cunhado [kuˈɲadu]
Schwägerin cunhada [kuˈɲadɐ]
schwanger grávida [ˈgravidɐ]
Schweigen silêncio [siˈlẽsju]
schweigen calar-se [kɐˈlarsɐ], ficar calado [fiˈkar kɐˈladu]
Schweiz Suíça [ˈswisɐ]
Schweizer/in suíço/suíça [ˈswisu/ˈswisɐ]
schwer *(Gewicht)* pesado [pɐˈzadu]; *(Krankheit)* grave [ˈgravɐ]; *(schwierig)* difícil [diˈfisil]
Schwester a irmã [ɐ irˈmɐ̃]; *(Kranken~)* enfermeira [ẽfɐrˈmeirɐ]; *(Ordens~)* religiosa [ʀɐliˈʒjozɐ], freira [ˈfreirɐ]
schwierig difícil [diˈfisil]

Schwierigkeit a dificuldade [ɐ dɐfikulˈdadɐ]
schwimmen nadar [nɐˈdar]
schwindeln ter vertigens [ter vɐrtiˈʒẽiʃ]; *(lügen)* mentir [mẽˈtir], enganar [ẽŋgɐˈnar]
Schwindler embusteiro [ẽmbuʃˈteiru], o intrujão [u ĩtruˈʒɐ̃u]
schwindlig com vertigens [kõ vɐrtiˈʒẽiʃ]
schwitzen suar [swar]
See *f (Meer)* o mar [u mar], *m (Binnengewässer)* lago [ˈlagu]
Seeigel ouriço-do-mar [oˈrisu du mar]
sehen ver [ver]
sehr muito [ˈmũĩtu]
Seil corda [ˈkɔrdɐ], cabo [ˈkabu]
sein (1) *verb* ser [ser], estar [ʃtar]
sein (2) *poss prn* seu [seu], sua [ˈsuɐ]
seit *prp* desde [ˈdeʒdɐ]; *conj* desde que [ˈdeʒdɐ kɐ]; ~ **wann?** desde quando? [ˈdeʒdɐ ˈkwẽndu]
seitdem desde então [ˈdeʒd ˌẽˈtɐ̃u]
Seite lado [ˈladu]; *(Buch~)* página [ˈpaʒinɐ]
Sekunde segundo [sɐˈgũndu]
selbst mesmo [ˈmeʒmu], próprio [ˈprɔprju]
Selbstbedienung auto-serviço [ˈauto sɐrˈvisu], o self-service [u self ˈservisɐ]
selten *adj* raro [ˈʀaru]; *adv* raras vezes [ˈʀaɾeʒ ˈvezɐʃ], raramente [ʀaɾɐˈmẽntɐ]
senden *(schicken)* enviar [ẽˈvjar], mandar [mẽˈdar]
Sendung *(Radio, Fernsehen)* a emissão [ɐ imiˈsɐ̃u]
servieren servir [sɐrˈvir]
setzen pôr [por]; **s.** ~ sentar-se [sẽˈtarsɐ]
Sex sexo [ˈsɛksu]
sicher *adj* seguro [sɐˈguru], certo [ˈsɛrtu]; *adv* certamente [sɛrtɐˈmẽntɐ], com certeza [kõ sɐrˈtezɐ]
Sicherheit segurança [sɐguˈʀɐ̃sɐ]; *(Garantie)* garantia [gɐrẽˈtiɐ]
Sicherung *(el)* o fusível [u fuˈzivɛl]
Sicht vista [ˈviʃtɐ]
sichtbar visível [viˈzivɛl]
sie ela [ˈɛlɐ]; eles [ˈelɐʃ], elas [ˈɛlɐʃ]
Sie você/vocês [voˈse/voˈseʃ]; o senhor/a senhora/os senhores/as senhoras [u sɐˈɲorɐ sɐˈɲorɐ/oʃ sɐˈɲorɐ/eʃ sɐˈɲorɐʃ]
Signal o sinal [u siˈnal]
singen cantar [kẽˈtar]
Sinn sentido [sẽˈtidu]

Sitz o lugar [u lu'gar], assento [e'sẽntu], a sede [e 'sɐdɐ]

sitzen estar sentado [ʃtar sẽn'tadu]

Skorpion escorpião [ʃkur'pjẽu]

so assim [e'sĩ]

sofort imediatamente [imədjatɐ'mẽntɐ]

sogar até [e'tɛ], mesmo ['meʒmu]

Sohn filho ['fiʎu]

solch tal [tal]

sollen dever [də'ver]

Sonder ... especial [ʃpə'sjal]

sondern mas [mɐʃ], mas sim [mɐʃ sĩ]

Sonne o sol [u sɔl]

Sonnenaufgang, bei ~ ao nascer-do-sol [eu nɐʃ'ser du sɔl]

Sonnenbrille os óculos de sol [uz 'ɔkuluʒ dɐ sɔl]

Sonnenuntergang, bei ~ ao pôr-do-sol [eu por du 'sɔl]

sonnig soalheiro [swɐ'ʎeiru], cheio de sol ['ʃeju də sɔl]

sonst *(Gegensatz)* senão [sə'nẽu], de contrário [də kõn'trarju]; **~ noch** além disso [a'lẽi 'disu]

Sorge cuidado [kui'dadu]

sorgen, ~ für cuidar de [kui'dar də]; **s. ~ um** preocupar-se com [prjoku'parsə kõ]

Sorgfalt cuidado [kui'dadu]

sorgfältig cuidadoso [kuidɐ'dozu]

Sorte a espécie [e 'ʃpɛsjə]; *(Zigaretten)* marca ['markɐ]

Spanien Espanha ['ʃpɐɲɐ]

Spanier/in o espanhol [u ʃpe'ɲɔl], a espanhola [e ʃpe'ɲɔlɐ]

spanisch espanhol [ʃpe'ɲɔl]

sparen poupar [po'par]

Spaß *(Scherz)* gracejo [grɐ'seʒu], brincadeira [brĩŋkɐ'deirɐ]; *(Vergnügen)* o prazer [u prɐ'zer]

spät tarde ['tardɐ]

später *adj* posterior [puʃtə'rjor]; *adv* mais tarde [maiʃ 'tardɐ]

spazierengehen passear [pɐ'sjar]

Spaziergang passeio [pɐ'seju]; **einen ~ machen** dar um passeio [dar_ũm pe'seju]

Sperre *(Bahnhof)* entrada (do cais) [ẽn'tradɐ (du kaiʃ)]

Spesen as despesas [eʒ dəʃ'pezɐʃ]

speziell especial [ʃpə'sjal]

spielen jogar [ʒu'gar], brincar [brĩŋ'kar]

Spielzeug brinquedo [brĩŋ'kedu]

Spiritus *(Brenn~)* álcool desnaturado ['alkwɔl dəʒnɐtu'radu]

spitz agudo [e'gudu]

Spitze ponta ['põntɐ]; *(Gebirge)* o cume [u 'kumə], cimo ['simu]; *(Gewebe)* renda ['rẽndɐ]

Sport desporto [dəʃ'portu], *(Br)* o esporte [u es'portɨ]

Sprache língua ['lĩŋgwɐ]

sprechen falar [fe'lar]

springen saltar [sal'tar]

Spur vestígio [vəʃ'tiʒju], pista ['piʃtɐ], rasto ['ʀaʃtu]

Staat Estado ['ʃtadu]

Stadt a cidade [e si'dadɐ]

Stadtplan planta da cidade ['plẽntɐ dɐ si'dadɐ]

stammen provir [pru'vir], vir [vir]; **~ aus** ser natural de [ser nɐtu'ral dɐ]

Stange vara ['varɐ]; barra ['barɐ]

stark forte ['fortɐ]; *(beleibt)* gordo ['gordu]; *(dick)* grosso ['grosu]

Stärke força ['forsɐ]

starten partir [pɐr'tir]; pôr em marcha [por_ẽi 'marʃɐ]

statt em vez de [ẽi veʒ dɐ], em lugar de [ẽi lu'gar dɐ]

stattfinden realizar-se [ʀjeli'zarsə]

Staub o pó [u pɔ]

stechen picar [pi'kar]

Stecknadel o alfinete [u alfi'netɐ]

Steg pequena ponte [pɐ'kenɐ 'põntɐ]; prancha ['prẽʃɐ]

stehen estar [ʃtar], estar em pé [ʃtar_ẽi pɛ]

stehenbleiben *(anhalten)* parar [pe'rar], ficar parado [fi'kar pe'radu]

stehlen roubar [ʀo'bar]

steigen subir [su'bir]

steil íngreme ['ĩŋgrəmə], escarpado [ʃkɐr'padu]

Stein pedra ['pɛdrɐ]

steinig pedregoso [pədrɐ'gozu]

Stelle *(Ort)* o lugar [u lu'gar], sítio ['sitju]; *(Arbeit)* emprego [ẽm'pregu]

stellen pôr [por], colocar [kulu'kar]

Stellung a posição [e puzi'sẽu]; *(An~)* emprego [ẽm'pregu]

Stempel carimbo [kɐ'rĩmbu]

sterben morrer [mu'ʀer]

Stern estrela ['ʃtrelɐ]

stets sempre ['sẽmprɐ]

Stier touro ['toru]

still quieto ['kjɛtu], sossegado [susə'gadu], tranquilo (qü) [trẽŋ'kwilu]

Stimme a voz [e vɔʃ]

stimmen afinar [efi'nar]; estar certo [ʃtar 'sɛrtu]

stinken cheirar mal [ʃeiˈrar mal]
Stock(werk) o andar [u ẽnˈdar]
Stoff tecido [təˈsidu], fazenda [faˈzẽndə]
stören estorvar [ʃturˈvar], incomodar [iŋkumuˈdar]
Störung estorvo [ˈʃtorvu], incómodo [iŋˈkomudu]; *(Unterbrechung)* a interrupção [ɐ ĩtərʀupˈsẽu]
Stoß *(Schubs)* o golpe [uˈgolpə]; *(Stapel)* pilha [ˈpiʎə], maço [ˈmasu]
stoßen empurrar [ẽmpuˈʀar]
Strafe castigo [kəʃˈtigu], pena [ˈpenə]; *(Geld~)* multa [ˈmultə]
Strahl *(Licht~)* raio [ˈʀaju]; *(Wasser~)* jacto [ˈʒatu]
Strand praia [ˈprajə]
Straße rua [ˈʀuə]; *(Land~)* estrada [ˈʃtradə]; **auf der ~** na rua [nɐ ˈʀuə]
Strauß *(Blumen)* ramo [ˈʀɐmu]
Strecke traje(c)to [trɐˈʒɛtu]; *(Bahn~)* linha [ˈliɲə]
Streichholz fósforo [ˈfɔʃfuru]; **~schachtel** caixa de fósforos [ˈkaiʃə də ˈfɔʃfuruʃ]
Streit conflito [kõˈflitu], disputa [dəʃˈputə]
streiten discutir [dəʃkuˈtir]; brigar [briˈgar]
streng severo [səˈvɛru], rigoroso [ʀiguˈrozu]
Strom *(Fluß)* rio [ˈʀiu]; *(el)* a corrente [ɐ kuˈʀẽntə]
Strömung a corrente [ɐ kuˈʀẽntə]
Stück peça [ˈpɛsə], pedaço [pəˈdasu], bocado [buˈkadu]; **ein ~ Brot** um pedaço/bocado de pão [ũm pəˈdasu/buˈkadu də pẽu]
studieren estudar [ʃtuˈdar]
Stuhl cadeira [kəˈdeirə]
Stunde hora [ˈɔrə]; **eine halbe ~** meia hora [ˈmejə ˈɔrə]; **eine Viertel~** um quarto de hora [ũ ˈkwartu dˈɔrə]; **alle zwei ~n** de duas em duas horas [də ˈduɐz ẽi ˈduɐz ˈɔrəʃ]
Sturm a tempestade [ɐ tẽmpəʃˈtadə]
Sturz queda [ˈkɛdə]
stürzen *(fallen)* cair [kəˈir]
suchen procurar [prokuˈrar]
Süden o sul [u sul]
südlich do sul [du sul]; **~ von** ao sul de [ɐu sul də]
Summe soma [ˈsomə], quantia [kwẽnˈtiə]
Sumpf pântano [ˈpẽntɐnu]
süß doce [ˈdosə]
Swimmingpool piscina [pəʃˈsinə]
sympathisch simpático [sĩmˈpatiku]

T

Tabak tabaco [tɐˈbaku]
Tag o dia [uˈdiə]; **alle ~e** todos os dias [ˈtoduz_uʒ ˈdieʃ]; **bei ~** de dia [dəˈdiə]
tanken meter gasolina [məˈter gɐzuˈlinə]
Tante tia [ˈtiə]
Tanz dança [ˈdẽsə], baile [ˈbailə]
Tasche bolso [ˈbolsu]; *(Hand~)* carteira [kɐrˈteirə], *(Br)* bolsa [ˈbolsə]
Tat a a(c)ção [a_aˈsẽu], a(c)to [ˈatu]; **in der ~** de fa(c)to [də ˈfaktu], com efeito [kõ iˈfeitu]
Tätigkeit a a(c)tividade [a_atəviˈdadə]
Tatsache fa(c)to [ˈfaktu]
tauschen trocar [truˈkar]
täuschen, s. ~ enganar-se [ẽngɐˈnarsə]
Taxi o táxi [u ˈtaksi]
Teil a parte [ɐ ˈpartə]
teilen dividir [dəviˈdir], partir [pərˈtir]; **mit jdm ~** repartir/compartilhar com alg [ʀəpərˈtir/kõmpərtəˈʎar kõ elˈgẽi]
teilnehmen (an) participar (em) [pərtəsiˈpar (ẽi)], tomar parte (em) [tuˈmar ˈpartə (ẽi)]
telefonieren telefonar [tələfuˈnar]
Teller prato [ˈpratu]
Termin data [ˈdatə]; *(Frist)* prazo [ˈprazu]
teuer caro [ˈkaru]
tief fundo [ˈfũndu], profundo [pruˈfũndu]; *(niedrig)* baixo [ˈbaiʃu]
Tier o animal [u ɐniˈmal]
Tip conselho [kõˈseʎu]; a sugestão [ɐ suʒəʃˈtẽu]; *(Sport)* prognóstico [progˈnɔʃtiku]
Tisch mesa [ˈmezə]; **bei ~** à mesa [a ˈmezə]
Toast *(Brot)* torrada [tuˈʀadə]; *(Trinkspruch)* o brinde [u ˈbrĩndə]
Tochter filha [ˈfiʎə]
Tod a morte [ɐ ˈmɔrtə]
Toilette a retrete [ɐ ʀɐˈtrɛtə], casa de banho [ˈkazə də ˈbəɲu], *(Br)* banheiro [bɐˈɲeru]; **~npapier** o papel higiénico (ê) [u pɐˈpɛl iˈʒjɛniku]
Ton o som [u sõ]; *(Betonung)* acento [ɐˈsẽntu]; *(Farbe)* o tom [u tõ]
Tonwaren louça de barro [ˈlosə də ˈbaʀu]
Topf *(Koch~)* panela [pɐˈnɛlə], tacho [ˈtaʃu]
Tor *(Einfahrt)* o portão [u purˈtẽu], porta [ˈpɔrtə]

tot morto ['mortu]
Tour a excursão [ɐ ʃkurˈsẽu], volta
['vɔltɐ], passeio [pɐˈseju]
Tourist/in o/a turista [u/ɐ tuˈriʃtɐ]
Tracht o traje [u ˈtraʒɐ]
tragen levar [lɐˈvar], trazer [trɐˈzer];
(er~) suportar [supurˈtar]
Träger *(Gepäck~)* o carregador
[u kɐɾɐgɐˈdor]
transportieren transportar
[trɐ̃ʃpurˈtar]
Traum sonho [ˈsoɲu]
träumen sonhar [suˈɲer]
traurig triste [ˈtriʃtɐ]
treffen encontrar [ẽkõˈtrar]
trennen separar [sɐpɐˈrar]
Treppe escada [ˈʃkadɐ]
treu fiel [fjɛl], leal [ljal]
trinkbar potável [puˈtavɛl]
trinken beber [bɐˈber], tomar [tuˈmar]
trocken seco [ˈseku]
trocknen secar [sɐˈkar]
Tropfen gota [ˈgotɐ]
tropfen pingar [pĩˈgar]
trotz apesar de [ɐpɐˈzar dɐ]; ~**dem**
apesar disso [ɐpɐˈzar ˈdisu]
trüb *(Flüssigkeit)* turvo [ˈturvu]; *(Wetter)* coberto [kuˈbertu], nublado
[nuˈbladu]
tschüß adeus [ɐˈdeuʃ]; *(Br)* tchau
[tʃau]
Tube bisnaga [bɐʒˈnagɐ]
Tuch pano [ˈpenu]; *(Lappen)* trapo
[ˈtrapu]; *(Kopf~)* lenço [ˈlẽsu]
tüchtig hábil [ˈabil], capaz [kɐˈpaʃ]
tun fazer [fɐˈzer]
Tunnel o túnel [u ˈtunɛl]
Tür porta [ˈpɔrtɐ]
Tüte *(kleine)* cartucho [kɐrˈtuʃu]; *(größere)* saco de papel [ˈsaku dɐ pɐˈpɛl]
typisch típico [ˈtipiku]

U

übel mal [mal]; **mir ist** ~ sinto-me
mal [ˈsĩtumɐ mal]
üben exercitar [izɐrsiˈtar], praticar
[prɐtiˈkar]
über sobre [ˈsobrɐ], acima de [ɐˈsimɐ
dɐ], por cima de [pur ˈsimɐ dɐ]
überall por toda a parte [pur ˈtodɐ
ˈpartɐ]
überbringen levar [lɐˈvar], entregar
[ẽtrɐˈgar]
überfallen assaltar [ɐsalˈtar]
überflüssig supérfluo [suˈpɛrflwu]

überfüllt apinhado [ɐpiˈɲadu]
Übergang a passagem [ɐ pɐˈsaʒẽi]
übergeben entregar [ẽtrɐˈgar]
überholen ultrapassar [ultrɐpɐˈsar]
übernachten pernoitar [pɐrnoiˈtar]
übernehmen assumir [ɐsuˈmir];
aceitar [ɐseiˈtar]
überqueren atravessar [ɐtrɐvɐˈsar]
überrascht surpreendido
[surprjẽˈdidu]
überreden persuadir [pɐrswɐˈdir]
überschreiten passar [pɐˈsar]
Übersee o ultramar [u ultrɐˈmar]
übersetzen traduzir [trɐduˈzir]
übertragbar transmissível
[trɐ̃ʒmiˈsivɛl]
übertrieben exagerado [izɐʒɐˈradu]
überweisen enviar [ẽˈvjar], transferir
[trɐ̃ʃfɐˈrir]
überzeugen convencer [kõvẽˈser]
üblich normal [norˈmal], habitual
[ɐbiˈtwal]
übrig restante [ʀɐʃˈtẽtɐ]
übrigbleiben ficar [fiˈkar], sobrar
[suˈbrar]
übrigens aliás [ɐˈljaʃ]; a propósito
[ɐ pruˈpɔzitu]
Übung exercício [izɐrˈsisju], prática
[ˈpratikɐ]
Ufer *(Fluß)* a margem [ɐ ˈmarʒẽi];
(Meer) costa [ˈkɔʃtɐ]
Uhr relógio [ʀɐˈlɔʒju]
um *(herum)* em/à volta de [ẽi/a ˈvɔltɐ
dɐ]; *(Zeitangabe)* à/às [a/aʃ]; *(gegen)*
pela/pelas [ˈpelɐ/ˈpelɐʃ]
umarmen abraçar [ɐbrɐˈsar]
umgekehrt *adj* inverso [ĩˈversu]; **in**
~**er Richtung** em sentido contrário
[ẽi sẽˈtidu kõˈtrarju]; *adv* ao
contrário [eu kõˈtrarju]
umkehren voltar para trás [vɔlˈtar
ˈpɐrɐ traʃ]
Umrechnung câmbio [ˈkẽmbju]
umsehen, s. ~ olhar em volta
[oˈʎar ẽi ˈvɔltɐ]; ver [ver]; procurar
[prɔkuˈrar]
umsonst *(gratis)* grátis [ˈgratiʃ], de
graça [dɐ ˈgrasɐ]; *(vergebens)* em
vão [ẽi vẽu]
Umstände as circunstâncias [ɐʃ
sirkũʃˈtẽsjɐʃ]
umsteigen mudar de [muˈdar dɐ]
umtauschen trocar [truˈkar]
Umweg desvio [dɐʒˈviu], rodeio
[ʀuˈdeju]
Umwelt o (meio) ambiente [u (ˈmeju)
ẽmˈbjẽtɐ]

umziehen *(Wohnung wechseln)* mudar de casa [muˈdar də ˈkazɐ]; **s.** ~ mudar de roupa [muˈdar də ˈʀopə]
unangenehm desagradável [dəzəgreˈdavɛl]
unanständig indecente [ĩndəˈsẽntə]
unbedingt *adv* absolutamente [ɐbsuluˈtˈmẽntə]
unbekannt desconhecido [dəʃkuɲəˈsidu]
unbequem incómodo [ĩŋˈkɔmudu]
unbeständig variável [vɐˈrjavɛl], inconstante [ĩŋkõʃˈtẽntə]
unbestimmt indeterminado [ĩndətərmiˈnadu], vago [ˈvagu]
und e [i]; ~ **so weiter** etc. [ɛtˈsɛtrə]
undankbar ingrato [ĩŋˈgratu]
unecht falso [ˈfalsu]
unentbehrlich indispensável [ĩndəʃpẽˈsavɛl]
unentschlossen indeciso [ĩndəˈsizu]
unerfahren inexperiente [inɐʃpəˈrjẽntə]
unerfreulich desagradável [dəzəgreˈdavɛl]
unerträglich insuportável [ĩsupɔrˈtavɛl]
unerwartet inesperado [inɐʃpəˈradu]
unerwünscht indesejável [ĩndəzəˈʒavɛl]
Unfall o acidente [u ɐsiˈdẽntə], o desastre [u dəˈzaʃtrə]
unfähig incapaz [ĩŋkɐˈpaʃ]
unfreundlich pouco amável [ˈpoku ɐˈmavɛl]
ungeeignet inadequado [inədəˈkwadu]
ungefähr aproximadamente [ɐprɔsimadeˈmẽntə]
ungemütlich incómodo [ĩˈkɔmudu], pouco confortável [ˈpoku kõfurˈtavɛl]
ungenau impreciso [ĩmprəˈsizu]
ungenügend insuficiente [ĩsufəˈsjẽntə]
ungerecht injusto [ĩˈʒuʃtu]
Ungerechtigkeit injustiça [ĩʒuʃˈtisə]
ungern de má vontade [də ma võˈtadə]
ungesund nocivo à saúde [nuˈsivu ɐ səˈudə]
ungewiß incerto [ĩˈsɛrtu]
ungewöhnlich invulgar [ĩvulˈgar]
unglaublich incrível [ĩŋˈkrivɛl]
Unglück desgraça [dəʒˈgrasə], a infelicidade [ɐ ĩfəlɐsiˈdadə]
unglücklich infeliz [ĩfəˈliʃ]; ~**erweise** infelizmente [ĩfəliʒˈmẽntə]

ungültig inválido [ĩˈvalidu], sem validade [sẽi vɐliˈdadə]
ungünstig desfavorável [dəʃfevuˈravɛl]
unhöflich descortês [dəʃkurˈteʃ], indelicado [ĩndəliˈkadu]
Unkosten as despesas [ɐʒ dəʃˈpezɐʃ]
unmittelbar imediato [iməˈdjatu]
unmodern fora de moda [ˈforə də ˈmɔdə]
unmöglich impossível [ĩmpuˈsivɛl]
unnötig desnecessário [dəʒnəsəˈsarju]
unnütz inútil [iˈnutil]
Unordnung a desordem [ɐ dəˈzɔrdẽi]
unpraktisch pouco prático [ˈpoku ˈpratiku]
Unrecht *(Ungerechtigkeit)* injustiça [ĩʒuʃˈtisə]
unrecht haben não ter razão [nɐu ter ʀəˈzẽu]
unregelmäßig irregular [iʀəguˈlar]
unruhig inquieto [ĩŋˈkjɛtu]
uns nos [nuʃ]
unschuldig inocente [inuˈsẽntə]
unser, unsere nosso [ˈnɔsu], nossa [ˈnɔsə]
unsicher inseguro [ĩsəˈguru]; *(ungewiß)* incerto [ĩˈsɛrtu]
unten em baixo [ẽi ˈbaiʃu]; **dort** ~ lá em baixo [la ẽi ˈbaiʃu]
unter debaixo de [dɐˈbaiʃu də], sob [sɔb]; *(zwischen)* entre [ˈẽntrə]; ~ **anderem** entre outras coisas [ˈẽntrˈˈotrəʃ ˈkoizəʃ]
unterbrechen interromper [ĩntɐʀõˈper]
Unterführung a passagem subterrânea [ɐ pɐˈsaʒẽi subtɐˈʀɐnjə]
unterhalb por baixo de [pur ˈbaiʃu də], abaixo de [ɐˈbaiʃu də]
unterhalten, s. ~ conversar [kõvərˈsar]; *(s. vergnügen)* divertir-se [divərˈtirsə]
unterhaltend divertido [divərˈtidu]
Unterhaltung *(Gespräch)* conversa [kõˈvɛrsə]; *(Vergnügen)* divertimento [divərtiˈmẽntu]
Unterkunft alojamento [ɐluʒəˈmẽntu]
Unternehmen empresa [ẽmˈprezə]
unterrichten *(informieren)* informar [ĩfurˈmar]; *(Schule)* ensinar [ẽsiˈnar]
unterscheiden distinguir [dəʃtĩŋˈgir]; **s.** ~ **von** distinguir-se de [dəʃtĩŋˈgirsə də]
Unterschied diferença [difəˈrẽsə]
unterschreiben assinar [ɐsiˈnar]
Unterschrift assinatura [ɐsinɐˈturɐ]
Unterstützung apoio [ɐˈpoju]

untersuchen examinar [izemi'nar], investigar [ĩveʃti'gar]; analisar [eneli'zar]
unterwegs no/a caminho [nu/e ke'miɲu]
unverbindlich sem compromisso [sẽi kõmpru'misu]
unvermeidlich inevitável [inevi'tavel]
unverschämt descarado [deʃke'radu]
unvollständig incompleto [ĩŋkõm'pletu]
unvorsichtig imprudente [ĩmpru'dẽnte]
unwahrscheinlich improvável [ĩmpru'vavel]
unwichtig insignificante [ĩsignifi'kẽnte], sem importância [sẽi ĩmpur'tẽsje]
unwohl indisposto [ĩndeʃ'poʃtu]
unzufrieden descontente [deʃkõn'tẽnte]
Urlaub as férias [eʃ'fɛrieʃ], licença [li'sẽse]
Ursache causa ['kauze]
Urteil juízo ['ʒwizu]
urteilen julgar [ʒul'gar]
Urwald selva ['selve]; floresta virgem [flu'rɛʃte 'virʒẽi]

V

Vater o pai [u pai]
Vaterland pátria ['patrje]
verabreden, s. ~ combinar encontrar-se [kõmbi'nar ẽŋkõn'trarse]
Verabredung encontro [ẽŋ'kõntru]
verabschieden, s. ~ despedir-se [deʃpe'dir se]
verändern mudar [mu'dar]
Veränderung mudança [mu'dẽse]
veranstalten organizar [ɔrgeni'zar], promover [prumu'ver]
Veranstaltung a manifestação [e menifeʃte'sẽu]
verantwortlich responsável [reʃpõ'savel]
Verband *(med)* penso ['pẽsu], ligadura [lige'dure]
Verbandszeug os pensos [uʃ'pẽsuʃ], as ligaduras [eʒ lige'dureʃ]; farmácia portátil [fer'masje pur'tatil]
verbessern melhorar [meʎu'rar], aperfeiçoar [eperfei'swar]; *(Fehler)* corrigir [kuʀi'ʒir]
verbieten proibir [prwi'bir]
verbinden unir [u'nir]; *(tele, med)* ligar [li'gar]

Verbindung a relação [e ʀele'sẽu]; *(Zug, tele)* a ligação [e lige'sẽu]
Verbot a proibição [e prwibi'sẽu]
verboten! proibido! [prwi'bidu]
Verbrauch consumo [kõ'sumu]
verbrauchen gastar [geʃ'tar], consumir [kõsu'mir]
verbrennen queimar [kei'mar]
verbringen *(Zeit)* passar [pe'sar]
Verdacht suspeita [suʃ'peite]
verderben estragar [ʃtre'gar]; *(schlecht werden)* estragar-se [ʃtre'garse]
verdienen ganhar [ga'ɲar]; *(wert sein)* merecer [mere'ser]
Verdienst *m (Geld)* ganho ['gaɲu]; *n* mérito ['mɛritu]
verdorben estragado [ʃtre'gadu]; *(faul)* podre ['podre]; *(sittlich)* corru(p)to [ku'ʀuptu]
Verein a associação [a_asusje'sẽu]
vereinbaren combinar [kõmbi'nar]
Verfassung a constituição [e kõʃti-twi'sẽu]; *(Zustand)* estado ['ʃtadu]
verfehlen errar [i'ʀar], falhar [fe'ʎar]; *(Zug)* perder [per'der]
Vergangenheit passado [pe'sadu]
vergehen *(Zeit)* passar [pe'sar]
vergessen esquecer(-se de) [ʃkɛ'ser(se de)]
vergewaltigen violar [vju'lar], violentar [vjulẽn'tar]
Vergleich a comparação [e kõmpere'sẽu]
vergleichen comparar [kõmpe'rar]
Vergnügen o prazer [u pre'zer]; *(Unterhaltung)* divertimento [diverti'mẽnto]
Verhandlung negociação [negusje'sẽu]
verheimlichen ocultar [okul'tar], esconder [ʃkõn'der]
verheiratet (mit) casado (com) [ke'zadu (kõ)]
verhindern impedir [ĩmpe'dir]
Verhütungsmittel preservativo [prezerve'tivu], anticonceptivo [ẽntikõsɛp'tivu]
verirren, s. ~ perder-se [per'derse]
Verkauf venda ['vẽnde]
verkaufen vender [vẽn'der]
Verkehr trânsito ['trẽzitu]
verkehren *(Verkehrsmittel)* circular [sirku'lar]
Verkehrsbüro Turismo [tu'riʒmu]
verlangen pedir [pe'dir]; *(fordern)* exigir [ize'ʒir]

verlängern alongar [ɐlõŋ'gar], prolongar [prulõŋ'gar]; *(zeitlich)* prorrogar [pruʀu'gar]

verlassen deixar [dei'ʃar]

Verletzte, der, die ~ o ferido [u fə'ridu], a ferida [ɐ fə'ridɐ]

verlieren perder [pər'der]

verloben, s. mit jdm ~ celebrar os esponsais com alg [sələ'brar_uz_əʃpõ'saiʃ kõ al'gɐi]

Verlobte, der, die ~ o noivo [u 'noivu], a noiva [ɐ 'noivɐ]

Verlust perda ['pɛrdɐ]

vermeiden evitar [ivi'tar]

vermieten alugar [ɐlu'gar]

Vermittler medianeiro [mədjə'neiru]

vermuten supor [su'por]

Vermutung a suposição [ɐ supuzi'sɐu]

vernachlässigen descurar [dəʃku'rar]

vernünftig razoável [ʀɐ'zwavɛl], sensato [sẽ'satu]

verpacken empacotar [ẽmpɐku'tar], embrulhar [ẽmbru'ʎar]

Verpackung a embalagem [ɐ ẽmbɐ'laʒɐĩ]

Verpflegung comida [ku'midɐ]

verpflichtet sein ter obrigação de [ter_obrigɐ'sɐu de], ter o dever de [ter_u də'ver dɐ]

Verpflichtung a obrigação [ɐ obrigɐ'sɐu], o dever [u də'ver]

verrechnen, s. ~ enganar-se na conta [ẽŋgɐ'narsə nɐ 'kõtɐ]

verreisen ir viajar [ir vjɐ'ʒar]

verrückt doido ['doidu], louco ['loku]

versäumen *(verpassen)* perder [pər'der]

verschaffen arranjar [ɐʀɐ̃'ʒar]

verschieben *(zeitlich)* adiar [ɐ'djar]

verschieden diferente [difə'rẽtɐ]

verschließen fechar à chave [fə'ʃar_a 'ʃavɐ]

Verschluß fecho ['feʃu]; *(Foto)* o obturador [u obtu'ador]

verschwinden desaparecer [dəzɐpɐrɐ'ser]

Versehen, aus ~ por engano [pur_ẽŋ'ganu]

versenden enviar [ẽ'vjar], expedir [ʃpɐ'dir]

versichern assegurar [ɐsəgu'rar], segurar [səgu'rar]

Versicherung seguro [sə'guru]

versorgen mit abastecer de [ɐbɐʃtə'ser dɐ]

verspäten, s. ~ atrasar-se [ɐtrɐ'zarsə]

Versprechen promessa [pru'mɛsɐ]

versprechen prometer [prumə'ter]

Verstand inteligência [ĩtəli'ʒẽsjɐ]; *(Vernunft)* a razão [ɐ ʀɐ'zɐu]

verständigen, jdn ~ informar alg [ĩfur'mar_al'gɐi]; **s.** ~ entender-se [ẽtẽn'dersə]

verstecken esconder [ʃkõ'der]

verstehen entender [ẽtẽn'der], compreender [kõmprjẽn'der]

verstopft entupido [ẽtu'pidu]

Versuch tentativa [tẽtɐ'tivɐ]

versuchen tentar [tẽ'tar]; *(Speisen)* provar [pru'var]

vertauschen trocar [tru'kar]

verteidigen defender [dəfẽ'der]

verteilen distribuir [dəʃtri'bwir]

Verteilung a distribuição [ɐ dəʃtribwi'sɐu]

Vertrag contrato [kõ'tratu]

vertragen suportar [supur'tar]; **nicht** ~ *(Speisen)* não poder comer [nɐu pu'der ku'mer], fazer mal a [fɐ'zer mal ɐ]

Vertrauen confiança [kõ'fjɐ̃sɐ]

vertrauen auf confiar em [kõ'fjar_ɐi]

vertrauensvoll confiante [kõ'fjɐ̃tɐ]

verunglücken ser vítima dum acidente [ser 'vitimɐ dũ ɐsi'dẽtɐ]

verursachen causar [kau'zar]

Verwaltung a administração [ɐ_admɐniʃtrɐ'sɐu]

verwandt parente [pɐ'rẽtɐ]

verwechseln confundir [kõfũ'dir]

verwenden empregar [ẽmprə'gar]

Verwendung emprego [ẽm'pregu]

verwirklichen realizar [ʀjɐli'zar]

Verzeichnis lista ['liʃtɐ]

verzeihen perdoar [pər'dwar]

verzögern demorar [dəmu'rar]

verzollen pagar direitos [pɐ'gar di'reituʃ]

verzweifelt desesperado [dəzəʃpɐ'radu]

viel muito ['mũitu]

vielleicht talvez [tal'veʃ]

vielmehr antes ['ɐ̃təʃ]

viereckig quadrado [kwɐ'dradu]

Viertel, ein ~ um quarto [ũ 'kwartu]

Villa vivenda [vi'vẽdɐ], vila ['vilɐ]

Vogel *(großer)* a ave [ɐ avɐ]; *(kleiner)* pássaro ['pasɐru]

Volk povo ['povu]

voll cheio ['ʃeju]; *(~ besetzt)* completo [kõm'pletu]; *(ganz)* total [tu'tal]

vollenden acabar [ɐkɐ'bar], terminar [tərmi'nar]

vollkommen perfeito [pər'feitu]

Vollmacht a procuração [e prokure'sēu]

vollständig *adj* completo [kõm'plɛtu]; *adv* completamente [kõmplɛtɐ'mēntɐ]

Volt volt [vɔlt], vóltio ['vɔltju]

von de [dǝ]; *(Passiv)* por [pur]

vor de [dǝ]; *(räumlich)* diante de ['djēntɐ dǝ]; *(zeitlich)* antes de ['ēntǝʒ dǝ]; *(in der Vergangenheit)* há [a]; ~ **allem** sobretudo [sobrǝ'tudu]

voraus, im ~ de antemão [d_ēntɐ'mēu]

vorbei junto de ['ʒūntu dǝ]; passado [pe'sadu]; **es ist** ~ já passou [ʒa pe'so]

vorbeigehen passar por/por casa de [pe'sar pur/pur 'kaze dǝ]

vorbeikommen passar por/por casa de [pe'sar pur/pur 'kaze dǝ]

vorbereiten preparar [prɐpǝ'rar]

vorbestellen reservar [Rǝzɐr'var], marcar [mer'kar]

Vorfahrt prioridade [prjuri'dadǝ]

Vorfall caso ['kazu]

vorgehen *(Uhr)* estar adiantado [ʃtar_ɐdjēn'tadu]

Vorhang cortina [kur'tine]

vorher antes ['ēntǝʃ]

vorläufig *adv* por enquanto [pur_ēŋ'kwēntu]

vorletzte(r, -s) penúltima [pe'nultimɐ], penúltimo [pe'nultimu]

Vormittag a manhã [ɐ me'nē]; **vormittags** de manhã [dǝ me'nē]

Vorname prenome [prɐ'nomɐ], nome de ba(p)tismo ['nomɐ dǝ ba'tiʒmu]

vorn à frente [a 'frēntɐ]

vornehm distinto [dǝʃ'tĩntu]

Vorort, Vorstadt os subúrbios [uʃ su'burbjuʃ]

Vorrat a provisão [ɐ pruvi'zēu]

Vorschlag proposta [pru'pɔʃtɐ]

vorschlagen propor [pru'por]

Vorschrift a prescrição [ɐ prǝʃkri'sēu]

Vorsicht cautela [kau'tɛlɐ], cuidado [kui'dadu]; ~! cuidado! [kui'dadu]

vorsichtig cuidadoso [kuidɐ'dozu], prudente [pru'dēntɐ]

vorstellen apresentar [ɐprǝzēn'tar]

Vorstellung a apresentação [a_ɐprǝzēntɐ'sēu]; *(Begriff)* ideia (é) [i'dɐjɐ], a noção [ɐ nu'sēu]; *(Theater)* a representação [ɐ Rǝprǝzēntɐ'sēu]

Vorteil a vantagem [ɐ vēn'taʒēi]

vorteilhaft vantajoso [vēntɐ'ʒozu]

vorüber passado [pe'sadu]

vorübergehen passar [pe'sar]

vorübergehend *adv* temporariamente [tēmpurarjɐ'mēntɐ]

Vorwand pretexto [prǝ'teiʃtu]

vorwärts avante [a'vēntɐ]

vorzeigen apresentar [ɐprǝzēn'tar], mostrar [muʃ'trar]

vorziehen preferir [prǝfǝ'rir]

Vorzug preferência [prǝfǝ'rēsjɐ]; *(Vorteil)* a vantagem [ɐ vɐn'taʒēi]

W

Waage balança [be'lēsɐ]

wach acordado [ɐkur'dadu]

wachsen crescer [krǝʃ'ser]

wagen ousar [o'zar], atrever-se a [ɐtrǝ'vers_ǝ]

Wagen carro ['kaRu], o automóvel [u autu'mɔvɛl]

Wahl escolha ['ʃkoʎe]; a eleição [ɐ ilei'sēu]

wählen escolher [ʃku'ʎer]; *(Politik)* eleger [ilǝ'ʒer], votar [vu'tar]; *(tele)* marcar [mer'kar]

wahr verdadeiro [vǝrdǝ'deiru]

während *prp* durante [du'rēntɐ]; *conj* enquanto [ēŋ'kwēntu]

Wahrheit a verdade [ɐ vǝr'dadɐ]

wahrscheinlich provável [pru'vavɛl]

Wahrscheinlichkeit a probabilidade [ɐ prubǝbǝli'dadǝ]

Wand a parede [ɐ pe'redɐ]

wandern caminhar [kǝmi'ɲar], andar a pé [ēndar_ǝ pɛ]

Ware mercadoria [mǝr'kedu'riɐ]

warm quente ['kēntɐ]

Wärme o calor [u ke'lor]

wärmen aquecer [ɐkɛ'ser]

warnen (vor) avisar (de) [evi'zar (dǝ)]

warten esperar [ʃpǝ'rar]

was que [kǝ], o que [u kǝ]; ~? quê [ke], o quê [u kǝ]; ~ **für ein/eine ...?** que ...? [kǝ], que espécie de ...? [kǝ_'ʃpɛsjǝ dǝ]

Wäsche *(Bett~)* roupa de cama ['Ropɐ dǝ 'kɐmɐ]; *(Unter~)* roupa interior [Ropɐ īntǝ'rjor]; *(zum Waschen)* roupa suja ['Ropɐ 'suʒɐ]

waschen lavar [lɐ'var]

Wasser água ['agwɐ]

Watt watt ['wotɐ/vat], vátio ['vatju]

Wechsel *(Veränderung)* mudança [mu'dēsɐ]; *(Austausch)* troca ['trɔkɐ]

A/Z

Wechselgeld dinheiro miúdo [dəˈɲeiru ˈmjudu]

wechseln *(Geld)* cambiar [kẽmˈbjar]

wecken acordar [ɐkurˈdar], despertar [dəʃpərˈtar]

Wecker o despertador [u dəʃpərteˈdor]

weder ... noch nem ... nem [nẽi ... nẽi]

Weg caminho [kɐˈmiɲu]

weg fora [ˈfɔrɐ], ausente [auˈzẽntɐ]

wegen por causa de [pur ˈkauzɐ də]

weggehen ir-se embora [irsˈẽˈborɐ]

wegnehmen tirar [tiˈrar]

wegschicken mandar [mẽˈdar], mandar embora [mẽˈdar ˈẽmˈborɐ]

weiblich feminino [fəmɐˈninu]

weich mole [ˈmɔlɐ], brando [ˈbrẽndu], macio [mɐˈsiu]; *(Ton, Farbe)* suave [ˈswavɐ]

weigern, s. ~ recusar-se [Rəkuˈzarsɐ]

weil porque [ˈpurkə]

Weinberg vinha [ˈviɲɐ]

weinen chorar [ʃuˈrar]

Weise *(Art)* maneira [mɐˈneirɐ], modo [ˈmɔdu]

weit *(Gegenteil von eng)* largo [ˈlargu]; *(Weg)* longo [ˈlõŋgu]; *(entfernt)* distante [dəʃˈtẽntɐ], *adv* longe [ˈõʒə]; **und so ~er** etc. [etˈsɛtrɐ]

Welt mundo [ˈmũndu]

wenden virar [viˈrar]; **s. an jdn ~** dirigir-se a alg [diriˈʒirs_ɐ alˈgẽi]

wenig pouco [ˈpoku]; **ein ~ (von)** um pouco (de) [ũm ˈpoku (də)]; **~er** menos [ˈmenuʃ]; **das ~ste** o menos [u ˈmenuʃ], o mínimo [u ˈminimu]

wenigstens ao menos [eu ˈmenuʃ]

wenn *(Bedingung)* se [sə]; *(zeitlich)* quando [ˈkwẽndu]

werden tornar-se [turˈnarsɐ]

werfen atirar [ɐtiˈrar], lançar [lẽˈsar]

werktags nos dias úteis [nuʒ ˈdiez_ˈuteiʃ]

Wert o valor [u vɐˈlor]

wert, viel ~ sein valer muito [vɐˈler ˈmũintu]

wertlos sem valor [sẽi vɐˈlor]

Wertsachen os obje(c)tos de valor [uz obˈʒɛtuʒ də vɐˈlor]

Wespe vespa [ˈveʃpɐ]

Westen o oeste [u oˈɛʃtɐ], o ocidente [u osiˈdẽntɐ]

westlich ocidental [osidẽˈtal], do oeste [du oˈɛʃtɐ]

Wettbewerb concurso [kõˈkursu]

Wette aposta [ɐˈpɔʃtɐ]

wetten apostar [ɐpuʃˈtar]

Wetter tempo [ˈtẽmpu]; **bei diesem ~** com este tempo [kõ ˈeʃtɐ ˈtẽmpu]

wichtig importante [ĩmpurˈtẽntɐ]

wie *(Frage, Vergleich)* como [ˈkomu]

wieder de novo [də ˈnovu], novamente [novɐˈmẽntɐ]; *(noch einmal)* outra vez [ˈotrɐ veʃ]

wiederbekommen recuperar [Rəkupəˈrar]

wiedergeben devolver [dəvolˈver]

wiederholen repetir [Rəpəˈtir]

wiederkommen voltar [volˈtar], regressar [Rəgrəˈsar]

wiedersehen tornar a ver [turˈnar_ɐ ver]

wiegen pesar [pəˈzar]

Wiese prado [ˈpradu]

Wild caça [ˈkasɐ]

wild selvagem [sɛlˈvaʒẽi], silvestre [silˈvɛʃtrɐ]

willkommen bem-vindo [bẽi ˈvĩndu]

windig ventoso [vẽnˈtozu]

Winkel *(Ecke)* canto [ˈkẽntu]

winken acenar [ɐsəˈnar]

wir nós [nɔʃ]

wirklich *adj* real [Rjal]; *(echt)* verdadeiro [vɐrdəˈdeiru]; *adv* realmente [Rjalˈmẽntɐ], deveras [dəˈvɛrɐʃ]

Wirklichkeit a realidade [ɐ Rjeliˈdadɐ]

wirksam eficaz [ifiˈkaʃ]

Wirkung efeito [iˈfeitu]

Wirt dono do restaurante [ˈdonu du Rəʃtauˈrẽntɐ]

Wissen os conhecimentos [uʃ kuɲəsiˈmẽntuʃ]

wissen saber [sɐˈber]

Witz graça [ˈgrasɐ], anedota [ɐnəˈdɔtɐ]

Woche semana [səˈmɐnɐ]; **in einer ~** dentro de uma semana [ˈdẽntru d_ˈumɐ səˈmɐnɐ]

wochentags nos dias úteis [nuʒ ˈdiez_ˈuteiʃ]

wöchentlich *adj* semanal [səmɐˈnal]; *adv* todas as semanas [ˈtodez_ɐʃ səˈmɐnɐʃ]

Wohl o bem [u bẽi]

wohl *(vermutlich)* provavelmente [pruvavɛlˈmẽntɐ]

Wohlbefinden o bem-estar [u bẽi ʃtar], boa saúde [ˈboɐ sɐˈudɐ]

wohlhabend abastado [ɐbɐʃˈtadu]

wohlwollend benévolo [bəˈnɛvulu]

wohnen morar [muˈrar]

Wohnort, ~sitz domicílio [dumiˈsilju], residência [Rəziˈdẽsjɐ]

Wohnung casa [ˈkazɐ], apartamento [ɐpɐrtɐˈmẽntu]; **möblierte ~** casa mobilada [ˈkazɐ mubiˈladɐ]
Wolkenkratzer o arranha-céus [u ɐˈʀɐɲɐ sɛuʃ]
wollen querer [kɐˈrer]
Wort palavra [pɐˈlavrɐ]
wunderbar maravilhoso [mɐrɐviˈʎozu]
wundern, s. ~ (über) admirar-se (de) [ɐdmiˈrarsɐ (dɐ)]
Wunsch desejo [dɐˈzeʒu]
wünschen desejar [dɐzɐˈʒar]
Wurf o lance [u ˈlẽsɐ], jogada [ʒuˈgadɐ]
Würfel dado [ˈdadu]
Wurm o verme [u ˈvɛrmɐ]
Wut raiva [ˈʀaivɐ], fúria [ˈfurjɐ]
wütend furioso [fuˈrjozu]; **~ werden** ficar furioso [fiˈkar fuˈrjozu]

Z

Zahl número [ˈnumɐru]
zahlen pagar [pɐˈgar]
zählen contar [kõˈtar]
zahlreich numeroso [numɐˈrozu]
Zahlung pagamento [pɐgɐˈmẽntu]
Zange a tenaz [ɐ tɐˈnaʃ], o alicate [u ɐliˈkatɐ]
zanken, s. ~ brigar [briˈgar], querelar [kɐrɐˈlar]
zart *(weich)* tenro [ˈtẽʀu], terno [ˈtɛrnu]; *(~fühlend)* delicado [dɐliˈkadu], sensível [sẽˈsivɛl]
zärtlich carinhoso [kɐriˈɲozu], terno [ˈtɛrnu], meigo [ˈmeigu]
Zeichen o sinal [u siˈnal]; *(An~)* indício [ĩˈdisju]; *(Beweis)* prova [ˈprovɐ]
zeichnen desenhar [dɐzɐˈɲar]
zeigen mostrar [muʃˈtrar]; *(hinweisen)* indicar [ĩdiˈkar]
Zeit tempo [ˈtẽmpu]; **zur ~** a(c)tualmente [atwalˈmẽntɐ]; **von ~ zu ~** de vez em quando [dɐ vez ɐ̃i ˈkwẽndu]
Zeitlang, eine ~ durante algum tempo [duˈrẽnt alˈgũ ˈtẽmpu]
Zeitung o jornal [u ʒurˈnal]
zentral central [sẽˈtral]
Zentrum centro [ˈsẽntru]
zerbrechen partir [pɐrˈtir]
zerbrechlich frágil [ˈfraʒil]
zerreißen rasgar [ʀɐʒˈgar]
zerstören destruir [dɐʃˈtrwir]

Zeuge testemunha [tɐʃtɐˈmuɲɐ]
Zeugnis testemunho [tɐʃtɐˈmuɲu]; *(Bescheinigung)* certificado [sɐrtɐfiˈkadu], atestado [ɐtɐʃˈtadu]
ziehen puxar [puˈʃar], tirar [tiˈrar]
Ziel obje(c)tivo [obʒɛˈtivu], fim [fĩ]; *(Reise~)* destino [dɐʃˈtinu]
ziemlich bastante [bɐʃˈtẽntɐ]
Zigarette cigarro [siˈgaʀu]
Zigarillo cigarrilha [sigɐˈʀiʎɐ]
Zigarre charuto [ʃɐˈrutu]
zögern hesitar [iziˈtar]
Zoll alfândega [alˈfẽndɐgɐ]
zornig irado [iˈradu], colérico [kuˈlɛriku]
zu (1) *(Richtung)* para [ˈpɐrɐ], a [ɐ]; *(mit adj)* demasiado [dɐmɐˈzjadu]; **~ sehr, ~ viel** de mais [dɐ maiʃ], demasiado [dɐmɐˈzjadu]
zu (2) *(geschlossen)* fechado [fɐˈʃadu]
zubereiten preparar [prɐpɐˈrar]
zudecken cobrir [kuˈbrir], tapar [tɐˈpar]
zuerst primeiro [priˈmeiru], em primeiro lugar [ɐ̃i priˈmeiru luˈgar]
Zufall acaso [ɐˈkazu]
zufällig *adv* por acaso [pur ɐˈkazu]
zufrieden satisfeito [sɐtiʃˈfeitu], contente [kõˈtẽntɐ]
Zugang acesso [ɐˈsɛsu]
zugreifen *(Essen)* servir-se [sɐrˈvirsɐ]
zugunsten a favor de [ɐ fɐˈvor dɐ]
zuhören, jdm ~ escutar alg [ʃkuˈtar_alˈgẽi]
Zukunft futuro [fuˈturu]
zukünftig futuro [fuˈturu]
zulassen *(erlauben)* permitir [pɐrmiˈtir]
zulässig permitido [pɐrmiˈtidu]
zuletzt em último lugar [ɐ̃i ˈultimu luˈgar], por fim [pur fĩ]
zumachen fechar [fɐˈʃar]
zunächst primeiro [priˈmeiru], em primeiro lugar [ɐ̃i priˈmeiru luˈgar]
zunehmen *(dicker werden)* engordar [ẽŋgurˈdar]; *(anwachsen)* crescer [krɐʃˈser], aumentar [aumẽnˈtar]
zurück para trás [ˈpɐrɐ traʃ]
zurückbringen trazer [trɐˈzer], devolver [dɐvolˈver]
zurückfahren voltar (de carro) [volˈtar (dɐ ˈkaʀu)]; levar a casa (de carro) [lɐˈvar_ɐ ˈkazɐ (dɐ ˈkaʀu)]
zurückgeben devolver [dɐvolˈver], restituir [ʀɐʃtiˈtwir]
zurückkehren regressar [ʀɐgrɐˈsar], voltar [volˈtar]

zurücklassen deixar [deiˈʃar]
zurückweisen recusar [ʀəkuˈzar], rejeitar [ʀəˈʒeitar]
zurückzahlen reembolsar [ʀjêmbolˈsar]
zurückziehen, s. ~ retirar-se [ʀətiˈrarsə]
zusagen *(Einladung)* aceitar [ɐseiˈtar]
zusammen juntos [ˈʒũntuʃ], juntamente [ʒũnteˈmênte]
zusammenrechnen somar [suˈmar]
Zusammenstoß o choque [u ˈʃɔkə]
zusätzlich adicional [ɐdəsjuˈnal], suplementar [supləmênˈtar]
zuschauen ver [ver], olhar [oˈʎar]
Zuschauer o espe(c)tador [u ʃpɛtɐˈdor]
zuschließen fechar à chave [fəˈʃar‿a ˈʃavə]
Zustand estado [ˈʃtadu]
zuständig competente [kõmpɐˈtênte], responsável [ʀəʃpõˈsavɛl]
zusteigen entrar [ênˈtrar]
zustimmen concordar [kõŋkurˈdar]

zuverlässig seguro [səˈguru], de confiança [də kõˈfjɐ̃sə]
zuviel de mais [də maiʃ], demasiado [dəmɐˈzjadu]
Zwang a obrigação [ɐ obrigɐˈsɐ̃u]
Zweck o fim [u fĩ], obje(c)tivo [obʒɛˈtivu]
zwecklos inútil [iˈnutil]
zweckmäßig conveniente [kõvəˈnjênte], oportuno [opurˈtunu]; *(nützlich)* útil [ˈutil]
Zweifel dúvida [ˈduvidə]; **ohne** ~ sem dúvida [sẽi ˈduvidə]
zweifelhaft duvidoso [duviˈdozu]; *(ungewiß)* incerto [ĩˈsɛrtu]
zweifellos sem dúvida [sẽi ˈduvidə]
zweifeln, an etw ~ duvidar de alguma coisa [duviˈdar d‿alˈgumɐ ˈkoizə]
zweite(r, -s) segunda [səˈgũndɐ], segundo [səˈgũndu]
zweitens em segundo lugar [ẽi səˈgũndu luˈgar]
zwingen obrigar [obriˈgar]
zwischen entre [ˈêntrə]
Zwischenfall o incidente [u ĩsiˈdênte]

Wörterbuch Portugiesisch–Deutsch

A

a [e] *(in Richtung auf, zeitlich)* gegen; *(Richtung)* zu; **ao Porto** [eu ˈportu] nach Porto; **a Portugal** [e purtuˈgal] nach Portugal

à/às [a/aʃ] *(Zeitangabe)* um

abaixo de [eˈbaiʃu də] unterhalb

abastado [ebeʃˈtadu] wohlhabend

abastecer de [ebeʃtəˈser də] versorgen mit

abelha [eˈbeʌe] Biene

aberto [eˈbɛrtu] auf , geöffnet, offen

aborrecer-se com [ebuʀəˈsersə kõ] s. ärgern über

aborrecido [ebuʀəˈsidu] langweilig

abraçar [ebreˈsar] umarmen

abreviatura [ebrəvjeˈtuʀe] Abkürzung

abrigo [eˈbrigu] (Berg-)Hütte

abrir [eˈbrir] aufmachen, öffnen

absolutamente [ebsoluteˈmẽtə] *adv* unbedingt

abundante [ebũˈdẽtə] reichlich

abusar de [ebuˈzar də] mißbrauchen

abuso [eˈbuzu] Mißbrauch

acabar [ekeˈbar] aufhören, enden; beenden; vollenden

acalmar-se [ekalˈmarsə] s. beruhigen

acaso [eˈkazu] Zufall; **por acaso** [pur eˈkazu] *adv* zufällig

a(c)ção [a_aˈsẽu] *f* Tat

aceitação [aseiteˈsẽu] *f* Annahme

aceitar [eseiˈtar] annehmen; übernehmen; *(Einladung)* zusagen

acelerar [eseləˈrar] beschleunigen

acenar [eseˈbar] winken

acender [esẽˈder] *(Licht)* anmachen, einschalten; anzünden

acento [eˈsẽtu] Betonung, Ton

acesso [eˈsɛsu] Zugang

achar [eˈʃar] finden; meinen

acidentalmente [esidẽtalˈmẽtə] *adv* gelegentlich

acidente [u esiˈdẽtə] *m* Unfall; **ser vítima dum acidente** [ser ˈvitime dũ esiˈdẽtə] verunglücken

ácido [ˈasidu] sauer

acima de [eˈsime də] über

aclimatar-se [eklimeˈtarsə] s. akklimatisieren

acompanhamento [ekõmpeɲeˈmẽtu] Begleitung

acompanhar [ekõmpeˈɲar] begleiten

aconselhar [ekõsəˈʌar] *(Rat erteilen)* raten

acontecer [ekõtəˈser] s. ereignen, geschehen, passieren; **que aconteceu?** [kj_ekõtəˈseu] was ist geschehen?

acontecimento [ekõtəsiˈmẽtu] Ereignis

acordado [ekurˈdadu] wach

acordar [ekurˈdar] aufwachen; aufwecken, wecken

acordo [eˈkordu] Einverständnis; **chegar a acordo** [ʃəˈgar_a aˈkordu] s. einigen; **estar de acordo** [ʃtar d_eˈkordu] einig sein

acostumar-se a [ekuʃtuˈmars_e] s. gewöhnen an

acreditar [ekrədiˈtar] glauben

acrescentar [ekrəʃẽˈtar] hinzufügen

a(c)tividade [atəviˈdadə] *f* Tätigkeit

a(c)to [ˈatu] Tat

a(c)tualmente [atwalˈmẽtə] zur Zeit

adepto/adepta [eˈdɛptu/eˈdɛptə] Anhänger/in

adeus [eˈdeuʃ] tschüß

adiamento [edjeˈmẽtu] Aufschub

adiantado, estar ~ [ʃtar_edjẽˈtadu] *(Uhr)* vorgehen

adiar [eˈdjar] aufschieben; *(zeitlich)* verschieben

adicional [edəsjuˈnal] zusätzlich

adivinhar [edeviˈɲar] (er)raten

administração [edməniʃtrəˈsẽu] *f* Verwaltung

admirar [edmiˈrar] bewundern; **admirar-se (de)** [edmiˈrarsə (də)] s. wundern (über)

adoecer [edwiˈser] krank werden

adormecer [edurmeˈser] einschlafen

adulta/adulto [eˈdultə/edultu] Erwachsene(r)

afastado [efeʃˈtadu] abgelegen

afiado [eˈfjadu] *(Messer)* scharf

afinar [efiˈnar] stimmen

afirmar [efirˈmar] behaupten; meinen

agarrar [egeˈʀar] ergreifen

agência [eˈʒẽsjə] Agentur

A/Z

agitado [eʒi'tadu] *(Meer)* bewegt; hektisch

agora [e'gɔre] jetzt, nun; **agora mesmo** [e'gɔre 'meʒmu] *(zeitlich)* eben

agradar [egre'dar] gefallen

agradável [egre'davεl] angenehm; gemütlich

agradecer [egrede'ser] danken

agradecido [egrede'sidu] dankbar

agradecimento [egredesi'mēntu] Dank

agricultor [egrikul'tor] *(Landwirt)* Bauer

água ['agwe] Wasser

agudo [e'gudu] spitz

aguentar (gü) [egwēn'tar] ertragen

agulha [e'guʎe] Nadel

aí [e'i] da, dort

ainda [e'īnde] noch, noch immer; **ainda não** [e'īnde nēu] noch nicht; **ainda que** [e'īnde kə] obwohl

ajuda [e'ʒude] Hilfe

ajudar alg [eʒu'dar_algēi] jdm behilflich sein, jdm helfen

alcançar [alkē'sar] erreichen

álcool desnaturado ['alkwɔl dəznetu'radu] (Brenn-)Spiritus

aldeia [al'deie] Dorf

alegre [e'lεgre] froh, heiter, lustig; *(leicht)* betrunken

alegria [ele'grie] Freude

além [a'lēi] da, dort; drüben; **além de** [a'lēi də] außer; **além disso** [a'lēi 'disu] außerdem, dazu, sonst noch

alemã [ələ'mē] *f* die Deutsche

Alemanha [ələ'meɲe] Deutschland

alemão [ələ'mēu] deutsch; der Deutsche

alfândega [al'fēndəgə] Zoll

alfinete [alfi'nete] *m* Stecknadel

alforreca [alfu'rεke] Qualle

algas ['algeʃ] *f pl* Algen

algo [e'algu] etwas

alguém [al'gēi] jemand

alguma coisa [al'gume 'koize] etwas, irgend etwas

alguns/algumas [al'gūʃ/al'gumeʃ] einige, ein paar

algures [al'gureʃ] irgendwo

ali [e'li] da, dort

aliança [e'liēse] Ehering

aliás [e'liaʃ] übrigens

alicate [eli'kate] *m* Zange

alimentação [alimēnte'sēu] *f* Nahrung

alimento [eli'mēntu] Nahrung

almofada [almu'fade] Kissen

alojamento [eluʒe'mēntu] Unterkunft

alongar [elōŋ'gar] verlängern

alterar [alte'rar] ändern

alto! ['altu] halt!

alto ['altu] hoch, laut; **falar alto** [fe'lar_'altu] laut sprechen

alto-falante ['altu fe'lēnte] *m* Lautsprecher

altura [al'ture] Höhe

alugar [elu'gar] mieten; vermieten

aluguel [alu'gεl] *m (Br)* Miete

amabilidade [amebeli'dade] *f* Freundlichkeit, Liebenswürdigkeit

amanhã [ame'ɲē] morgen; **amanhã de manhã/à tarde** [ame'ɲē də me'ɲē/ a 'tarde] morgen früh/abend

amar [e'mar] lieben

amargo [e'margu] bitter

amável [e'mavεl] freundlich, liebenswürdig; **pouco amável** ['poku e'mavεl] unfreundlich

ambiente, (meio) ~ [('meju) ēm'bjēnte] *m* Umwelt

ambos ['ēmbuʃ] beide

ambulância [ēmbu'lēsje] Krankenwagen

ameno [e'menu] mild

amiga [a'mige] Freundin

amigo [e'migu] Freund; **ser amigo** [ser_e'migu] befreundet sein

amizade [ami'zade] *f* Freundschaft

amor [e'mor] *m* Liebe

amostra [e'mɔʃtre] Probe, Muster

analisar [eneli'zar] untersuchen

andar [ēn'dar] *m* Stock(werk)

andar a pé [ēndar_e pε] wandern

anedota [ene'dɔte] Witz

anel [e'nεl] *m* Ring

anexo [e'nεksu] *(Brief)* Anlage

anfitrião/anfitriã [ēnfi'triēu/ēfi'triē] *m/f* Gastgeber/in

animal [eni'mal] *m* Tier

aniversário [enivεr'sarju] Geburtstag

ano ['enu] Jahr; **por ano** [pur_'enu] *adv* jährlich

anotar [enu'tar] aufschreiben

antemão, de ~ [d_ēnte'mēu] im voraus

antes ['ēntəʃ] eher, früher; vorher; lieber; vielmehr; **antes de** ['ēntəʒ də] bevor, vor; **quanto antes** ['kwēntu 'ēntəʃ] so bald wie möglich

anticonceptivo [ēntikósεp'tivu] Verhütungsmittel

antigamente [ēntige'mēnte] damals, früher

antigo [ẽn'tigu] *(aus früheren Zeiten)* alt

anual [ɐ'nwal] *adj* jährlich; **anualmente** [ɐnwal'mẽntɐ] *adv* jährlich

anular a reserva [ɐnu'lar_ɐ ʀɐ'zɛrvɐ] *(Zimmer)* abbestellen

anunciar [ɐnũ'sjar] ankündigen; anmelden; melden

anúncio [ɐ'nũsju] Anzeige, Inserat

apagar [ɐpɐ'gar] löschen; *(Licht)* ausmachen; **apagar-se** [ɐpɐ'garsɐ] *(Licht)* ausgehen

apanhar [ɐpɐ'ɲar] ergreifen, fangen

aparecer [ɐpɐrɐ'ser] *(Buch)* erscheinen

aparelho [ɐpɐ'reʎu] Apparat

aparência [ɐpɐ'rẽsjɐ] Anschein, Schein

aparentemente [ɐpɐrẽntɐ'mẽntɐ] *adv* anscheinend

apartamento [ɐpɐrtɐ'mẽntu] Wohnung

apenas [ɐ'penɐʃ] nur

aperfeiçoar [ɐpɐrfɐi'swar] verbessern

apertar (um botão) [ɐpɐr'tar_ũ bo'tɐ̃u] *(Br)* (auf einen Knopf) drücken

apesar de [ɐpɐ'zar dɐ] trotz; **apesar disso** [ɐpɐzar 'disu] trotzdem

apetite [ɐpɐ'titɐ] *m* Appetit

apinhado [ɐpi'ɲadu] überfüllt

apito [ɐ'pitu] Pfeife

aplausos [ɐ'plɐuzuʃ] *m pl* Beifall

aplicar [ɐpli'kar] *(Gesetz)* anwenden

apoio [ɐ'poju] Unterstützung

apontamento [ɐpõntɐ'mẽntu] Aufzeichnung

aposta [ɐ'pɔʃtɐ] Wette

apostar [ɐpuʃ'tar] wetten

apreciar [ɐprɐ'sjar] schätzen

aprender [ɐprẽn'der] lernen

apresentação [ɐprɐzẽntɐ'sɐ̃u] *f* Vorstellung

apresentar [ɐprɐzẽn'tar] vorstellen; vorzeigen; **apresentar alg a alg** [ɐprɐzẽn'tar_al'gẽi ɐ al'gẽi] jdn mit jdm bekannt machen

apressado [ɐprɐ'sadu] eilig

apressar-se [ɐprɐ'sarsɐ] s. beeilen

aproximadamente [ɐprɔsimadɐ'mẽntɐ] ungefähr

aproximar-se [ɐprɔsi'marsɐ] s. nähern

aquecer [ɐkɛ'ser] heizen, wärmen

aquele, aquela [ɐ'kelɐ, ɐ'kɛlɐ] jener, jene, jenes

aqui [ɐ'ki] hier

aquilo [ɐ'kilu] das

ar [ar] *m* Luft; Anschein; **ao ar livre** [ɐu ar 'livrɐ] im Freien; **ter ar de** [tɐr_ar dɐ] aussehen

arame [ɐ'remɐ] *m* Draht

arbusto [ɐr'buʃtu] Busch

arder [ɐr'der] brennen

arejar [ɐrɐ'ʒar] lüften

arenque [ɐ'rẽnkɐ] *m* Hering

armazém, grande ~ [grẽnd_armɐ'zẽi] *m* Kaufhaus

arrancar [ɐʀẽŋ'kar] ziehen, reißen

arranha-céus [ɐ'ʀɐɲɐ sɛuʃ] *m* Wolkenkratzer

arranjar [ɐʀɐ'ʒar] beschaffen, besorgen, verschaffen

arrombar [ɐʀõm'bar] *(gewaltsam)* aufbrechen

artigo [ɐr'tigu] *(Ware, Zeitung)* Artikel

árvore ['arvurɐ] *f* Baum

ascensor [ɐʃsẽ'sor] *m* Fahrstuhl

aspecto [ɐʃ'pɛtu] Ansicht; **ter aspecto de** [tɐr_ɐʃ'pɛtu dɐ] aussehen

assado [ɐ'sadu] Braten

assaltar [ɐsal'tar] überfallen

assar [ɐ'sar] braten

assegurar [ɐsɐgu'rar] versichern

assento [ɐ'sẽntu] Sitz

assim [ɐ'sĩ] so

assinar [ɐsi'nar] unterschreiben

assinatura [ɐsinɐ'turɐ] Unterschrift

assobio [ɐsu'biu] Pfeife

associação [ɐsusjɐ'sɐ̃u] *f* Verein

assumir [ɐsu'mir] übernehmen

assunto [ɐ'sũntu] Angelegenheit; Sache; (Gesprächs-)Gegenstand; **resolver um assunto** [ʀɐzɔl'ver_ũ ɐ'sũntu] eine Angelegenheit erledigen

assustado [ɐsuʃ'tadu] erschrocken; **ficar assustado** [fi'kar_ɐsuʃ'tadu] (sich) erschrecken

assustar [ɐsuʃ'tar] erschrecken; **assustar-se** [ɐsuʃ'tarsɐ] (sich) erschrecken

atacador [ɐtɐkɐ'dor] *m* Schnürsenkel

atalho [ɐ'taʎu] *(Weg)* Abkürzung; Pfad

atar [ɐ'tar] binden

até [ɐ'tɛ] bis; sogar; **até agora** [ɐ'tɛ ɐ'gɔrɐ] bis jetzt;

atenção [ɐtẽ'sɐ̃u] *f* Achtung; **prestar atenção** [prɐʃ'tar_ɐtẽ'sɐ̃u (ɐ)] achtgeben (auf)

atento [ɐ'tẽntu] aufmerksam

atestado [ɐtəʃˈtadu] Bescheinigung, Zeugnis
atestar [ɐtəʃˈtar] bescheinigen
atirar [ɐtiˈrar] schießen; werfen
Atlântico [ɐˈtlẽntiku] Atlantik
atrás [ɐˈtraʃ] hinten; **atrás de** [ɐˈtraʒ də] hinter; **voltar atrás** [vɔlˈtar_ɐˈtraʃ] zurückgehen
atrasar-se [ɐtrɐˈzarsə] s. verspäten
através de [ɐtrɐˈvɛʒ də] quer durch
atravessar [ɐtrɐvəˈsar] überqueren
atrever-se a [ɐtrəˈvers_ə] wagen
átrio [ˈatrju] Halle
auge [ˈauʒə] m Höhepunkt
aumentar [aumẽˈtar] *(Preise)* erhöhen, heraufsetzen; zunehmen
ausente [auˈzẽntə] abwesend, fort, weg
Áustria [ˈauʃtrjɐ] Österreich
austríaco/austríaca [euʃˈtrieku/auʃˈtriekɐ] Österreicher/in; österreichisch
autêntico [auˈtẽntiku] echt
automático [autuˈmatiku] automatisch
automóvel [autuˈmɔvɛl] m Auto, Wagen
autoridades [auturiˈdadəʃ] f pl Behörde
autorização [auturizɐˈsẽu] f Erlaubnis
autorizado [auturiˈzadu] berechtigt
autorizar [auturiˈzar] genehmigen
auto-serviço [ˈauto sərˈvisu] Selbstbedienung
avaliar [ɐvɐˈljar] schätzen
avançar [ɐvɐ̃ˈsar] vorwärts gehen
avante [ɐˈvẽntə] vorwärts
avariado [ɐvɐˈrjadu] defekt
ave [ˈavə] f *(großer)* Vogel
avião [ɐˈvjẽu] Flugzeug; **ir de avião** [ir d_ɐˈvjẽu] fliegen
avisar [ɐviˈzar] benachrichtigen
avisar (de) [ɐviˈzar (də)] warnen (vor)
avó [ɐˈvɔ] f Großmutter
avô [ɐˈvo] m Großvater
azedo [ɐˈzedu] sauer

B

baía [bɐˈiɐ] Bucht
baile [ˈbailə] m *(Fest)* Ball, Tanz
baixar [baiˈʃar] *(Preise)* herabsetzen
baixo [ˈbaiʃu] nieder, niedrig, tief; leise; *(ordinär)* gemein; **(lá) em baixo**

[(la) ẽi ˈbaiʃu] (dort) unten; **para baixo** [ˈpɐrɐ ˈbaiʃu] abwärts, bergab; **por baixo de** [pur ˈbaiʃu də] unterhalb; **falar baixo/em voz baixa** [fɐˈlar ˈbaiʃu/ẽi vɔʒ ˈbaiʃɐ] leise sprechen
balança [bɐˈlẽsɐ] Waage
banco [ˈbẽŋku] *(Geldinstitut)* Bank; (Sitz-)Bank
banda [ˈbẽndɐ] (Musik-)Kapelle
banheiro [bɐˈɲeru] *(Br)* Toilette
banho [ˈbɐɲu] Bad; **casa de banho** [ˈkazɐ də ˈbɐɲu] Toilette; **tomar banho** [tuˈmar ˈbɐɲu] baden
barata [bɐˈratɐ] Kakerlake
barato [bɐˈratu] billig
barbear [bɐrˈbjar] rasieren
barco [ˈbarku] Boot, Kahn
barra [ˈbaʀɐ] Stange
barulho [bɐˈruʎu] Geräusch; Lärm
bastante [bɐʃˈtẽntə] genug; reichlich; ziemlich
bastar [bɐʃˈtar] (aus)reichen
bater [bɐˈter] schlagen; **bater à porta** [bɐˈter_ɐ ˈpɔrtə] anklopfen
bateria [bɐtəˈriɐ] Batterie
bebé [bɛˈbɛ] m Baby
beber [bɐˈber] trinken
beijar [beiˈʒar] küssen
beijo [ˈbeiʒu] Kuß
beira [ˈbeirɐ] Rand
beleza [bɐˈlezɐ] Schönheit
belga [ˈbɛlgɐ] m/f Belgier/in; belgisch
Bélgica [ˈbɛlʒikɐ] Belgien
belo [ˈbɛlu] schön
bem [bẽi] m Wohl; *adv* gut
bem-estar [bẽi ʃtar] m Wohlbefinden
bem-vindo [bẽi ˈvindu] willkommen
benévolo [bɐˈnɛvulu] wohlwollend
bicha, fazer ~ [fɐˈzer ˈbiʃə] Schlange stehen
bilhete [bɐˈʎetə] m Eintrittskarte; Fahrkarte; **bilhete de identidade** [bɐˈʎetɐ d_idẽntiˈdadə] m (Personal-)Ausweis
bilheteira [bɐʎɐˈteirɐ] (Theater-)Kasse
bilheteria [biʎetəˈriɐ] *(Br)* Kasse
binóculo [biˈnɔkulu] Fernglas
bisnaga [biʒˈnagɐ] Tube
bocado [buˈkadu] Stück
bocejar [busɐˈʒar] gähnen
bola [ˈbɔlə] Ball
bolsa [ˈbɔlsɐ] Beutel; *(Br)* Tasche
bolso [ˈbolsu] Tasche
bom [bõ] *adj* gut; **boa sorte** [ˈbɔɐ ˈsɔrtə] viel Glück!

bombeiros [uʒ bõmˈbeiruʃ] *m pl* Feuerwehr

boneca [buˈnɛke] Puppe

bonito [buˈnitu] schön; hübsch; nett

borda [ˈbɔrde] Rand

bosque [ˈbɔʃke] *m* Busch

botão [buˈtēu] *m* Knopf

brando [ˈbrēndu] weich

brasa [ˈbraze] Glut

Brasil [breˈzil] Brasilien

brasileiro/brasileira [breziˈleiru/ breziˈleire] *m/f* Brasilianer/in; brasilianisch

breve [ˈbrɛve] *(kurzgefaßt)* kurz; **em breve** [ēi ˈbrɛve] bald

brevemente [breveˈmēnte] demnächst

brigar [briˈgar] streiten, s. zanken

brilhante [briˈʎēnte] glänzend

brilhar [briˈʎar] glänzen; scheinen

brincadeira [briŋkeˈdeire] Scherz, Spaß

brincar [briŋˈkar] spielen

brinde [ˈbrīnde] *m (Trinkspruch)* Toast

brinquedo [briŋˈkedu] Spielzeug

bronzeado [brõˈzjadu] gebräunt, braun

buraco [buˈraku] Loch

burro [ˈburu] Esel

buscar [buʃˈkar] suchen; **ir buscar** [ir buʃˈkar] abholen; **mandar buscar** [mēnˈdar buʃˈkar] abholen lassen

bússola [ˈbusule] Kompaß

C

cá [ka] hierher

cabana [keˈbene] Hütte

cabedal [kebeˈdal] *m* Leder

cabide [keˈbide] *m* Kleiderhaken

cabina [kaˈbine] Kabine

cabo [ˈkabu] (Hand-)Griff; Seil

caça [ˈkase] Wild

cachimbo [keˈʃīmbu] (Tabaks-)Pfeife

cada [ˈkede] *adj* jeder; **cada um** [ˈkede ū] *prn* jeder; **cada vez** [ˈkede veʃ] jedesmal

cadeia [keˈdeje] Kette

cadeira [keˈdeire] Stuhl

caderno [keˈdɛrnu] Heft

caducar [keduˈkar] *(Paß)* ablaufen

café [keˈfɛ] *m* Café; Kaffee

cair [keˈir] fallen, stürzen

caixa [ˈkaiʃe] Büchse, Dose; Kiste, Schachtel, Kasse; **caixa de fósforos** [ˈkaiʃe de ˈfɔʃfuruʃ] Streichholzschachtel; **deitar na caixa** [ˈdeitar ne ˈkaiʃe] *(Briefe)* einwerfen

caixote [kaiˈʃɔte] *m* Kiste

calar-se [keˈlarse] schweigen

calcular [kalkuˈlar] berechnen, rechnen

calma [ˈkalme] *(seelisch)* Ruhe; Stille

calmo [ˈkalmu] ruhig

calor [keˈlor] *m* Wärme

cama [ˈkeme] Bett; **ir para a cama** [ir ˈpera ˈkeme] zu Bett gehen; **roupa de cama** [ˈɹope de ˈkeme] Bettwäsche

camarote [kemeˈrɔte] *m* Kabine

cambiar [kēmˈbjar] *(Geld)* wechseln

câmbio [ˈkēmbju] Umrechnung, Kurs, Wechselkurs

caminhar [kemiˈɲar] wandern

caminho [keˈmiɲu] Weg; **no/a caminho** [nu/e keˈmiɲu] unterwegs

campainha [kēmpeˈiɲe] Klingel

campo [ˈkēmpu] Feld

camponês [kēmpuˈneʃ] *(Landwirt)* Bauer

canalização [kenelizeˈsēu] *f (Gas, Wasser)* Leitung

canavial [keneˈvjal] *m* Schilf

canção [kēˈsēu] *f* Lied

cancelar [kēseˈlar] *(Fahr-, Flugkarten)* abbestellen

candeeiro [kēnˈdjeiru] Lampe

caniçal [keniˈsal] *m* Schilf

cansado [kēˈsadu] müde

cantar [kēnˈtar] singen

canto [ˈkēntu] Gesang; Ecke, Winkel

cão [kēu] *m* Hund

capaz [keˈpaʃ] fähig; tüchtig; **ser capaz de** [ser keˈpaʒ de] imstande sein

capela [keˈpɛle] *(Gebäude)* Kapelle

capital [kepiˈtal] *f* Hauptstadt

cardápio [karˈdapju] *(Br)* Karte

carga [ˈkarge] Fracht

carimbo [keˈrīmbu] Stempel

carinhoso [keriˈnozu] zärtlich

carne [ˈkarne] *f* Fleisch

caro [ˈkaru] kostspielig, teuer; lieb

carregador [keɹegeˈdor] *m* (Gepäck-)Träger

carregar [keɹeˈgar] aufladen; **carregar num botão** [keɹeˈgar nū buˈtēu] (auf) einen Knopf drücken

carro [ˈkaru] Auto, Wagen

carta [ˈkarte] Brief

cartaz [karˈtaʃ] *m* Plakat

carteira [karˈteire] Brieftasche; (Hand-)Tasche; **carteira de identidade** [karˈtere di idēntiˈdadi] *(Br)* Ausweis

cartucho [kɐrˈtuʃu] *(kleine)* Tüte
carvão [kɐrˈvɐ̃u] *m* Kohle
casa [ˈkazɐ] Haus, Wohnung;
em casa [ɐ̃iˈkazɐ] daheim;
casa de banho [ˈkazɐ dɐ ˈbɐɲu]
Toilette; **casa de campo** [ˈkazɐ dɐ
ˈkɐ̃mpu] Landhaus; **casa mobilada**
[ˈkazɐ mubiˈladɐ] möblierte Wohnung; **mudar de casa** [muˈdar dɐ
ˈkazɐ] *(Wohnung wechseln)* umziehen
casado (com) [kɐˈzadu (kõ)] verheiratet (mit)
casal [kɐˈzal] *m* Ehepaar
casamento [kazɐˈmẽntu] Ehe; Heirat,
Hochzeit
casar(-se) [kɐˈzar(sɐ)] heiraten
caso [ˈkazu] Fall, Vorfall; **no caso de**
[nu ˈkazu dɐ] falls; **em caso de**
necessidade [ɐ̃i ˈkazu dɐ nɐsɐsiˈdadɐ]
im Notfall
castanho [kɐʃˈtɐɲu] braun
castelo [kɐʃˈtɛlu] Burg; Schloß
castigo [kɐʃˈtigu] Strafe
caução [kɐuˈsɐ̃u] *f* Kaution
causa [ˈkauzɐ] Grund, Ursache; **por**
causa de [pur ˈkauzɐ dɐ] wegen
causar [kauˈzar] verursachen
cautela [kauˈtɛlɐ] Vorsicht
cedo [ˈsedu] früh
cego [ˈsɛgu] blind
célebre [ˈsɛlɐbrɐ] berühmt
cem [sɐ̃i] hundert
cento [ˈsẽntu] hundert; **por cento**
[pur ˈsẽntu] Prozent
central [sẽnˈtral] zentral
centro [ˈsẽntru] Zentrum
cerâmica [sɐˈremikɐ] Keramik
cerca de [ˈserkɐ dɐ] etwa
cerrado [sɐˈradu] *(Nebel)* dicht
certamente [sɛrtɐˈmẽntɐ] *adv* bestimmt, gewiß, sicher
certeza [sɐrˈtezɐ] Sicherheit, Gewiß-
heit; **com certeza** [kõ sɐrˈtezɐ] *adv*
bestimmt, sicher
certificado [sɐrtɐfiˈkadu] Bescheinigung, Zeugnis
certificar [sɐrtɐfiˈkar] bescheinigen
certo [ˈsɛrtu] *adj* bestimmt, gewiß,
sicher; **estar certo** [ʃtar ˈsɛrtu] stimmen
cesto [ˈseʃtu] Korb
céu [sɛu] *m* Himmel
chama [ˈʃɐmɐ] Flamme
chamar [ʃɐˈmar] nennen; heißen;
(auf)rufen; **chamar-se** [ʃɐˈmarsɐ]
heißen

chão [ʃɐ̃u] *m* (Fuß-)Boden
charuto [ʃɐˈrutu] Zigarre
chave [ˈʃavɐ] *f* Schlüssel; **fechar à**
chave [fɐˈʃar_a ˈʃavɐ] abschließen,
verschließen, zuschließen
chefe [ˈʃɛfɐ] *m* Chef
chegar [ʃɐˈgar] ankommen, eintreffen; (aus-)reichen
cheio [ˈʃeju] voll; **cheio de sol** [ˈʃeju dɐ
sɔl] sonnig
cheirar [ʃeiˈrar] riechen; **cheirar mal**
[ʃeiˈrar mal] stinken
cheiro [ˈʃeiru] Geruch
chofer [ʃɔˈfɛr] *m (Br)* Chauffeur
choque [ˈʃɔkɐ] *m* Zusammenstoß
chorar [ʃuˈrar] weinen
chover [ʃuˈver] regnen
cidade [siˈdadɐ] *f* Stadt
cigarrilha [sigɐˈriʎɐ] Zigarillo
cigarro [siˈgaru] Zigarette
cima, em ~ [ɐ̃i ˈsimɐ] oben; **em cima**
de [ɐ̃i ˈsimɐ dɐ] auf; **para cima** [ˈpɐrɐ
ˈsimɐ] aufwärts, nach oben; bergauf
cimo [ˈsimu] Gipfel, Spitze
circular [sirkuˈlar] *(Verkehrsmittel)*
verkehren
circunstâncias [sirkũʃˈtɐ̃sjɐʃ] *f pl* Umstände
claro [ˈklaru] deutlich, hell, klar;
adv natürlich
classe [ˈklasɐ] *f* Klasse
cliente [ˈkljẽntɐ] *m* Kunde
clima [ˈklimɐ] *m* Klima
coberto [kuˈbɛrtu] *(Wetter)* trüb
cobertor [kubɐrˈtor] *m* (Bett-)Decke
cobrir [kuˈbrir] bedecken, zudecken
coisa [ˈkoizɐ] Ding, Sache
colar [kuˈlar] *m* (Hals-)Kette
cole(c)ção [kulɛˈsɐ̃u] *f* Sammlung
cole(c)cionar [kulɛsjuˈnar] sammeln
colega [kuˈlɛgɐ] *m* Kollege
colérico [kuˈlɛriku] zornig
colheita [kuˈʎeitɐ] Ernte
colher [kuˈʎer] pflücken
colina [kuˈlinɐ] Hügel
colocar [kuluˈkar] stellen
colorido [kuluˈridu] farbig
com [kõ] mit
combinar [kõmbiˈnar] vereinbaren
começar [kumɐˈsar] anfangen, beginnen
começo [kuˈmesu] Anfang, Beginn
comer [kuˈmer] essen; **não poder**
comer [nɐ̃u puˈder kuˈmer] *(Speisen)*
nicht vertragen
comestível [kumɐʃˈtivɛl] eßbar
comichão fazer ~ [fɐˈzer kumɐˈʃɐ̃u]
jucken

comida [ku'midɐ] Essen; Nahrung; Verpflegung; **comida (de animais)** [ku'midɐ (d_ɐni'maiʃ] Futter

como ['komu] *(Grund)* da; *(Frage, Vergleich)* wie; **como?** ['komu] wie bitte?; **como se** ['komu sɐ] als ob

comodidade [kumudi'dadɐ] *f* Bequemlichkeit

cómodo ['kɔmudu] bequem

comovido [kumu'vidu] *(Gefühl)* bewegt

companhia [kõmpɐ'ɲiɐ] Gesellschaft; **em companhia de** [ɐ̃i kõmpɐ'ɲiɐ dɐ] in Begleitung von

comparação [kõmpɐrɐ'sɐ̃u] *f* Vergleich

comparar [kõmpɐ'rar] vergleichen

compartilhar com alg [kõmpɐrtɐ'ʎar kõ ɐl'gɐ̃i] mit jdm teilen

compatriota [kõmpɐ'trjɔtɐ] *m* Landsmann

competente [kõmpɐ'tẽtɐ] zuständig

completamente [kõmplɛtɐ'mẽtɐ] *adv* ganz

completo [kõm'plɛtu] besetzt, voll; ganz, vollständig

comportamento [kõmpurtɐ'mẽtu] Benehmen

compra ['kõmprɐ] Besorgung; Kauf; **fazer compras** [fɐ'zer kõm'prɐʃ] einkaufen

comprador [kõmprɐ'dor] *m* Käufer

comprar [kõm'prar] einkaufen; kaufen

compreender [kõmprjẽ'der] verstehen

comprido [kõm'pridu] lang

comprimento [kõmpri'mẽtu] Länge

compromisso, sem ~ [sɐ̃i kõmpru'misu] unverbindlich

comum [ku'mũ] gemeinsam; gemein; **em comum** [ɐ̃i ku'mũ] *adv* gemeinsam

comunicação [kumunikɐ'sɐ̃u] *f* Mitteilung

comunicar [kumuni'kar] mitteilen

conceder [kõsɐ'der] gewähren

concordar [kõkur'dar] zustimmen

concurso [kõ'kursu] Wettbewerb

condecoração [kõdɐkurɐ'sɐ̃u] *f (Auszeichnung)* Orden

condição [kõdi'sɐ̃u] *f* Bedingung; **em boa condição física** [ɐ̃i 'boɐ kõdi'sɐu 'fizikɐ] fit

condutor [kõdu'tor] *m* Fahrer

conduzir [kõdu'zir] Auto fahren; *(lenken)* fahren, führen

confiança [kõ'fjɐ̃sɐ] Vertrauen; **de confiança** [dɐ kõ'fjɐ̃sɐ] zuverlässig

confiante [kõ'fjɐ̃tɐ] vertrauensvoll

confiar em [kõ'fjar_ɐ̃i] vertrauen auf

confirmar [kõfir'mar] bestätigen

conflito [kõ'flitu] Streit

confortável [kõfur'tavɛl] gemütlich, bequem; **pouco confortável** ['poku kõfur'tavɛl] ungemütlich

confundir [kõfũ'dir] verwechseln

conhecer [kuɲɐ'ser] kennen, kennenlernen

conhecido/conhecida [kuɲɐ'sidu/ kuɲɐ'sidɐ] *m/f* der, die Bekannte; bekannt

conhecimento [kuɲɐsi'mẽtu] Kenntnis; Bekanntschaft; **conhecimentos** [kuɲɐsi'mẽtuʃ] *m pl* Wissen

conjunto [kõ'ʒũtu] das Ganze

consciencioso [kõʃsjẽ'sjozu] gewissenhaft

consciente [kõʃ'sjẽtɐ] bewußt

conseguir [kõsɐ'gir] *(durch Bemühung)* erhalten, erreichen

conselho [kõ'seʎu] Rat, Tip; **pedir conselho a alg** [pɐ'dir kõ'seʎu ɐ ɐl'gɐ̃i] jdn um Rat fragen

consentir [kõsẽ'tir] einwilligen

consertar [kõsɐr'tar] flicken, reparieren

conserto [kõ'sertu] Reparatur

conservar [kõsɐr'var] aufbewahren

consideração [kõsidɐrɐ'sɐ̃u] *f* Rücksicht

considerar [kõsidɐ'rar] beachten; **considerar (como)** [kõsidɐ'rar ('komu)] *(ansehen als)* betrachten

considerável [kõsidɐ'ravɛl] beträchtlich

constante [kõʃ'tɐ̃tɐ] dauernd; fest

constar de [kõʃ'tar dɐ] bestehen aus

constituição [kõʃtitwi'sɐ̃u] *f* Verfassung

constituir [kõʃti'twir] bilden; **ser constituído por** [ser kõʃti'twidu pur] bestehen aus

construir [kõʃ'trwir] bauen

consulado [kõsu'ladu] Konsulat

consultar [kõsul'tar] konsultieren

consultório [kõsul'tɔrju] *(med)* Praxis

consumir [kõsu'mir] verbrauchen

consumo [kõ'sumu] Verbrauch

conta ['kõtɐ] *(im Restaurant, Café)* Rechnung; **enganar-se na conta** [ɐ̃gɐ'narsɐ nɐ 'kõtɐ] s. verrechnen; **tomar conta (de)** [tu'mar 'kõtɐ (dɐ)] aufpassen (auf)

conta(c)to [kõn'ta(k)tu] Berührung, Kontakt

A/Z

contar [kõn'tar] erzählen; zählen; **contar com** [kõn'tar kõ] rechnen mit
contente [kõn'tẽntə] froh, zufrieden, befriedigt; **contente (com)** [kõn'tẽntə (kõ)] erfreut (über)
contentor do lixo [kõntẽntor du 'liʃu] m Mülltonne
conter [kõn'ter] enthalten
conteúdo [kõn'tjudu] Inhalt
continuar [kõnti'nwar] fortsetzen
contra ['kõntrə] (wider) gegen; **ser contra** [ser 'kõntrə] dagegen sein
contrabando, fazer ~ [fɐ'zer kõntrɐ'bɐ̃ndu] schmuggeln
contrário [kõn'trarju] Gegenteil; **ao contrário** [eu kõn'trarju] in umgekehrter Richtung; **de contrário** [də kõn'trarju] (Gegensatz) sonst; **pelo contrário** ['pelu kõn'trarju] im Gegenteil
contrato [kõn'tratu] Vertrag
controlar [kõntru'lar] kontrollieren
contudo [kõn'tudu] jedoch
convencer [kõvẽ'ser] überzeugen
conveniente [kõvə'njẽntə] zweckmäßig
conversa [kõ'vɛrsə] Gespräch, Unterhaltung
conversar [kõvər'sar] s. unterhalten
convidado [kõvi'dadu] Gast
convidar [kõvi'dar] auffordern, einladen
convir [kõ'vir] gelegen kommen, passen
convite [kõ'vitə] m Einladung
cópia ['kɔpjə] Kopie
copo ['kɔpu] Becher; (Trink-)Glas
cor [kor] f Farbe; **de cor** [də kor] farbig
coração [kurɐ'sɐ̃u] m Herz
corda ['kɔrdə] Seil
cordão [kur'dɐ̃u] m Schnur
cordel [kur'dɛl] m Bindfaden; Schnur
cordial [kur'djal] herzlich; freundlich
cordialidade [kurdjɐli'dadə] f Herzlichkeit
coro ['koru] Chor
corpo ['korpu] Körper
corre(c)to [ku'rɛtu] korrekt; fair
corredor [kurɐ'dor] m Flur, Gang
correia [ku'rɐjə] Riemen
correio [ku'rɐju] Post
corrente [ku'rẽntə] f Kette; Strömung; (el) Strom; adj üblich; gewöhnlich; **corrente de ar** [ku'rẽntə d ar] f Luftzug
correr [ku'rer] fließen; laufen; rennen

correspondência [kurɐʃpõn'dẽsjə] Briefwechsel
corrigir [kuri'ʒir] richtigstellen; (Fehler) verbessern
corru(p)to [ku'ruptu] (sittlich) verdorben
cortante [kur'tẽntə] (Messer) scharf
cortar [kur'tar] schneiden
cortês [kur'teʃ] höflich
cortesia [kurtə'ziə] Höflichkeit
cortina [kur'tinə] Vorhang
costa ['kɔʃtə] Küste; Ufer
costume [kuʃ'tumə] m Gewohnheit
couro ['koru] Leder
cozinha [ku'ziɲə] Küche
cozinhar [kuzə'ɲar] Essen zubereiten, kochen
crédito ['krɛditu] Kredit
crença ['krẽsə] Glaube
crer [krer] glauben
crescer [krəʃ'ser] wachsen; zunehmen
criador [krjɐ'dor] kreativ
criança ['krjɐ̃sə] Kind
criar [krjar] schaffen
criativo [krjɐ'tivu] kreativ
criticar [kriti'kar] kritisieren
cruzamento [kruzɐ'mẽntu] (Straße) Kreuzung
cuidado [kui'dadu] Sorge; Sorgfalt; Vorsicht
cuidadoso [kuidɐ'dozu] sorgfältig; vorsichtig
cuidar de [kui'dar də] sorgen für
culpa ['kulpə] Schuld
cultura [kul'turə] Kultur
cume ['kumə] m (Gebirge) Gipfel, Spitze
cumprimentar [kũprimẽn'tar] begrüßen; grüßen
cumprir [kũ'prir] (fest)halten
cunhada [ku'ɲadə] Schwägerin
cunhado [ku'ɲadu] Schwager
curioso [ku'rjozu] neugierig
curso ['kursu] (Unterricht) Kurs
curto ['kurtu] (räumlich) kurz
curva ['kurvə] Kurve
curvar [kur'var] biegen
custar [kuʃ'tar] kosten
custo ['kuʃtu] Kosten

D

dado [ˈdadu] Würfel
dados pessoais [ˈdaduʃ pəˈswaiʃ] *m pl* Personalien
dança [ˈdẽsɐ] Tanz
danificado [dɐnəfiˈkadu] defekt
danificar [dɐnəfiˈkar] beschädigen
dano [ˈdɐnu] Beschädigung; Schaden
dantes [ˈdẽtɐʃ] damals, früher
dar [dar] geben; *(Grüße)* ausrichten; **dar horas** [dar ˈɔrɐʃ] *(Uhr)* schlagen **dar indicações** [dar ˌĩdikɐˈsõiʃ] Angaben machen; **dar um passeio** [dar ˌũm peˈseju] einen Spaziergang machen
data [ˈdatɐ] Datum; Termin
de [də] ab; von; *(Herkunft)* aus; *(Material)* aus; **de propósito** [də pruˈpɔzitu] absichtlich; **de repente** [də ʀəˈpẽtɐ] plötzlich
debaixo de [dəˈbaiʃu də] unter
decidir [dəsiˈdir] beschließen; entscheiden; **decidir-se** [dəsiˈdirsə] s. entschließen; **ser/estar decidido** [ser/ʃtar dəsiˈdidu] entschlossen sein
decisão [dəsiˈzẽu] *f* Entschluß
declarar [dəklɐˈrar] anmelden, angeben; erklären
defeito [dəˈfeitu] Fehler *(den man hat);* Mangel
defender [dəfẽˈder] verteidigen
definitivamente [dəfinitivɐˈmẽtɐ] *adv* endgültig
definitivo [dəfiniˈtivu] *adj* endgültig
deitar-se [deiˈtarsə] s. hinlegen; **estar deitado** [ʃtar deiˈtadu] *(ausgestreckt sein)* liegen; **ir deitar-se** [ir deiˈtarsə] zu Bett gehen
deixar [ˈdeiʃar] (zu)lassen; verlassen; hinterlassen, zurücklassen
dela [ˈdɛlɐ] *poss prn f sing* ihr
deles/delas [ˈdɛlɐ/ˈdɛlɐʃ] *pl* ihr
delgado [dɛlˈgadu] dünn; fein; schlank
delicadeza [dəlikɐˈdezɐ] Höflichkeit
delicado [dəliˈkadu] zart(fühlend); fein; höflich
demasiado [dəmɐˈzjadu] *(mit adj)* zu; zu sehr, zuviel
demonstrar [dəmõʃˈtrar] beweisen
demorar [dəmuˈrar] verzögern; **demorar-se** [dəmuˈrarsə] s. aufhalten
denso [ˈdẽsu] *(Nebel)* dicht

dentro [ˈdẽtru] innen; **lá dentro** [la ˈdẽtru] drin(nen); **dentro de** [ˈdẽtru də] *(zeitlich)* innerhalb; **dentro de uma semana** [ˈdẽtru d ˌumɐ səˈmɐnɐ] in einer Woche
depois [dəˈpoiʃ] danach; dann; nachher; **depois de** [dəˈpoiʒ də] *(zeitlich)* nach
depositar [dəpuziˈtar] hinterlegen
depósito [dəˈpɔzitu] (Flaschen-)Pfand; Behälter
depressa [dəˈprɛsɐ] *adv* rasch, schnell
desagradável [dəzɐgrɐˈdavɛl] unangenehm, unerfreulich
desaguar [dəzɐˈgwar] *(Fluß)* münden
desaparecer [dəzɐpɐrəˈser] verschwinden
desastre [dəˈzaʃtrə] *m* Unfall
descansar [dəʃkẽˈsar] s. ausruhen, s. erholen; (aus)ruhen
descanso [dəʃˈkẽsu] Ruhe; Erholung
descarado [dəʃkɐˈradu] unverschämt
descarregar [dəʃkɐʀɐˈgar] abladen
descer [dəʃˈser] hinuntergehen
descobrir [dəʃkuˈbrir] entdecken
desconfiar de [dəʃkõˈfjar də] mißtrauen
desconhecido [dəʃkuɲəˈsidu] fremd, unbekannt
descontente [dəʃkõˈtẽtɐ] unzufrieden
desconto [dəʃˈkõtu] Ermäßigung, Rabatt
descortês [dəʃkurˈteʃ] unhöflich
descrever [dəʃkrəˈver] beschreiben
descuidado [dəʃkuiˈdadu] nachlässig
desculpa [dəʃˈkulpɐ] Entschuldigung; **peço desculpa** [ˈpɛsu dəʃˈkulpɐ] ich bitte um Entschuldigung
desculpar [dəʃkulˈpar] entschuldigen; **desculpe** [dəʃˈkulpɐ] entschuldigen Sie; **desculpar-se** [dəʃkulˈparsə] s. entschuldigen
descurar [dəʃkuˈrar] vernachlässigen
desde [ˈdeʒdə] *prp* seit, ab; **desde então** [ˈdeʒd ẽˈtẽu] seitdem; **desde quando?** [ˈdeʒdə ˈkwẽdu] seit wann?; **desde que** [ˈdeʒdə kə] *conj* seit; **desde sempre** [ˈdeʒdə ˈsẽprə] von je
desejar [dəzəˈʒar] wünschen, mögen; **estar desejando** [ʃtar dəzəˈʒẽdu] s. freuen auf
desejo [dəˈzeʒu] Wunsch
desembocar [dəzẽmbuˈkar] *(Straße)* einmünden
desempregado [dəzẽmprəˈgadu] arbeitslos

desenhar [dəzə'ɲar] zeichnen
desenho [də'zeɲu] *(Entwurf)* Plan
desenvolver [dəzēvol'ver] entwickeln
desenvolvimento [dəzēvolvi'mēntu] Entwicklung
desesperado [dəzəʃpə'radu] verzweifelt
desfavorável [dəʃfevu'ravɛl] ungünstig
desfazer [dəʃfe'zer] *(Koffer)* auspacken
desgosto [dəʒ'goʃtu] Kummer
desgraça [dəʒ'grasə] Unglück
designação [dəziɡnɐ'sēu] *f* Bezeichnung
desiludido [dəzilu'didu] enttäuscht
desligar [dəʒli'ɡar] *(Motor, Radio)* abstellen
desmaiado [dəʒme'jadu] ohnmächtig
desnecessário [dəʒnəsə'sarju] unnötig
desordem [də'zordēi] *f* Unordnung
despachar [dəʃpe'ʃar] erledigen; *(Gepäck)* aufgeben; **despachar-se** [dəʃpe'ʃarsə] s. beeilen
despedir-se [dəʃpe'dirsə] Abschied nehmen, s. verabschieden
despertador [dəʃpərtə'dor] *m* Wecker
despertar [dəʃpər'tar] aufwachen; aufwecken, wecken
despesas [dəʃ'pezəʃ] *f pl* Ausgaben, Kosten, Spesen, Unkosten
despir [dəʃ'pir] *(Kleidungsstück)* ausziehen; **despir-se** [dəʃ'pirsə] s. ausziehen
desporto [dəʃ'portu] Sport
destino [dəʃ'tinu] (Reise-)Ziel
destruir [dəʃ'trwir] zerstören
desvantagem [dəʒvēn'taʒēi] *f* Nachteil
desvio [dəʒ'viu] Umweg
detalhe [də'taʎə] *m* Einzelheit
deter alg [də'ter_al'ɡēi] jdn aufhalten
determinado [dətərmi'nadu] *adj* bestimmt
Deus ['deuʃ] Gott; **graças a Deus** ['grasəz_ə deuʃ] Gott sei Dank!
devagar [dəve'ɡar] *adv* langsam
dever [də'ver] müssen, sollen; schulden; *m* Pflicht, Verpflichtung; **ter o dever de** [ter_u də'ver də] verpflichtet sein
deveras [də'vɛrəʃ] *adv* wirklich
devolver [dəvol'ver] wiedergeben, zurückgeben; zurückbringen
dia ['diə] *m* Tag; **outro dia** ['otru 'diə] neulich; **de dia** [də 'diɛ] bei Tag; **nos**

dias úteis [nuʒ 'diɛz_'uteiʃ] werktags, wochentags; **dia de festa** ['die də 'fɛʃtə] Feiertag; **dia do santo onomástico** ['die du 'sēnt_ɔnɔ'maʃtiku] *m* Namenstag
diagnóstico [djəɡ'nɔʃtiku] Diagnose
diante de ['djēntə də] *(räumlich)* vor
diapositivo [djəpuʒi'tivu] Dia
diferença [difə'rēsə] Unterschied
diferente [difə'rēntə] anders, verschieden
difícil [di'fisil] schwer, schwierig
dificuldade [dəfikul'dadə] *f* Schwierigkeit
diminuir [dəmi'nwir] abnehmen
diminuto [dəmi'nutu] gering
dinheiro [də'ɲeiru] Geld; **dinheiro miúdo** [də'ɲeiru 'mjudu] Wechselgeld; **pagar em dinheiro** [pe'ɡar_ēi də'ɲeiru] bar zahlen
dire(c)ção [dirɛ'sēu] *f* Direktion; Richtung
dire(c)to [di'rɛtu] direkt
dire(c)tor/dire(c)tora [dirɛ'tor/ dirɛ'torə] *m/f* Direktor/in, Leiter/in
direito (1) [di'reitu] *adj* gerade; rechte(r, -s); **seguir a direito** [sə'ɡir_ɐ di'reitu] geradeaus gehen; **à direita** [a di'reitə] rechts
direito (2) [di'reitu] Recht; **pagar direitos** [pe'ɡar di'reituʃ] verzollen
dirigir-se a alg [diri'ʒirs_ɐ al'ɡēi] s. an jdn wenden
disco ['diʃku] (Schall-)Platte
discrição, à ~ [a də'kri'sēu] nach Belieben
discutir [dəʃku'tir] streiten
dispendioso [dəʃpēn'djozu] kostspielig
disposição [dəʃpuzi'sēu] *f* Laune
disposto [dəʃ'poʃtu] bereit
disputa [dəʃ'putə] Streit
distância [dəʃ'tēsjə] Abstand, Entfernung
distante [dəʃ'tēntə] entfernt, weit; abgelegen
distinguir [dəʃtiɲ'ɡir] unterscheiden; **distinguir-se de** [dəʃtiɲ'ɡirsə də] s. unterscheiden von
distinto [dəʃ'tintu] fein, vornehm
distribuição [dəʃtribwi'sēu] *f* Verteilung
distribuidor automático [dəʃtribwi'dor autu'matiku] *m* (Waren-)Automat
distribuir [dəʃtri'bwir] verteilen
divertido [divər'tidu] lustig, unterhaltend

divertimento [divərtiˈmēntu] Unterhaltung; Vergnügen

divertir-se [divərˈtirsə] s. amüsieren; s. unterhalten

dívida [ˈdivide] (Geld-)Schuld

dividir [dəviˈdir] teilen

divisão [dəviˈzēu] f Raum

dizer [diˈzer] sagen; *(Botschaft)* ausrichten

do que [du kə] *(bei Vergleich)* als

dobrar [duˈbrar] biegen

doce [ˈdosə] süß

documento [dukuˈmēntu] Dokument

doente [ˈdwēntə] krank

doer [dwer] schmerzen

doido [ˈdoidu] verrückt

doloroso [duluˈrozu] schmerzhaft

domicílio [dumiˈsilju] Wohnort, -sitz

dono [ˈdonu] Besitzer, Eigentümer; **dono/dona da casa** [ˈdonu/ˈdonə de ˈkezə] Gastgeber/in; **dono do restaurante** [ˈdonu du Rəʃtauˈrēntə] Wirt

dormir [durˈmir] schlafen

doutor [doˈtor] *m* Doktor

duplo [ˈduplu] doppelt

duração [dureˈsēu] f Dauer

duradouro [dureˈdoru] haltbar

durante [duˈrēntə] *prp* während; **durante algum tempo** [duˈrēnt_alˈgū ˈtēmpu] eine Zeitlang; **durante a viagem** [duˈrēnt_e ˈvjazēi] auf der Reise

durar [duˈrar] dauern; halten

dureza [duˈrezə] Härte

duro [ˈduru] hart

dúvida [ˈduvidə] Zweifel; **sem dúvida** [sēi ˈduvidə] zweifellos, ohne Zweifel

duvidar de alguma coisa [duviˈdar d_alˈgumə ˈkoizə] an etw zweifeln

duvidoso [duviˈdozu] zweifelhaft

E

e [i] und

edifício [idəˈfisju] Gebäude

educação [idukeˈsēu] f Erziehung

efeito [iˈfeitu] Wirkung; **com efeito** [kō iˈfeitu] in der Tat

eficaz [ifiˈkaʃ] wirksam

ela [ˈɛlɐ] f sing sie; **elas** [ˈɛlɐʃ] f pl sie

ele [ˈelə] er; **eles** [ˈeləʃ] m pl sie

elé(c)trico [iˈlɛtriku] elektrisch

elegante [iləˈgēntə] schlank

eleger [iləˈʒer] *(Politik)* wählen

eleição [ileiˈsēu] f Wahl

elevador [iləveˈdor] m Fahrstuhl

elogiar [iluˈʒjar] loben

em [ēi] an, auf, in; **em que** [ēi kə] *(Zeit)* da; **no fundo** [nu ˈfūndu] *adv* eigentlich; **nos Açores** [nuz_ɐˈsorəʃ] auf den Azoren

emagrecer [emegrəˈser] *(dünner werden)* abnehmen

emancipado [imēsiˈpadu] emanzipiert

embaixada [ēmbaiˈʃadə] *(dipl. Vertretung)* Botschaft

embalagem [ēmbeˈlaʒēi] f Packung, Verpackung

embarcar [ēmberˈkar] an Bord gehen

embora [ēmˈbɔrə] obwohl; **ir-se embora** [irs_ēmˈbɔrə] weggehen; **mandar embora** [mēnˈdar_ēmˈbɔrə] wegschicken

embriagado [ēmbrjeˈgadu] betrunken

embriagar-se [ēmbrjeˈgarsə] s. betrinken

embrulhar [ēmbruˈʎar] einwickeln, einpacken, verpacken

embrulho [ēmˈbruʎu] Paket

embusteiro [ēmbuʃˈteiru] Schwindler

ementa [iˈmēntə] (Speise-)Karte

emissão [imiˈsēu] f *(Radio, Fernsehen)* Sendung

empacotar [ēmpekuˈtar] verpacken

empregado [ēmprəˈgadu] angestellt, beschäftigt; Angestellter

empregar [ēmprəˈgar] anwenden; gebrauchen, verwenden

emprego [ēmˈpregu] (An-)Stellung, Arbeit, Stelle; Gebrauch, Verwendung; Anwendung

empresa [ēmˈprezə] Firma, Unternehmen

emprestar [ēmprəʃˈtar] (ver)leihen; **pedir emprestado** [pəˈdir_ēmprəʃˈtadu] (ent)leihen

empurrar [ēmpuˈRar] drücken, schieben, stoßen

encantado [ēŋkēnˈtadu] entzückt

encantador [ēŋkēnteˈdor] bezaubernd, entzückend

encharcado [ēʃerˈkadu] naß, durchnäßt

encher [ēˈʃer] füllen; **encher (de ar)** [ēˈʃer (d_ar)] aufpumpen

encomenda [ēŋkuˈmēndə] *(Post)* Päckchen, Paket

encontrar [ēŋkōnˈtrar] begegnen, treffen; finden; **combinar encontrar-se** [kōmbiˈnar_ēŋkōnˈtrarsə] s. verabreden

enfermeira [ẽfər'meirɐ] Kranken-
schwester
enganar [ẽŋɡe'nar] betrügen;
enganar-se [ẽŋɡe'narsə] s. irren,
s. täuschen; **enganar-se na conta**
[ẽŋɡe'narsə nɐ 'kõtɐ] s. verrechnen
engano [ẽŋ'ɡɐnu] *(Gaunerei)* Betrug;
por engano [pur_ẽŋ'ɡɐnu] aus Versehen
engordar [ẽŋɡur'dar] *(dicker werden)* zunehmen
enorme [i'nɔrmə] gewaltig
enquanto [ẽŋ'kwẽtu] *conj* während;
por enquanto [pur_ẽŋ'kwẽtu] *adv*
vorläufig
ensaio [ẽ'saju] Probe
ensinar [ẽsi'nar] lehren, unterrichten
entanto, no ~ [nu ẽn'tẽtu] jedoch
então [ẽn'tẽu] also; *(Zeit)* da, damals;
dann; nun; **desde então** ['deʒd
_ẽn'tẽu] seitdem
entender [ẽntẽn'der] verstehen;
entender mal [ẽntẽn'der mal] mißverstehen; **entender-se** [ẽntẽn'dersə]
s. verständigen
entrada [ẽn'tradɐ] Einfahrt, Eingang;
Eintritt; **entrada (do cais)** [ẽn'tradɐ
(du kaiʃ)] *(Bahnhof)* Sperre; **entrada
principal** [ẽn'tradɐ prisi'pal] Haupteingang; **preço de entrada** ['presu
d_ẽn'tradɐ] Eintrittspreis
entrar [ẽn'trar] eintreten, hereinkommen, hineingehen, einreisen, zusteigen; **entre!** ['ẽtrɐ] herein!; **entrar
em** [ẽn'trar_ẽi] betreten
entre [ẽntrɐ] unter; zwischen; **entre
outras coisas** ['ẽntr_'otrɐʃ 'koizeʃ] unter anderem
entregar [ẽntrə'ɡar] überbringen; abgeben, übergeben
entretanto [ẽntrə'tẽtu] inzwischen
entupido [ẽntu'pidu] verstopft
entusiasmado (com) [ẽntuzjeʒ'madu
(kõ)] begeistert (von)
enviar [ẽ'vjar] schicken, senden; versenden; überweisen
época ['ɛpukɐ] Saison; Zeitalter
equipa [i'kipɐ] *(Sport)* Mannschaft
equipamento [ikipe'mẽtu] Ausstattung
equipe [e'kipi] *f (Br)* Mannschaft
equivalente [ikive'lẽtɐ] gleichwertig;
m Gegenwert
equívoco [i'kivuku] Mißverständnis
errado [i'radu] falsch
errar [i'rar] verfehlen

erro ['ɛru] Fehler *(den man macht)*,
Irrtum
escada ['ʃkadɐ] Leiter *f*; Treppe
escarpado [ʃkɐr'padu] steil
escola ['ʃkɔlɐ] Schule
escolha ['ʃkoʎɐ] (Aus-)Wahl
escolher [ʃku'ʎer] aussuchen, wählen
esconder [ʃkõn'der] verstecken; verheimlichen
escorpião [ʃkur'pjẽu] Skorpion
escorregadio [ʃkuraɡe'diu] glatt
escova ['ʃkovɐ] Bürste
escovar [ʃku'var] bürsten
escrever [ʃkrə'ver] schreiben
escrita ['ʃkritɐ] (Hand-)Schrift
escrito, por ~ [pur 'ʃkritu] schriftlich
escritório [ʃkri'tɔrju] Büro
escrupuloso [ʃkrupu'lozu] gewissenhaft
escultura [ʃkul'turɐ] Plastik, Skulptur
escuro ['ʃkuru] dunkel; finster
escutar [ʃku'tar] (zu)hören; **escutar
alg** [ʃku'tar_al'ɡẽi] jdm zuhören
esforçar-se [ʃfur'sarsə] s. bemühen, s.
Mühe geben
esforço ['ʃforsu] Anstrengung, Mühe
esgotado [ʒɡu'tadu] erschöpft
esgoto ['ʒɡotu] Kanal
espaço ['ʃpasu] Raum
Espanha ['ʃpɐɲɐ] Spanien
espanhol/espanhola [ʃpɐ'ɲɔl/ʃpɐ'ɲɔlɐ]
Spanier/in; spanisch
especial [ʃpə'sjal] extra, Sonder . . .,
speziell
especialmente [ʃpəsjal'mẽtə] besonders
espécie ['ʃpɛsjɐ] *f* Sorte
espe(c)tador [ʃpɛtɐ'dor] *m* Zuschauer
esperar [ʃpə'rar] erwarten; hoffen;
warten
esperto ['ʃpɛrtu] klug, schlau
espirrar [ʃpi'rar] niesen
esplêndido ['ʃplẽndidu] herrlich,
prima
esponsais [ʃpõ'saiʃ] *m pl* Verlobung;
celebrar os esponsais com alg
[səlɐ'brar_uz_əʃpõ'saiʃ kõ al'ɡẽi] s. mit
jdm verloben
esporte [es'pɔrti] *m (Br)* Sport
esposa ['ʃpozɐ] Ehefrau
esposo ['ʃpozu] Ehemann
esquecer(-se de) [ʃkɛ'ser(sə də)] vergessen; liegenlassen
esquentar [ʃkẽn'tar] *(Br)* heizen
esquerdo ['ʃkerdu] linke(r, -s); **à
esquerda** [a 'ʃkerdɐ] links
esquina ['ʃkinɐ] Ecke

esse/essa [ɛsə/ˈese] diese(r, -s)

estabelecer [ʃtəbələˈser] festsetzen

estaca [ˈʃtakɛ] *(Zelt)* Hering

estação [ʃteˈsẽu] *f* Saison; Bahnhof; **fora da estação** [ˈfore də ʃteˈsẽu] außerhalb der Saison; **estação do ano** [ʃteˈsẽu du ˈenu] Jahreszeit; **estação balnear** [ʃteˈsẽu balˈnjar] *f* Badeort

estacionar [ʃtesjuˈnar] *(Auto)* abstellen, parken

estada [ˈʃtade] Aufenthalt

estado [ˈʃtadu] Verfassung, Zustand

Estado [ˈʃtadu] Staat

estalagem [ʃteˈlaʒẽi] *f* Gasthaus, -hof

estar [ʃtar] sein; stehen; **Está lá?** [ʃta la] *(tele)* hallo; **estar em pé** [ʃtar_ẽi pɛ] stehen

estável [ˈʃtavɛl] dauernd, fest

este/esta [ˈɛʃtə/ˈeʃte] diese(r, -s); **esta noite** [ˈɛʃte ˈnoite] heute nacht

estender- se [ʃtẽnˈdersə] s. erstrecken, reichen

estorvar [ʃturˈvar] stören

estorvo [ʃtorvu] Störung

estrada [ˈʃtrade] (Land-)Straße

estragado [ʃtreˈgadu] *(Obst)* faul, verdorben; kaputt

estragar [ʃtreˈgar] verderben; **estragar-se** [ʃtreˈgarsə] *(schlecht werden)* verderben

estrangeiro [ʃtrẽˈʒeiru] Ausland; Ausländer; der Fremde, fremd; ausländisch

estranho [ˈʃtreɲu] seltsam, eigen

estreito [ˈʃtreitu] eng, schmal

estrela [ˈʃtrele] Stern

estudar [ʃtuˈdar] lernen, studieren

estúpido [ˈʃtorvu] blöd(e)

etc. [ɛtˈsɛtre] und so weiter

eu [eu] ich

Europa [euˈrɔpe] Europa

europeu/europeia(éi) [euruˈpeu/ euruˈpeje] Europäer/in; europäisch

eventualmente [ivẽntwalˈmẽnte] *adv* eventuell

evitar [iviˈtar] vermeiden

exa(c)tamente [izateˈmẽnte] *(zeitlich)* gerade

exa(c)tidão [izetiˈdẽu] *f* Genauigkeit

exa(c)to [iˈzatu] genau; *(Gegensatz zu falsch)* richtig

exagerado [izeʒeˈradu] übertrieben

exame [iˈzeme] *m* Prüfung

examinar [izemiˈnar] nachprüfen; nachsehen; prüfen; untersuchen

excelente [ʃsəˈlẽnte] ausgezeichnet, erstklassig

exce(p)ção [ʃseˈsẽu] *f* Ausnahme

exce(p)to [ʃsɛtu] außer

excursão [ʃkurˈsẽu] *f* Ausflug, Tour

executar [izəkuˈtar] *(Arbeit)* ausführen

exemplo [iˈzẽmplu] Beispiel; **por exemplo** [pur_iˈzẽmplu] zum Beispiel

exercer [izərˈser] *(Beruf)* ausüben

exercício [izərˈsisju] Übung

exercitar [izərsiˈtar] üben

exigência [iziˈʒẽsjə] Forderung

exigir [iziˈʒir] fordern, verlangen

existir [iziʃˈtir] bestehen

êxito [ˈezitu] Erfolg

expedir [ʃpəˈdir] versenden

experiência [ʃpəˈrjẽsjə] Erfahrung; Probe

experiente [ʃpəˈrjẽntə] *adj* erfahren

explicar [ʃpliˈkar] *(deutlich machen)* erklären

expressamente [ʃprɛsəˈmẽnte] ausdrücklich

expressão [ʃprəˈsẽu] *f* Ausdruck

extensão [ʃtẽˈsẽu] *f* Ausdehnung, Größe

exterior [ʃtəˈrjor] äußerlich

extintor de incêndios [ʃtĩnˈtor d_ĩˈsẽndjuʃ] *m* Feuerlöscher

extra [ˈeiʃtre] extra

extraordinário [ʃtreɔrdiˈnarju] außergewöhnlich

F

fábrica [ˈfabrike] Fabrik

fácil [ˈfasil] einfach, leicht

fa(c)to [ˈfaktu] Tatsache; **de fa(c)to** [də ˈfaktu] in der Tat

fa(c)tura [faˈture] Rechnung

faísca [feˈiʃke] Funke

falar [feˈlar] reden, sprechen; **falar alto** [feˈlar_ˈaltu] laut sprechen; **falar baixo/em voz baixa** [feˈlar ˈbaiʃu/ẽi vɔʒ ˈbaiʃe] leise sprechen

falhar [feˈʎar] verfehlen

falso [ˈfalsu] falsch; unecht

falta [ˈfalte] Fehler *(den man macht)*; *(Fehlen)* Mangel

faltar [falˈtar] fehlen

família [feˈmilje] Familie

famoso [feˈmozu] berühmt

farmácia portátil [ferˈmasje purˈtatil] Verbandszeug

farol [feˈrɔl] *m* Leuchtturm

A/Z

farto [ˈfartu] satt
fatia [fɐˈtiɐ] *(Brot)* Scheibe
fatigado [fɐtiˈgadu] müde
fatigante [fɐtiˈgɐ̃tə] anstrengend
favor [fɐˈvor] *m* Gefälligkeit; **se faz favor** [sə faʃ fɐˈvor] bitte; **a favor de** [ɐ fɐˈvor də] zugunsten; **ser a favor de** [ser_ɐ fɐˈvor də] dafür sein
favorável [fɐvuˈravɛl] *(a. Preis)* günstig
fazenda [fɐˈzẽdɐ] Bauernhof; Stoff
fazer [fɐˈzer] machen, tun; *(Liste)* aufstellen; **fazer a barba** [fɐˈzer_ɐ ˈbarbɐ] rasieren
fé [fɛ] *f* Glaube
fechado [fəˈʃadu] geschlossen, zu
fechadura [fəʃəˈdurɐ] (Tür-)Schloß
fechar [fəˈʃar] schließen, zumachen; **fechar à chave** [fəˈʃar_ɐ ˈʃavə] abschließen, verschließen, zuschließen
fecho [ˈfeʃu] Verschluß; (Tür-) Schloß
feio [ˈfeju] häßlich
feira [ˈfeirɐ] *(Ausstellung)* Messe
feito à mão [ˈfeitu ɐ mẽu] handgemacht
felicidade [fələsiˈdadə] *f* Glück
felicitações [fələsitɐˈsõiʃ] *f pl* Glückwunsch
felicitar [fələsiˈtar] gratulieren
feliz [fɐˈliʃ] froh, glücklich
feminino [fəmɐˈninu] weiblich
feriado [fəˈrjadu] Feiertag
férias [ˈfɛrjɐʃ] *f pl* Ferien, Urlaub; **de férias** [də ˈfɛrjɐʃ] in Ferien
ferido/ferida [fəˈridu/fəˈridɐ] *m/f* der, die Verletzte
ferro [ˈfɛRu] Eisen; **ferro (de engomar)** [ˈfɛRu (d_ẽguˈmar)] Bügeleisen
ferrolho [fəˈRoʎu] Riegel
ferver [fərˈver] *(Wasser)* kochen
festa [ˈfɛʃtɐ] Fest, Party
fiança [ˈfjɐ̃sɐ] Kaution
ficar [fiˈkar] bleiben; s. befinden, liegen; übrigbleiben; **ficar com** [fiˈkar kõ] behalten; **ficar bem** [fiˈkar bẽi] *(Kleidung)* passen; **ficar calado** [fiˈkar kɐˈladu] schweigen; **ficar furioso** [fiˈkar fuˈrjozu] wütend werden
fiel [fjɛl] treu
fila [ˈfilɐ] Reihe; **fazer fila** [fɐˈzer ˈfilɐ] *(Br)* Schlange stehen
filha [ˈfiʎɐ] Tochter
filho [ˈfiʎu] Sohn
filial [fiˈljal] *f* Filiale
filme [ˈfilmə] *m (Foto, Kino)* Film
filtro [ˈfiltru] Filter

fim [fĩ] *m* Ende, Schluß; Ziel, Zweck; **por fim** [pur fĩ] am Ende, zuletzt
finalmente [finalˈmẽtə] endlich
fino [ˈfinu] dünn, fein
fio [ˈfiu] Bindfaden, Faden
firma [ˈfirmɐ] Firma
fita [ˈfitɐ] Band *(aus Stoff)*
fixar [fiˈksar] festsetzen
flash [flɛʃ] *m (Foto)* Blitz
flirt [flɛrt] Flirt
flor [flor] *f* Blume
florescer [flurəʃˈser] blühen
floresta [fluˈrɛʃtɐ] Wald; **floresta virgem** [fluˈrɛʃtɐ virʒẽi] Urwald
fogão [fuˈgẽu] Ofen
fogo [ˈfogu] Feuer; Brand; **fogo de artifício** [ˈfogu d_ɐrtəˈfisju] Feuerwerk
folgar com [fɔlˈgar kõ] s. freuen über
folha [ˈfoʎɐ] Blatt
fome [ˈfomə] *f* Hunger; **ter fome** [ter ˈfomə] hungrig sein
fonte [ˈfõtə] *f* Quelle
fora [ˈforɐ] außen; draußen; weg; **de/por fora** [də/pur ˈforɐ] von außen; **fora de** [ˈforɐ də] außerhalb; **fora de moda** [ˈforɐ də ˈmɔdə] unmodern
forasteiro/forasteira [furɐʃˈteiru/furɐʃˈteirɐ] *m/f* der, die Fremde; fremd
força [ˈforsɐ] Kraft, Stärke
forma [ˈformɐ] Form; **de outra forma** [d_ˈotrɐ ˈformɐ] anders
formação [furmɐˈsẽu] *f* Ausbildung
formar [furˈmar] bilden
formato [furˈmatu] Format
formidável [furmiˈdavɛl] großartig
fornecer [furnəˈser] liefern
forno [ˈfornu] Ofen
forro [ˈfoRu] *(Stoff)* Futter
forte [ˈfɔrtə] kräftig, stark
fósforo [ˈfɔʃfuru] Streichholz
foto [ˈfotu] *f* Foto
fotografar [futugrɐˈfar] fotografieren
fotografia [futugrɐˈfiɐ] Foto, Aufnahme, Bild; **tirar fotografias** [tiˈrar futugrɐˈfiɐʃ] fotografieren
foz [fɔʃ] *f* Mündung
fraco [ˈfraku] schwach
frágil [ˈfraʒil] zerbrechlich
França [ˈfrɐ̃sɐ] Frankreich
francês [frẽˈseʃ] Franzose; französisch
francesa [frẽˈsezɐ] *f* Französin
fraqueza [frɐˈkezɐ] Schwäche
frase [ˈfrazə] *f* Satz
fraude [ˈfraudə] *f (Handel)* Betrug

freguês [frɛˈgeʃ] *m* Kunde
freira [ˈfreirɐ] Nonne; Ordensschwester
frente [ˈfrẽtɐ] Vorderseite; **à frente** [a ˈfrẽtɐ] vorn; **em frente** [ẽi ˈfrẽtɐ] gegenüber; geradeaus; **em frente de** [ẽu ˈfrẽtɐ dɐ] *prp* gegenüber
frequentemente (qü) [frɐkwẽtɐˈmẽtɐ] häufig, oft
fresco [ˈfreʃku] frisch; kühl
frete [ˈfretɐ] *m* Fracht
frio [ˈfriu] kalt; **ter frio** [ter ˈfriu] frieren
fritar [friˈtar] *(in der Pfanne)* braten
fronteira [frõˈteirɐ] Grenze
fumar [fuˈmar] rauchen
fumo [ˈfumu] Rauch
funcionar [fũsjuˈnar] funktionieren
fundo [ˈfũdu] tief
fúria [ˈfurjɐ] Wut
furioso [fuˈrjozu] wütend; **ficar furioso** [fiˈkar fuˈrjozu] wütend werden
furo [ˈfuru] Loch
fusível [fuˈzivɛl] *m (el)* Sicherung
futuro [fuˈturu] Zukunft; zukünftig

G

gaivota [gaiˈvotɐ] Möwe
galo [ˈgalu] Hahn
gancho [ˈgãʃu] Haken
ganhar [gaˈnar] gewinnen; verdienen
ganho [ˈganu] Gewinn; Verdienst
garagem [gɐˈraʒẽi] *f* Garage
garantia [gɐrẽˈtiɐ] Garantie; Sicherheit
garrafa [gɐˈRafɐ] Flasche
gasolina [gɐzuˈlinɐ] Benzin; **meter gasolina** [mɐˈter gɐzuˈlinɐ] tanken
gastar [gɐʃˈtar] ausgeben; verbrauchen
gato [ˈgatu] Katze
gelado [ʒɐˈladu] (Speise-)Eis
gelar [ʒɐˈlar] frieren
gelo [ˈʒelu] (Glatt-)Eis
géneros (ê) alimentícios [ˈʒɛnɐruz ɐlimẽˈtisjuʃ] *m pl* Lebensmittel, Nahrungsmittel
gente [ˈʒẽtɐ] *f* Leute; **a gente** [ɐ ˈʒẽtɐ] man
geral [ʒɐˈral] allgemein
geralmente [ʒɐralˈmẽtɐ] im allgemeinen
gesso [ˈʒesu] Gips

gira-discos [ˈʒirɐ ˈdiʃkuʃ] *m* Plattenspieler
gole [ˈgolɐ] Schluck
golpe [ˈgolpɐ] *m* Schlag; Stoß
gordo [ˈgordu] dick, fett
gostar de [guʃˈtar dɐ] lieben, gern haben, mögen; **gostar de alg** [guʃˈtar d alˈgẽi] jdn liebhaben; **gostar mais de** [guʃˈtar maiʒ dɐ] lieber haben
gosto [ˈgoʃtu] Geschmack; **com muito gosto** [kõ ˈmũĩtu ˈgoʃtu] gern
gota [ˈgotɐ] Tropfen
governo [guˈvernu] Regierung
gozar [guˈzar] genießen
gozo [ˈgozu] Genuß
graça [ˈgrasɐ] Gunst; Witz; **de graça** [dɐ ˈgrasɐ] gratis, umsonst; **graças a Deus** [ˈgrasɐz e deuʃ] Gott sei Dank!
gracejo [grɐˈseʒu] Scherz, Spaß
grade [ˈgradɐ] *f* Gitter
grado, de bom ~ [dɐ bõ ˈgradu] gern
grama [ˈgrɐmɐ] *(Br)* Rasen
grande [ˈgrãdɐ] groß; bedeutend
grandeza [grãˈdezɐ] *(geistige)* Größe
grandioso [grãˈdjozu] großartig
gratificação [grɐtɐfikɐˈsẽu] *f* Belohnung
gratificar [grɐtɐfiˈkar] belohnen
grátis [ˈgratiʃ] frei, gratis, kostenlos, umsonst
grato [ˈgratu] dankbar
gratuito [grɐˈtuitu] gratis, frei, kostenlos
grau [grau] *m* Grad
grave [ˈgravɐ] *(Krankheit)* schwer
grávida [ˈgravidɐ] schwanger
gravura [grɐˈvurɐ] *(Abbildung)* Bild
gritar [griˈtar] schreien
grosso [ˈgrosu] dick, stark
grupo [ˈgrupu] Gruppe
guarda [ˈgwardɐ] *m* Wächter, Aufseher
guarda-chuva [ˈgwardɐ ˈʃuvɐ] *m* (Regen-)Schirm
guardar [gwerˈdar] aufbewahren; behalten
guerra [ˈgɛRɐ] Krieg
guia [ˈgiɐ] *m* Führer; Reiseführer
guiar [gjar] führen
guichê(ê) [giˈʃɛ] *m* Schalter
guitarra [giˈtaRɐ] Gitarre

H

há [a] es gibt; *(zeitlich)* vor; **há pouco** [a ˈpoku] neulich

hábil [ˈabil] geschickt; tüchtig

habitante [əbiˈtēntə] *m* Bewohner, Einwohner

hábito [ˈabitu] Gewohnheit

habituado, estar ~ [ʃtar_əbiˈtwadu] gewohnt sein

habitual [əbiˈtwal] gewöhnlich, üblich

habituar-se a [əbiˈtwars_e] s. gewöhnen an

hesitar [iziˈtar] zögern

história [ˈʃtɔrjə] Geschichte

hobby [ˈɔbi] *m* Hobby

hoje [ˈoʒə] heute

homem [ˈɔmēi] *m* Mann; Mensch

honorários [onoˈrarjuʃ] *m pl* Honorar

honra [ˈōʀə] Ehre

hora [ˈɔʀə] Stunde; **de duas em duas horas** [də ˈduɐz_ēi ˈduɐz_ˈɔʀəʃ] alle zwei Stunden

horário de abertura [oˈrarju d_əbərˈturə] Öffnungszeit

horrível [oˈʀivel] fürchterlich, schrecklich

hóspede [ˈɔʃpədə] *m* Gast

hospitalidade [oʃpitaliˈdadə] *f* Gastfreundschaft

hotel [ɔˈtɛl] *m* Hotel

humano [uˈmɐnu] menschlich

(h)úmido [ˈumidu] feucht

humor [uˈmor] *m* Laune

I

idade [iˈdadə] *f* Alter

ideia (é) [iˈdɐjə] Gedanke; Idee; Vorstellung; Ahnung; **não faço ideia** [nɐ̃u fasˈi_idɐjə] keine Ahnung!

igual [iˈgwal] *adj* gleich

igualmente [igwalˈmēntə] gleichfalls

ilha [ˈiʎə] Insel

iluminado [ilumiˈnadu] beleuchtet

imediatamente [imədjatəˈmēntə] direkt, gleich, sofort

imediato [iməˈdjatu] unmittelbar

impedir [impəˈdir] hindern; verhindern

importância [impurˈtēsjə] Bedeutung, Wichtigkeit; Betrag; **sem importância** [sēi impurˈtēsjə] unwichtig

importante [impurˈtēntə] bedeutend, groß, wichtig

importar em [impurˈtar_ēi] betragen

importunar [impurtuˈnar] belästigen

importuno [impurˈtunu] lästig

impossível [impuˈsivel] unmöglich; ausgeschlossen

impreciso [imprəˈsizu] ungenau

impressão [imprəˈsēu] *f* Eindruck

impresso [imˈprɛsu] Formular

improvável [impruˈvavel] unwahrscheinlich

imprudente [impruˈdēntə] unvorsichtig

inadequado [inədəˈkwadu] ungeeignet

incapaz [iŋkəˈpaʃ] unfähig

incêndio [iˈsēndju] Brand; **sinal de alarme de incêndio** [siˈnal d_e'larmə d_iˈsēndju] *m* Feuermelder

incerto [iˈsertu] ungewiß, unsicher; zweifelhaft

inchado [iˈʃadu] geschwollen, dick

incidente [isiˈdēntə] *m* Zwischenfall

incluído [iŋˈklwidu] inbegriffen

incluir [iŋˈklwir] einschließen

incomodar [iŋkumuˈdar] belästigen, stören

incómodo [iŋˈkɔmudu] Störung; unbequem, ungemütlich

incompleto [iŋkōmˈplɛtu] unvollständig

inconstante [iŋkōʃˈtēntə] unbeständig

inconveniente [iŋkōvəˈnjēntə] *m* Nachteil

incrível [iŋˈkrivel] unglaublich

indecente [indəˈsēntə] unanständig

indeciso [indəˈsizu] unentschlossen

indelicado [indəliˈkadu] unhöflich

inde(m)nização [ində(m)nizeˈsēu] *f* Schadenersatz

inde(m)nizar [ində(m)niˈzar] *(Schaden)* ersetzen

indesejável [indəzəˈʒavel] unerwünscht

indeterminado [indətərmiˈnadu] unbestimmt

indicação [indikeˈsēu] *f* Angabe; **indicações mais pormenorizadas** [indikeˈsōiʃ maiʃ purmənuriˈzadeʃ] nähere Angaben

indicar [indiˈkar] *(hinweisen)* zeigen

indício [inˈdisju] (An-)Zeichen

indígena [inˈdiʒənə] einheimisch

indispensável [indəʃpēˈsavel] unentbehrlich

indisposto [indəʃˈpoʃtu] unwohl

inesperado [inəʃpəˈradu] unerwartet
inevitável [inəviˈtavɛl] unvermeidlich
inexperiente [inəʃpəˈrjentə] unerfahren
infelicidade [ifələsiˈdadə] f Unglück
infeliz [ifəˈliʃ] unglücklich
infelizmente [ifəliʒˈmentə] leider, unglücklicherweise
inferior [ifəˈrjor] geringer
inflamável [ifleˈmavɛl] feuergefährlich
informação [ifurmeˈsɐ̃u] f Auskunft, Bescheid
informar [ifurˈmar] berichten, melden; benachrichtigen, informieren, unterrichten; Bescheid sagen; **informar alg** [ifurˈmar_alˈɡei] jdn verständigen; **informar-se** [ifurˈmarsə] s. erkundigen
inglês [iŋˈɡleʃ] Engländer; englisch
ingrato [iŋˈɡratu] undankbar
íngreme [ˈiŋɡrəmə] steil
injustiça [iʒuʃˈtisə] Ungerechtigkeit, Unrecht
injusto [iˈʒuʃtu] ungerecht
inocente [inuˈsentə] unschuldig
inquietar-se [iŋkjeˈtarsə] s. beunruhigen
inquieto [iŋˈkjɛtu] unruhig
inscrever [iʃkrəˈver] einschreiben; anmelden
inse(c)to [iˈsɛtu] Insekt
inseguro [isəˈɡuru] unsicher
insignificante [isiɡnifiˈkɛntə] unwichtig
insistir em [isiʃˈtir_ei] bestehen auf
instalação [iʃteleˈsɐ̃u] f Anlage
instante [iʃˈtɛntə] m Moment
instrução [iʃtruˈsɐ̃u] f Ausbildung
insuficiente [isufəˈsjentə] ungenügend
insultar [isulˈtar] schimpfen
insuportável [isupurˈtavɛl] unerträglich
inteiramente [inteireˈmentə] adv ganz
inteiro [inˈteiru] vollständig, ganz
inteligência [inteliˈʒesjə] Verstand
inteligente [inteliˈʒentə] klug
intenção [inteˈsɐ̃u] f Absicht
interessante [interəˈsentə] interessant
interessar-se (por) [interəˈsarsə (pur)] s. interessieren (für)
interesse [inteˈresə] m Interesse
interior [inteˈrjor] m das Innere; **interior (do país)** [inteˈrjor (du peˈiʃ)] m Inland; **no interior** [nu inteˈrjor] drin(nen); **roupa interior** [Ropə inteˈrjor] Unterwäsche

internacional [internəsjuˈnal] international
interpretar mal [interprəˈtar mal] mißverstehen
interromper [interõˈper] abbrechen, unterbrechen
interrupção [interupˈsɐ̃u] f Unterbrechung; Störung
interruptor [interupˈtor] m (el) Schalter
intrujão [intruˈʒɐ̃u] m Schwindler
inútil [iˈnutil] nutzlos, unnütz, zwecklos
inválido [iˈvalidu] ungültig
inventar [iveˈtar] erfinden
inverso [iˈversu] umgekehrt
investigar [iveʃtiˈɡar] untersuchen
invulgar [ivulˈɡar] ungewöhnlich
ir [ir] fahren, gehen; **ir a pé** [ir_ə pɛ] *(zu Fuß)* gehen; **ir buscar** [ir buʃˈkar] holen; **ir de avião** [ir d_eˈvjɐ̃u] *(mit dem Flugzeug)* fliegen; **ir ver** [ir ver] nachsehen; **ir viajar** [ir vjeˈʒar] verreisen; **ir-se embora** [irs_ẽmˈborə] weggehen
irado [iˈradu] zornig
irmã [irˈmɐ̃] f Schwester
irmão [irˈmɐ̃u] m Bruder
irregular [iRəɡuˈlar] unregelmäßig
irritar-se com [iRiˈtarsə kõ] s. ärgern über
isolado [izuˈladu] einzeln
isqueiro [iʃˈkeiru] Feuerzeug
isso [ˈisu] das
isto [ˈiʃtu] das
itinerário [itinəˈrarju] (Reise-)Route

J

já [ʒa] sofort, gleich; bereits, schon; **já que** [ʒa kə] *(Grund)* da
jacto [ˈʒatu] (Wasser-)Strahl
jamais [ʒəˈmaiʃ] jemals
jardim [ʒerˈdĩ] m Garten
jejum, em ~ [ei ʒəˈʒũ] nüchtern
jogada [ʒuˈɡadə] Wurf
jogar [ʒuˈɡar] spielen
jornal [ʒurˈnal] m Zeitung
jovem [ˈʒovei] jung
juízo [ˈʒwizu] Urteil
julgar [ʒulˈɡar] beurteilen; urteilen
juntamente [ʒunteˈmentə] zusammen
junto de [ˈʒũntu də] neben; vorbei

juntos [ˈʒũntuʃ] zusammen; gemeinsam

justamente [ʒuʃteˈmẽntə] *(zeitlich)* gerade

justo [ˈʒuʃtu] gerecht

juventude [ʒuvẽnˈtudə] *f* Jugend

L

lá [la] da, dort; dorthin

lado [ˈladu] Seite; **ao lado de** [eu ˈladu də] neben; **do outro lado** [du ˈotru ˈladu] drüben; **do outro lado (de)** [du ˈotru ˈladu (də)] jenseits; **noutro lado** [ˈnotru ˈladu] anderswo

lago [ˈlagu] *m (Binnengewässer)* See

lama [ˈleme] Schlamm, Schmutz

lamentar [lemẽnˈtar] bedauern

lâmpada [ˈlẽmpedɐ] Glühbirne

lançar [lẽˈsar] werfen

lance [ˈlẽsə] *m* Wurf

lanchonete [lẽʃoˈnɛti] *f (Br)* Schnellimbiß

largo [ˈlargu] breit; weit

lata [ˈlatɐ] Dose; **lata de conserva** [ˈlatɐ də kõˈsɛrve] Konservenbüchse

lavado [leˈvadu] frisch (gewaschen)

lavar [leˈvar] waschen

leal [ljal] treu, fair

lembrança [lẽmˈbrẽsə] Andenken

lembrar alguma coisa a alg [lẽmˈbrar alˈgume ˈkoizɐ alˈgẽi] jdn an etw erinnern; **lembrar-se** [lẽmˈbrarsə] s. erinnern

lenço [ˈlẽsu] (Kopf-)Tuch

lento [ˈlẽntu] langsam

ler [ler] lesen

leste [ˈlɛʃtə] *m* Osten

letra [ˈletre] Buchstabe; **dizer as letras** [diˈzer ɐʒ ˈletreʃ] buchstabieren

levantar [levẽnˈtar] heben; **levantar-se** [levẽnˈtarsə] aufstehen

levar [leˈvar] tragen; forttragen, wegbringen; mitnehmen; überbringen; *(Zeit)* brauchen; **levar a casa (de carro)** [leˈvar ɐ ˈkazə (də ˈkaru)] zurückfahren

leve [ˈlɛvə] *(Gewicht)* leicht

lhes [ʎəʃ] *dat* euch

licença [liˈsẽsə] Urlaub

ligação [ligeˈsẽu] *f (Zug, tele)* Verbindung

ligadura [ligeˈdurə] *(med)* Verband; **ligaduras** [ligeˈdureʃ] *f pl* Verbandszeug

ligar [liˈgar] binden; *(tele, med)* verbinden; einschalten

limpar [lĩmˈpar] putzen, reinigen

limpo [ˈlĩmpu] sauber; **(céu) limpo** [(sɛu) ˈlĩmpu] *(Wetter)* heiter

lindo [ˈlĩndu] hübsch, schön

língua [ˈlĩŋgwe] Sprache

linha [ˈliɲe] *(el, tele)* Leitung, Linie; (Bahn-)Strecke

liquidação [likideˈsẽu] *f* Ausverkauf

líquido [ˈlikidu] flüssig

liso [ˈlizu] glatt

lista [ˈliʃte] Liste, Verzeichnis; (Speise-)Karte

livre [ˈlivrə] frei

livro [ˈlivru] Buch

lixo [ˈliʃu] Abfall, Müll; **contentor do lixo** [kõntẽntor du ˈliʃu] *m* Mülltonne

lógico [ˈlɔʒiku] logisch

logo [ˈlɔgu] bald, sofort; direkt

loja [ˈlɔʒe] Geschäft, Laden

longe [ˈlẽʒə] *adv* weit

longo [ˈlõŋgu] *(Weg)* weit; **ao longo de** [eu ˈlõŋgu də] entlang

louça de barro [ˈlose də ˈbaru] Tonwaren

louco [ˈloku] verrückt

louvar [loˈvar] loben

lua [ˈluɐ] Mond

lucro [ˈlukru] Gewinn

lugar [luˈgar] *m* Ort, Stelle; Platz; Sitz; **em lugar de** [ẽi luˈgar də] statt; **em primeiro lugar** [ẽi priˈmeiru luˈgar] zuerst, zunächst; **em último lugar** [ẽi ˈultimu luˈgar] zuletzt

luminoso [lumiˈnozu] leuchtend

luxo [ˈluʃu] Luxus

luxuoso [luˈʃwozu] luxuriös

luz [luʃ] *f* Licht; **acender/apagar a luz** [esẽnˈder/epeˈgar ɐ luʃ] Licht anmachen/ausmachen;

M

maçador [meseˈdor] lästig

macio [meˈsiu] weich

maço [ˈmasu] Stapel, Stoß

madeira [meˈdeire] Holz

maduro [meˈduru] reif

mãe [mẽi] *f* Mutter

magnífico [meˈgnifiku] herrlich

mágoa ['magwɐ] Kummer

magro ['magru] mager

mais [maiʃ] mehr; plus; **mais (do) que** [maiʃ (du) kɐ] mehr als; **mais nada** [maiʃ 'nadɐ] sonst nichts; **mais ou menos** [maiz‿o 'menuʃ] mehr oder weniger; **de mais** [dɐ maiʃ] zuviel; zu sehr; **nada mais** ['nadɐ maiʃ] sonst nichts

mal [mal] *adv* schlecht; übel; kaum; **fazer mal a** [fɐ'zer mal‿ɐ] schaden; *(Speisen)* nicht vertragen

mala ['malɐ] Koffer; **fazer as malas** [fɐ'zer‿ɐʒ 'malɐʃ] *(Koffer)* packen

mal-entendido [mal‿ẽntẽn'didu] Mißverständnis

mancha ['mɐ̃ʃɐ] Fleck(en)

mandar [mɐ̃n'dar] schicken, senden; wegschicken; *(Brief, Telegramm)* aufgeben; **mandar embora** [mɐ̃n'dar‿ẽm'borɐ] wegschicken; **mandar fazer** [mɐ̃n'dar fɐ'zer] machen lassen

maneira [mɐ'neirɐ] Art; Weise; **de maneira nenhuma** [dɐ mɐ'neirɐ nɐ'numɐ] durchaus nicht, keinesfalls, gar nicht; **de qualquer maneira** [dɐ kwal'kɛr mɐ'neirɐ] auf alle Fälle; **de outra maneira** [d‿'otrɐ mɐ'neirɐ] anders

mangueira [mɐ̃ŋ'geirɐ] Schlauch

manhã [mɐ'ɲɐ̃] *f* Vormittag; Morgen; **de manhã** [dɐ mɐ'ɲɐ̃] vormittags

manifestação [mɐnifɐʃtɐ'sɐ̃u] *f* Veranstaltung

mão [mɐ̃u] *f* Hand; **feito à mão** ['feitu a mɐ̃u] handgemacht

mapa ['mapɐ] *m* (Land-)Karte

máquina ['makinɐ] Maschine; **máquina fotográfica** ['makinɐ futu'grafikɐ] Fotoapparat

mar [mar] *m* Meer, See

maravilhoso [merevi'ʎozu] wunderbar

marca ['markɐ] (Handels-)Marke; *(Zigaretten)* Sorte

marcar [mer'kar] *(Platz)* buchen; vorbestellen; *(tele)* wählen

margem ['marʒẽi] *f* Rand; *(Fluß)* Ufer

marido [mɐ'ridu] (Ehe-)Mann

marrom [ma'ʀõ] *(Br)* braun

martelo [mer'telu] Hammer

mas [maʃ] aber; doch; sondern; **mas sim** [maʃ sĩ] sondern

masculino [mɐʃku'linu] männlich

material [mɐtɐ'rjal] *m* Material

mau [mau] böse; schlecht; schlimm

máximo ['mak∫imu] größt, höchst, Höchst ...; **no máximo** [nu 'makʃimu] höchstens

me [mɐ] mir, mich

média ['mɛdjɐ] Durchschnitt; **em média** [ẽi 'mɛdjɐ] *adv* durchschnittlich

medianeiro [mɐdjɐ'neiru] Vermittler

médico ['mɛdiku] Doktor

medida [mɐ'didɐ] Maß

médio ['mɛdju] *adj* durchschnittlich

medir [mɐ'dir] messen

Mediterrâneo [mɐditɐ'ʀenju] Mittelmeer

medo ['medu] Angst, Furcht; **ter medo de** [ter 'medu dɐ] s. fürchten vor

medusa [mɐ'duzɐ] Qualle

meia-noite ['meiɐ 'noitɐ] *f* Mitternacht

meigo ['meigu] zärtlich

meio ['meju] Mitte; Mittel; halb; **por meio de** [pur 'meju dɐ] durch, mittels

meio-dia ['meju 'diɐ] *m* Mittag

melhor [mɐ'ʎor] besser; beste(r, -s); **melhor (do) que** [mɐ'ʎor (du) kɐ] besser als

melhorar [mɐʎu'rar] verbessern

menina [mɐ'ninɐ] Fräulein

menor [mɐ'nor] geringer

menos ['menuʃ] weniger; minus; **o menos** ['menuʃ] das wenigste; **ao menos** [eu 'menuʃ] wenigstens; **pelo menos** ['pelu 'men uʃ] mindestens; **mais ou menos** [maiz‿o 'menuʃ] mehr oder weniger

mensal [mẽ'sal] monatlich

mentir [mẽn'tir] lügen, schwindeln

mentira [mẽn'tirɐ] Lüge

mercadoria [mɐr kɐdu'riɐ] Ware

merecer [mɐrɐ'ser] wert sein, verdienen

merenda [mɐ'rẽndɐ] Imbiß

mérito ['mɛritu] Verdienst *n*

mês [meʃ] *m* Monat; **por mês** [pur meʃ] *adv* monatlich

mesa ['mezɐ] Tisch; **à mesa** [a 'mezɐ] bei Tisch

mesmo ['meʒmu] selbst; sogar; **o mesmo** ['meʒmu] dasselbe, derselbe; **ao mesmo tempo** [eu 'meʒmu 'tẽmpu] *adv* gleichzeitig

metade [mɐ'tadɐ] *f* Hälfte

metódico [mɐ'tɔdiku] *(Mensch)* ordentlich

meu [meu] mein, meine

mim [mĩ] mir, mich; **por mim** [pur mĩ] meinetwegen

minha ['miɲə] mein, meine

mínimo ['minimu] sehr klein; kleinste(r,-s); wenigste(r,-s)

minuto [mi'nutu] Minute

missa ['misə] *(rel)* Messe

misto ['miʃtu] gemischt

misturado [miʃtu'radu] gemischt

mobilar [mubi'lar] möblieren

moça ['mosə] Mädchen

mochila [mu'ʃilə] Rucksack

moda ['modə] Mode; **fora de moda** ['fɔrə də 'modə] unmodern

modelo [mu'delu] Muster

moderado [mudə'radu] mäßig

moderno [mu'dɛrnu] modern

modo ['mɔdu] Art; Weise; **de modo nenhum** [də 'mɔdu nə'ɲũ] gar nicht; **de outro modo** [d_'otru 'mɔdu] anders; **de qualquer modo** [də kwal'kɛr 'mɔdu] irgendwie

moeda ['mwɛdə] Geldstück, Münze

mola ['mɔlə] *(elastisch)* Feder

mole ['mɔlə] weich

molhado [mu'ʎadu] naß

molhe ['mɔʎə] *m* Mole

molho ['mɔʎu] *(Gemüse, Schlüssel)* Bund

momento [mu'mẽtu] Augenblick, Moment

monja ['mõʒə] Nonne

montar [mõtar] *(Zelt)* aufstellen

monte ['mõtə] *m* Berg

montra ['mõtrə] Schaufenster

morar [mu'rar] wohnen

morder [mur'der] beißen

morrer [mu'ʀer] sterben

morte ['mɔrtə] *f* Tod

morto ['mortu] tot

mosca ['moʃkə] Fliege

mosquito [muʃ'kitu] Mücke

mostrar [muʃ'trar] (vor)zeigen

motivo [mu'tivu] Anlaß; (Beweg-)Grund; **por este motivo** [pur_'eʃtə mu'tivu] aus diesem Grund

motorista [mutu'riʃtə] *m* Chauffeur

móvel ['mɔvεl] *m* Möbel

mover [mu'ver] bewegen

movimento [muvi'mẽtu] Bewegung

mudança [mu'dẽsə] Veränderung; Wechsel

mudar [mu'dar] ändern, verändern; **mudar de** [mu'dar də] umsteigen; **mudar de casa** [mu'dar də 'kazə] ausziehen; umziehen; **mudar de roupa** [mu'dar də 'ʀopə] s. umziehen

muito ['mũĩtu] sehr, viel; **quando muito** ['kwẽdu 'mũĩtu] höchstens

mulher [mu'ʎεr] *f* Frau; Ehefrau

multa ['multə] Geldstrafe

multicolor [multiku'lor] bunt

multidão [multi'dẽu] *f* (Menschen-)Menge

mundo ['mũdu] Welt

música ['muzikə] Musik

N

nação [nə'sẽu] *f* Nation

nada ['nadə] nichts; **de nada** [də 'nadə] *(Antwort auf Dank)* bitte

nadar [nə'dar] schwimmen

namorico [nəmu'riku] Flirt

não [nẽu] nicht; **não tem de quê** [nẽu tẽi də ke] *(Antwort auf Dank)* bitte

nascente [nəʃ'sẽtə] *f* Quelle

nascer-do-sol, ao ~ [εu nəʃ'ser du sɔl] bei Sonnenaufgang

nascido [nəʃ'sidu] geboren

nascimento [nəʃsi'mẽtu] Geburt

nativo [nə'tivu] einheimisch

natural [nətu'ral] natürlich; einheimisch; **natural de** [nətu'ral də] gebürtig aus; **ser natural de** [ser nətu'ral də] stammen aus

naturalmente [nətural'mẽtə] *adv* natürlich

natureza [nətu'rezə] Natur

necessário [nəsə'sarju] nötig, notwendig

necessidade [nəsəsi'dadə] *f* Notwendigkeit; **em caso de necessidade** [ẽi 'kazu də nəsəsi'dadə] im Notfall

necessitar (de) [nəsəsi'tar (də)] brauchen

negar [nə'gar] leugnen

negativo [nəgə'tivu] negativ

negligente [nəgli'ʒẽtə] nachlässig

negociação [nəgusjə'sẽu] Verhandlung

negócio [nə'gɔsju] Handel, Geschäft

nem ... nem [nẽi ... nẽi] weder ... noch; **nem sequer** [nẽi sə'kεr] nicht einmal

nenhum [nə'ɲũ] kein

nervoso [nər'vozu] nervös

neta ['nεtə] Enkelin

neto ['netu] Enkel

nevar [nə'var] schneien

ninguém [nĩŋ'gẽi] keiner; niemand

nó [nɔ] *m* Knoten

noção [nuˈsɐ̃u] *f (Begriff)* Vorstellung

nocivo [nuˈsivu] schädlich; **nocivo à saúde** [nuˈsivu a seˈudə] ungesund

nódoa [ˈnɔdwə] Fleck(en)

noite [ˈnoitə] *f* Nacht; Abend *(nach Einbruch der Dunkelheit)*; **à noite** [a ˈnoitə] am Abend; **de noite** [də ˈnoitə] bei Nacht; **esta noite** [ˈɛʃtə ˈnoitə] heute nacht

noivo/noiva [ˈnoivu/ˈnoivə] *m/f* der, die Verlobte

nome [ˈnomə] *m* Name; **nome de ba(p)tismo** [ˈnomə də baˈtiʒmu] Vorname

nomear [nuˈmjar] nennen

normal [nɔrˈmal] normal; üblich

normalmente [nɔrmalˈmẽtə] normalerweise

norte [ˈnɔrtə] *m* Norden; **ao norte de** [eu ˈnɔrtə də] nördlich von **do norte** [du ˈnɔrtə] nördlich

nos [nuʃ] uns

nós [nɔʃ] wir

nosso, nossa [ˈnɔsu, ˈnɔsə] unser, unsere

nota [ˈnɔtə] Aufzeichnung; (Geld-)Schein; **tomar nota** [tuˈmar ˈnɔtə] aufschreiben, notieren; **tomar nota de alguma coisa** [tuˈmar ˈnɔtə dˌalˈgumə ˈkoizə] s. etw merken

notar [nuˈtar] bemerken, merken

notícia [nuˈtisjə] Nachricht, Neuigkeit

novamente [nɔvəˈmẽtə] wieder

novidade [nuviˈdadə] *f* Neuheit, Neuigkeit

novo [ˈnovu] neu; frisch; klein, jung; **de novo** [də ˈnovu] wieder

nu [nu] nackt

nublado [nuˈbladu] *(Wetter)* bewölkt, trüb

numerar [numəˈrar] numerieren

número [ˈnuməru] Nummer; Zahl; *(Schuhe)* Größe; **grande número de** [ˈgrɐ̃də ˈnuməru də] eine Menge; **número de matrícula** [ˈnuməru də meˈtrikulə] *(Br)* Kennzeichen

numeroso [numəˈrozu] zahlreich

nunca [ˈnũŋkə] nie; je

nutritivo [nutriˈtivu] nahrhaft

O

obje(c)tivo [obʒɛˈtivu] Ziel; Zweck

obje(c)to [obˈʒɛtu] Ding, Gegenstand; **obje(c)tos de valor** [uz obˈʒɛtuʒ də veˈlor] *m pl* Wertsachen

obrigação [obrigeˈsɐ̃u] *f* Pflicht, Verpflichtung, Zwang; **ter obrigação de** [ter_obrigeˈsɐ̃u de] verpflichtet sein

obrigar [obriˈgar] zwingen

observar [obsərˈvar] anschauen, ansehen, betrachten; beobachten; *(sagen)* bemerken

obter [obˈter] *(durch Bemühung)* erhalten, erlangen

obturador [obtureˈdor] *m (Foto)* Verschluß

ocasião [okeˈzjɐ̃u] *f* Anlaß, Gelegenheit

ocasionalmente [okezjunalˈmẽtə] *adv* gelegentlich

oceano [oˈsjenu] Ozean

ocidental [osidẽˈtal] westlich

ocidente [osiˈdẽtə] *m* Westen

óculos [ˈɔkuluʃ] *m pl* Brille; **óculos de sol** [ˈɔkuluʒ də sɔl] *m pl* Sonnenbrille

ocultar [okulˈtar] verheimlichen

ocupado [okuˈpadu] beschäftigt; *(Platz)* besetzt

ocupar um lugar [okuˈpar_ũ luˈgar] einen Platz belegen; **ocupar-se de** [okuˈparsə də] s. kümmern um; *(einer Sache)* nachgehen

oeste [oˈɛʃtə] *m* Westen; **do oeste** [du oˈɛʃtə] westlich

ofender [ofẽˈder] beleidigen

ofensa [oˈfẽsə] Beleidigung

oferecer [ofərəˈser] bieten; anbieten; schenken

oficial [ofeˈsjal] amtlich; offiziell

olá! [ɔˈla] hallo

óleo [ˈɔlju] Öl; **óleo combustível** [ˈɔlju kõmbuʃˈtivel] Heizöl

olhar [oˈʎar] *m* Blick; anschauen, schauen, zuschauen; **olhar em volta** [oˈʎar_ẽi ˈvoltə] s. umsehen

olho [ˈoʎu] Auge

operar [opəˈrar] operieren

opinar [opiˈnar] meinen

opinião [opəˈnjɐ̃u] *f* Ansicht, Meinung; **na minha opinião** [nə miɲ opəˈnjɐ̃u] meiner Meinung nach

oportunidade [opurtuniˈdadə] *f* Gelegenheit

oportuno [opurˈtunu] zweckmäßig

oposto [oˈpoʃtu] entgegengesetzt

oração [ɔre'sēu] f Gebet
ordem ['ɔrdēi] f (rel) Orden; Ordnung; em ordem [ēi 'ɔrdēi] (geordnet) ordentlich
ordenado [ɔrde'nadu] (Mensch) ordentlich
ordinário [ɔrdi'narju] gewöhnlich; gemein, ordinär
organizar [ɔrgeni'zar] veranstalten
oriente [o'rjēntə] m Osten
orquestra [ɔr'kɛʃtrə] (Musik-)Kapelle
os/as [uʃ/eʃ] acc euch; Sie; sie
ou [o] oder; ou ... ou [o ... o] entweder ... oder
ouriço-do-mar [o'risu du mar] Seeigel
ousar [o'zar] wagen
outro ['otru] ein anderer; outro dia ['otru 'diə] neulich; outra vez ['otre veʃ] ein andermal; wieder; um ao outro [ū eu 'otru] einander
ouvir [o'vir] hören
ovelha [o'veʎe] Schaf
ovo ['ovu] Ei

P

paciência [pe'sjēsjə] Geduld
paciente [pe'sjēntə] geduldig
pacote [pe'kɔtə] m Päckchen, Paket
padre ['padrə] m Priester
pagamento [pege'mēntu] Zahlung
pagar [pe'gar] bezahlen, zahlen; pagar em dinheiro [pe'gar ēi də'ɲeiru] bar zahlen
página ['paʒinə] (Buch) Seite
pai [pai] m Vater; pais [uʃ pai] m pl Eltern
país [pe'iʃ] m Land; Inland
palácio [pe'lasju] Palast, Schloß
palavra [pe'lavrə] Wort
pálido ['palidu] bleich
pancada [pēŋ'kadə] Schlag
panela [pe'nɛlə] (Koch-)Topf
pano ['penu] Tuch
panorama [pene'remə] m Panorama
pântano ['pēntenu] Sumpf
papel [pe'pɛl] m Papier; papel higiénico (ê) [pe'pɛl_iʒjɛniku] m Toilettenpapier
par [par] m Paar; um par de [ūm par də] ein Paar; sem par [sēi par] einzigartig

para ['perə] für; (Richtung) zu, gegen; (zeitlich) gegen; para cá ['perə ka] hierher; para isso ['perə 'isu] (Zweck) dazu; para lá ['perə la] dorthin; para o Porto [perə u 'portu] nach Porto; para Portugal ['perə purtu'gal] nach Portugal
parabéns [uʃ pere'bēiʃ] m pl Glückwunsch
parada [pa'radə] (Br) Haltestelle; (Zug) Aufenthalt
paragem [pe'raʒēi] f Haltestelle; (Zug) Aufenthalt
parágrafo [pe'ragrefu] (Abschnitt) Absatz
parar [pe'rar] halten; anhalten; stehenbleiben; ficar parado [fi'kar pe'radu] anhalten, stehenbleiben
parecer [pere'ser] scheinen; segundo parece [sə'gūndu pe'resə] adv anscheinend; parecer-se com [pere'sersə kō] gleichen
parede [pe'redə] f Wand
parente [pe'rēntə] verwandt
parque ['parkə] m Park
parte ['partə] f Teil; tomar parte (em) [tu'mar 'partə (ēi)] teilnehmen (an); a qualquer parte [e kwal'kɛr 'partə] irgendwohin; em qualquer parte [ēi kwal'kɛr 'partə] irgendwo; em parte nenhuma [ēi 'partə nə'numə] nirgends; por toda a parte [pur 'toda 'partə] überall
participação [pertəsipe'sēu] f Teilnahme; Mitteilung
participar [pertəsi'par] melden, mitteilen; participar (em) [pertəsi'par (ēi)] teilnehmen (an)
particular [pertiku'lar] eigen(artig); privat
partida [per'tidə] Abreise
partidário/partidária [perti'darju/perti'darjə] Anhänger/in
partido [per'tidu] kaputt
partir [per'tir] brechen; zerbrechen; teilen; abbrechen; aufbrechen, starten; ausreisen; partir (de) [per'tir (də)] abfahren (von); partir (para) [per'tir ('perə)] (ab)reisen (nach); partir-se [per'tirsə] kaputtgehen, reißen; a partir de [e per'tir də] ab
parvo ['parvu] blöd(e), dumm
passado [pe'sadu] Vergangenheit; vorbei, vorüber
passageiro [pesə'ʒeiru] Fahrgast
passagem [pe'saʒēi] f Durchfahrt, Durchreise; Gang, Durchgang; Pas-

sage; Übergang; **de passagem** [də pe'saʒɐi] auf der Durchreise; **passagem subterrânea** [pe'saʒɐi subtə'ʀɐnjə] f Unterführung

passaporte [pasə'pɔrtə] m *(Ausweis)* Paß

passar [pe'sar] *(geben)* reichen; überschreiten; *(Zeit)* verbringen; vergehen, vorübergehen; **já passou** [ʒa pe'so] es ist vorbei; **que se passou?** [kə sə pe'so] was ist geschehen? **passar por/por casa de** [pe'sar pur/ pur 'kazə də] vorbeigehen, vorbeikommen

pássaro ['pasɐru] *(kleiner)* Vogel

passear [pe'sjar] spazierengehen

passeio [pe'seju] Bummel; Spaziergang; Tour; **dar um passeio** [dar ûm pe'seju] einen Spaziergang machen;

passo ['pasu] (Gebirgs-)Paß; Schritt

pasta ['paʃtə] (Akten-)Mappe

pastilha elástica [peʃ'tiʎɐ i'laʃtikə] Kaugummi

pátio ['patju] Hof

pátria ['patrjə] Heimat; Vaterland

pavilhão [pevi'ʎɐ̃u] m Halle

paz [paʃ] f Friede

pé [pɛ] m Fuß; **andar a pé** [ɐndar e pɛ] wandern; **estar em pé** [ʃtar ɐ̃i pɛ] stehen; **ir a pé** [ir e pɛ] *(zu Fuß)* gehen

peão [pjɐ̃u] m Fußgänger

peça ['pɛsə] Stück

peculiar [pəku'ljar] eigenartig; eigen

pedaço [pə'dasu] Stück; **um pedaço de pão** [ûm pə'dasu də pɐ̃u] ein Stück Brot

pedestre [pə'dɛʃtri] m *(Br)* Fußgänger

pedido [pə'didu] Bitte

pedir [pə'dir] verlangen; **pedir alguma coisa a alg** [pə'dir al'gumɐ 'koizɐ_algɐi] jdn um etw bitten; **pedir conselho a alg** [pə'dir kõ'seʎu e al'gɐi] jdn um Rat fragen; **pedir informações** [pə'dir_ifurmɐ'sõiʃ] Auskunft einholen

pedra ['pɛdrə] Stein

pedregoso [pədrə'gozu] steinig

pegar [pə'gar] *(Motor)* anspringen; *(Br) (Verkehrsmittel)* benutzen

peixe ['peiʃə] m Fisch

pela/pelas ['pelə/ 'peləʃ] *(gegen)* um

pele ['pɛlə] f Haut; Fell, Pelz

pena ['penə] Feder; Mitleid; Strafe; **é pena** [ɛ 'penə] es ist schade; **que pena!** [kə 'penə] wie schade!

pendurar [pɛndu'rar] aufhängen

penhor [pə'ɲor] m Pfand

pensamento [pɛsɐ'mɛ̃tu] Gedanke

pensão [pɛ̃'sɐ̃u] f Gasthaus, -hof

pensar [pɛ̃'sar] meinen; denken *(em* an)

penso ['pɛsu] *(med)* Verband; **pensos** ['pɛsuʃ] m pl Verbandszeug

penúltimo/penúltima [pə'nultimu/ pə'nultimə] vorletzte(r, -s)

pequeno [pə'kenu] gering, klein

pêra ['perɐ] Birne

percentagem [pərsɛ̃'taʒɐi] f Prozentsatz

perda ['pɛrdə] Verlust

perder [pər'der] verlieren; *(Zug) verpassen*, versäumen; **perder-se** [pər'dersə] s. verirren

perdoar [pər'dwar] verzeihen

perfeito [pər'feitu] vollkommen

pergunta [pər'gũtə] Frage

perguntar [pərgũ'tar] fragen

periferia [pərifə'riə] Peripherie

perigo [pə'rigu] Gefahr

perigoso [pəri'gozu] gefährlich

permissão [pərmi'sɐ̃u] f Erlaubnis

permitido [pərmi'tidu] zulässig

permitir [pərmi'tir] erlauben, zulassen; genehmigen; ermöglichen

pernoitar [pərnoi'tar] übernachten

persuadir [pərswe'dir] überreden

pertencer a [pərtɛ̃'ser_e] gehören

perto ['pɛrtu] *adv* nahe; **muito perto** ['mũintu 'pɛrtu] dicht dabei; **perto de** ['pɛrtu də] (nahe) bei

pesado [pə'zadu] *(Gewicht)* schwer

pêsames ['pezeməʃ] m pl Beileid

pesar [pə'zar] m Bedauern; wiegen

pescar [pəʃ'kar] fischen; **pescar à linha** [pəʃ'kar_a 'liɲə] angeln

peso ['pezu] Gewicht

pessoa [pə'soɐ] Person; Mensch

pessoal [pə'swal] m Personal; persönlich

picante [pi'kɐ̃tə] *(Essen)* scharf

picar [pi'kar] stechen

pilha ['piʎə] Batterie; Stapel, Stoß

pingar [pĩ'gar] tropfen

pintar [pĩ'tar] malen; **pintar-se** [pĩ'tarsə] s. schminken

pior [pjor] schlimmer; **o pior** [pjor] schlimmst

piscar [piʃ'kar] blinken

piscina [pəʃ'sinə] Schwimmbad, Swimmingpool

pista ['piʃtə] Spur

placa ['plakə] Schild

planície [plɐˈnisjə] f Ebene

plano [ˈplɐnu] eben, flach; Plan

planta [ˈplɐ̃ntɐ] Pflanze; **planta da cidade** [ˈplɐ̃ntɐ dɐ siˈdadɐ] Stadtplan

plástico [ˈplaʃtiku] (Kunststoff) Plastik

pó [pɔ] m Pulver; Staub

pobre [ˈpɔbrɐ] arm

poço [ˈposu] Brunnen

poder [puˈder] können; dürfen

poderoso [pudɐˈrozu] gewaltig

podre [ˈpodrɐ] (Obst) faul; verdorben

pois [poiʃ] denn

polícromo [puˈlikrumu] bunt

política [puˈlitikɐ] Politik

pólvora [ˈpɔlvurɐ] Pulver

ponta [ˈpõntɐ] Spitze

pequena ponte [pɐˈkenɐ ˈpõntɐ] Steg

ponto [ˈpõntu] Punkt; **ponto culminante** [ˈpõntu kulmiˈnɐ̃ntɐ] Höhepunkt

pontual [põnˈtwal] pünktlich

por [pur] (Grund) aus; (mittels) durch; (Passiv) durch; von; für; pro; **por cima de** [pur ˈsimɐ dɐ] über; **por enquanto** [pur ɐ̃ŋˈkwɐ̃ntu] adv vorläufig; **por este motivo** [pur ˈeʃtɐ muˈtivu] aus diesem Grund; **por isso** [pur ˈisu] daher; deshalb; **por mim** [pur mĩ] meinetwegen

pôr [por] stellen, aufstellen; setzen, legen; hinlegen; **pôr em marcha** [por ɐ̃ĩ ˈmarʃɐ] starten

porém [puˈrɐ̃ĩ] doch, jedoch

pormenor [purmɐˈnor] m Einzelheit

pormenorizado [purmɐnurizadu] ausführlich

porque [ˈpurkɐ] weil; denn

porta [ˈpɔrtɐ] Tür; (Einfahrt) Tor; **porta da rua** [ˈpɔrtɐ dɐ ˈʀuɐ] Haustür

portanto [purˈtɐ̃ntu] also

portão [purˈtɐ̃ũ] m (Einfahrt) Tor

Portugal [purtuˈgal] Portugal

português [purtuˈgeʃ] m Portugiese; portugiesisch

portuguesa [purtuˈgezɐ] f Portugiesin; portugiesisch

pôr-do-sol, ao ~ [ɐu por du ˈsɔl] bei Sonnenuntergang

posição [puziˈsɐ̃ũ] f Stellung

positivo [puziˈtivu] positiv

posse [ˈpɔsɐ] f Besitz

possibilidade [ɐ pusibɐliˈdadɐ] f Möglichkeit

possível [puˈsivɛl] möglich; **tornar possível** [turˈnar puˈsivɛl] ermöglichen

possuidor [puswiˈdor] m Besitzer

possuir [puˈswir] besitzen

postal [puʃˈtal] m (Post-)Karte

posterior [puʃtɐˈrjor] adj später

potável [puˈtavɛl] trinkbar

pouco [ˈpoku] wenig; **um pouco** [ũm ˈpoku] ein bißchen; etwas

poupar [poˈpar] sparen

povo [ˈpovu] Volk

povoação [puvwɐˈsɐ̃ũ] f Ortschaft

praça [ˈprasɐ] (in der Stadt) Platz

prado [ˈpradu] Wiese

praia [ˈprajɐ] Strand; Badeort

prancha [ˈprɐ̃ʃɐ] Steg

prática [ˈpratikɐ] Praxis; Übung

praticar [pratiˈkar] üben

prático [ˈpratiku] praktisch; **pouco prático** [ˈpoku ˈpratiku] unpraktisch

prato [ˈpratu] (Essen) Gang; Gericht; Teller; Platte

prazer [prɐˈzer] m Gefallen; Genuß; Lust; Spaß, Vergnügen; **ter muito prazer em** [ter ˈmũintu prɐˈzer ɐ̃ĩ] s. freuen auf

prazo [ˈprazu] (Frist) Termin; **a curto prazo** [ˈkurtu ˈprazu] kurzfristig

precisão [ɐ prɐsiˈzɐ̃ũ] f Genauigkeit

precisar de [prɐsiˈzar dɐ] benötigen, brauchen

preciso [prɐˈsizu] genau; nötig, notwendig

preço [ˈpresu] Preis; **preço de entrada** [ˈpresu d ɐ̃ˈtradɐ] Eintrittspreis; **preço total** [ˈpresu tuˈtal] Pauschale

preencher (um impresso) [prjɐ̃ˈʃer(ũ ĩˈpresu)] (ein Formular) ausfüllen

preferência [prɐfɐˈrɐ̃sjɐ] Vorzug

preferir [prɐfɐˈrir] lieber haben, vorziehen

prego [ˈpregu] Nagel

preguiçoso [prɐgiˈsozu] faul

prejudicar [prɐʒudiˈkar] schaden

prejuízo [prɐˈʒwizu] Schaden

prenome [prɐˈnomɐ] Vorname

preocupado [prjokuˈpadu] besorgt

preocupar-se com [prjokuˈparsɐ kõ] s. sorgen um

preparar [prɐpɐˈrar] vorbereiten; zubereiten

prescrição [prɐʃkriˈsɐ̃ũ] f Vorschrift

presente [prɐˈzɐ̃ntɐ] m Geschenk; anwesend; **estar presente** [ʃtar prɐˈzɐ̃ntɐ] dasein

preservativo [prəzərve'tivu] Kondom, Verhütungsmittel

pressa ['prɛsɐ] Eile; **ter pressa** [ter 'prɛsɐ] es eilig haben

pretexto [prə'teiʃtu] Vorwand

prima ['primɐ] Cousine

primeiro [pri'meiru] erste(r, -s), zuerst, zunächst; **em primeiro lugar** [ɐ̃i pri'meiru lu'gar] zuerst, zunächst; erstens; **de primeira ordem** [də pri'meirɐ 'ordɐ̃i] erstklassig

primo ['primu] Cousin

principal [prĩsi'pal] hauptsächlich, Haupt...

princípio [prĩ'sipju] Beginn

prioridade [prjuri'dadə] Vorfahrt

privado [pri'vadu] privat

probabilidade [prubɐbəli'dadə] *f* Wahrscheinlichkeit

procissão [ɐ prusi'sɐ̃u] *f* Prozession

procuração [ɐ prokure'sɐ̃u] *f* Vollmacht

procurar [proku'rar] suchen; nachsehen; s. umsehen

produto [pru'dutu] Erzeugnis, Produkt

produzir [prudu'zir] erzeugen, schaffen

profissão [prufi'sɐ̃u] *f* Beruf

profundo [pru'fũdu] tief

prognóstico [prog'nɔʃtiku] *(Sport)* Tip

programa [pru'grɛmɐ] *m* Programm

progresso [pru'grɛsu] Fortschritt

proibição [prwibi'sɐ̃u] *f* Verbot

proibida a entrada [prwi'bidɐ ẽn'tradə] Eintritt verboten

proibido! [prwi'bidu] verboten!

proibir [prwi'bir] verbieten

proje(c)to [pru'ʒɛtu] *(Absicht)* Plan

prolongar [prulõ'gar] verlängern

promessa [pru'mɛsɐ] Versprechen

prometer [prumə'ter] versprechen

promover [prumu'ver] veranstalten

pronto ['prõtu] bereit, fertig

pronúncia [pru'nũsjɐ] Aussprache

pronunciar [prunũ'sjar] aussprechen

propaganda [prupɐ'gẽndə] Reklame

propor [pru'por] vorschlagen

propósito, a ~ [ɐ pru'pɔzitu] übrigens; **vir a propósito** [vir ɐ pru'pɔzitu] gelegen kommen, passen; **de propósito** [pru'pɔzitu] absichtlich

proposta [pru'pɔʃtɐ] Vorschlag

propriedade [pruprjɐ'dadə] *f* Eigentum, Besitz

proprietário [pruprjɐ'tarju] Eigentümer, Besitzer

próprio ['prɔprju] eigen, selbst; geeignet, richtig

prorrogar [pruʀu'gar] *(zeitlich)* verlängern

prospe(c)to [pruʃ'pɛtu] Prospekt

prote(c)ção [prutɛ'sɐ̃u] *f* Schutz

proteger [prutə'ʒer] beschützen

protestar [prutəʃ'tar] protestieren

prova ['prɔvɐ] Beweis; Zeichen

provar [pru'var] beweisen; anprobieren; *(Speisen)* versuchen

provável [pru'vavɛl] wahrscheinlich

provavelmente [pruvavɛl'mẽntə] vermutlich, wohl

provir [pru'vir] stammen

provisão [pruvi'zɐ̃u] *f* Vorrat

provisório [pruvi'zɔrju] provisorisch

proximidade [prosəmi'dadə] *f* Nähe

próximo ['prɔsimu], **próxima** ['prɔsimɐ] nächste(r, -s)

prudente [pru'dẽntə] vorsichtig

público ['publiku] öffentlich; Publikum; Öffentlichkeit

punho ['puɲu] Faust; (Hand-)Griff

puxar [pu'ʃar] ziehen

Q

quadrado [kwe'dradu] viereckig

quadro ['kwadru] Gemälde, Bild

qualidade [kwɐli'dadə] *f* Eigenschaft, Qualität

qualquer [kwal'kɛr] jeder beliebige; **qualquer coisa** [kwal'kɛr 'koizɐ] irgend etwas

quando ['kwẽndu] *(zeitlich)* als; wenn; **desde quando?** ['deʒdə 'kwẽndu] seit wann?; **quando muito** ['kwẽndu 'mũintu] höchstens

quantia [kwẽn'tiɐ] Betrag, Summe

quantidade [kwẽnti'dadə] *f* Menge

quanto ['kwẽntu] wieviel; **quanto antes** ['kwẽntu 'ẽntəʃ] so bald wie möglich

quarto ['kwartu] Raum; Viertel; **um quarto de hora** [ũ 'kwartu d_'ɔrɐ] eine Viertelstunde

quase ['kwazə] beinahe, fast

que [kə] *(bei Vergleich)* als; daß, was; **o que** [kə] was?; **que ... ?** [kə] was für ein/eine ... ?; **que espécie de ...?** [kə_'ʃpɛsjə də] was für ein/eine ...?

quê [ke] was? **o quê** [ke] was?
quebrar [kəˈbrar] brechen
queda [ˈkɛdə] Sturz
queimadu [keiˈmadu] braun, gebräunt
queimar [keiˈmar] verbrennen
queixa [ˈkeiʃɐ] Beschwerde
queixar-se (de) [keiˈʃarsə (də)] s. beklagen (über), s. beschweren (über)
quente [ˈkẽntə] heiß, warm
querelar [kərəˈlar] s. zanken
querer [kəˈrer] wollen, mögen
querido, querida [kəˈridu, kəˈridə]
  Liebling
quieto [ˈkjɛtu] still
quinta [ˈkĩntə] Landgut

R

rádio [ˈradju] f Radio
raio [ˈraju] (Licht-)Strahl
raiva [ˈraivə] Wut
ralhar [rɐˈʎar] schimpfen
ramo [ˈrɐmu] (Blumen-)Strauß
rapariga [rɐpɐˈrigə] Mädchen
rapaz [rɐˈpaʃ] m Junge
rapidamente [rapidəˈmẽntə] adv
  rasch, schnell
rapidez [rɐpiˈdeʃ] f Schnelligkeit
rápido [ˈrapidu] adj rasch, schnell
raro [ˈraru] adj selten
rasgar [rɐʒˈgar] zerreißen; **rasgar-se**
  [rɐʒˈgarsə] (kaputtgehen) reißen
raso [ˈrazu] flach
rasto [ˈraʃtu] Spur
razão [rɐˈzɐ̃u] f Grund; (Vernunft)
  Verstand; **(não) ter razão** [(nẽu) ter
  rɐˈzɐ̃u] (un)recht haben
razoável [rɐˈzwavɛl] vernünftig
real [rjal] wirklich
realidade [rjeliˈdadə] f Wirklichkeit
realizar [rjeliˈzar] verwirklichen;
  realizar-se [rjeliˈzarsə] stattfinden
rebentar [rɐbẽnˈtar] platzen
recear [rɐˈsjar] befürchten, fürchten
receber [rɐsəˈber] bekommen, empfangen, erhalten
receio [rɐˈseju] Furcht
recente [rɐˈsẽntə] neu, frisch
recepção [rɐsɛˈsɐ̃u] f Aufnahme;
  (Erhalt, Hotel, Besuch) Empfang
recibo [rɐˈsibu] Quittung; **passar
  recibo** [pɐˈsar rɐˈsibu] quittieren

recipiente [rɐsiˈpjẽntə] m Behälter,
  Gefäß
reclamação [e rɐklɐməˈsɐ̃u] f Beanstandung; Beschwerde
reclamar [rɐklɐˈmar] reklamieren
reclamo [rɛˈklɐmu] Reklame
recolher [rɐkuˈʎer] (auf)sammeln
recomendação [rɐkumẽndəˈsɐ̃u] f
  Empfehlung
recomendar [rɐkumẽnˈdar] empfehlen
recompensa [rɐkõmˈpẽsə] Belohnung
recompensar [rɐkõmpẽˈsar] belohnen
reconhecer [rɐkuɲəˈser] erkennen
recordar-se [rɐkurˈdarsə] s. erinnern
re(c)tificar [rɛtəfiˈkar] richtigstellen
recuar [rɐˈkwar] zurückgehen
recuperar [rɐkupəˈrar] wiederbekommen
recusar [rɐkuˈzar] ablehnen, zurückweisen; **recusar-se** [rɐkuˈzarsə]
  s. weigern
rede [ˈredə] f Netz
redigir [rədəˈʒir] (Text) bearbeiten
redondo [rəˈdõndu] rund
redução [rəduˈsɐ̃u] f Ermäßigung
reduzir [rəduˈzir] (Preise) herabsetzen
reembolsar [rjẽmbolˈsar] zurückzahlen
refeição [rɐfeiˈsɐ̃u] f Essen, Mahlzeit;
  à refeição [a rɐfeiˈsɐ̃u] beim Essen;
  refeição rápida [rɐfeiˈsɐ̃u ˈrapidə] f
  Schnellimbiß; **pequena refeição**
  [pəˈkenɐ rɐfeiˈsɐ̃u] Imbiß
referir-se a [rɐfəˈrirs‿e a] s. beziehen
  auf
refresco [rəˈfreʃku] Erfrischung
regatear [rəgəˈtjar] feilschen
região [rəˈʒjɐ̃u] f Gegend
regressar [rəgrəˈsar] wiederkommen,
  zurückkehren
regresso [rəˈgrɛsu] Rückkehr; Heimreise; **(viagem de) regresso** [(ˈvjaʒẽi
  də) rəˈgrɛsu] Rückfahrt
regular [rəguˈlar] regelmäßig; regeln
rejeitar [rəˈʒeitar] zurückweisen
relação [rələˈsɐ̃u] f Verbindung
relâmpago [rəˈlẽmpəgu] (Wetter)
  Blitz
relativo a [rələˈtivu ɐ] betreffend
relato [rəˈlatu] Bericht
relatório [rələˈtɔrju] Bericht
religiosa [rəliˈʒjozə] Ordensschwester
relógio [rəˈlɔʒju] Uhr

relva [ˈʀɛlvə] Rasen
remédio [ʀəˈmɛdju] (Heil-)Mittel
remendar [ʀəmẽnˈdar] flicken
renda [ˈʀẽndə] Miete; *(Gewebe)* Spitze
renovar [ʀənuˈvar] erneuern
reparação [ʀəpərɐˈsɐ̃u] *f* Reparatur
reparar [ʀəpɐˈrar] *(Schaden)* ersetzen; reparieren
repartição [ʀəpərtiˈsɐ̃u] *f* Dienststelle, Amt
repartir com alg [ʀəpɐrˈtir kõ elˈgẽi] mit jdm teilen
repetir [ʀəpɐˈtir] wiederholen
replicar [ʀəpliˈkar] erwidern
repousar [ʀəpoˈzar] (aus)ruhen
repouso [ʀəˈpozu] Ruhe; Erholung
representação [ʀəprəzẽntɐˈsɐ̃u] *f* *(Theater)* Vorstellung
rés-do-chão [ʀɛʒ du ˈʃɐ̃u] *m* Erdgeschoß
reservar [ʀəzərˈvar] buchen, reservieren, vorbestellen
residência [ʀəziˈdẽsjə] Wohnort, -sitz
resistente [ʀəziʃˈtẽntə] haltbar
resolução [ʀəzuluˈsɐ̃u] *f* Entschluß
resolver [ʀəzolˈver] beschließen; entscheiden; erledigen; **resolver-se** [ʀəzolˈversə] s. entschließen
respectivo [ʀəʃpɛˈtivu] betreffend
respeito [ʀəʃˈpeitu] Achtung, Rücksicht; **sem respeito** [sẽi ʀəʃˈpeitu] rücksichtslos
respiração [ʀəʃpirɐˈsɐ̃u] *f* Atem
responder [ʀəʃpõnˈder] antworten; erwidern; **responder a** [ʀəʃpõnˈder ə] beantworten
responsável [ʀəʃpõˈsavɛl] verantwortlich; zuständig
resposta [ʀəʃˈpoʃtə] Antwort; Bescheid
ressonar [ʀəsuˈnar] schnarchen
restabelecer-se [ʀəʃtəbələˈsersə] s. erholen
restante [ʀəʃˈtẽntə] übrig
restaurante [ʀəʃtauˈrẽntə] *m* Restaurant, Lokal
restituir [ʀəʃtiˈtwir] zurückgeben
resto [ˈʀɛʃtu] Rest
resultado [ʀəzulˈtadu] Ergebnis
retirar-se [ʀətiˈrarsə] s. zurückziehen
retrete [ʀəˈtrɛtə] *f* Toilette
reunir [ʀjuˈnir] sammeln
revista [ʀəˈviʃtə] Revue
rezar [ʀəˈzar] beten
rico [ˈʀiku] reich
ridículo [ʀiˈdikulu] lächerlich

rigoroso [ʀiguˈrozu] streng
rio [ˈʀiu] Fluß; Strom
riqueza [ʀiˈkezə] Reichtum
rir [ʀir] lachen
risco [ˈʀiʃku] Risiko
rocha [ˈʀoʃə] Fels
rochedo [ʀuˈʃedu] Fels
rodada [ʀuˈdadə] Runde
rodeio [ʀuˈdeju] Umweg
roubar [ʀoˈbar] stehlen
roupa [ˈʀopə] Kleidung; **mudar de roupa** [muˈdar də ˈʀopə] s. umziehen; **roupa de cama** [ˈʀopə də ˈkɐmə] Bettwäsche; **roupa interior** [ˈʀopə ĩtəˈrjor] Unterwäsche; **roupa suja** [ˈʀopə ˈsuʒə] Wäsche *(zum Waschen)*
rua [ˈʀuə] Straße; **na rua** [nə ˈʀuə] auf der Straße
ruído [ˈʀwidu] Geräusch; Lärm

S

saber [sɐˈber] wissen; *(gelernt haben)* können; erfahren; schmecken
saco [ˈsaku] Sack; **saco de papel** [ˈsaku də pɐˈpɛl] *(größere)* Tüte
sagrado [sɐˈgradu] heilig
saída [sɐˈidə] Ausfahrt, Ausgang
sair [sɐˈir] hinausgehen, ausgehen; ausreisen; *(Buch)* erscheinen
sala [ˈsalə] Saal
salário [sɐˈlarju] Lohn
saldo [ˈsaldu] Ausverkauf
saltar [salˈtar] springen
salvar [salˈvar] retten
santo [ˈsẽntu] heilig
são [sɐ̃u] gesund
sapato [sɐˈpatu] Schuh
satisfeito [sɐtəʃˈfeitu] zufrieden, froh; befriedigt; satt; **satisfeito (com)** [sɐtəʃˈfeitu (kõ)] erfreut (über); **ficar satisfeito com** [fiˈkar sɐtəʃˈfeitu kõ] s. freuen über
saudável [seuˈdavɛl] gesund
saúde [sɐˈudə] *f* Gesundheit; **boa saúde** [ˈboə sɐˈudə] Wohlbefinden; **nocivo à saúde** [nuˈsivu ɐ sɐˈudə] ungesund
se [sə] *prn* sich; man; *(conj)* wenn, falls; ob
secar [sɐˈkar] trocknen
se(c)ção de perdidos e achados [ɐ sɛkˈsɐ̃u də pərˈdiduz ˌi ɐˈʃaduʃ] *f* Fundbüro

seco [ˈseku] trocken; *(Wein)* herb

secreto [səˈkrɛtu] geheim; heimlich

sede [ˈsedə] *f* Durst; Sitz; **ter sede** [ter ˈsedə] durstig sein

segredo, em ~ [ẽi səˈgredu] *adv* heimlich

seguinte [səˈgĩntə] nächste(r, -s)

seguir [səˈgir] folgen; nachgehen; befolgen

segundo [səˈgũndu] Sekunde; zweite(r, -s); **em segundo lugar** [ẽi səˈgũndu luˈgar] zweitens

segurança [səguˈrẽsə] Sicherheit

segurar [səguˈrar] (fest)halten; versichern

seguro [səˈguru] sicher; zuverlässig; Versicherung

self-service [sɛlfˈservisə] *m* Selbstbedienung

selo [ˈselu] Briefmarke

selva [ˈsɛlvə] Busch, Urwald

selvagem [sɛlˈvaʒẽi] wild

sem [sẽi] ohne

semana [səˈmenə] Woche; **todas as semanas** [ˈtodɐz_eʃ səˈmenəʃ] *adv* wöchentlich

semanal [səməˈnal] *adj* wöchentlich

semelhante [səməˈʎẽntə] ähnlich

sempre [ˈsẽmprə] immer, stets; **desde sempre** [ˈdeʒdə ˈsẽmprə] von je

senão [səˈnẽu] *(Gegensatz)* sonst; **(não ...) senão** [(nẽu) səˈnẽu] nichts als

senda [ˈsẽndə] Pfad

senhor [səˈɲor] *m* Herr

senhora [səˈɲorə] Dame, Fräulein; **Senhora D.** [səˈɲorə ˈdonə] *(Anrede, vor Namen)* Frau

senhorita [səɲoˈritə] *(Br)* Fräulein

sensato [sẽˈsatu] vernünftig

sensível [sẽˈsivɛl] zartfühlend

sentado, estar ~ [ʃtar sẽnˈtadu] sitzen

sentar-se [sẽnˈtarsə] s. hinsetzen, s. setzen

sentido [sẽnˈtidu] Sinn; Richtung; **em sentido contrário** [ẽi sẽnˈtidu kõnˈtrarju] in umgekehrter Richtung

sentimento [sẽntiˈmẽntu] Gefühl

sentir [sẽntir] fühlen; bedauern; **sinto-me mal** [ˈsĩntumə mal] mir ist übel

separado [səpəˈradu] getrennt

separar [səpəˈrar] trennen

ser [ser] sein; *(Kosten)* ausmachen; **ser de** [ser də] gehören

serenar [sərəˈnar] s. beruhigen

sério [ˈsɛrju] ernst

sermão [sərˈmẽu] *m* Predigt

serpente [sərˈpẽntə] *f* Schlange

serviço [sərˈvisu] Bedienung; Dienst; **serviços** [sərˈvisuʃ] *m pl* Dienststelle, Amt

servir [sərˈvir] bedienen, servieren; dienen; **servir-se** [sərˈvirsə] *(Essen)* zugreifen

seu [seu] *poss prn sing* ihr, sein

severo [səˈvɛru] streng

sexo [ˈsɛksu] Sex

significação [signifikeˈsẽu] *f* Sinn, Bedeutung

significado [signifiˈkadu] Sinn, Bedeutung

significar [signifiˈkar] bedeuten

silêncio [siˈlẽsju] Schweigen

silvestre [silˈvɛʃtrə] wild

sim [sĩ] ja; **mas sim** [meʃ sĩ] sondern

simpático [sĩmˈpatiku] nett, sympathisch

simples [ˈsĩmpləʃ] einfach

sinal [siˈnal] *m* Zeichen; Signal; **sinal de alarme de incêndio** [siˈnal d_eˈlarmə d_ĩˈsẽndju] *m* Feuermelder

singular [sĩnguˈlar] seltsam, eigen, einzigartig

sítio [ˈsitju] Ort Stelle

situação [sitweˈsẽu] *f* Lage

snack-bar [snɛk bar] *m* Schnellimbiß

só [sɔ] *(nicht früher als)* erst; nur; allein; einzeln

soalheiro [sweˈʎeiru] sonnig

sob [sob] unter

sobrar [suˈbrar] übrigbleiben

sobre [ˈsobrə] auf, über; **sobre tudo** [ˈsobrəˈtudu] vor allem

sobrinha [suˈbriɲə] Nichte

sobrinho [suˈbriɲu] Neffe

sociedade [susjeˈdadə] *f* Gesellschaft

socorro [suˈkoru] Hilfe, Unterstützung; **primeiros socorros** [priˈmeiruʃ suˈkoruʃ] *m pl* Erste Hilfe

sol [sɔl] *m* Sonne; **cheio de sol** [ˈʃeiu də sɔl] sonnig

solene [suˈlɛnə] feierlich

soletrar [suləˈtrar] buchstabieren

sólido [ˈsɔlidu] *(hart)* fest

solitário [suliˈtarju] einsam

solo [ˈsɔlu] Boden

soltar [solˈtar] lösen

solteiro [solˈteiru] Junggeselle; ledig

som [sõ] *m* Klang; Ton

soma [ˈsomə] Summe; **soma global** [ˈsomə gluˈbal] Pauschale

somar [suˈmar] zusammenrechnen

sombra ['sômbrə] Schatten
sonhar [su'ɲər] träumen
sonho ['soɲu] Traum
sonu ['sonu] Schlaf
sorte ['sortə] f Glück; Schicksal; **boa sorte** ['boɐ 'sortə] viel Glück!
sorvete [sor'vɛti] m (Br) (Speise-)Eis
sossegado [susə'gadu] still
sozinho [so'ziɲu] einsam, allein
sua ['suɐ] poss prn sing ihr, sein
suar [swar] schwitzen
suave ['swavə] mild; (Ton, Farbe) weich
subir [su'bir] hinaufgehen, steigen; einsteigen
substituir [subʃti'twir] ersetzen
subúrbios [su'burbjuʃ] m pl Vorort, Vorstadt
suceder [susə'der] s. ereignen, geschehen, passieren
sucesso [su'sɛsu] Erfolg
sucursal [sukur'sal] f Filiale
suficiente [sufə'sjêntə] genug
sugestão [suʒəʃ'têu] f Tip
Suíça ['swisə] Schweiz
suíço/suíça ['swisu/'swisə] Schweizer/in
sujidade [suʒi'dadə] f Schmutz
sujo ['suʒu] schmutzig
sul [sul] m Süden; **ao sul de** [ɐu sul də] südlich von; **do sul** [du sul] südlich
supérfluo [su'pɛrflwu] überflüssig
suplementar [supləmên'tar] zusätzlich
supor [su'por] annehmen, vermuten
suportar [supur'tar] ertragen; vertragen
suposição [supuzi'sêu] f Annahme, Vermutung
surpreendido [surprjên'didu] überrascht
suspeita [suʃ'peitɐ] Verdacht

T

tabaco [te'baku] Tabak
taça ['tasə] Becher
tacho ['taʃu] (Koch-)Topf
tal [tal] solch
talão [te'lău] m (Kontroll-)Abschnitt
talvez [tal'veʃ] vielleicht; eventuell
tamanho [te'maɲu] (Kleidung) Größe

também [têm'bêi] auch; **também não** [têm'bêi nêu] auch nicht
tão ... como [têu 'komu] genauso ... wie
tapar [te'par] zudecken
tarde ['tardə] f Abend; Nachmittag; spät; **esta tarde** ['ɛʃtɐ 'tardə] heute abend
tardinha, à ~ [a ter'diɲə] am Abend
taxas ['taʃəʃ] f pl Gebühren
táxi ['taksi] m Taxi
tchau [tʃau] (Br) tschüß
te [tə] dich, dir
tecido [tə'sidu] Gewebe, Stoff
te(c)to ['tɛtu] (Zimmer-)Decke
telefonar [tələfu'nar] anrufen, telefonieren
temer [tə'mer] fürchten
tempestade [têmpəʃ'tadə] f Sturm
tempo ['têmpu] Zeit; Wetter; **a tempo** [ɐ 'têmpu] rechtzeitig; **ao mesmo tempo** [ɐu 'meʒmu 'têmpu] gleichzeitig; **durante algum tempo** [du'rênt_al'gũ 'têmpu] eine Zeitlang; **com este tempo** [kó 'eʃtə 'têmpu] bei diesem Wetter
temporariamente [têmpurarjə'mêntə] vorübergehend
tenaz [tə'naʃ] f Zange
tencionar [têsju'nar] beabsichtigen
tenro ['têru] zart, weich
tentar [tên'tar] versuchen
tentativa [tênte'tivə] Versuch
ter [ter] haben; **ter de** [ter də] müssen
terceiro, terceira [ter'seiro, ter'seirɐ] dritte(r, -s); **(em) terceiro (lugar)** [(êi) ter'seiru ('lugar)] drittens
terço ['tersu] Drittel
termas ['terməʃ] f pl Badeort
terminar [tərmi'nar] aufhören, enden, beenden; vollenden; (Frist) ablaufen
terno ['tɛrnu] (weich) zart; zärtlich
terra ['tɛRɐ] Erde; (Gegensatz zu Wasser) Land; **terra natal** ['tɛRɐ nɐ'tal] Heimat
terreno [tə'Rɛnu] Gelände
terrível [tə'Rivɛl] fürchterlich; schrecklich
tesoura [tə'zorɐ] Schere
testemunha [təʃtə'muɲɐ] Zeuge
testemunho [təʃtə'muɲu] Zeugnis
teu [teu] dein, deine
ti [ti] dich, dir
tia ['tiɐ] Tante
time [timi] m (Sport) Mannschaft
tímido ['timidu] schüchtern
tinturaria [tînturə'riɐ] (Geschäft) Reinigung

tio ['tiu] Onkel

típico ['tipiku] typisch

tirar [ti'rar] ziehen, reißen; wegnehmen; *(Foto)* aufnehmen; **tirar (uma fotografia)** [ti'rar ('umɐ futɐgrɐ'fiɐ)] knipsen

tiro ['tiru] Schuß

toca-discos ['tɔkɐ 'diskus] *m (Br)* Plattenspieler

tocar [tu'kar] berühren; läuten; **tocar (a campainha)** [tu'kar (ɐ kɐmpɐ'iɲɐ)] klingeln

todo ['todu] *adj* ganz; das Ganze; **todos** ['toduʃ] alle

tolo ['tolu] blöd(e), dumm

tom [tõ] *m (Farbe)* Ton

tomar [tu'mar] nehmen; trinken; *(Verkehrsmittel)* benutzen; **tomar banho** [tu'mar 'bɐɲu] *(Wanne, schwimmen)* baden; **tomar conta (de)** [tu'mar 'kõtɐ (dɐ)] aufpassen (auf), **tomar nota** [tu'mar 'nɔtɐ] aufschreiben, notieren; **tomar nota de alguma coisa** [tu'mar 'nɔtɐ d‿al'gumɐ 'koizɐ] s. etw merken; **tomar o pequeno almoço/ *(Br)* o café da manhã** [tu'mar‿u pɐ'ken‿al'mosu/u ka'fɛ da mɐ'ɲɐ] frühstücken

tornar [tur'nar] zurückkehren; **tornar a ver** [tur'nar‿ɐ ver] wiedersehen; **tornar possível** [tur'nar pu'sivɛl] ermöglichen; **tornar-se** [tur'narsɐ] werden

torneira [tur'neirɐ] (Wasser-)Hahn

torrada [tu'ʀadɐ] *(Brot)* Toast

tossir [tu'sir] husten

total [tu'tal] ganz, voll; das Ganze

touro ['toru] Stier

trabalhador [trɐbɐʎɐ'dor] fleißig

trabalhar [trɐbɐ'ʎar] arbeiten; bearbeiten

trabalho [trɐ'baʎu] Arbeit

traduzir [trɐdu'zir] übersetzen

trago ['tragu] Schluck

traje ['traʒɐ] *m* Tracht

traje(c)to [trɐ'ʒɛtu] Strecke

tranquilo (qü) [trɐ̃'kwilu] still

transferir [trɐ̃ʃfɐ'rir] überweisen

trânsito ['trɐ̃zitu] Verkehr

transmissível [trɐ̃ʃmi'sivɛl] übertragbar

transmitir [trɐ̃ʃmi'tir] *(Botschaft)* ausrichten

transportar [trɐ̃ʃpur'tar] befördern, transportieren

trapo ['trapu] *(Lappen)* Tuch

trás, para ~ ['pɐrɐ traʃ] rückwärts; zurück; **voltar para trás** [vɔl'tar 'pɐrɐ traʃ] umkehren

tratamento [trɐtɐ'mẽtu] Behandlung

tratar [trɐ'tar] behandeln; **tratar de** [trɐ'tar dɐ] s. kümmern um

travessia [trɐvɐ'siɐ] Durchfahrt

trazer [trɐ'zer] tragen; (her-, mit-)bringen, zurückbringen

tribunal [tribu'nal] *m (Justiz)* Gericht

tripulação [tripulɐ'sẽu] *f (Schiff)* Mannschaft

triste ['triʃtɐ] traurig

troca ['trɔkɐ] Austausch; Wechsel

trocar [tru'kar] tauschen; austauschen; vertauschen; umtauschen

troco ['troku] Kleingeld; **dar troco** [dar 'troku] *(Geld)* herausgeben

trovoada [tru'vwadɐ] Gewitter

tu [tu] du

tua ['tuɐ] dein, deine

tubo ['tubu] Rohr; Schlauch

tudo ['tudu] alles

túnel ['tunɛl] *m* Tunnel

Turismo [tu'riʒmu] Verkehrsbüro

turista [tu'riʃtɐ] *m/f* Tourist/in; **grupo de turistas** ['grupu dɐ tu'riʃtɐʃ] Reisegesellschaft

turvo ['turvu] *(Flüssigkeit)* trüb

U

último, última ['ultimu, 'ultimɐ] letzte(r, -s); **em último lugar** [ẽi 'ultimu lu'gar] zuletzt

ultramar [ultrɐ'mar] *m* Übersee

ultrapassar [ultrɐpɐ'sar] überholen

um [ũ] ein; eins; **um a um** [ũ ɐ ũ] *adv* einzeln; **um e meio** [ũ i 'meju] anderthalb

uma ['umɐ] eine; eins

unha ['uɲɐ] (Finger-)Nagel

único ['uniku] einzig

unificar [unifi'kar] einigen

unir [u'nir] verbinden; einigen

urgente [ur'ʒẽtɐ] dringend

usar [u'zar] benutzen, gebrauchen

uso ['uzu] Gebrauch

usual [u'zwal] gebräuchlich

útil ['util] nützlich; zweckmäßig; **nos dias úteis** [nuʒ 'diɐz‿'uteiʃ] werktags, wochentags

utilização [utɐlizɐ'sẽu] *f* Anwendung

utilizar [utɐli'zar] benutzen

V

vaca ['vakɐ] Kuh

vago ['vagu] unbestimmt

vale ['valɐ] m Gutschein; Tal

valer [vɐ'ler] gelten; **valer muito** [vɐ'ler 'mũĩntu] viel wert sein

validade [vɐli'dadɐ] f Gültigkeit; **sem validade** [sɐ̃i vɐli'dadɐ] ungültig

válido ['validu] gültig; **ser válido** [ser 'validu] gelten

valor [vɐ'lor] m Wert; **sem valor** [sɐ̃i vɐ'lor] wertlos

vantagem [vãn'taʒɐ̃i] f Vorteil, Vorzug

vantajoso [vɐ̃ntɐ'ʒozu] vorteilhaft

vão, em ~ [ɐ̃i vɐu] umsonst, vergebens

vara ['varɐ] Stange

variado [vɐ'rjadu] abwechslungsreich, bunt

variável [vɐ'rjavɛl] unbeständig

vaso ['vazu] Gefäß

vátio ['vatju] Watt

vazio [vɐ'ziu] leer

vela ['vɛlɐ] Kerze

velocidade [vɐlusi'dadɐ] f Geschwindigkeit; (*Auto*) Gang

velho ['vɛʎu] (*nicht frisch*) alt

vencer [vẽ'ser] (*Frist*) ablaufen

venda ['vẽndɐ] Verkauf; **está à venda** [ʃta_a 'vẽndɐ] ist erhältlich

vender [vẽn'der] verkaufen

veneno [vɐ'nenu] Gift

venenoso [vɐnɐ'nozu] giftig

ventilar [vẽnti'lar] lüften

ventoso [vẽn'tozu] windig

ver [ver] anschauen, ansehen; schauen, sehen; zuschauen; s. umsehen

verdade [vɐr'dadɐ] f Wahrheit; **não é verdade?** [nɐu ɛ vɐr'dadɐ] nicht wahr?; **para dizer a verdade** ['pɐrɐ di'zer_ɐ vɐr'dadɐ] *adv* eigentlich; **verdadeiro** [vɐrdɐ'deiru] wahr; wirklich; eigentlich

verificar [vɐrifi'kar] kontrollieren, nachprüfen, prüfen

verme ['vɛrmɐ] m Wurm

vertigens, com ~ [kõ vɐrti'ʒɐ̃iʃ] schwindlig; **ter vertigens** [ter vɐrti'zɐ̃iʃ] schwindeln

vespa ['veʃpɐ] Wespe

vestígio [vɐʃ'tiʒju] Spur

vestir [vɐʃ'tir] (*Kleidungsstück*) anziehen; **vestir-se** [vɐʃ'tirsɐ] s. anziehen

vestuário [vɐʃ'twarju] Kleidung

vez [ɐ veʃ] f Mal; **uma vez** ['umɐ veʃ] einmal; **duas vezes** ['duɐʒ 'vezɐʃ] zweimal; **muitas vezes** ['mũĩntɐʒ 'vezɐʃ] oft; häufig; **raras vezes** ['ʀaɐʒ 'vezɐʃ] selten; **cada vez** ['kɐdɐ veʃ] jedesmal; **outra vez** ['otrɐ veʃ] ein andermal; wieder; **todas as vezes** ['todɐʒ_ɐʒ 'vezɐʃ] jedesmal; **de vez em quando** [dɐ vez_ɐ̃i 'kwɐ̃ndu] von Zeit zu Zeit; **em vez de** [ɐ̃i veʒ dɐ] anstatt, statt

viagem ['vjaʒɐ̃i] f Reise, Fahrt; **(viagem de) regresso** [('vjaʒɐ̃i dɐ) ʀɐ'grɛsu] Rückfahrt

viajante [vjɐ'ʒɐ̃ntɐ] m/f der, die Reisende

viajar [vjɐ'ʒar] reisen; **ir viajar** [ir vjɐ'ʒar] verreisen

vida ['vidɐ] Leben

vidraça [vi'drasɐ] (Fenster-)Scheibe

vidro ['vidru] Glas; (Fenster-)Scheibe

vigarice [vigɐ'risɐ] f (*Gaunerei*) Betrug

vigiar [vi'ʒjar] bewachen

vila ['vilɐ] Villa

vinha ['viɲɐ] Weinberg

violar [vju'lar] vergewaltigen

violentar [vjulẽn'tar] vergewaltigen

vir [vir] kommen; stammen; **vir a propósito** [vir_ɐ pru'pɔzitu] gelegen kommen, passen

virar [vi'rar] drehen, wenden; **virar à direita/esquerda** [vi'rar_ɐ di'reitɐ/'ʃkerdɐ] nach rechts/links einbiegen

visita [vɐ'zitɐ] Besuch

visitar [vɐzi'tar] besuchen; besichtigen

visível [vi'zivɛl] sichtbar

vista ['viʃtɐ] f Ansicht; Aussicht, Blick; Sicht

vítima ['vitimɐ] Opfer; **ser vítima dum acidente** [ser 'vitimɐ dũ ɐsi'dẽntɐ] verunglücken

vitrina [vi'trinɐ] (*Br*) Schaufenster

vivenda [vi'vẽndɐ] Villa

viver [vi'ver] leben

vivo ['vivu] lebend, lebhaft

vizinho/vizinha [vɐ'ziɲu/vɐ'ziɲɐ] Nachbar/in

voar [vwar] fliegen

você [vɔ'se] *pers prn* Sie; (*Br*) du

vocês [vɔ'seʃ] *pers prn acc* ihr, Sie; (*Br*) euch; **a vocês** [a vɔ'seʃ] *pers prn dat (Br)* euch

volt [vɔlt] Volt

volta [ˈvɔltɐ] Rückkehr; Runde, Tour; **em/à volta de** [ẽi/a ˈvɔltɐ də] um *(herum)*; **olhar em volta** [oˈʎar_ẽi ˈvɔltɐ] s. umsehen

voltar [vɔlˈtar] drehen; wiederkommen; zurückkehren; **voltar atrás** [vɔlˈtar_eˈtraʃ] zurückgehen; **voltar (de carro)** [vɔlˈtar (də ˈkaʀu)] zurückfahren; **voltar para trás** [vɔlˈtar ˈpɐɾɐ traʃ] umkehren

vóltio [ˈvɔltju] Volt

volume [vuˈlumə] *m m (Buch)* Band

vontade [võntɐdə] *f* Lust; **à vontade** [a v õnˈtadə] nach Belieben; **contra vontade** [ˈkõntɾɐ võnˈtadə] nicht gern; **de má vontade** [də ma võnˈtadə] ungern

vosso [ˈvɔsu] euer

votar [vuˈtar] *(Politik)* wählen

voz [ɐ vɔʃ] *f* Stimme

vulgar [vulˈgar] gebräuchlich, gemein, gewöhnlich

W

watt [ˈwɔtə/vat] Watt

Z

zangado [zẽŋˈgadu] verärgert, böse